Aus dem Programm Huber: Psychologie Praxis

Wissenschaftlicher Beirat:
Prof. Dr. Dieter Frey, München
Prof. Dr. Kurt Pawlik, Hamburg
Prof. Dr. Meinrad Perrez, Freiburg (Schweiz)
Prof. Dr. Hans Spada, Freiburg i. Br.

Franz Caspar

Beziehungen und Probleme verstehen

Eine Einführung in die psychotherapeutische Plananalyse

Zweite, überarbeitete Auflage

Verlag Hans Huber
Bern · Göttingen · Toronto · Seattle

Der Autor:
PD Dr. phil. Franz Caspar
Institut für Psychologie der Universität Bern
Muesmattstr. 45
3000 Bern 9

Die Deutsche Bibliothek – CIP-Einheitsaufnahme
Caspar, Franz:
Beziehungen und Probleme verstehen : eine Einführung in die
psychotherapeutische Plananalyse / Franz Caspar. – 2., überarb.
Aufl. – Bern ; Göttingen ; Toronto ; Seattle : Huber, 1996
(Aus dem Programm Huber: Psychologie – Praxis)
ISBN 3-456-82722-9

2., überarbeitete Auflage 1996
© Verlag Hans Huber, Bern 1989/1996
Druck: Druckhaus Beltz, Hemsbach
Printed in Germany

Dank

Der Dank für viele Beiträge zur ersten Ausgabe dieses Buches von 1989 überträgt sich auf die hier vorgelegte zweite Ausgabe. Ohne die Beiträge hier noch einmal zu detaillieren danke ich dem Schweizerischen Nationalfonds, S. Althaus, I. Beerlage, C. Bettencourt, M. Engberding, P. Fiedler, I. Haisch, Ch. Hausammann, B. Heiniger, B. Hürzeler, P. Kaimer, U. Lutze, M.T. Riehl, J. Roberts, G. Schiepek, A. Schönhauser, A. Schütz, G. Sommer, M. Stauffer, A. Stilman und U. Wüthrich.

Ganz besonders dankbar bin ich Klaus Grawe für viele Jahre fruchtbarer Zusammenarbeit, von der dieses Buch ein Resultat ist. Ich habe für den heutigen Stand der Plananalyse zwar viele konzeptuelle und methodische Details ausgearbeitet, Klaus Grawe kann aber mindestens mit demselben Recht als Vater des klinischen Plan-Ansatzes betrachtet werden – bei psychologischen Ansätzen ist dies möglich! Die Tatsache, dass ich allein als Autor erscheine, spricht – das mag paradox klingen – für die Qualität unserer Beziehung.

Meine Frau Ruth hat nicht nur durch ihre Nachsicht, wenn ich gelegentlich zu Unzeiten an diesem Buch gearbeitet habe, sondern auch durch viele Hinweise zu seinem Zustandekommen beigetragen.

Den Lesern und Käufern der alten Ausgabe danke ich, dass sie durch ihre Nachfrage die überarbeitete und ergänzte Neuausgabe, die weitgehend der englischen Ausgabe von 1995 entspricht, möglich gemacht haben. Für diese Ausgabe wurde das Layout bis zur druckfertigen Vorlage von Omar Razek gemacht.

Für ihre Hilfe und Betreuung danke ich P. Stehlin und P. Wüthrich vom Verlag Hans Huber.

Inhaltsverzeichnis

	Vorwort	8
	Einleitung	11
1.	**Therapieplanung und individuelle Fallkonzeption**	**19**
1.1	Therapie: Veränderungen durch geplantes Handeln	19
1.2	Anforderungen an eine Fallkonzeption	22
2.	**Das Modell**	**27**
2.1	Anliegen und Geschichte des Plananalyse-Ansatzes	27
2.2	Der theoretische Hintergrund	32
2.2.1	Die interaktionistische Sicht und die Struktur der Pläne	32
2.2.2	Planstruktur	36
2.2.3	Wahrnehmung	40
2.2.4	Interaktion	41
2.2.5	Einbettung der Pläne in das gesamte Verhalten und Erleben eines Menschen	43
2.2.6	Gefühle	46
2.2.7	Plananalyse-Ansatz als Struktur-Theorie	53
2.2.7.1	Der Stellenwert des Plananalyse-Ansatzes als Theorie	53
2.2.7.2	Struktur versus Prozeß	55
2.2.8	Störungsmodell	58
2.2.8.1	Die Beziehung zwischen Plänen und psychischen Störungen	58
2.2.8.2	Angst	63
2.2.8.3	Depression	67
2.2.8.4	Psychosomatische Störungen	69
2.2.8.5	Weitere Störungen	70
2.2.9	Übereinstimmung zwischen verschiedenen Analysierenden	71
3.	**Fallkonzeptionen**	**81**
3.1	Einleitung	81
3.2	Zur Darstellungsweise	81
3.3	Ein Beispiel	86
4.	**Die Praxis des Erschließens und Konsequenzen für die Therapie**	**101**
4.1	Einleitung	101
4.2	Praxis des Erschließens	102
4.2.1	Einbezug unterschiedlicher Verhaltensaspekte und Informationsquellen	102
4.2.2	Bewußtheit und Introspektion	105
4.2.3	Nonverbales Verhalten	106
4.2.4	Bewerten von Beobachtungen als auffällig	108
4.2.5	Einfluß der Analysierenden auf das Ergebnis	110
4.2.6	Formulieren der Plan-Bezeichnungen	111
4.2.7	Das Entwickeln von Planhypothesen	115
4.2.8	Erschließen von Plänen «von oben» und konzeptgeleitete Interpretationen	117

4.2.9	Hierarchisches Ordnen von Plänen	119
4.2.10	Instrumentalität	123
4.2.11	Unterscheidung von instrumentellem und reaktivem Verhalten	128
4.2.12	Mehrfachbestimmtheit	130
4.2.13	Die Beziehung zwischen Gefühlen und Plänen	134
4.2.14	Überprüfen und Verändern von Planstrukturen	143
4.2.15	Repräsentation weiterer, nicht-instrumenteller Information	145
4.2.16	Kategorien von Plänen	151
4.2.17	Plankonflikte	152
4.2.18	Test-, Wahrnehmungs- und Metapläne	153
4.2.19	Pläne in Systemen	155
4.3	Konsequenzen für die Therapie	157
4.3.1	Mehrfachbestimmtes Therapeutenverhalten	157
4.3.1.1	Therapie als ein kreativer Konstruktionsprozeß	157
4.3.1.2	Konstruieren von mehrfachbestimmtem Beziehungsverhaltens	161
4.3.1.3	Ein Anwendungs- oder ein Neukonstruktionsmodell? Ein Fallbeispiel	165
4.3.2	Kommunikation mit Klienten über «ihre» Pläne	177
4.4	Kommentare und Lösungsvorschläge zu den Übungen	179
5.	**Schemata und Frames**	**183**
6.	**Die Plananalyse als Forschungsinstrument**	**191**
7.	**Schluß**	**199**
8.	**Literatur**	**201**
9.	**Personenregister**	**210**
10.	**Sachregister**	**213**

Vorwort[1]

Seit 100 Jahren setzen Therapeuten sich mit der faszinierenden und schwierigen Aufgabe auseinander, menschliches Verhalten und Möglichkeiten der Verhaltensänderung zu verstehen. Im Laufe dessen, was viele als «Dogma frißt Dogma»-Wettbewerb betrachtet haben, sind verschiedene Modelle vorgeschlagen und Moden etabliert worden.
Trotz der großen, verwirrenden Vielfalt, die das Gebiet der Psychotherapie kennzeichnet, sind alle praktizierenden Psychotherapeuten unabhängig von ihrer Orientierung mit der Aufgabe konfrontiert, die Bedeutungsstrukturen des einzelnen Patienten zu verstehen. Die psychoanalytische Theorie mit ihrer ursprünglichen Betonung der Triebe wurde als «Theorie der versteckten Bedeutungen» beschrieben. Die Erkenntnis innerhalb der Verhaltenstherapie, daß kognitive Faktoren eine bedeutsame Rolle beim Verstehen und Verändern menschlichen Verhaltens spielen, hat ebenfalls zur Anerkennung der Wichtigkeit subjektiver Bedeutung geführt. Und obschon Emotionen ein Hauptinteresse humanistischer Therapeuten waren, wurde auch von ihnen anerkannt, daß emotionale Erlebnisse nur im Kontext dessen verstanden werden können, wie Klienten Ereignisse in ihrem Leben interpretieren.
In bezug auf die Frage, wie die idiosynkratischen Bedeutungsstrukturen verstanden werden können, die Klienten in Lebenssituationen einbringen, haben Caspar und seine Kollegen an der Universität Bern mit ihrer Arbeit an der Plananalyse wichtige theoretische, klinische und empirische Beiträge geleistet. Der Plananalyse-Ansatz ist umfassend und integrativ in dem Sinne, daß er sich mit allen Teilen des individuellen Funktionierens auseinandersetzt - Gedanken, Intentionen, Emotionen und Handlungen. Bei der Beschreibung des Hintergrundes und der Methode demonstriert Caspar überzeugend, wie jede Komponente auf die anderen bezogen werden kann und muß, wenn man menschliches Funktionieren wirklich verstehen will. Bei der Beschreibung des Vorgehens hat er es klugerweise vermieden, einen bestimmten theoretischen Standpunkt einzunehmen. Anstelle eines theoretischen Jargons, der diejenigen brüskieren könnte, die sich nicht mit der Bezugsgruppe identifizieren, die das verwendete spezielle Sprachsystem entwickelt hat, hat der Autor weitgehend die Umgangssprache benutzt. Als zweite neutrale Basis, auf die sich Therapeuten verschiedener Orientierung beziehen können, wird die Sprache der Informationsverarbeitung benutzt.
Plananalysen werden von unten nach oben («bottom up») durchgeführt. Das heißt, daß Beobachtungen von inner- und außerhalb der Therapie vom Therapeuten benutzt werden, um die impliziten Patienten-Pläne zu erschließen. Auf der Basis dessen, was ein Therapeut sieht und hört, werden Schlüsse in dem Sinne angestellt, daß ein Patient sich verhalte «als

---

[1] Übersetzung F.C., gekürzt um Teile, die sich auf die englische Ausgabe beziehen.

ob» er versuche, bestimmte Ziele zu erreichen (z.B. positive Beziehungen zu etablieren) oder andere zu vermeiden (z.B. Zurückweisung). Diese «bottom-up»- Methodik gleicht sehr stark einer Art Theoriebildung, bei der Konzepte entwickelt werden, welche die beobachtbaren Daten möglichst gut erklären. Ähnlich wie er bei der Darstellung des theoretischen Hintergrundes die Benutzung des Sprachsystems einer bestimmten therapeutischen Orientierung vermeidet, tappt Caspar auch bei der Formulierung individueller Fallkonzeptionen nicht in die Falle, bestimmte Teile der Leserschaft durch theoriespezifische Formulierungen auszuschließen. Die Benutzung der Plananalyse paßt sowohl zur Skinnerianischen funktionalen Analyse menschlichen Verhaltens als auch zur psychodynamischen Analyse symbolischer Bedeutungen.

Indem er seine Arbeit zur Plananalyse in bezug zum allgemeineren Gebiet der Cognitive Science setzt, stellt Caspar auch Bezüge zum Schema-Konstrukt her. Tatsächlich kann die konkrete Analyse der Pläne eines Patienten als Erfassen von Schemata gesehen werden. Meine eigenen theoretischen und klinischen Vorlieben beziehen sich auf ein ähnliches Konstrukt - Skripts. Diese erlauben eine präzise Spezifizierung von Aspekten im Funktionieren eines Klienten, die verstanden und/oder verändert werden müssen. Im weitesten Sinne enthält ein Skript Informationen zu den Aktivationsbedingungen (d.h. der äußeren Situation, die ein Skript initiiert), den Handlungen, Emotionen, Intentionen, Selbstbild und Erwartungen an andere, die ein Patient hat. Obwohl die Spezifizierung der Skript-Bestandteile einer Person es dem Therapeuten ermöglichen kann, diese Art von Schema detailliert zu analysieren, ist ein Individuum sich nicht notwendigerweise dieser Komponenten bewußt, und auch nicht, daß seine Probleme im Leben überhaupt mit so etwas wie Skripts zusammenhängen könnten. Skripts können, wie alle Arten von Schemata, Verhalten beeinflussen und dennoch unbewußt bleiben. Wie von Caspar beschrieben und reich illustriert, ist genau das Aufgabe des Therapeuten, das Skript zu formulieren und es für therapeutische Veränderungen zu nutzen.

Dieser Band schafft ein wichtiges Gegengewicht gegen die nomothetische Art, in der Psychotherapie durch die theoretische und Forschungsliteratur typischerweise vermittelt wird. Meist werden allgemeine Konstrukte und vorgefertigte Therapieprozeduren beschrieben, ohne besonders auf die idiographischen Bemühungen des praktizierenden Therapeuten einzugehen. Es geht aber, wie von Skinner vor einigen Jahren betont, niemand in den Zirkus, um den Durchschnittshund durch den Durchschnittsreifen springen zu sehen. Unsere theoretischen und methodischen Bemühungen haben oft einen falschen Eindruck dessen hinterlassen, worum es bei Psychotherapie geht. Der praktizierende Kliniker verabreicht selten eine vorgefertigte Intervention an einen Durchschnittspatienten. Wenn er wirksam intervenieren will, muß er die komplizierte, aber wichtige Aufgabe anpacken, die Kräfte zu verstehen, welche die Probleme im Leben des individuellen Patienten hervorbringen. Diesem Ziel ist das vorliegende Buch verpflichtet.

Marvin R. Goldfried
State University of New York at Stony Brook

Einleitung

Individuelle Unterschiede werden in der Psychologie immer weniger als Fehlervarianz und immer mehr als bedeutsam («importantly unique and undeniably powerful», Mahoney, 1991, S. 93) angesehen. In der Praxis wächst die Gruppe der Therapeuten, die es leid sind, bei ihrer Arbeit von einem oberflächlichen Verständnis ihrer Patienten auszugehen. Jackie Persons drückt das in ihrem Buch über kognitive-behaviorale Fallkonzeptionen so aus (1989, S. xiii, Übersetzung F.C.): «Ich wollte nicht einfach noch eine Liste von Techniken. Ich wollte ein allgemeines Modell, das mir erlauben würde, die Probleme zu verstehen und auf dieser Basis kohärente, systematische Lösungen hervorzubringen» ... «Verhaltenstherapeuten wurden dafür kritisiert, daß sie zu schnell und basierend auf ungenügendem Verständnis intervenieren; meine Betonung liegt auf Interventionen, die auf Verständnis basieren».

Bedeutung individueller Fallkonzeptionen

Persons (1989, S. 14f.) faßt die Vorteile eines auf Verständnis des einzelnen Falles basierenden Ansatzes – im Gegensatz zu einer Standardprozedur – zusammen. Daraus die wichtigsten Punkte:

1. Während es für die häufigeren Probleme Standardprozeduren geben mag, die dem Einzelfall hinreichend gerechtwerden, ist bei weniger häufigen Problemen ein Verständnis-Ansatz überlegen.

2 Eine Fallkonzeption hilft, in laufenden Therapien mit Schwierigkeiten, wie Veränderungswiderstand, umzugehen.

3. Ein Fallkonzeptions-Ansatz hilft zu verstehen, daß die therapeutische Beziehung teils durch dieselben grundlegenden Probleme bestimmt ist wie die Probleme, die den Patienten in die Therapie bringen.

4. Ein Fallkonzeptions-Ansatz hilft auch dabei, die Schwierigkeiten von Therapeuten mit bestimmten Patienten zu ihren eigenen persönlichen Verletzlichkeiten in Beziehung zu setzen.

5. Ein Fallkonzeptions-Ansatz hilft, den Therapie*prozeß* zu verstehen (z.B.: Was bedeuten fünf Minuten Verspätung und wie sollte ich darauf reagieren?).

6. Ein Fallkonzeptions-Ansatz hilft, Entscheidungen zu Fragen am Rande der Therapie zu treffen, z.B., ob man einem Patienten in finanziellen Schwierigkeiten verspätete Bezahlung erlauben sollte. Obwohl solche Probleme oft unabhängig vom einzelnen Fall auf der Basis einfacher Regeln gehandhabt werden können, sind individuellere Entscheidungen oft entscheidend für Fortsetzung und Erfolg einer Therapie.

Plananalysen Die Methode der Plananalyse wurde entwickelt als Basis für klinische Fallkonzeptionen und Therapieplanungen. Klinisch relevante Informationen über Verhalten und Erleben eines Individuums werden durch sorgfältige Beobachtung gewonnen und zu einer sinnvollen ganzheitlichen Sicht zusammengefügt. Selbstverständlich ändert diese Sicht sich im Laufe einer Therapie.

Plananalysen sind geleitet von der Grundfrage «Wozu verhält ein Mensch sich in einer bestimmten Weise?», oder spezifischer «Welcher bewußte oder unbewußte Zweck könnte hinter einem bestimmten Aspekt des Verhaltens oder Erlebens eine Menschen stehen?». Diese Fragen stehen für das besondere Interesse im Plananalyse-Ansatz für instrumentelle Funktionen. Die instrumentellen Strategien eines Patienten werden in gezeichneten Strukturen wiedergegeben, einem visuellen Hilfsmittel, das in Praxis und Forschung verwendet wird, um als Basis für die Entwicklung von Fallkonzeptionen einen Überblick über das Funktionieren eines Patienten zu gewinnen (Abb.1).

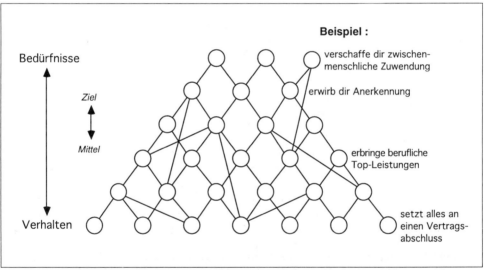

Abbildung 1: Schematische Planstruktur. Ziele oder Zwecke (übergeordnete Elemente) sind in der vertikalen Dimension höher angeordnet als die Mittel, die ihnen dienen (untergeordnete Elemente). Die Linien verbinden diejenigen Pläne, die in einer direkten instrumentellen Beziehung zueinander stehen. Die graphische Darstellung wird in Praxis und Forschung für eine Übersicht verwendet, wie die Pläne miteinander verbunden sind. Elemente auf der Verhaltensebene werden im Indikativ, Pläne im Imperativ formuliert (s. Kap. 4.2.6). Weitere Erklärungen in Kap. 2.2.1.

Instrumentelle Strategien stehen bei der Analyse im Vordergrund, andere Perspektiven werden aber ebenfalls einbezogen. Im Gegensatz zu anderen klinischen Konzepten, bei denen einseitig entweder Verhaltens- oder motivationale Aspekte betont werden, finden sich diese bei der Plananalyse in einem ausgewogenen Konzept integriert.

Zweck des Buches Hauptzweck dieses Buches ist es, eine konkrete Anleitung zum Durchführen von Plananalysen als Basis für die Therapieplanung im Alltag zu geben. Es werden aber auch einige Angaben zu Plananalysen im

Forschungskontext gemacht [1]. Der Plananalyse-Ansatz kann als ein Satz von Heuristiken zur Entwicklung individueller Fallkonzeptionen angesehen werden. Obwohl diese Heuristiken einen psychologischen Hintergrund haben, ist der Ansatz in mancher Hinsicht offen für eine Reihe von theoretischen Perspektiven. Voraussetzung ist allerdings, daß diese Perspektiven mit einer beschränkten Anzahl von Kern-Hypothesen aus dem Plananalyse-Ansatz vereinbar sind.

Was kann denn der Nutzen der Plananalyse für die Praxis sein? Im Feld der Psychotherapie werden verschiedene Auffassungen vertreten, was Psychotherapie ist, worin sich professionelle Psychotherapie von einem Gespräch mit einem empathischen Laien unterscheidet und was wesentlich für qualitativ hochstehende Psychotherapie ist. Eine wesentliche Dimension, auf der sich Auffassungen unterscheiden, ist das Ausmaß, in dem das Vorgehen individualisiert vs. standardisiert ist. Ein Standpunkt ist, daß Therapie standardisiert und manualisiert sein muß, um Qualität und maximalen Profit für jeden einzelnen Patienten zu garantieren. Nach der Logik dieser Auffassung gilt es, zunächst eine therapeutische Prozedur möglichst detailliert in einem Manual zu beschreiben, dann die Effekte für eine üblicherweise stark homogenisierte Gruppe von Patienten in einer vergleichenden Therapiestudie zu untersuchen, um die Prozedur dann – bei positivem Ausgang der Wirksamkeitsstudie – möglichst unverändert in der Praxis anzuwenden. Wenn Therapeuten und Patienten den in der Studie untersuchten hinreichend ähnlich sind und wenn die Prozedur korrekt angewandt wird, dann können für weitere Patienten dieselben empirisch belegten Effekte erwartet werden. Es ist entscheidend, daß Therapeuten ihr Vorgehen nicht an einzelne Patienten anpassen, weil jede bedeutsame Abweichung von einem Manual den sozusagen verbürgten Therapieerfolg in Frage stellt.

Eine gegenteilige Position wäre, daß jeder Patient einzigartig ist und daß das therapeutische Vorgehen deshalb maßgeschneidert sein sollte. Es mag sein, daß Ähnlichkeit der Probleme in gewissem Umfang zu ähnlichem Vorgehen führt. Aber es ist eher die Regel als die Ausnahme, daß Patienten nicht nur ein Problem haben, und es macht wenig Sinn, jeweils mit separaten Standardprozeduren erst die Angst des Patienten zu behandeln, dann die Depression und dann die Eheprobleme. Dazu kommt, daß Therapie, wenn sie von Problemen befreit, die betreffenden Menschen zwar weniger unglücklich macht, aber nicht notwendigerweise glücklich. Es mag sinnvoll sein, Menschen mit standardisierten Vorgehensweisen von ihren Problemen zu befreien, die sie in mancher Hinsicht innerhalb eines Störungstypes untereinander ähnlich machen. Der Teil von Therapien, der über die Lösung der offensichtlichen Probleme hinausgeht, muß aber individualisiert sein. Wenn man Patienten als mehr ansieht als die Summe ihrer Probleme, ist es sinnvoller, von Anfang an eine individualisierte Strategie zu entwickeln, als sich mit Anpassungen und Kombinationen von Standardprogrammen herumzuschlagen.

Nutzen der Plananalyse für die Praxis

Standardisierung

Individualisierung

---

[1] Die Forschung steht bei der Dissertation des Autors im Vordergrund. Für interessierte Leser und Leserinnen steht eine mittlerweilen stattliche Anzahl von Beiträgen zu spezielleren Themen im Zusammenhang mit der Plananalyse zur Verfügung, sowohl für die Praxis wie auch für die Forschung. Auf die meisten Beiträge finden sich Verweise in diesem Buch.

Voraussetzungen für individualisierte Therapie

Wir bevorzugen, Therapie als einen kreativen Prozeß zu betrachten, in dem ein Vorgehen kontinuierlich so konstruiert wird, daß gleichzeitig möglichst viele der relevanten Faktoren berücksichtigt werden (s. Kap. 4.3.1). Solche Faktoren sind insbesondere die Probleme der Patienten, ihre Ressourcen, ihre interaktionellen Eigenarten und Bedürfnisse, Merkmale der gegenwärtigen Situation, Hintergrundwissen der Therapeuten zu Störungen sowie therapeutischen Möglichkeiten und ihre Persönlichkeit. Das allgemeine Hintergrundwissen kann in Kursen oder aus Büchern gelernt werden, und die Therapeutenpersönlichkeit kann in persönlicher Therapie und Selbsterfahrung geformt werden (Caspar 1994b), es sei denn schwerere Störungen würden einen Ausschluß aus der Ausbildung nahelegen. Dagegen müssen alle Faktoren, die mit den Patienten und ihrer gegenwärtigen Situation verbunden sind, für jeden Patienten individuell bestimmt werden. Es ist naheliegend, daß ohne eine solche Analyse allenfalls «gute Durchschnittstherapie» geliefert werden kann. Durch Optimierung einer Therapie mit einem genauen Zuschneiden auf einen Patienten und dem Beachten von so vielen förderlichen und hinderlichen Faktoren wie möglich werden synergistische Effekte genutzt und das Risiko des Hineinrennens in Hindernisse vermindert. Es ist von daher eher erstaunlich, daß der Plananalyse-Ansatz immer noch ziemlich einzigartig dasteht in der Art, in der Anleitung für das systematische Nutzen aller verfügbaren Informationen zum Erstellen einer Fallkonzeption gegeben wird, ohne Therapeuten in eine bestimmte Therapierichtung zu zwingen.

Stellenwert der Plananalyse

Der Plananalyse-Ansatz dient dem Erarbeiten individueller Fallkonzeptionen, und aus unserer Sicht wäre es ohne Plananalysen nicht möglich, ein hinreichend detailliertes und umfassendes Verständnis unserer Patienten zu erarbeiten. Wir haben diese Techniken seit vielen Jahren mit nachweislichem Nutzen (Grawe, Caspar & Ambühl, 1990) eingesetzt. Zum Ansatz gehören eine Reihe von Annahmen über menschliches Verhalten und Erleben. Diese Annahmen wurden so sparsam wie möglich festgelegt und, obwohl sie einen vor allem interpersonalen, teils auch behavioralen Hintergrund haben, so gewählt, daß der Ansatz so offen und kompatibel wie möglich zu anderen wichtigen Ansätzen bleibt.

Dieser Satz von Annahmen ist aber nicht das, was am meisten zur Einzigartigkeit des Plananalyse-Ansatzes beiträgt. Es gibt Ansätze, mit denen eine beträchtliche Überlappung besteht, wie der von M. Horowitz (1991, 1996), und Guidano (1978; Guidano und Liotti, 1983), und es gibt eine längere Reihe von Ansätzen mit bedeutsamen Überschneidungen in einzelnen Punkten, z.B. der von Goldfried (Goldfried & Robin, 1983; Goldfried, 1995), L. Horowitz (z.B. Horowitz, Rosenberg, Baer, Unreño & Villaseñor, 1988), Benjamin (1974), Strupp (Strupp & Binder, 1984), Safran & Segal (1990), H. Schneider (1988) und anderen. Obwohl die Plananalyse und die Schematheorien sich in, wie wir glauben, wichtigen Aspekten von den erwähnten Ansätzen unterscheiden, ist der praktische Teil des Planansatzes seine grösste Besonderheit. Während die erwähnten Ansätze viel offener lassen, wie Leser es dann schaffen, die jeweiligen Prinzipien auf ihre konkreten Patienten anzuwenden, gehört zum Plananalyse-Ansatz eine konkrete Technik des Entwickelns von Fallkonzeptionen aus den detaillierten Informationen über einzelne Patienten.

Im Lauf der letzten 20 Jahre hat diese Technik sich beträchtlich entwikkelt. Es wurden sowohl Erweiterungen als auch Vereinfachungen vorgenommen. Seit gut zehn Jahren blieben diese Veränderungen aber bescheiden. Zusammen mit den empirischen Belegen für die Nützlichkeit des Ansatzes (vgl. Kap. 2.2.9) kann das als Hinweis darauf verstanden werden, daß Leser und Leserinnen eine gut entwickelte, ausgereifte Unterstützung erwarten können bei der Aufgabe, ein individualisiertes Verständnis ihrer Patienten zu erarbeiten.

1989 wurde die erste Auflage der deutschen Ausgabe dieser Darstellung des Plananalyse-Ansatzes gedruckt, 1995 die englische Ausgabe, und in dieser Zeit ist der Bedarf für einen solchen Ansatz weiter gewachsen. Es wird immer mehr gesehen, daß die Fähigkeit von Therapeuten zum Ent-wickeln angemessener Fallkonzeptionen entscheidend ist und gleichzeitig, daß ein großer Teil der Therapeuten nicht hinreichend über diese Fähigkeit verfügt [1] (Crits-Christoph, Cooper & Luborsky, 1989). Wir hoffen, daß dieses Buch mit dazu beiträgt, diese Lücke zu schließen, während gleichzeitig Forschung zu diesem Thema vorangetrieben wird (Caspar, 1995a).

Die Anwendung des Ansatzes basiert auf einigen *Fähigkeiten*, die über ein Bücherwissen weit hinausgehen und die mehr voraussetzen als einfache Lektüre dieses Buches. Dazu gehört zum Beispiel die Fähigkeit, nonverbales Verhalten des Klienten wahrzunehmen und zu interpretieren. Dazu gehört auch, sich selber als Therapeut gut zu kennen und persönliche Eigenarten in Rechnung zu stellen: Stichwort «Selbsterfahrung» (Caspar, 1994b). Um den praktischen Erwerb im Rahmen der Möglichkeiten dieses Buches zu erleichtern, werden entsprechende Vorschläge gemacht. Im übrigen werden Leser und Leserinnen, je nach dem Stand ihrer Erfahrung mit Klienten und mit sich selber, merken, daß sich im Laufe der Zeit die Voraussetzungen für eine nutzbringende Verwendung des Ansatzes immer weiter vervollständigen. Diese Kenntnisse und Fähigkeiten kommen Therapeuten dann auch unabhängig vom Plananalyse-Ansatz zugute [2].

Fähigkeiten, auf denen Plananalyse beruht

Zwischen der Ausarbeitung des Konzeptes, die mit meiner Dissertation einen vorläufigen Abschluß fand, und dem Erscheinen der ersten Ausgabe dieses Buches lag einige Zeit. Das hat zwei Vorteile:

– der Ansatz hatte Gelegenheit zu *reifen*. Nicht einfach von selber, sondern durch konstruktive Auseinandersetzungen zwischen mir und vielen Kolleginnen und Kollegen. Ganz besonders erwähnt seien dabei Klaus Grawe, Urs Wüthrich und Matthias Zingg. Diese vor allem haben durch ihre konzeptionellen Überlegungen und durch ihre empirische Forschungsarbeit dazu beigetragen, manchen wichtigen Punkt noch schärfer herauszuarbeiten. Aber auch Student(inn)en, Praktikan-

Zur Entwicklung des Plananalyse-Ansatzes

---

[1] Dies war u.a. am Schlußpanel des Kongresses der Society for Psychotherapy Research 1991 mit Vertretern verschiedener therapeutischer Orientierungen Hauptthema.

[2] Weitergehend Interessierten steht neben einer größeren Zahl von Publikationen zu einzelnen Aspekten auch meine Dissertation zur Verfügung, in der vielen Details ausführlich nachgegangen wird. Sie ist am Psychologischen Institut der Universität Bern erhältlich. Im übrigen wird vielfach auf weiterführende Literatur verwiesen.

tinnen und Teilnehmer(innen) von Workshops und Seminaren haben – oft wohl ohne es zu merken – in dankenswerter Weise zur Reifung beigetragen.

- das Vertrauen darauf, das hier präsentierte Konzept habe *Bestand* und sei keine Eintagsfliege, ist in der Zwischenzeit noch gewachsen («Bestandhaben» ist dabei relativ zu verstehen, da psychologische Konzepte sich ständig verändern).

Übersicht über das Buch

Die hier vorgelegte zweite Ausgabe enthält keine grundsätzlichen konzeptionelle Änderungen, aber eine Vielzahl kleiner Anpaßungen und eine größere Erweiterung in Kap. 4.3.

Die Motivation der Leser(innen), dieses Buch zu lesen, wird recht unterschiedlich aussehen. Ich möchte deshalb ausdrücklich zum *Vor- und Zurückblättern* auffordern, nachdem ich zur Überzeugung gelangt bin, daß es unmöglich ist, einen Aufbau zu finden, der allen Bedürfnissen gerecht wird. Das Buch ist folgendermaßen aufgebaut: Im ersten Kapitel wird der *Stellenwert von Fallkonzeptionen für die Therapieplanung* aus unserer Sicht erläutert. Im zweiten Kapitel wird in die *Entstehung und theoretische Grundannahmen* des Plananalyse-Konzeptes eingeführt. Im dritten Kapitel ist dargestellt, wie *Fallkonzeptionen* aufgebaut werden können; zur Illustration folgt eine Beispiels-Fallkonzeption. Im vierten Kapitel folgt dann sozusagen das «Handwerk» mit vielen detaillierten Angaben zum *Durchführen von Analysen*: Wer nur ein sehr allgemeines Interesse am Ansatz hat, ist gut beraten, sich hier nicht mit den Details herumzuschlagen, die allerdings für den Praktiker sehr wertvolle Hinweise enthalten. Im fünften Teil wird die Verbindung von Plänen zu *anderen Teilen* menschlichen Verhaltens und Erlebens etwas ausführlicher thematisiert und insbesondere eine Verbindung zu Grawes *Schema-Ansatz* hergestellt, der aus dem Plan-Ansatz hervorgegangen ist. Im sechsten Kapitel folgt eine kurze Darstellung von *Forschungsanwendungen* der Plananalyse.

Die Bemerkungen am Rand und das Register am Schluß sollen die Orientierung insbesondere für jene Leser und Leserinnen erleichtern, die das Buch nicht in einem Zug von vorn bis hinten lesen.

Erleichternd sollte auch sein, daß ich versucht habe, Fachwörter aus bestimmten Ansätzen weitgehend zu vermeiden und, wo immer möglich, umgangssprachlich zu schreiben. Dabei gehe ich allerdings davon aus, daß gewisse psychologische Termini Eingang in die Umgangssprache gefunden haben. Manche Leser und Leserinnen werden vielleicht das Bedürfnis haben, sich ausführlicher mit der expliziten Herleitung der Grundannahmen und mit empirischen Belegen zu beschäftigen. Diese möchte ich auf die bisher erschienen Beiträge zur Plananalyse und die noch andauernden empirischen Untersuchungen verweisen: In diesem Buch steht die Vermittlung der Methode im Vordergrund.

Zum «Plan-» Begriff: Bewußtheit und Rationalität sind nicht notwendigerweise impliziert

Ein paar Bemerkungen noch für Leser, die mit dem *«Plan»-Begriff* Mühe haben. Zwei der Gründe für diese Probleme sind mir am geläufigsten: (1) Der Begriff «Plan» hat umgangssprachlich die *Konnotation von «bewußt und systematisch geplant», «rational», «absichtsvoll»* usw.. Zu Recht erscheint es suspekt, eine therapeutische Analysemethode einseitig darauf begründen zu wollen. Das «Plan»-Verständnis dieses Ansatzes ist aber ein anderes und setzt Rationalität beim Klienten in keiner Weise voraus (s. Kap. 2.2). (2) Pläne mögen aus der Perspektive neuerer Informationsverarbeitungsmodelle als *veraltete* Konzepte betrachtet werden. Es gibt zumindest einen ernstzunehmenden Ansatz, der von traditionellen, sogenannten «symbolischen» Konzepten mit Begriffen wie «Pläne», «Schemata», «Scripts», usw. abrückt, den «Konnektionismus» (Caspar, Rothenfluh & Segal, 1992): In konnektionistischen Modellen sind Systeme in der Lage zu lernen und sich zu entwickeln, ohne die genannten «symbolischen» Einheiten, wie z.B. eben «Pläne», zu benötigen. Der Streit, ob Vertreter traditioneller Modelle oder die Konnektionisten recht haben, ist erst so richtig entbrannt und noch längst nicht entschieden; die Frage ist so wohl auch zu einfach gestellt. Zweifellos hat ein solches «Veraltet!»-Argument bei der Suche nach «wahren» Theorien für menschliches Funktionieren einiges Gewicht. Wir sehen die theoretischen Konzepte des Planansatzes aber als «Perspektiv-Theorien» (vgl. Kap. 2.2.7), die eine bestimmte nützliche Perspektive beim Angehen von Problemen liefern sollen. Mit der Sicht von einzelnen Vertretern des «Konnektionismus», daß Schemata usw. «nützliche Annäherungen» an die Realität sind (z.B. Smolensky, 1988), ist unser Plan-Verständnis durchaus vereinbar. Wir vertreten gleichzeitig die Überzeugung, daß gewisse Aspekte der Dynamik von Störungen und Veränderungsprozessen besser auf der Basis konnektionistischer Modelle zu verstehen sind und die Überzeugung, daß zur praktischen Analyse des gegenwärtigen Funktionierens von einzelnen Patienten traditionelle Modelle v.a. aus der Kosten-Nutzen-Perspektive wahrscheinlich besser geeignet sind.

Auch aus der Sicht von Konzeptionen, die nicht annehmen, daß Pläne wirklich Grundelemente menschlichen Handelns und Erlebens sind, können Pläne als nützliche «erste Annäherungen» betrachtet werden

1. Therapieplanung und individuelle Fallkonzeption

Dieses Kapitel gibt eine Einführung in die Sicht von Psychotherapie, auf der die Plananalyse beruht, wobei vor allem auf die Rolle von Fallkonzeptionen eingegangen wird.

1.1 Therapie: Veränderungen durch geplantes Handeln

Psychotherapie ist ein *gezieltes Vorgehen*, welches erwünschte Veränderungsprozesse begünstigt. Es geht hier um die Frage, wie psychologisch fundiertes (theoretisches und technologisches) Wissen und persönliche Erfahrungsbestände und Annahmen für Anforderungen in der psychotherapeutischen Praxis möglichst gezielt, sinnvoll und ökonomisch zusammengebracht und eingesetzt werden können. Wie das Vorgehen aussehen sollte, welche Veränderungen erwünscht sind und wie Veränderungsprozesse tatsächlich ablaufen, darüber gibt es recht unterschiedliche Vorstellungen.

<small>Psychotherapie als gezieltes, professionelles Vorgehen. Wie kann psychologisches Wissen in der Therapie sinnvoll eingesetzt werden?</small>

Hier wird eine Auffassung vertreten, die Bastine (1982, S. 311) so formuliert: «Der psychotherapeutische Prozeß ist ein prinzipiell geplantes und strukturiertes Geschehen, in dem durch zielgerichtete Operationen des Psychotherapeuten und des Klienten konstruktive Änderungen im Erleben, im Verhalten und in den sozialen Beziehungen des Klienten herbeigeführt werden.»

Daß dabei der Therapeut als Person stärker involviert ist, als aus dieser abstrakten Definition zu erahnen ist, wird im folgenden noch deutlich werden. Auch die *Grenzen der Planbarkeit* gilt es aufzuzeigen. Das ist das generelle Credo unseres Ansatzes: Beobachten, analysieren, sich Klarheit verschaffen und planen, soweit wie möglich und sinnvoll, aber die Grenzen der Durchschaubarkeit und Planbarkeit ebenfalls akzeptieren und respektieren [1].

<small>Ziel: Sich Klarheit verschaffen. Aber: Der Therapeut ist als Person involviert und nicht alles ist durchschaubar und planbar</small>

Gezieltes therapeutisches Handeln beruht auf mehreren *Voraussetzungen* (Abb. 2). Grundlagen therapeutischen Handelns sind *allgemeine Theorien*

<small>Grundlagen therapeutischen Handelns</small>

---

[1] Auch wenn der Plananalyse-Ansatz beansprucht, aufgrund systematischer Beobachtung sinnvolle Schlüsse auch sozusagen über den «Kern» eines Menschen anstellen zu können und uns diesem ein Stück weit anzunähern, halten wir es letztlich mit Wilhelm Busch: «Mein Kind, es sind allhier die Dinge, gleichviel ob große ob geringe, im wesentlichen so verpackt, daß man sie nicht wie Nüsse knackt, wie wolltest du dich unterwinden, kurzweg die Menschen zu ergründen. Du kennst sie nur von außenwärts. Du siehst die Weste, nicht das Herz.»

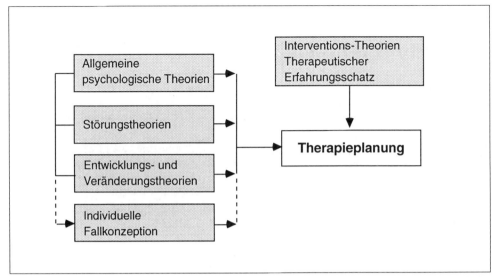

Abbildung 2: Grundlagen therapeutischen Handelns: Die individuelle Fallkonzeption, also das Bild, das sich der Therapeut aufgrund seiner Analyse von einem bestimmten Klienten macht, hat eine zentrale Bedeutung, die Therapie kann aber nicht allein damit bestritten werden (vgl. auch Kap. 3.1).

Erstrebenswert: Ausgewogenes Verhältnis zwischen individueller Analyse und Nutzen von bestehendem allgemeinem Wissen

über das psychische Funktionieren des Menschen [1], wie zum Beispiel Wahrnehmungs- oder sozialpsychologische Theorien, die – explizit oder implizit, bewußt oder unbewußt – das Denken und Handeln eines Therapeuten steuern.

Weiter wird er von bestimmten *Störungstheorien* ausgehen. Diese sind geprägt von der oder den therapeutischen Richtungen, von denen er beeinflußt ist, aber auch von seinen bisherigen therapeutischen und persönlichen Erfahrungen. Er wird auch über mehr oder weniger elaborierte Theorien darüber verfügen, wie Menschen sich zu dem *entwickeln*, was sie zu einem gegebenen Moment sind und wie sie sich weiter *verändern* können. Schließlich wird er Teile dieser Grundlagen mit seinen Beobachtungen bei einem speziellen Klienten *zu einer Fallkonzeption vereinen*. Im Idealfall ist diese Fallkonzeption eine *ausgewogene Kombination* von theoretischem und Erfahrungswissen einerseits, individuellen Beobachtungen beim einzelnen Klienten andererseits: Man sollte weder einem Klienten unangemessene Theorien überstülpen, noch bei jedem Klienten mit großem Aufwand «das Rad neu erfinden». Als Experte ist man es einem Klienten schon aus ethischen Gründen schuldig, nicht mit bloßer naiver mitmenschlicher Neugier (oder einem naiven Helferwillen) an ihn heranzutreten. Vielmehr gilt es, all das zu nutzen, was die Psychologie zur Verfügung stellt, um effizient zu einem Verständnis von einem Menschen zu kommen, das nicht an der Oberfläche oder bei spontan ausgelösten Reaktionen stehen bleibt.

---

[1] Der hier verwendete Theoriebegriff ist relativ weit. Die Gründe dafür werden in Kap. 2.2.7 erläutert. Mit «Störungstheorien», als Beispiel, ist also Wissen über Störungen auch dann gemeint, wenn es nicht in einer Weise entwickelt wurde und organisiert ist, wie man das von einer Theorie im engeren Sinn verlangen würde.

Daß die Vorstellung, Theorien *direkt* für individuelle Analysen und die Therapieplanung nutzen zu können, naiv ist, wurde von mehreren Autoren herausgearbeitet (Westmeyer, 1977, 1987; Bunge, 1967; Foppa, 1984; Scheele, 1982): Es sind mehrere *Transformationsschritte* notwendig, bis man zu technologischen Regeln kommt, die dann direkt in die Therapieplanung einfließen können. Die Vorstellung, Theorien unterschiedlicher Provenienz heuristisch zu nutzen, dürfte auch für Praktiker attraktiver sein als die unrealistische und daher zu Recht vielfach abgelehnte Forderung nach «Anwendung» akademischer Theorien in der Praxis. (vgl. Caspar, 1994).

Theorien können nicht direkt «angewendet» werden: Heuristische Verwendung

Einige technologische Regeln sind recht generell und ihre Anwendung ist wenig abhängig von bestimmten Merkmalen oder Zusammenhängen bei einzelnen Klienten. Dazu gehören zum Beispiel die klassischen Regeln der Rogerianischen Therapie. Der überwiegende Teil dessen, was Therapeuten – schulübergreifend betrachtet – heute an Interventionsmöglichkeiten zur Verfügung steht, kann aber nur dann sinnvoll eingesetzt werden, wenn sie differenziert *für einen Klienten ausgewählt und zugeschnitten*, für ihn und seine spezielle Situation nach Maß konstruiert werden. Auch in der Verhaltenstherapie werden zwar «Standardtechniken» in der Literatur beschrieben. Das darf aber nicht darüber hinwegtäuschen, daß gleichzeitig die Forderung nach der *Begründung* therapeutischen Handelns *in individuellen Fallanalysen* erhoben wird und daß de facto die Mehrheit der Therapeuten ihre Therapien mit individualisierten Strategien bestreitet. Es ist tatsächlich realistischer, therapeutisches Vorgehen nicht als Anwendung von Techniken, sondern vielmehr als einen Prozeß des ständigen Neukonstruierens eines individualisierten Vorgehens zu sehen, bei dem ständig eine Vielzahl von relevanten Faktoren berücksichtigt wird. Solche Faktoren sind, wie oben erwähnt, die individuelle Fallkonzeption, allgemeines Störungs- und Veränderungswissen, Wissen über therapeutische Techniken im Sinne von Prototypen für therapeutisches Vorgehen und weitere professionelle und private Voraussetzungen auf Seiten der Therapeuten (Caspar & Grawe, 1992; Kap. 4.3.1).

Interventionen müssen individuell auf den einzelnen Klienten zugeschnitten werden

«Widerstand» von Klienten gegen gutgemeinte Interventionen ist allen Therapeuten wohlbekannt: Spätestens die Auseinandersetzung mit diesem Phänomen führt uns vor Augen, daß der Erfolg von Interventionen von einer Vielzahl von Aspekten abhängt und daß es gut ist, das von vorneherein in Rechnung zu stellen.

«Widerstand» des Klienten zeigt oftmals, daß wichtige Aspekte vernachlässigt wurden

Wir teilen mit anderen Therapieforschern die Auffassung, daß die Zeiten endgültig vorbei sind, in denen man noch mit vergleichsweise undifferenzierten Methoden bei hochselegierten Klientengruppen gute Erfolge erzielen und daraus universale Wirksamkeitsannahmen ableiten konnte. Psychotherapie wird nie das Mittel werden, mit dem man alle zwischenmenschlichen Probleme lösen kann, aber man kann heute nicht mehr einfach sagen «die Therapie war gut, aber der Klient war ungeeignet»: Der Frage, was man denn getan hat, um für einen gegebenen Klienten in einer gegebenen Situation ein passendes Angebot zu machen, läßt sich heute nicht mehr so leicht ausweichen. Je mehr (schwierigen) Klienten wir uns aber stellen, desto höher werden die Anforderungen nicht erst an unser therapeutisches Interventionsrepertoire, sondern auch bereits an die Qualität unserer Fallanalysen als Basis für die Planung und Beurteilung des

Nicht alles ist «machbar»: Es liegt aber in der Verantwortung des Therapeuten, sich nicht zu leicht zufrieden zu geben und Probleme in der Therapie nicht einfach dem Klienten anzulasten

21

eigenen Handelns. Wir sollten selbstverständlich die Grenzen der Machbarkeit respektieren (und wenn immer möglich *konkret* herausarbeiten in unseren Analysen), aber damit nicht ein Ungenügen unserer Konzepte und unserer Praxis bemänteln (Caspar & Grawe, 1989).

Die Fallkonzeption liefert nur einen Teil der Grundlagen für die Entscheidung, was in der Therapie geschehen soll

Abbildung 2 zeigt deutlich, daß die Therapieplanung nicht auf der Fallkonzeption allein beruht: Die zugrundeliegenden Theorien beeinflussen nicht nur die Fallkonzeption. Von ihnen – neben dem therapie-technologischen Wissen im engeren Sinn – hängt auch ab, welche Interventionen dann tatsächlich in Betracht gezogen werden. Die Fallkonzeption als Momentaufnahme von den gegenwärtigen Strukturen eines Klienten, idealerweise einschließlich eines Verständnisses der wichtigsten Faktoren im Entwicklungsprozeß bis zu diesem Zeitpunkt und der inhärenten Entwicklungsmöglichkeiten, liefert *nur einen Teil der Entscheidungsprämissen* für das therapeutische Vorgehen [1].

Die Fallkonzeption ist aber der Kern therapeutischer Entscheidungen

Weil es zwingend von den gegenwärtigen Strukturen abhängt, *welche* Veränderungen möglich sind und *wie* sie erreicht werden können, *ist die Fallkonzeption aber der Kern therapeutischer Entscheidungen.*

Die Menge möglicher Zielzustände in der Therapie ist grundsätzlich unbeschränkt (Grawe, 1987). Es ist aber möglich, eine generelle *erwünschte Veränderungsrichtung* anzugeben, und die Basis dafür ist die individuelle Fallkonzeption.

1.2 Anforderungen an eine Fallkonzeption

Anforderungen an eine Fallkonzeption

Welchen Anforderungen muß eine Fallkonzeption genügen? Zwei Fragen sind besonders wichtig:

– Wie sind die *Probleme* entstanden, die den Klienten in die Therapie führen und was erhält sie aufrecht?

– Welche Anforderungen ergeben sich für diesen Klienten an die Gestaltung der *therapeutischen Beziehung*?

Der Klient darf nicht auf seine Probleme reduziert werden

Damit werden zwar die Probleme des Klienten als Ausgangspunkt genommen, der Klient darf aber nicht auf seine Probleme reduziert werden. In der Therapie geht es ja nicht nur darum, Probleme zu beseitigen, sondern den Klienten zu unterstützen, ein zufriedenstellenderes Leben zu führen. Das impliziert, daß nicht nur den Problemen, sondern auch dem *positiven Entwicklungspotential* die gebührende Beachtung geschenkt werden muß.

---

[1] Persons (1989) scheint eine andere Position zu vertreten: «Behandlungspläne folgen direkt aus der Hypothese über die Art des zugrundeliegenden Defizites, welches die Probleme des Patienten hervorbringt» (Persons, 1989, S. 37, Übers. F.C.) Nach Auffassung der Plananalyse basiert die Behandlung nicht ausschließlich auf der Fallkonzeption (vgl. Abb. 2). Es mag überflüssig sein, das ausdrücklich festzuhalten, aber wir haben gesehen, daß Auszubildende bisweilen hervorragende Plananalysen machen und dann enttäuscht sind, daß ohne zusätzliches klinisches Wissen und Erfahrung die Analysen nicht alle für die Therapieplanung relevanten Fragen beantworten konnten. Zur Therapieplanung vgl. auch Bartling et al. (1992).

Nach unserer Auffassung entstehen die Probleme, die den Leidensdruck des Klienten ausmachen, in der Regel nicht isoliert. Sie sind *problematische Strategien* oder *Nebenwirkungen von bewußten und unbewußten Strategien*, die ein Mensch entwickelt hat, um seinen wichtigsten (vor allem zwischenmenschlichen) Bedürfnissen nachzuleben. Sie dürfen nicht aus dem Zusammenhang der Lebenspraxis eines Menschen gerissen werden. Weil der Therapeut die Lebenspraxis zunächst nicht kennt, müßte man genauer sagen: Der Therapeut hat sich eine *breite Sicht* von der Lebenspraxis eines Menschen zu erarbeiten, wenn er aus einem ganzheitlichen Verständnis realistische Veränderungsentwürfe ableiten will. Eine solche breite Sicht schließt ein Verständnis der *zwischenmenschlichen Bedürfnisse* des Klienten *in der Therapie* mit ein. Der Therapeut ist ja in erster Linie auch ein Mensch, an den Bedürfnisse und Emotionen gerichtet werden [1]. Der zweite Aspekt, der Beziehungsaspekt, ist also automatisch Teil einer ganzheitlichen Sicht.

Ein breites Verständnis des Klienten ist notwendig

Eine solche hat – das ist eine weitere Anforderung – idealerweise sämtliche Aspekte menschlichen Verhaltens und Erlebens zu berücksichtigen. Der situative Kontext ist zudem in einer angemessenen interaktionistischen Weise zu berücksichtigen. Diese Forderungen mögen als *Ideal* ohne weiteres einleuchten. Wie es um die Einlösbarkeit steht, wird aber klar, wenn man sich in Erinnerung ruft, daß sämtliche bestehenden klinischen Ansätze ihnen nur teilweise entsprechen und neben Stärken mehr oder weniger Schwächen aufweisen. Das gilt selbstverständlich auch für das Plananalyse-Konzept. Wenn künftige Konzepte Einseitigkeiten gänzlich vermeiden könnten, wäre das doch eher überraschend.

Diesen Forderungen – ganzheitliche Sicht unter Berücksichtigung aller Aspekte des Verhaltens und Erlebens in einer interaktionistischen Konzeption [2] – kann nach unserer Überzeugung praktisch kaum entsprochen werden. Die *nächste Annäherung* an ein solches Ideal erlauben Konzepte, die flexibel genug sind, alle *potentiell zur Verfügung stehenden Informationen tatsächlich zu nutzen*. Konkret bedeutet das insbesondere auch, nonverbale Informationen systematischer zu nutzen, als die meisten von uns das gewohnt sind und als die meisten anderen Konzepte das nahelegen: Nonverbale «Werkzeuge der Interaktion» sind effizient, weniger leicht bewußt zu verfälschen und schlicht unverzichtbare Informationsquellen, wenn es um den Zugang zu Aspekten geht, welche den Klienten nicht oder nur teilweise bewußt und daher der Introspektion weniger zugänglich sind.

Die Forderung ist idealistisch: Wie kann ihr am ehesten entsprochen werden?

Es ist leicht, solche Forderungen zu erheben, schon schwerer, ihnen zu genügen und noch einmal schwerer, dabei nicht ein Monstrum an *Komplexität* zu gebären. Bei zunehmender Komplexität eines Ansatzes nimmt

---

[1] Psychoanalytische Ansätze haben sich damit unter dem Begriff «Übertragung» besonders ausgiebig beschäftigt. Das Phänomen ist aber weder an psychodynamisch fundierte Therapien, noch an psychodynamische Betrachtungsweisen gebunden. Selbstverständlich gilt auch das Umgekehrte, psychoanalytisch als «Gegenübertragung» bezeichnet, daß der Therapeut Bedürfnisse und Emotionen gegenüber dem Klienten entwickelt.

[2] Die Begriffe «interaktionistisch» (d.h. die Konzeptionalisierung des Individuum-Umgebungs-Bezuges strikt im Sinne einer ständigen wechselseitigen Beziehung) und «interaktionell» dürfen nicht verwechselt werden.

Bei zunehmender Komplexität mag die «Richtigkeit» eines Ansatzes zunehmen; die «Nützlichkeit» nimmt ab

sein Nutzen, obwohl er «eigentlich» immer angemessener wird, wieder ab (Herrmann, 1979). Sowohl von seinem Theoriegefüge her als auch in der konkreten Anwendung darf ein Ansatz ein bestimmtes Maß an Komplexität nicht überschreiten.

Es ist ja eigentlich erstaunlich, daß einerseits wohl jedem einleuchtet, wie sinnvoll es ist, für jeden Klienten eine individuelle, konzeptuell dem aktuellen Stand der Psychologie entsprechende Problemanalyse durchzuführen, daß die Praxis davon aber weit entfernt ist. Es gibt kaum Ausnahmen von der Regel, daß entweder relativ simple Konzepte konsequent angewendet werden oder daß zwar differenzierte Konzepte vertreten, in der Praxis aber nicht konsequent und explizit umgesetzt werden können; damit hängt es wieder sehr von Zufällen und Willkür ab, welche Aspekte beim konkreten Fall gerade beachtet werden (Caspar, 1987b).

Möglichkeiten, Komplexität zu reduzieren

Eine Möglichkeit, Komplexität zu reduzieren, besteht darin, Zusammenhänge aus einer *bestimmten Perspektive* anzuschauen. Bei der Plananalyse geschieht genau das: Die Struktur der Motive eines Individuums und der Mittel, die es für sie einsetzt, steht im Vordergrund der Betrachtung. Sie ergibt das Grundmuster, von dem aus individuelle Eigenarten wie Gefühle, die Bedeutung von Situationen, Symptome, lebensgeschichtliche Ereignisse usw. betrachtet werden. Diese werden dadurch nicht zu Epiphänomenen degradiert: Das wäre ein unerträglich reduktionistischer Umgang mit diesen Phänomenen. Der Ansatz ist aber getragen von der Grundüberzeugung, daß es besser ist, *einen* Aspekt klar in den *Vordergrund* zu stellen, als sich im an sich berechtigten, aber aussichtslosen Bestreben zu verlieren, *jeden* Aspekt menschlichen Verhaltens mit einer eigenen, gerade diesem Aspekt gerecht werdenden Perspektive zu berücksichtigen oder gar auf einen Ansatz zu hoffen, der wirklich *alle* Aspekte gleichzeitig «angemessen» berücksichtigt. Das heißt nicht, die anderen Aspekte entgegen der oben erhobenen Forderung zu vernachlässigen, aber sie eben erklärtermaßen in einer *bestimmten* Perspektive zu betrachten.

Diese Perspektive einzunehmen muß nicht dazu führen, die Berechtigung anderer Standpunkte zu negieren. Es mag sogar notwendig sein, sie ergänzend zu berücksichtigen: Mit der Plananalyse kommt man recht weit im Verständnis von Menschen, aber *alles* kann man damit selbstverständlich nicht verstehen.

Voraussetzungen für die nutzbringende Lektüre

Diese Haltung und die Entscheidung gerade für diesen Aspekt wird noch genauer zu begründen sein. Eine gewisse grundsätzliche Bereitschaft, eine solche Haltung einzunehmen, ist aber Voraussetzung für eine nutzbringende Beschäftigung mit dem Plan-Ansatz. Das ist der Grund, das bereits hier anzusprechen.

Eine weitere Voraussetzung sei gleich angefügt: Die Bereitschaft, zumindest in der Lernphase tatsächlich *explizite, detaillierte* Fallanalysen zu erarbeiten. Einige der Heuristiken aus dem Plananalyse-Ansatz lassen sich sinnvoll verwenden, auch ohne daß man sich mit all den lästigen Details herumschlägt. Wir sind aber der Überzeugung, daß die Vorteile des Ansatzes umso mehr zu Buche schlagen, je mehr von den insgesamt zur Verfügung stehenden Heuristiken tatsächlich genutzt werden. Zweifellos läßt sich vieles automatisieren, impliziter und weniger zeitaufwendig erledigen, wenn man erst einmal einen gewissen Erfahrungsstand erreicht hat. Erfahrene Plananalytiker können sehr schnell sein und auch ohne aufgezeichnete Planhierarchien zu wichtigen Erkenntnissen kommen. Aber auch sie sehen manchmal wichtige Zusammenhänge erst, wenn sie sich etwas mehr Zeit für eine gründlichere Analyse nehmen.

«Des Therapeuten liebster Entscheidungsbaum ist der Gummibaum» hat N. Hoffmann einmal im Gespräch gesagt und tatsächlich nehmen viele Therapeuten es bei der Analyse nicht so genau. Es soll hier selbstverständlich nicht moralisiert werden; die Gründe sind ja zum allergrößten Teil sehr akzeptabel (Caspar, 1987b). Dennoch ist es gerade für die Therapeuten, die nicht viel auf Theorien geben und lieber auf ihre Erfahrung vertrauen, eminent wichtig, genau nachvollziehen zu können, welches die individuellen Voraussetzungen waren für die Veränderungsprozesse, die sie bei einem Klienten beobachtet haben. Nur so läßt sich entscheiden, ob Erfahrungen von einem Klienten auf einen anderen übertragbar sind.

Wenn einem Leser – aus was für Gründen auch immer – die Möglichkeit fehlt, den Plananalyse-Ansatz bei einer gewissen Anzahl von Klienten wirklich auszuprobieren, wird er nur einen Teil der zum Ansatz gehörenden Heuristiken nutzen können.

Der Aufwand beim Durchführen der ersten Analysen ist vor allem Lern-Aufwand und nicht zu vergleichen mit dem Zeitaufwand für erfahrene Analytiker. Ins Gewicht fällt dabei vor allem das Einüben gewisser Fertigkeiten und das Klären von Positionen und Sichtweisen, was für einen Therapeuten eigentlich ohnehin unentbehrlich ist. Es ist nicht die Plananalyse an sich, welche diesen Aufwand erfordert. Sie macht nur unausweichlich klar, wo diese Voraussetzungen noch fehlen. Wo die Voraussetzungen gegeben sind – konkret zum Beispiel die Fähigkeit zum Beobachten nonverbaler Verhaltensaspekte und die Sicherheit in ihrer Interpretation – ist der Lern-Aufwand denn auch deutlich reduziert.

Der Aufwand beim Durchführen der ersten Analysen ist vor allem Lernaufwand

2. Das Modell

In diesem Kapitel werden Hintergrund und theoretische Basis des Plananalyse-Ansatzes diskutiert. Es beginnt mit einigen Informationen zur historischen Entwicklung des Ansatzes. Das ist insofern von Interesse, als Einsicht in die Entwicklung erfahrungsgemäß hilft, zu verstehen, was zum Plananalyse-Ansatz gehört, warum wir diese Teile für wichtig halten und in welchem Verhältnis der Plananalyse-Ansatz zu anderen Konzepten steht.

2.1 Anliegen und Geschichte des Plananalyse-Ansatzes

«Ich wollte ein berühmter Schulmeister sein, aber außer diesem Ziele, in täuschender Nähe, stellten sich mir andere Punkte auf, nach denen meine Lust steuerte, mir auch unbemerkt. Ich wollte Junge, Lustige sein, ein Hübscher und Kurzweiliger, wollte eine reiche Frau, wollte, daß mich die Leute hochhielten über alle anderen aus. Diese Wünsche lagen also zum Teil neben dem eigentlich aufgesteckten Ziel, zum Teil nicht; ...».
Jeremias Gotthelf hat in «Leiden und Freuden eines Schulmeisters»[1] trefflich formuliert, wie die Lebensgestaltung eines Menschen bestimmt wird durch eine Vielfalt von *Zielen*, teils *bewußt*, teils *nicht oder weniger bewußt*, teils voneinander *unterscheidbar*, teils miteinander *verbunden*, zum Teil der Lebenserhaltung (dem Broterwerb) dienend, zum großen Teil aber *zwischenmenschlichen Bedürfnissen*. Im folgenden schreibt er auch über die zweite Komponente, nämlich über die *Mittel*, welche den genannten Zielen dienen. Vor allem nennt er dann auch *Komplikationen*, die sich ergeben können, wenn ein Mensch versucht, nach seinen wichtigsten Plänen zu leben.

Ziele, Mittel, «Komplikationen»

Was hier literarisch thematisiert wird, ist in nüchterner Form auch Gegenstand dessen, was im folgenden als Plananalyse bezeichnet wird: Ihre wichtigsten Kernannahmen decken sich mit dem, was Gotthelf über das Leben des Schulmeisters schreibt.
Der Begriff «Plan», wie er im Ansatz der Plananalyse verwendet wird, hat im klinischen Gebrauch eine veränderte Bedeutung gewonnen, geht aber ursprünglich auf Miller, Galanter und Pribram (1960) zurück. Diese verwendeten den Begriff *im Gegensatz zum umgangssprachlichen Ge-*

Planbegriff: In Anlehnung an Miller, Galanter & Pribram (1960), aber veränderte Bedeutung im klinischen Gebrauch.
Nicht: «bewußt», «planvoll», usw. im umgangssprachlichen Sinn!

---

[1] Birkhäuser Verlag, Basel 1984, 2. Bd., S. 260; den Hinweis auf die Stelle verdanke ich Beat Thommen.

brauch [1] – aber von der Sache her ganz im Sinne Gotthelfs – nicht nur für absichtsvolles, bewußtes Handeln: Gemeint waren so etwas wie «Handlungsprogramme», die auch *unbewußt sein* und oft nur aus dem zwischenmenschlichen Verhalten *hypothetisch erschlossen* werden können. «Pläne» sind für sie die zentrale Analyse-Einheit für menschliches Handeln schlechthin.

Jeder Plan besteht aus einer Ziel-Komponente und den Mitteln, dieses Ziel zu erreichen, der sogenannten Operations-Komponente. Pläne sind hierarchisch organisiert (s. Abb. 1, S. 12): Ein Plan kann als Mittel einem anderen Plan «dienen», das heißt, er ist ihm dann hierarchisch untergeordnet. Ein *über*geordneter Plan bestimmt die *Ziel*komponente eines *unter*geordneten Planes, der ihm als *Mittel* dient.

Handeln: Bedürfnisse und Strategien

Menschliches Handeln läßt sich verstehen als Versuch des Individuums, in einer gegebenen, aber auch veränderbaren Umwelt die wichtigsten *Grundbedürfnisse* zu realisieren. Die hierarchische Struktur der Pläne kann gleichgesetzt werden mit der Gesamtheit der *Strategien*, die ein Mensch im Lauf seines Lebens dazu entwickelt hat (Gasiet, 1981).

Pläne: Ursprünglich Antwort auf behavioristische Theorien

Die behavioristischen Lerntheorien hatten als kritische Antwort auf tiefenpsychologische Sichtweisen mit ihrer einseitigen Betonung intrapsychischer Mechanismen weite Verbreitung gefunden. Miller, Galanter und Pribram traten nun als Kritiker des Behaviorismus auf. Sie versuchten mit ihrem Plan-Konzept das einfache behavioristische Verstärkermodell zu überwinden, indem sie menschliches Verhalten als *hierarchisch organisiertes, zielgerichtetes Handeln* konzipierten. In diesem Modell sind innere und äußere Einflüsse untrennbar miteinander verbunden.

Anfänge des Plan-Ansatzes in der Klinischen Psychologie

Auch in der *Klinischen Psychologie* wurde einige Zeit später das Anliegen dringlich, der Psychotherapie anstelle behavioristischer Lerntheorien geeignetere Modelle zugrundezulegen: Für viele Jahre war das behavioristisch-lerntheoretische Funktionsmodell und Analysevorgehen sehr populär gewesen, und viele Therapeuten verbanden damit große Erwartungen. Andererseits tauchten bereits kurz nach dem Erscheinen umfassenderer Veröffentlichungen zu diesem Ansatz in deutscher Sprache (z.B. Kaminski, 1970; Schulte, 1974) [2] ernste Zweifel auf: Reduziertes Menschenbild und daraus abgeleitetes analytisches Vorgehen der traditionellen Verhaltenstherapie wurden je länger je mehr als unzulängliche Mittel angesehen, Klienten in ihrem Verhalten und Erleben, einschließlich der Entstehung ihrer Probleme und ihres Verhaltens in der Therapie, zu verstehen. Die Suche nach geeigneten *Alternativen* war ein konsequenter Schritt, nachdem traditionelle lerntheoretische Erklärungen mehr und mehr als reine Sprachspiele empfunden wurden, bei aller Anerkennung dafür, was wir vom Behaviorismus gelernt haben.

«Vertikale Verhaltensanalyse» als Vorgänger der «Plananalyse»

Auch K. Grawe und andere suchten etwa seit 1975 intensiv nach besseren Modellen. Kern des 1977 veröffentlichten Ansatzes der *«Vertikalen Ver-*

---

[1] Das erste Buch in der modernen Psychologie -aber vor Miller, Galanter & Pribram- mit dem Begriff «Plan» im Titel, «The Plans of Men» von L.W. Dobb (Yale University Press, 1940), benutzt den Begriff im umgangssprachlichen Sinn.

[2] Zur Entwicklung der Problemanalyse in der Psychotherapie allgemein, Caspar (1987b).

haltensanalyse» (Grawe & Dziewas, 1978) war das Plan-Konzept von Miller, Galanter und Pribram. Eine Verwendung dieses Konzeptes schien sinnvoll, wenn man davon ausging, daß auch zwischenmenschliches Verhalten im Sinne von Planstrukturen organisiert ist. Interaktionsverhalten oder eben «interaktionelle Pläne» wurden zunächst völlig von Symptomen absehend allgemein analysiert. Dies erschien sinnvoll, wenn sowohl psychische Probleme eines Patienten als auch Probleme des Beziehungsverhaltens in der Therapie im Kontext seiner allgemein zwischenmenschlichen Strategien betrachtet werden sollten.

Auch zwischenmenschliches Verhalten hierarchisch organisiert. Psychische Probleme in Zusammenhang mit zwischenmenschlichen Strategien

Der Begriff *«vertikal»* greift das Prinzip der *hierarchischen Organisation* auf: Mit der Suche nach einem differenzierteren Verständnis des Verhaltens innerhalb der Struktur übergeordneter Ziele oder Motive wurde versucht, Schwächen der «horizontalen» Verhaltensanalyse zu überwinden, bei denen der Ausgangspunkt die horizontale Verkettung von Reiz, Reaktion und Konsequenzen auf der Zeitachse war. Grawe und Dziewas faßten die «vertikale Verhaltensanalyse» als Alternative zur klassischen behavioristischen, «horizontalen» Verhaltensanalyse auf.

Motiviert war die Entwicklung der «vertikalen Verhaltensanalyse» allerdings vor allem durch den Wunsch, Interaktion in psychotherapeutischen Gruppen zu verstehen und besser zu handhaben. Von einem umfassenden Ansatz der Problemanalyse konnte noch gar nicht die Rede sein. Theoretisch und in der praktischen Anwendung ließ der Ansatz erklärtermaßen noch viele Fragen offen.

Allmählich wurden die Konzepte weiter ausgebaut: Ein großer theoretischer Sprung vorwärts war der Beitrag von Grawe 1980. Vor allem Bezüge zum Informationsverarbeitungsansatz wurden expliziter ausgearbeitet. Eine erste etwas umfassendere Problemanalyse wurde beispielhaft skizziert, das Umsetzen in der Therapieplanung diskutiert.

Ausbau des Ansatzes

Doch vom Zustand eines ausgearbeiteten Verfahrens der klinischen Problemanalyse war die Plananalyse immer noch weit entfernt. Das war insbesondere von Kollegen zu vernehmen, die – angetan von den Ideen – eine eigene konkrete Umsetzung versuchten und in der Regel schnell auf eine ganze Reihe von Schwierigkeiten stießen. Vor allem als Instrument zum Nachvollziehen der Entstehung und der Aufrechterhaltung von psychischen Problemen war das Plankonzept in keiner Weise hinreichend ausgebaut. Theoretisch stellte sich unter anderem die Frage, wie man mit Phänomenen von offensichtlicher klinischer Bedeutung umgehen sollte, die nicht mit Instrumental-(Mittel-Zweck-) Relationen in die Plan-Hierarchien einzufügen waren. Wie können zum Beispiel Gefühle zu Plänen in Beziehung gesetzt werden?

Hier setzte der Autor an: Einerseits ging es darum, die Plananalyse als Methode auszubauen, andererseits zu Forschungszwecken Analysen so detailliert durchzuführen, daß behebbare, aber auch grundsätzlichere Mängel des Konzeptes, so wie es damals aussah, deutlich wurden. So wurde z.B. sehr klar, daß dem Ansatz hinreichende Vorstellungen fehlten, wie *Veränderungen* – spontan und in der Therapie – erklärt und vorausgesagt werden konnten. Das trug zur Entwicklung der «Schema-Theorie» von Klaus Grawe (1986, 1987) bei. Diese übergreifendere Theorie schließt eine Veränderungstheorie und Konzepte für ein heuristisches Verständnis therapeutischen Handelns ein und macht den Stellenwert der

Analyse von Plänen klar: Diese wird vorausgesetzt als Mittel zum Erarbeiten einer «Momentaufnahme» vom Funktionieren eines Klienten mit einem Primat der instrumentellen Perspektive. Damit ist die Plananalyse als Methode nicht festgelegt auf eine Einbettung in die Schema-Theorie im Sinne von Grawe. Es wird aber noch einmal ganz deutlich, daß die Plananalyse nicht mit dem Anspruch auftritt, eine umfassende klinisch-psychologische Theorie zu sein. Sie ist eine Perspektiv-Theorie im Sinne von Foppa (1984, s. Kap. 2.2.7), verbunden mit einer konkreten Methodik, die beide nur für gewisse Fragen nützlich zu sein beanspruchen, allerdings für therapeutisch sehr zentrale Fragen.

Plananalyse-Ansatz als Perspektivtheorie, verbunden mit konkreter Methodik

Ein Effekt der «Reifung» des Ansatzes – in der Einleitung bereits angesprochen – war zweifellos eine Veränderung in der Auffassung, welchen Stellenwert das Plankonzept im Verhältnis zu anderen Konzepten *idealerweise* einnehmen sollte. Viele Jahre lang habe ich das Konzept als Modell gesehen, das bereits sehr stark darin ist, Therapeuten zu helfen, sich einen Reim auf die Phänomene zu machen, mit denen man in der Therapie konfrontiert ist. Zurückblickend scheint das insofern auch verständlich, als das Plankonzept einige Schwächen bestehender Modelle *nicht* aufwies, wie zum Beispiel die einseitige Konzentration auf Verhalten oder Motive. Hinter der manchmal mühseligen Praxis des Analysierens und des Weiterentwickelns der Konzepte steckte motivierend die Vision, daß es nur eine Frage von Zeit, Kreativität und Fleiß sei, den Ansatz so auszubauen, daß er «alle» relevanten Phänomene im Therapiegeschehen verstehbar machen würde. Das erklärte Ziel, durch akkurate Analyse Mängel möglichst klar aufzuzeigen und zu beschreiben, wurde als unmittelbare Voraussetzung für die Weiterentwicklung gesehen. Zweifellos wurde das teilweise auch erreicht: So hat die «Schema-Theorie» als eine ihrer Wurzeln die Selbstkritik des Plan-Ansatzes, während gleichzeitig die Plananalyse-Methode nutzbringend weiterverwendet wird. Unter welchem «Label» die neuen Entwicklungen laufen und ob das Erbe des Planansatzes dabei aufgeht in einem neuen, gleichzeitig von vielen weiteren Ideen beeinflußten Konzept, ist dabei nicht von grundsätzlicher Bedeutung. Wichtig erscheint nur, daß die hierarchisch-instrumentelle Analyse weiterhin den ihr gebührenden Stellenwert bekommt.

Stellenwert des Plan-Ansatzes neben anderen Konzepten

Ich bin aber zu einer anderen Auffassung gekommen, was den *«idealen Ausbaustand»* des Planansatzes betrifft. Das Plananalyse-Konzept soll für den Therapeuten eine eng umrissene Funktion behalten, die bereits umschrieben wurde: Für einen Klienten eine *Momentaufnahme* aus einer ganz bestimmten, nämlich der *instrumentellen Perspektive* vorzunehmen. Daß die Momentaufnahme auch eine Geschichte und ein Potential für die Zukunft enthält, ändert nichts daran, daß die Gegenwart im Vordergrund steht.

Andere Aufgaben und Perspektiven müssen von anderen Ansätzen wahrgenommen werden. Das Plananalyse-Konzept sollte nur diejenigen theoretischen Vorannahmen machen und die praktischen Heuristiken liefern, die zur Erfüllung ihrer in diesem Buch beschriebenen Aufgaben *wirklich* notwendig und nützlich erscheinen.

Ein gewisser Korpus an inhaltlichen Annahmen ist zum Erschließen und Nutzen von Plänen zweifellos nötig: Annahmen zur zwischenmenschlichen Interaktion begründen zum Beispiel, warum auf nonverbale Verhaltensaspekte geachtet werden soll; Annahmen zur menschlichen Informationsverarbeitung begründen, warum bei der Aktivierung von Schemata der instrumentelle Aspekt wichtig ist; Annahmen zum Wesen depressiver Störungen begründen spezielle Heuristiken zum In-Beziehung-Setzen von Plänen und Symptomen bei Depressionen usw. Der Plananalyse-Ansatz soll dabei aber eine *«schwache Theorie»* bleiben. Eine «schwache Theorie» ist eine Theorie, die möglichst wenig spezifische Aussagen macht, «sparsam» ist («Parsimonität», vgl. z.B. Ericsson & Simon, 1984).

<small>Sparsamkeit der Annahmen</small>

Die Stärke «schwacher» Theorien ist, daß sie «robust» sind, das heißt möglichst wenig Elemente enthalten, die mit anderen plausiblen und für denselben Bereich relevanten Theorien unvereinbar sind. Ein «nützliches» Werkzeug, als das man den ganzen Ansatz betrachten kann, sollte auf wenigen, möglichst unumstrittenen Annahmen beruhen.

<small>Die Stärke «schwacher» Theorien</small>

Zum «Annahmenkern» des Plananalyse-Ansatzes gehört z.B. die interaktionistische Auffassung des Individuum-Umwelt-Bezuges (s. Kap. 2.2.1): Mit Theorien, die diesen Bezug anders konzipieren, ist der Plananalyse-Ansatz nicht vereinbar. Insgesamt macht der Ansatz aber relativ wenige Vorannahmen, welche die «Robustheit» einschränken würden.

Das bringt – verglichen mit «stärkeren» Theorien – eine wesentlich *größere Kompatibilität* mit anderen Ansätzen mit sich, die für andere Aspekte des Therapiegeschehens stehen. Sogar für so grundlegende Aspekte des Therapieprozesses, wie die Frage, wie Veränderung überhaupt zu verstehen ist, gibt es zwar eine Vielzahl von sich teils ergänzenden, teils konkurrierenden Modellen, aber kein genaues, ausreichendes Verständnis. In vielen von diesen Modellen stecken neben problematischen Annahmen und Verzerrungen – die nicht selten auf den persönlichen Erfahrungshintergrund ihrer Vertreter zurückzuführen sind – über viele Arbeitsjahre kondensierte nützliche Erfahrungen. In dieser Situation haben «schwache» Theorien mit einer größeren Offenheit gegenüber anderen Ansätzen einen unschätzbaren Vorteil gegenüber «starken», weniger robusten Theorien [1]. Dieser Vorteil ist der Gewinn aus dem Aufgeben des Anspruches beziehungsweise der Vision, für «alles» ein angemessenes Verständnis zur Verfügung stellen zu können.

<small>Größere «Robustheit», höhere Kompatibilität</small>

---

[1] Ein Vergleich zum in mancher Hinsicht ähnlichen «Plan-Diagnosis»-Konzept (Weiss, Sampson et al., 1986) mag verdeutlichen, was gemeint ist: Dieser Ansatz beruht auf einer psychodynamischen Theorie, welche das Testen pathogener Annahmen des Patienten in der Therapiesituation und seine Schuldgefühle betont. Das verleiht ihm zwar in vielen Fällen eine ganz besondere Potenz, macht ihn in anderen aber blinder oder zumindest schlechter kompatibel mit anderen nützlichen Ansätzen. Die Kompatibilität kann hergestellt werden, wenn der Ansatz auf wenige Kernannahmen reduziert wird, was aber sicher gar nicht im Sinne der meisten seiner Vertreter wäre.

2.2 Der theoretische Hintergrund

Im letzten Abschnitt wurde ein Überblick über die Hauptanliegen und die historische Entwicklung des Plananalyse-Ansatzes gegeben. Mit diesem Hintergrund sollte es leichter fallen zu verstehen, warum die theoretischen Annahmen, auf denen der Plananalyse-Ansatz beruht, gewählt oder entwickelt wurden. Im folgenden werden nun diese Annahmen im einzelnen vorgestellt.

2.2.1 Die interaktionistische Sicht und die Struktur der Pläne

Interaktionistische Konzepte: Weder innere noch äußere Anteile einseitig im Vordergrund

In der Grundlagen-Psychologie ist eine interaktionistische Sicht des Menschen verbreitet. Das heißt, menschliches Verhalten und Erleben werden weder einseitig aus *inneren Veranlagungen* oder *Persönlichkeits-Eigenschaften*, noch einseitig aus *steuernden Einflüssen der Umwelt* erklärt. Der Mensch wird vielmehr als Wesen gesehen, das mit seiner Umwelt in einem ständigen motivierten Austausch steht. Sein Inneres und die Umwelt stehen dabei in *echter Wechselwirkung*. Das heißt: Was wir beim

Echte Wechselwirkung

Menschen beobachten oder über sein Funktionieren erschließen können, ist nicht einfach eine Summe oder ein Produkt von Innerem und Äußerem. Das Innere ist vielmehr entstanden aus einem aktiven Auseinandersetzungsprozeß mit der – vor allem zwischenmenschlichen – Umgebung, in welcher ein Mensch sich befindet. Wie er die «objektive» Umwelt für sich verarbeitet, hängt umgekehrt in starkem Maße von den überdauernden Voraussetzungen ab, die er in eine Situation einbringt. Damit sind vor allem Handlungs- und Wahrnehmungsschemata gemeint, die aufgrund der früheren Erfahrungen herausgebildet und die nun – angemessener- oder unangemessenerweise – auf die neue Situation übertragen werden. Um zum interaktionistischen Hintergrund nur drei Namen zu nennen: Mischel (1973) hat ganz grundsätzlich für eine interaktionistische Sicht des Menschen plädiert, Neisser (1979) und Piaget (1981, mit seinem Assimilations- und Akkommodations-Konzept) haben konkret herausgearbeitet, in welcher Weise das Innere eines Menschen mit der Umwelt in aktiven Prozessen verwoben ist [1].

Der Mensch als zielgerichtet handelndes Wesen

Der Plananalyse-Ansatz geht in Einklang mit einer Reihe von anderen Ansätzen (z.B. Aebli, 1980, 1981; von Cranach, Kalbermatten, Indermühle & Gugler, 1980; Adler, 1924/1974; Schafer, 1982 mit seiner modernen handlungstheoretischen Variante psychodynamischer Ansätze) davon aus, daß *der Mensch als zielgerichtet handelndes Wesen* zu verstehen ist: Mit seinem Handeln versucht ein Mensch, einen wahrgenommenen Zustand in einen erwünschten Zustand zu transformieren. Das ist hier bewußt etwas abstrakt formuliert, weil dabei von einem sehr weiten Handlungsbegriff ausgegangen wird: Er schließt neben bewußten (z.B. ein verbaler Angriff auf einen Konkurrenten) auch *unbewußte* Operatio-

---

[1] Der Begriff «interaction» wird allerdings nicht einheitlich verwendet: So benutzt Pervin (1968) den Begriff «transaction» für reziproke, «interaction» für unidirektionale Einflüsse. Zur Wechselwirkung siehe auch Bandura (1977).

nen mit ein (z.B. die Körperhaltung im Hinblick auf ihre Ausdrucksfunktion) und meint nicht nur auf die Umgebung gerichtetes Handeln, sondern auch *«intrapsychische» Operationen* der Wahrnehmung, des Denkens, des Phantasierens. Bei einem sich anbahnenden Flirt ist also z.B. nicht nur das beobachtbare Gesprächsverhalten gemeint, sondern auch die in eine bestimmte (idealisierende) Richtung verzerrte Wahrnehmung der anderen Person, das Aushecken von Werbestrategien und das reales Handeln begleitende (oder ersetzende) Phantasieren. Pläne, bei denen eine Wirkung auf andere Menschen im Vordergrund steht, werden hier als *«interaktionelle Pläne»* bezeichnet, solche, bei denen die innere Regulation im Vordergrund steht als *«intrapsychische Pläne»*. Dabei ist aber zu beachten, daß solche Pläne in der hierarchischen Struktur untrennbar miteinander verwoben sind, so daß immer wieder intrapsychische Pläne Teile von interaktionellen Plänen sind und umgekehrt [1].

Weiter Handlungs-Begriff: Unbewußte und «intrapsychische» Operationen eingeschlossen

Mit «Zuständen» sind oben dementsprechend auch nicht nur äußerlich objektivierbare Zustände, sondern z.B. auch bestimmte *Wahrnehmungen* über sich selber, andere Menschen oder die Welt überhaupt gemeint. Was Handlungen auch in diesem weiten Sinne nach wie vor abgrenzt von anderen psychischen Phänomenen, ist ihre Zielgerichtetheit oder – weil Bewußtheit ja nicht vorausgesetzt wird – vielleicht besser: Ihre Instrumentalität für bestimmte Zwecke.

«Herstellen von Zuständen» schließt «Herstellen von Wahrnehmungen» ein

Menschliche Aktivitäten haben die Tendenz, dann entwickelt und aufrechterhalten zu werden, wenn sie eine bewußte oder unbewußte *instrumentelle Funktion* haben, einen Zweck erfüllen. Die Plananalyse ist zunächst nichts anderes als ein konsequenter Versuch, Aktivitäten eines Klienten daraufhin anzuschauen, ob und gegebenenfalls wie sie in diesem Sinne instrumentell erklärt werden können.

Plananalyse als Versuch, Aktivitäten aus der instrumentellen Perspektive zu betrachten

Pläne sind die *zentrale Analyse-Einheit* des Plananalyse-Ansatzes. Pläne bestehen – wie bereits in Abbildung 2 veranschaulicht – aus Ziel und Operation, das heißt dem oder den Mitteln, die eingesetzt werden, um ein bestimmtes Ziel zu erreichen. Die Plananalyse berücksichtigt damit stets sowohl den Motivations- als auch den Fähigkeitsaspekt, im Gegensatz zu anderen Ansätzen, die das eine oder andere einseitig vernachlässigen. Hier liegen ja die *zentralen Schwächen von Psychoanalyse einerseits, Behaviorismus andererseits*. Der Plananalyse-Ansatz steht diesbezüglich in einer integrierenden Position.

Pläne als «zentrale Analyseeinheit» Motive und Fähigkeiten berücksichtigt

In aller Regel kann ein Ziel nicht mit dem Einsatz nur eines Mittels erreicht werden: Wenn man sich die Zuneigung eines bestimmten Menschen erhalten will, schenkt man ihm ja nicht einfach einmal eine Blume oder ein schönes Buch, sondern ruft ihn an, trifft ihn, zeigt Mitgefühl und Interesse, zieht sich attraktiv an usw. Mittel können austauschbar sein (wie ein Buch gegen einen Blumenstrauß), können sich ergänzen (wie ein Geschenk und das Sich-attraktiv-Anziehen) oder aufeinander aufbauen (wie ein Anruf zum Sich-Verabreden und das anschließende Treffen).

---

[1] Es stellt sich sogar die Frage, ob es überhaupt sinnvoll ist, zwischen diesen zwei Arten von Plänen zu unterscheiden». Wir tun es im folgenden vor allem, um hervorzuheben, wie wichtig beides ist.

Sequentielles Prinzip vorausgesetzt	In anderen Bereichen der Psychologie, z.B. bei Handlungsanalysen im Bereich der Arbeit, ist das *«sequentielle Prinzip»* sehr wichtig, also die Frage, wie das Ineinandergreifen bei einer Folge von Handlungen genau aussieht. In der Klinischen Psychologie ist das sequentielle Prinzip natürlich ebenfalls vorauszusetzen, es ist aber nur in besonderen Fällen einer genaueren, individuellen Betrachtung wert, z.B. wenn es darum geht, die Dynamik der Entwicklung von Problemen in einer bestimmten Situation zu verstehen (Caspar & Tuschen, 1987). Schiepek (Schiepek, Schütz, Köhler, Richter & Strunck, 1995) verwendet das Plananalysekonzept für bestimmte Fragestellungen explizit auch aus sequentieller Perspektive, indem in seiner «sequentiellen Plananalyse» Wechsel in der verhaltensbestimmenden Relevanz der individuellen Pläne verfolgt.»
Konzentration auf das hierarchische Prinzip	*Das* Strukturierungskriterium in einer Planstruktur ist das «hierarchische Prinzip», also die instrumentelle Verschachtelung von Plänen im Sinne einer Über- und Unterordnung. Kriterium dafür ist, daß der untergeordnete Plan als Mittel für einen übergeordneten Plan aufgefaßt werden kann, der übergeordnete Plan als Zielkomponente des untergeordneten Planes. Man muß also sagen können: «Klient A tut (untergeordneter Plan), um zu (übergeordneter Plan)». Ganz genau betrachtet handelt es sich bei unseren Analysen nicht immer um Instrumentalrelationen im strengen Sinn (*«er lächelt, um sie nachsichtig zu stimmen»*) oder (*«sie beachtet seine Unpünktlichkeit nicht, um zu vermeiden, an der Zukunft der Beziehung zweifeln zu müssen»*). Oft werden auch Teil-Ganzes-Relationen eingeschlossen (*zum Plan, sich als attraktiver Mann zu zeigen, gehört, ein rasantes Auto zu fahren – oder ein grün gestrichenes Fahrrad, je nachdem –, auf die Kleidung zu achten usw.*). Instrumental- und Teil-Ganzes-Relationen lassen sich, wie auch dieses Beispiel zeigt, nicht immer klar unterscheiden. Es macht nach all unseren Erfahrungen jedenfalls keine Probleme, in eine Analyse beide Über-Unterordnungs-Kriterien einzuschließen, auch wenn in der Literatur die Unterschiede zum Teil sehr grundsätzlich diskutiert werden (Aebli, 1981). Je höher ein Plan in der Hierarchie steht, desto weiter ist er abstrahiert von konkretem Verhalten in einzelnen Situationen. In Abbildung 2 ist das «erwirb dir Anerkennung» abstrakter als das «erbringe berufliche Topleistung». Jeder Plan bleibt jedoch über seine Unterpläne auf konkretes Verhalten in Situationen bezogen. Daraus wird er ja in aller Regel auch erschlossen.
Beachtet wird vor allem die relative, nicht die absolute Höhe	In der Plan-Hierarchie gibt es keine *absoluten* Ebenen: Wichtig ist nur die *relative* Höhe der Pläne, die miteinander verbunden sind. Jede unterste Plan-Einheit kann in weitere Elemente aufgelöst werden, wenn das sinnvoll erscheint. «Verteidigt sich gegen Vorwürfe» kann also in einer Plananalyse lange Zeit einfach als Mittel festgehalten werden für das Ziel «vermeide, als Versager dazustehen». Irgendwann später kann es dann interessant werden, genauer zu schauen, wie die Person sich verteidigt; ich frage dann also nach Mitteln («sucht Mitschuldige», «geht zum Angriff über», ...) für den Plan «verteidige dich gegen Vorwürfe».
Das Prinzip der «Mehrfachbestimmtheit»	Für die Klinische Psychologie ist beim Aufbau der Planhierarchie das Prinzip der *Mehrfachbestimmtheit* von besonderer Bedeutung. Es besagt: Für einen Menschen sind immer mehrere zwischenmenschliche Ziele gleichzeitig relevant. Er versucht, sein Handeln so zu «konstruieren», daß es mehreren relevanten Zielen gleichzeitig gerecht wird. Um sich attrak-

tiver zu machen, wird jemand wohl nicht ungehemmt seine Vorzüge herausstreichen, auch wenn er das durchaus glaubhaft tun könnte: Gleichzeitig will er ja vermeiden, als Angeber zu wirken und deshalb geschickterweise nicht allzu dick auftragen. Oder ein klinisches Beispiel: Aus einer überfordernden beruflichen Situation könnte man sich zurückziehen, indem man seine Kündigung ganz offen mit dem Gefühl der Überforderung begründet. Wenn man aber im Sinne der Mehrfachbestimmtheit gleichzeitig vermeiden will, vor sich und anderen als Versager dazustehen, «wählt» man vielleicht eine psychosomatische Krankheit. Sie verunmöglicht, an dieser Stelle weiterzuarbeiten und erlaubt einem bei einem Rückzug, das Gesicht zu wahren.

Einen Menschen im Hinblick auf seine Pläne wirklich verstehen, heißt, seine Eigenarten nicht nur mit *einem* dahintersteckenden Zweck zu erklären, sondern genau zu begreifen, warum die Mehrzahl von Möglichkeiten, die genau betrachtet meistens bestünde, auf wenige oder gerade diese beschränkt wird.

<small>Einen Menschen verstehen heißt, Mehrfachbestimmtheit konkret nachvollziehen</small>

Wenn oben stand, ein Mensch «*konstruiert*» sein Verhalten, bedarf das noch einiger erläuternder Bemerkungen: Eine konsequent interaktionistische Position einzunehmen bedeutet, von einem Maximum an Wechselwirkung zwischen Individuum und Umwelt auszugehen. Das impliziert nach unserer Auffassung die Annahme, daß ein Mensch streng genommen nicht mit sozusagen fertig bereitliegenden Verhaltenseinheiten an Situationen herantritt, die er dann nur noch abrufen und zusammenbauen muß [1]. Die Tatsache, daß jede Situation prinzipiell wieder Unterschiede zu vergangenen Situationen aufweist, macht es erforderlich, Verhalten stets neu zu konstruieren. Pläne sind, auch wenn das im Alltag der Plananalyse sprachlich nicht immer so klar differenziert wird, nicht fertige Einheiten, aus denen der Mensch gezimmert ist. Sie sind eher so etwas wie Konstruktionspläne, die persönlichen Prämissen, mit denen ein Mensch seine Aktivitäten neu konstruiert [2]. *Ein* beteiligter Plan bestimmt dann jeweils einzelne Aspekte des facettenreichen Gesamtverhaltens in einer Situation. Daß sich Eigenheiten eines Menschen wie ein roter Faden durch sein Verhalten in unterschiedlichen Situation ziehen und ihn erkennbar machen, liegt nicht daran, daß er sich wirklich immer «gleich» verhält, sondern daran, daß er sein Verhalten nach gleichbleibenden Plänen konstruiert. Dies führt zum Eindruck von Konstanz, von «typischem» Verhalten bei einem Menschen. Bei automatisiertem Verhalten nimmt ein Mensch Situationen als ähnlich wahr, und in der Konstruktion seines Verhaltens sind deshalb dieselben Pläne mit ähnlichem Gewicht beteiligt [3]. Wenn gerade bei automatisiertem Verhalten der Eindruck «gleichen» Verhaltens (im ganz engen Sinn) über verschiedene Situationen hinweg entsteht, liegt das zudem am Herausheben bestimmter und dem Nicht-Beachten anderer Verhaltensaspekte durch den Beobachter.

<small>Handeln nicht als Anwenden fertiger Einheiten, sondern als permanentes Neukonstruieren</small>

---

[1] Für eine vertiefte Diskussion menschlicher Plastizität s. Mahoney (1991).

[2] In Kapitel 4.3.1.1 wird ausführlicher auf die Neukonstruktion therapeutischen Handelns eingegangen.

[3] Zur Starrheit von Strukturen als Charakteristikum von psychischen Störungen s. Kap. 2.2.8.

Situation und situativer Geltungsbereich von Plänen.

Die *Situation* bestimmt ganz maßgeblich, in welchem Maß einzelne Pläne aktiviert sind, sie bietet einem Individuum Möglichkeiten und setzt Grenzen. Es hängt aber immer nicht nur von der «objektiven» Situation ab, sondern auch von der Geschicklichkeit des Individuums, ob es gelingt, in einer Weise aktiv zu werden, die möglichst vielen der relevanten Bedürfnisse gleichzeitig entspricht. Anders betrachtet: Pläne haben immer einen situativ mehr oder weniger eingeschränkten Gültigkeitsbereich. Pläne, beziehungsweise die Schemata (zum Schema-Begriff s. Kap. 5), deren Teil sie sind, sind nicht immer gleichermaßen aktiviert: Die interaktionellen Pläne, die in der Arbeitssituation aktiviert sind (*z.B. «sei zuverlässig»*), können in einer intimen Zweierbeziehung völlig irrelevant sein und umgekehrt. Eine äußerlich betrachtet geringfügige, für ein Individuum aber subjektiv wichtige Veränderung einer Situation kann zu massiven Veränderungen in der Relevanz verschiedener Pläne führen (*z.B.: in einer Supervisionsgruppe ist eine Person abwesend, die man immer als besonders unterstützend – oder kritisch – wahrgenommen hat*).

Konstanz und Neukonstruktion sind kein Widerspruch.

Nachdem in der Persönlichkeits- und weitgehend auch in der Klinischen Psychologie die Suche nach Konstanz eine wichtige Rolle gespielt hat und spielt, scheint es uns wichtig, diese Prinzipien der Neukonstruktion und der situativen Varianz zu betonen. Wenn demgegenüber nicht gleichzeitig ein erhebliches Maß an Konstanz zu beobachten wäre, wären allerdings weder Analyse noch geplantes therapeutisches Vorgehen sinnvoll und möglich.

Pläne sind gleichzeitig relativ überdauernd, sie wandeln sich aber in der Auseinandersetzung mit der Umwelt und ihr aktueller Einfluß verändert sich mit der Situation. Pläne mit Persönlichkeitsfaktoren im traditionellen Sinn gleichzusetzen, wäre von daher ein arges Mißverständnis.

Konstruktivistische Grundhaltung

Ein letzter zentraler Punkt: Erkenntnistheoretisch betrachtet sind Pläne nach unserer Auffassung nicht reale Entitäten, die ein Mensch «hat». Pläne sind vielmehr Konstrukte, Abbilder, Hypothesen, ein Reim, den sich ein Betrachter macht. Ein Klient verhält sich, «als ob» er einen XY-Plan «hätte». Wenn das der Einfachheit der Kommunikation zuliebe in der Sprache über Pläne auch nicht immer zum Ausdruck kommt, ist es doch ganz wichtig, diese konstruktivistische Position ständig im Bewußtsein zu behalten. Nur so kann man gleichzeitig der Überzeugung sein, daß ein Mensch *in Wirklichkeit* natürlich wesentlich komplizierter ist, und dennoch ein Konzept wie das Plankonzept nutzbringend einsetzen.

Für den konkreten Umgang mit der Plananalyse ergibt sich daraus auch das Bewußtsein, daß erschlossene Planstrukturen immer den Charakter von Hypothesen haben, die zu revidieren man stets bereit sein muß.

2.2.2 Planstruktur

Unter «Planstruktur» verstehen wir ein Produkt der Plananalyse: Die explizite, graphisch darstellbare Gesamtheit der erschlossenen instrumentellen Zusammenhänge. Ein schematisches Beispiel dafür fand sich in Abbildung 1.

Aufbau der Planstruktur

Wenn wir versuchen, das ganze Handeln eines Menschen oder zumindest große Teile davon, wie sie z.B. im Zusammenhang mit einer Therapie relevant werden, in Form von Plänen darzustellen, ergibt sich eine große, vernetzte Planstruktur [1]. Während die *vertikale* Dimension dabei, wie bereits dargestellt, durch Über- und Unterordnungsverhältnisse bestimmt wird, hat die *horizontale* Dimension in der zweidimensionalen Darstellung keine unmittelbare psychologische Bedeutung. Man stellt aber sinnvollerweise die Elemente nebeneinander dar, die demselben Plan untergeordnet sind. Wegen des Prinzips der Mehrfachbestimmtheit, das heißt weil ein Plan sehr oft mit mehreren übergeordneten Plänen in Verbindung gebracht werden kann, ist das bei komplexen Strukturen nicht ganz einfach. Planstrukturen, wie man sie für die Praxis braucht, sind normalerweise noch von Hand übersichtlich zu zeichnen, für komplexere Forschungs-Analysen stehen uns speziell entwickelte Computer-Programme zur Verfügung. Nach dem «Prinzip der kürzestmöglichen Verbindungslinien» werden quasi automatisch diejenigen Pläne benachbart dargestellt, die auch psychologisch gesehen zusammengehören (Hausamann, 1986) [2]. Inzwischen sind sowohl auf Macintosh als auch auf DOS-Computern leicht handhabbare allgemeine Graphik-Programme im Handel, die wir zur Verwendung bei der Darstellung praxisbezogener Planstrukturen empfehlen. Die Möglichkeiten zur einfachen Veränderung, verbunden mit der leserlichen, ansprechenden Darstellung, machen das Zeichnen am Computer einer Darstellung von Hand überlegen. Das erwähnte spezialisierte Computerprogramm empfehlen wir nur für komplexere Forschungsanalysen.

In einer Planstruktur gibt es Teile, die enger miteinander verbunden sind, andere Teile sind funktional unabhängiger. In der Regel reichen die Verbindungen von ganz unten, von der Ebene konkreten Verhaltens, bis hinauf zu allgemein menschlichen Bedürfnissen. Nicht alle Teile der Planstruktur können aber konsequent als Mittel für Bedürfnisse auf höchster Ebene (etwa im Sinne von Gasiet, 1981) verstanden werden: Man kann zwar davon ausgehen, daß alle Pläne *lebensgeschichtlich* aus ihrer Instrumentalität für wichtige Bedürfnisse zu erklären sind. Dieser Bezug kann aber durch eigendynamische Weiterentwicklungen der Planstruktur oder aber durch Veränderung in der Umwelt verlorengehen [3]. Beispiele dafür sind: Die Vermeidung bestimmter negativer Gefühle, die Aufrechterhaltung eines bestimmten Selbstbildes usw. Schon Miller, Galanter & Pribram sehen vor, daß das «Haben» eines charakteristischen Planes zum Teil des Selbstkonzeptes werden kann und damit der Plan einen Wert in sich gewinnt.

Funktionale Unabhängigkeit und Instrumentalität in der Lebensgeschichte

---

[1] Tatsächlich schließt der Begriff so, wie er meistens verwendet wird, neben der expliziten instrumentellen Information die implizite Hintergrundinformationen mit ein, ohne die Pläne ja nie verstanden werden können (vgl. Kap. 4.2.15).

[2] Wie die Arbeiten von Deppeler (1987) und Oesch (1987) zeigen, lassen sich aber auch in der Forschung Strukturen von mehr als 50 Plänen noch übersichtlich von Hand zeichnen: Nachdem ich als Betreuer der Arbeiten zunächst unglücklich war, daß die Autorinnen sich mit dem Programm nicht anfreunden konnten, schätze ich nun diese Demonstration für alle, die beim Zeichnen ihrer Strukturen nicht auf diese Computer-Möglichkeiten zurückgreifen können.

[3] Vgl. «funktionelle Autonomie» von Motiven bei Allport (1955).

Interaktionelle und intrapsychische Pläne in einer Struktur vereint

Interaktionelle und intrapsychische sind funktional so eng verwoben, daß sie nicht auseinandergerissen werden dürfen

Gründe für den systematischen Einbezug intrapsychischer Pläne

Das ursprüngliche Konzept der «vertikalen Verhaltensanalyse» verstand unter Plänen die auf die Umgebung wirkende, *interaktionelle* Verhaltensweisen und die sie steuernden Ziele. Später wurden auch die instrumentellen Aspekte der *intrapsychischen* Regulation als Pläne behandelt und entsprechend bezeichnet (Caspar & Grawe, 1982; Caspar, 1984). Es ist sinnvoll, in der Planstruktur Pläne, die auf die Umgebung wirken, «intrapsychische Pläne» (Wahrnehmungen, Phantasien usw.) und Meta-Pläne (Pläne, die das Bilden neuer Pläne steuern, vgl. Kap. 4.2.18) im Zusammenhang darzustellen: Tatsächlich sind diese verschiedenen Arten von Plänen so eng miteinander *verbunden* und zum Teil sogar *funktional austauschbar*, daß ein Auseinanderreißen mit der Forderung nach einer ganzheitlichen Sicht nicht vereinbar wäre. «Intrapsychisch» ist also nicht als streng trennbare Kategorie aufzufassen. Der Begriff meint so, wie er hier verwendet wird, daß das entsprechende Verhalten nicht an einem Objekt der Außenwelt ansetzt (z.B.: Nachdenken über die eigenen psychischen Probleme) oder daß das Verhalten nicht offen/beobachtbar, sondern sozusagen *in* der Person stattfindet, verdeckt ist (wie z.B. beim Phantasieren), oder daß die Ziele/Effekte innerhalb der Person zu suchen sind (z.B.: ein Zustand der Entspannung als Ziel). Es geht also darum, mit dem Begriff «intrapsychisch» die Aufmerksamkeit auf Prozesse zu lenken, die im Hinblick auf einen oder mehrere ihrer Bestandteile nicht dem entsprechen, was man normalerweise unter interaktionellem oder Beziehungsverhalten versteht.

Es gibt drei besonders wichtige Gründe dafür, daß es uns in der konkreten Auseinandersetzung mit dem individuellen Funktionieren von Patienten immer sinnvoller erschien, auch intrapsychische Regulationsvorgänge einzubeziehen:

1. Intrapsychische Aktivitäten dienen der *Vorbereitung und Unterstützung* von auf die Umwelt gerichtetem Verhalten (Beispiel: Wahrnehmungs- und Test-Operationen, vgl. Kap. 4.2.18: z.B. die therapeutische Beziehung strapazieren, um zu sehen, wie weit man sich auf sie verlassen kann). Dieser Test-Aspekt ist in der Theorie von Weiss (1986c) besonders hervorgehoben. Aber auch instrumentelle Aspekte des Wiederherstellens von Beziehungssituationen, das ja ganz im Vordergrund psychoanalytischer Betrachtung steht, werden nur begreifbar, wenn intrapsychische Prozesse in die Plananalyse mit einbezogen werden (vgl. Kap. 4.2.8).

2. Nicht selten erscheint es, als sei Verhalten ganz im Sinne von Powers (1973) *mehr auf die Herstellung einer bestimmten Wahrnehmung* ausgerichtet als auf das Erzielen einer darüber hinaus objektivierbaren Veränderung: Rein intrapsychische Aktivitäten werden damit funktional austauschbar gegen auf die Umwelt wirkende Pläne. Diese Sichtweise ist im übrigen keineswegs neu: Insbesondere Adler (1924) hat den ganzen Bereich von Phantasien, die Sicht von sich selbst usw. unter dem finalen Aspekt betrachtet, also entsprechend der Grundidee der Plananalyse gefragt: *Wozu* funktioniert ein Individuum so, was bewirkt es damit? Aber auch in der Allgemeinen Psychologie (Aebli, 1980, 1981) wird die unauflösbare Verbindung von auf die Umgebung gerichteten Plänen mit anderen psychischen Aktivitäten betont.

3. Die *emotionale Regulation* beeinflußt in starkem Maße auch das auf die Umgebung gerichtete Verhalten. Nach dem plananalytischen Gefühls-Konzept (näher dazu Kap. 2.2.6) entstehen mit dem Erfolg beziehungsweise Mißerfolg im Hinblick auf wichtige Pläne regelmäßig positive beziehungsweise negative Emotionen. Zum Teil erscheint es dann beliebig, zu sagen, jemand macht XY, um Ziel AB zu erreichen, was dann im Erfolgsfall das positive Gefühl MN auslöst, oder: Jemand macht XY, um das positive Gefühl MN zu erreichen. Es gibt allerdings auch Beispiele, wo es eindeutig weniger künstlich erscheint, direkt zu sagen: Plan CD dient der Herbeiführung (oder Vermeidung) von Gefühl MN.

Grawe beschränkte später (1986, 1987) den Plan-Begriff wieder auf Verhalten, dessen Wirkung auf die Umwelt gerichtet ist. Wie eng oder weit man den Plan-Begriff verwenden will, ist letztlich eine Frage persönlicher Präferenzen: Wichtig ist nur, daß bei der Analyse die Teile menschlichen Handelns, die auf die Umgebung gerichtet sind, nicht aus dem Kontext der Gesamtregulation gelöst werden und daß man beachtet, daß eine Analyse aus der Perspektive der instrumentellen Funktionen auch für das Verständnis intrapsychischer Regulationsfunktionen von großem Nutzen ist: Der Einbezug von intrapsychischen Elementen ergibt sich in einer gründlichen Praxis sozusagen von selber. In diesem Buch wird der Begriff «Plan» jedenfalls konsequent zur Beschreibung der instrumentellen Aspekte sowohl nach außen gerichteter interaktioneller Aktivitäten, als auch der inneren Regulation verwendet.

Der größte Teil der Verhaltenssteuerung erfolgt *unbewußt* [1]. Das betrifft insbesondere die Steuerung des nonverbalen Verhaltens. Wegen der beschränkten Kapazität der bewußten Informationsverarbeitung wäre es anders gar nicht möglich, stets einer Vielzahl von Prämissen, die in einer Situation relevant sind, gerecht zu werden. Die automatisierten Teile des Sozialverhaltens gehen, wenn nicht bewußt, selten in die subjektiven Erklärungen ein, die sich ein Individuum über sich und insbesondere über seine Probleme macht. Für einen klinisch-psychologischen Ansatz, der das Funktionieren eines Menschen ganzheitlich erfassen und ihm helfen will, sich in einer befriedigenden Weise weiterzuentwickeln, ist ein guter Zugang zu den unbewußteren Teilen der Verhaltenssteuerung daher besonders wichtig. Konkret bedeutet das vor allem, nonverbales Verhalten systematisch zu beobachten und zu interpretieren und Emotionen systematisch zur Planstruktur in Beziehung zu setzen.

Die Bedeutung unbewußter Verhaltenssteuerung

Bei einem Klienten Bewußtheit für wichtige Aspekte seines Funktionierens herbeizuführen bedeutet, seine bewußten Eingriffsmöglichkeiten zu vergrößern. Das geschieht allerdings – und damit zeigt sich die Bedeutung der automatisierten, unbewußten Verhaltenssteuerung deutlich – oftmals um den Preis, daß sonst unkompliziert und ohne Belastung ablaufende Prozesse vorübergehend gestört werden können.

---

[1] Umgangssprachlich, nicht psychoanalytisch verstanden!

2.2.3 Wahrnehmung

Wahrnehmung als zielgerichtetes Handeln

Ein Individuum trägt bestimmte Erwartungen und Ziele aktiv an die Umgebung heran. Diese bestimmen, was von der «objektiven» Umwelt wahrgenommen und wie dies weiterverarbeitet wird (Grawe, 1992; Mahoney, 1991; Neisser, 1976; Piaget, 1981). Wahrnehmung ist mindestens zum Teil auch als *zielgerichtetes Handeln* aufzufassen [1], also als Verhalten, das ganz bestimmten Zwecken dient. Diese können allgemein verbreitet oder kennzeichnend für einen einzelnen Menschen sein.

Wahrnehmung läßt Rückschlüsse auf Pläne zu

Wahrnehmung findet vor allem im Hinblick auf die Kategorien statt, die für die aktuelle Bedürfnislage relevant sind. Das Kategoriensystem, in dem ein Klient z.B. seine wichtigsten Interaktionspartner beschreibt, läßt *Rückschlüsse auf seine Planstruktur* zu [2]. Für Kategorien, die für seine individuelle Planstruktur wichtig sind, hat ein Klient oft ein geschärftes, ein besseres Wahrnehmungsvermögen als sein Therapeut (Beier, 1966). Die Beobachtung der Wirkung von Handlungen wird von Aebli (1980) ausdrücklich als Teil einer Handlung definiert. Es wäre aber verkürzt, Wahrnehmung nur als Teil-Bereich des Handelns zu verstehen: Es wurde bereits erwähnt, daß das ganze Funktionieren des Menschen aus der Perspektive betrachtet werden kann, daß er versucht, eine bestimmte Wahrnehmung von sich und anderen herzustellen. Dazu werden nicht nur

Herstellen von bestimmten Wahrnehmungen als Handlungsziele

intrapsychische Pläne eingesetzt, sondern auch äußerlich beobachtbares Verhalten. Ein großer Teil der Aktivität jedes Menschen, intrapsychisch und interaktionell, ist darauf ausgerichtet, bestimmte Aspekte der Sicht seiner selbst, seines Selbstkonzeptes, zu bestätigen, innerhalb und außerhalb der Therapiesituation [3]. Nicht ohne Grund hat Kelly (1955) in seinem Persönlichkeits- und Störungsmodell diese Sicht der Herstellung bestimmter Wahrnehmung ganz in den Vordergrund gestellt. Schlenker (1985, s. auch Laux 1986) hat mit dem Begriff «impression management» besonders schön herausgestrichen, daß ein großer Teil des Sozialverhaltens dazu dient, bei anderen und – in dem Maße, in dem diese sich dafür empfänglich zeigen – auch bei sich selber das bevorzugte Bild von der eigenen Person herzustellen.

Grawe (1987) nimmt die Wahrnehmungs-Perspektive mittlerweile stärker ein, als das früher der Fall war und als das in diesem Buch getan wird: Hier wird diese Perspektive nur als eine *mögliche*, mit den Grundannahmen des Plan-Ansatzes voll vereinbare Perspektive betrachtet.

Ein Beispiel soll dies veranschaulichen: Klienten tun in einer Therapie nicht selten alles, um sich selber zu zeigen, wie aktiv sie sich um eine Veränderung bemühen. Verhalten, das *wirklich* geeignet wäre, Verände-

---

[1] Dies gilt nicht oder nur eingeschränkt für unmittelbare sensorische Wahrnehmung.

[2] Kelly hat diese Möglichkeit, aus der Wahrnehmung eines Menschen Rückschlüsse zu ziehen, früh betont: Die sog. «Repertory Grid Technique» ist eine stark formalisierte Form, individuelle Wahrnehmungs-Systeme auszuloten (Kelly, 1955).

[3] Interessanterweise gibt es aber auch Ansätze, die für die Therapiesituation genau vom Gegenteil, nämlich von einer Tendenz zum Entkräften früherer Wahrnehmungen, ausgehen (Weiss, 1986c; Curtis & Silberschatz, 1996). Offensichtlich hängt es von der Betrachtungsebene ab, ob man etwas als Bestätigung oder als Entkräften ansieht.

rungen herbeizuführen, wird aber vermieden. Konkret läßt sich das im Einzelfall unterschiedlich erklären. Allgemein drängt sich aber die Sichtweise auf, daß hier die Erzeugung einer bestimmten Wahrnehmung im Vordergrund steht, im Gegensatz zu Veränderungszielen, die tatsächliche Veränderungen beinhalten, die weitergehen als nur bis zur Herstellung bestimmter Wahrnehmungen. Wie so oft beim Vergleich verschiedener Perspektiven läßt sich aber auch hier sagen: Sie lassen sich zum Teil ineinander überführen, und welche Perspektive als angemessener oder nützlicher dasteht, hängt letztlich stark von der Auswahl der Beispiele, aber auch von der Virtuosität ab, über die man bei der Verwendung einer bestimmten Perspektive verfügt [1].

2.2.4 Interaktion

Der Plananalyse-Ansatz konzentriert sich aus der Gesamtheit menschlicher Aktivitäten auf *zwischenmenschliche* Aktivitäten. Damit ist nicht nur das äußere Verhalten gemeint, sondern auch intrapsychische Aktivitäten, die einen interaktionellen Bezug haben [2]. Zwei Gründe sprechen vor allem für diese Akzentsetzung: (1) sind nach unserer Auffassung psychische Störungen, zumindest Störungen, die man traditionellerweise als im weitesten Sinn neurotisch bezeichnen würde, Beziehungsstörungen, und (2) findet die Therapie in einer Beziehung statt, die es zu verstehen gilt. Diese Sicht stützt sich auf Annahmen von Argyle (1972), Leary (1957), Scheflen (1976), Beier (1966), Kiesler (1982) und einer ganzen Reihe weiterer Sozialpsychologen und Psychotherapeuten (vgl. dazu Zimmer, 1983).

Konzentration auf zwischenmenschliches Handeln

Zentrale Annahmen zur Interaktion sind:

— Das Individuum ist als *Teil größerer Systeme* zu sehen, in denen es interagiert. Interaktion ist dabei nicht linear-kausal, sondern *zirkulär* zu betrachten (im Sinn z.B. von Watzlawick, Beavin & Jackson, 1969; Selvini-Palazzoli, Bascolo, Cecchin & Prata, 1977; Lantermann, 1980; Schiepek, 1986 und andere). Einfache Ursache-Wirkungs-Zusammenhänge sind also eine verkürzte Sicht. Der Plananalyse-Ansatz geht zwar von einem interaktionellen theoretischen Hintergrund aus, stellt praktisch aber *ein* Individuum in den Vordergrund und betrachtet die Zusammenhänge von diesem aus. Zur systematischen Einbettung von Plänen in Systemen gibt es einige Überlegungen und Entwürfe (Caspar, 1984; Kästli & Vonarburg, 1986, vgl. auch Kap. 4.2.19). Die Plananalyse ist darüber hinaus in ihrem strikt funktionalen Denken ohne weiteres

Individuum als Teil von Systemen. Zirkuläre Beeinflussung

---

[1] So sagt z.B Enke im Film «Zur Sache Schätzchen», die wirklichen Erlebnisse seien ohnehin nur ein schlaffer Ersatz für die Phantasie, was von seiner Situation her auch äußerst einleuchtend ist. Auch nach André Hellers Auffassung geschehen die wahren Abenteuer im Kopf. Man kann sich aber andererseits auch dem Argument Woody Allens schwer entziehen, daß es die besten Steaks immer noch in der Realität gibt.

[2] Die ähnlich klingenden Begriffe «interaktionistisch» (die Individuums-Umgebungs-Beziehung in echter Wechselwirkung begreifend) und «interaktionell» (zwischenmenschliche Aktivitäten und Beziehungen betreffend) sind dabei nicht zu verwechseln!

kompatibel mit Ansätzen, die das System als Analyseeinheit wählen (zum Beispiel Schiepek, 1986; Schiepek & Kaimer, 1987, 1996) und kann dabei eine besonders differenzierte Sicht eines Individuums im größeren Zusammenhang beitragen.

Stabile Beziehungen bei Komplementarität von Planstrukturen

— Interaktionelle Pläne dienen dem «interaktionellen Problemlösen» (Argyle, 1972), das heißt dem Versuch eines Menschen, in einem wechselseitigen Prozeß seine sozialen Fähigkeiten so einzusetzen, daß er seine eigenen Ziele möglichst gut verwirklichen kann. Stabile Interaktionsmuster entstehen dann, wenn die Planstrukturen von zwei oder mehr Individuen *komplementär* sind. Man kann dann das Mittel des einen im Sinne seiner eigenen Ziele gleichzeitig als Ziel des anderen ansehen. Dann erleben beide die Beziehung als befriedigend. (Beispiel: Der eine umhegt im Sinne eines eigenen Planes, anderen wichtig zu sein, der andere möchte genau das gerne, umhegt und umsorgt werden [1]).

Nonverbales Verhalten

— *Nonverbale Verhaltensaspekte* sind in der Interaktion äußerst wichtig, weil der Interaktionspartner sich ihrer Wirkung schlecht entziehen kann. Das hängt vor allem damit zusammen, daß sie nicht nur vom «Sender» mit weniger Bewußtsein eingesetzt werden, sondern auch vom «Empfänger» weniger bewußt verarbeitet werden. Er kann sich dadurch weniger bewußt «entscheiden», ob er sich dadurch beeinflussen lassen will oder nicht. Ähnliches gilt für pragmatische Aspekte des Verhaltens, das heißt, *daß* ein Klient in einer *bestimmten Situation* etwas Bestimmtes sagt, und *wie* er es sagt (im Gegensatz zum inhaltlichen Aspekt, *was* er sagt).

Rigide Planstrukturen

— Menschen mit *rigiden* Planstrukturen, die wenig Spielraum für Anpassung an verschiedene Situationen und Interaktionspartner zulassen, haben es schwer, stabile Interaktionsmuster aufzubauen. Sie finden wenige Menschen, mit denen sie eine beiderseits befriedigende Beziehung eingehen können. Bei ihnen besteht nicht nur ein erhöhtes Risiko, in Sackgassen zu geraten, die sich als psychische Störungen zeigen. Sie haben es auch schwerer, mit Unterstützung ihrer sozialen Umgebung ohne professionelle Hilfe aus der Sackgasse wieder herauszukommen. In vielen Fällen haben sie aber auch mehr Schwierigkeiten in der Beziehung zu einem professionellen Therapeuten.

Diagnostische und therapeutische Bedeutung der Therapiebeziehung

— Die *Therapiebeziehung* kann als eine Art «sozialer Mikrokosmos» betrachtet werden. Das heißt konkret erstens, daß die Therapiesituation vielfältige *diagnostische* Möglichkeiten bietet (bei aller Vorsicht im Hinblick auf die Besonderheiten der Situation). Zweitens ist die Therapiebeziehung für den Klienten eine Basis für neue Lernerfahrungen, sei es, daß er direkt in der Beziehung neue Erfahrungen macht, sei es, daß eine gute Therapiebeziehung die Basis ist, von der aus neue Erfahrungen in ganz anderen Bereichen gesucht und zugelassen werden können.

---

[1] Extreme Komplementarität i.S. von «Kollusion» (Willi, 1975) enthält allerdings oft auch bereits den Keim zur Destabilisierung von Systemen.

2.2.5 Einbettung der Pläne in das gesamte Verhalten und Erleben eines Menschen

Pläne sind *nur ein Teil* der Elemente, die für das Verhalten und Erleben eines Menschen wichtig sind. Bereits Miller, Galanter & Pribram gingen davon aus, daß Plänen Bilder («Images») zugrundeliegen (1973, S.27): «Ein Bild [Image] besteht aus all dem angehäuften, organisierten Wissen, das der Organismus über sich selbst und seine Umwelt gesammelt hat. Das Bild besteht natürlich aus viel mehr als aus Vorstellungen»...» es schließt alles ein, was der Organismus gelernt hat, sowohl seine Worte und Tatsachen – sie können dabei nach allen möglichen Gesichtspunkten organisiert sein – als auch seine Bilder oder Beziehungen zu anderen Dingen, welche er zur Verfügung hat.» Tatsächlich ist das Funktionieren von Plänen nur zu verstehen, wenn sie sozusagen aus ihrer Umgebung heraus verstanden werden, das heißt aus ihrer Einbettung in bewußte und unbewußte Annahmen des Betreffenden, situative Bezüge, Emotionen usw. Gedanken enthalten oft instrumentelle Relationen (oder wenn-dann-Relationen), z.B.: «Wenn ich tue, was andere von mir wollen und erwarten, werde ich von ihnen die Anerkennung und Zuwendung bekommen, die ich brauche.» oder: «Wenn ich extrem erfolgreich bin, werden andere mich akzeptieren.» (Persons, 1989, S. 6). Diese Kognitionen enthalten instrumentelle Beziehungen und können leicht umformuliert werden zu ««tue was andere von dir wollen und erwarten» dient dem Plan «verschaffe dir Anerkennung und Zuwendung»», und der Plan ««sei extrem erfolgreich» dient dem Plan «verschaffe Dir die Akzeptanz anderer»». Wenn diese Pläne in eine Hierarchie eingebunden werden, schafft das zusätzliche, über isolierte wenn-dann Beziehungen hinausgehende Bedeutung und Verständnis (s. auch Persons, 1989, S. 100). Andere Gedanken sind nicht mit wenn-dann-Beziehungen verbunden (nicht konditional). Ein weiteres Beispiel aus Persons (1989, S. 6): «Niemand hat mich gern». Solche Gedanken sind oft kognitive Prämissen für Pläne, z.B. Pläne, die hinter sozialem Rückzug stecken. Sie sind die Voraussetzungen, auf denen die Planstruktur aufbaut. Wenn sie nur diesen Stellenwert haben, werden sie nicht instrumentell in die Struktur eingebunden und erscheinen somit nicht explizit in der gezeichneten Struktur. Sie sind aber ein wichtiger Teil des Hintergrundwissens über einen Patienten. Man mag sie deshalb in Form von «Frames» (s. Kap. 5) oder auch weniger förmlich festhalten wollen, und sie können in Fallkonzeptionen (in die ja nicht nur die instrumentelle Planstruktur eingeht) eine wichtige Rolle spielen. Zusätzlich können solche nicht konditionalen Prämissen eine eigene instrumentelle Funktion haben. Was könnte der Zweck eines «ich bin wertlos» sein? Solche Annahmen könnten einen davor bewahren «zu hohe» Erwartungen gegenüber anderen zu haben, sich in soziale oder romantische Beziehungen zu engagieren, etc. und damit einem Plan dienen, sich vor künftigen Enttäuschungen zu bewahren (s. Kap. 2.2.8.3). Oft mag es nicht auffällig sein, daß eine Person eine Idee ursprünglich entwickelt, wohl aber, daß die Idee persistiert oder daß sogar Widerstand gegen therapeutische Versuche entwickelt wird, die Idee zu verändern.

Pläne als Teil des Ganzen

Bei der Plananalyse wird zumindest in der Praxis vielfach nur die instrumentelle Planstruktur *explizit* aufgezeichnet. Das ist aber nur die

Grundstruktur für eine Vielzahl weiterer Elemente, die der Plananalytiker sich dazudenkt.

Beispiel:

Schiebe Schuld für Stagnation der Therapie ab

|

Kritisiert den Therapeuten

Der Therapeut weiß dabei zusätzlich z.B.:

- mit welchen Mitteln der Klient in dieser Situation kritisiert (direkte verbale Kritik, seine Gefühle nicht angemessen zu berücksichtigen, unterstützt durch Anheben der Lautstärke und lebhafter werdende Gestik)

- welche Reaktion der Klient vom Therapeuten erwartet («daß Therapeut Schuld zum großen Teil übernimmt und auf keinen Fall zum Gegenangriff übergeht»)

- in welchem situativen Kontext das Ganze stattfindet («am Ende der letzten Therapiesitzung, vor der Pause an Weihnachten»)

- mit welchen Emotionen die Aktion verbunden ist («erst Spannung, weil der Klient damit gegen den Plan handelt, den Therapeuten freundlich zu stimmen, dann Erleichterung aus dem Eindruck heraus, daß der Therapeut wie gewünscht reagiert»)

- ob sich lebensgeschichtliche Parallelen zeigen («in einer vor kurzem abgebrochenen Partnerschaft hat der Klient sich im Prinzip ebenso kritisch-schuldabschiebend verhalten, ähnlich kritisiert er die Erziehung der Eltern und auch eine Lehrstelle hat er so verloren»)

- usw.

Der Mensch ist ein komplexes Lebewesen, auch wenn wir uns auf eine Betrachtung seines *psychischen* Funktionierens beschränken. Merkmale und Zusammenhänge, die charakteristisch sind für die Psyche eines bestimmten Individuums, kann man sich als Knoten und Verbindungsstücke in einem riesigen Netz vorstellen. Solche «Knoten» könnten z.B. Gefühle, Verhaltensmöglichkeiten, Aspekte von relevanten Relationen usw. sein. Die Verbindungen stellen Beziehungen zwischen den Elementen her:

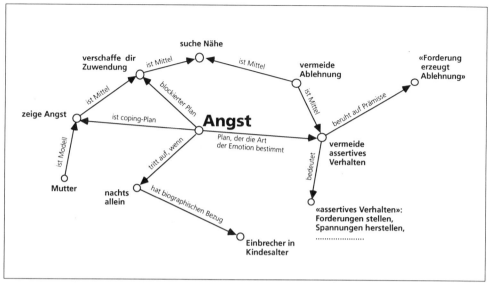

Abbildung 3: Beispiel für ein (semantisches) Netz.

Das Beispiel in Abbildung 3 zeigt einen winzigen Ausschnitt von Zusammenhängen, wie sie auch für eine Therapie relevant sein können. Wollte man alle Zusammenhänge so darstellen, die ein Therapeut idealerweise beachten sollte, käme man schnell in ein unübersichtliches Chaos. Es gibt allerdings übersichtlichere Darstellungsweisen, als die in Abbildung 3 verwendete.

Alles darstellen zu wollen führt ins Chaos

Um zu einer besseren Übersichtlichkeit zu kommen, kann man einfach *sehr viel weglassen*. Im schlechtesten Falle tut man dann so, als sei das Weggelassene nicht wichtig, und als komme es nur auf das an, was man behalten und dargestellt hat. Beispiele für solche Fälle von *Perspektiv-Verlust* gibt es gerade in der Geschichte der Psychotherapie genug. Im zweitbesten Falle läßt man vieles weg, bleibt sich aber dessen *bewußt* und geht mit dieser Situation in geeigneter Weise um. Das kann man zum Beispiel tun, indem man nach- beziehungsweise nebeneinander verschiedene Sicht- und Darstellungsweisen benutzt, bis man zu einer befriedigenden Gesamtkonzeption gekommen ist. Diese Haltung ist heute für viele klinische Psychologen charakteristisch. Die dritte Möglichkeit besteht darin, nichts wegzulassen, aber die Masse der Informationen so zu *strukturieren* und zu organisieren, daß man sie repräsentieren und sich darin bewegen kann. Wenn bestimmte Aspekte in den Vordergrund gestellt werden, heißt das dann nicht, die anderen Aspekte nicht zu beachten, sondern nur, daß man zu ihnen Zugang über die in den Vordergrund gestellten Aspekte gewinnt. Ziel wäre also, nichts zu vernachlässigen, und alles ist mit mehr oder weniger Aufwand zugänglich.

Möglichkeiten, Übersichtlichkeit zu bewahren

Diese dritte Möglichkeit ist eine ideale Möglichkeit. Die Vorstellung davon findet sich in der psychologischen Grundlagenliteratur und ist für bestimmte Gegenstandsbereiche zweifellos angemessen, insbesondere wenn es um die Analyse einer beschränkten Menge von Zusammenhängen geht (vgl. Aebli, 1981; Scheele & Groeben 1984: «Strukturlegetechnik»). In der praktischen klinischen Anwendung ist diese Variante aber für umfassende Problemanalysen schon deshalb nicht realistisch, weil immer mit beschränkten (Zeit)-Ressourcen gearbeitet wird, und allein darum ein Aspekt umso eher unbeachtet bleibt, je nachrangiger er eingeordnet wurde.

Der Plananalyse-Ansatz versucht, einen realistischen Mittelweg zu gehen

Der Plananalyse-Ansatz ist irgendwo zwischen der zweiten und dritten Möglichkeit einzuordnen: Einerseits wird ein Aspekt, der instrumentelle, konsequent in den Vordergrund gestellt, andere Elemente werden aber implizit vorausgesetzt und es bleibt auch möglich, sie explizit zuzuordnen. In Kap. 4.2.15 wird dargestellt, wie zusätzliche Elemente formal mit Hilfe des «Frame»-Konzeptes auch explizit dargestellt werden können, in Kap. 5 wird dargestellt, wie man sich die Einbettung von Plänen in übergreifendere Schemata vorstellen kann.

2.2.6 Gefühle

Wenn einleitend die Forderung erhoben wurde, Verhalten und Erleben von Menschen ganzheitlich zu erfassen, gehören Gefühle selbstverständlich dazu: Sie begleiten das Verhalten nicht nur, sondern sind auch ein eminent wichtiger Motor für große Teile menschlichen Handelns.

Gefühlskonzept des Plan-Ansatzes: Frage nach der Verbindung zwischen Gefühlen und Plänen

Die Gefühls-Konzeption des Plananalyse-Ansatzes schließt an allgemein psychologischen Gefühlstheorien, wie der von Mandler (1979), Lazarus (1966) und anderen an und setzt diese voraus. Sie dient dazu, die *Verbindung* herzustellen zwischen Plänen und Gefühlen. Zusammen mit Alltagswissen kann sie *helfen*, einen großen Teil der in der Therapie beobachteten Gefühle zu verstehen. Erst zusammen mit Gefühlstheorien, die Gefühle zum Hauptgegenstand und Ausgangspunkt haben, entfaltet das Gefühlskonzept der Plananalyse aber seinen vollen Nutzen, und es ist auf keinen Fall als Ersatz für diese zu verstehen.

Gefühle: Enger Bezug zu zielgerichtetem Verhalten und adaptive Funktion

Generell ist es Teil der Gefühls-Konzepte, die Emotionen weniger als Problem der Impulskontrolle sehen (wie die ursprüngliche psychoanalytische Perspektive), sondern im *engen Bezug zu zielgerichtetem Verhalten*, und die *adaptive Funktion* der Gefühle selber in den Vordergrund stellen (Greenberg & Safran, 1987). Ein ganz großes Problem bei bestehenden Emotionstheorien ist allerdings, daß die meisten einen oder eine beschränkte Anzahl von Aspekten beleuchten, dabei allerdings so tun, als handle es sich um das ganze Phänomen Emotion [1]. Es gibt zwar erste integrierende Ansätze (Greenberg & Safran, 1987), abgesehen davon ist man aber gezwungen, verschiedene Ansätze eklektisch einzubeziehen.

Es gibt Gefühls- beziehungsweise Emotions-Theorien, die z.B. nach dem Kriterium der Bewußtheit zwischen Gefühlen, Emotionen und Affekten unterscheiden. Das mag für bestimmte Anliegen sinnvoll sein. Hier wird jedoch die Auffassung vertreten, daß die Bewußtheit für ein Gefühl eher auf einem Kontinuum zwischen bewußt und unbewußt liegt, daß man

---

[1] Greenberg & Safran (1987) charakterisieren die Situation mit dem bekannten Bild von mehreren Blinden, die je einen Teil eines Elefanten betasten und meinen, davon verallgemeinernd das ganze Wesen erfaßt zu haben.

sogar davon ausgehen muß, daß meist Teile eines Gefühls bewußt, andere unbewußt sind. So kann z.B. der Auslöser bewußt, das Gefühl selber aber nicht bewußt sein oder vice versa. Deshalb wird hier nicht systematisch zwischen den Begriffen unterschieden. Auch die Frage, welches Basis-Emotionen und welches abgeleitete Emotionen sind, halten wir in diesem Kontext nicht für ergiebig, sondern legen ein relativ breites Verständnis von Emotionen zugrunde. Wir sehen uns darin auch bestätigt durch ähnliche Auffassungen in der Grundlagenpsychologie (zum Beispiel Ortony, Clore & Collins, 1988) und in der Klinischen Psychologie (Greenberg & Safran, 1987) und durch unsere positiven Erfahrungen in der Analysepraxis. In diesem Konzept haben sowohl «reine» Emotionen («traurig», «glücklich»), wie deutlich kognitiv geprägte («bestürzt») und körpernahe («erregt»), als auch handlungsnahe («beschwingt») Emotionen Platz. Breites «Gefühls-» Verständnis mit wenig Kategorisierung

Im folgenden wird das Grund-Konzept für die Betrachtung von Emotionen aus der Sicht der Plananalyse dargestellt. Unter vier Aspekten werden Beziehungen zwischen Plänen und Gefühlen hergestellt: Es geht um die Frage, welche Pläne (bei negativen Gefühlen) bedroht sind, welche Pläne die Art der Emotion bestimmen, die dann tatsächlich entsteht, welche Pläne Bewältigung von und Umgang mit Gefühlen dienen, und schließlich, ob das Gefühl selber eine instrumentelle Funktion innerhalb der Planstruktur hat. Die grundlegenden Aspekte aus der Sicht der Plananalyse

Wir gehen davon aus, daß *primär negative Gefühle*, wie Angst, Wut Scham, Schuldgefühle, depressive und ähnliche Gefühle, in der Regel dann entstehen, wenn wichtige Pläne eines Menschen *bedroht oder blockiert* werden. Der Einfachheit halber wird im folgenden meist nur noch von «Bedrohen» gesprochen, es sind aber auch konkrete Blockierungen gemeint. Solange ein Mensch ohne weiteres in der Lage ist, entsprechend seinen wichtigeren Pläne zu handeln, tritt keine nennenswerte Aktivierung auf. Aktiviert wird ein Mensch dann, wenn Pläne blockiert oder bedroht werden, im positiven Sinn aber auch, wenn sich etwa neue Möglichkeiten für wichtige Pläne zeigen. Insofern, als zentrale Wahrnehmungen meistens eine Funktion für eine Person haben und damit aus der instrumentellen Perspektive betrachtet werden können, ist auch das Machen von Erfahrungen eingeschlossen, die nicht mit den bisherigen Erfahrungen und mit dem Selbstkonzept vereinbar sind. Negative Gefühle aus Bedrohung oder Blockierung

Wenn eine Bedrohung zur Entwicklung stärkerer Gefühle führt, müssen erstens *wichtige Pläne betroffen* sein, und zweitens müssen innerhalb der bestehenden Struktur *Handlungsalternativen fehlen*, die ohne weiteres eingesetzt werden könnten, ebenso die Möglichkeit, ad hoc ohne weiteres solche Alternativen zu entwickeln, etwa im Sinne der «epistemischen Kompetenz» (Dörner, Kreuzig, Reither & Stäudel, 1983; «epistemische Kompetenz»). Die Blockierungsidee findet sich abgesehen von Mandlers Ansatz (1979) bei Lazarus (1966), Lazarus und Averill (1972), sowie Lazarus, Kanner & Folkman (1972) am deutlichsten herausgearbeitet.

Die Bedrohung oder Blockierung kann bestehen in einer Beschränkung der Handlungsmöglichkeiten durch Veränderung in der Umwelt, in einem Verlust individueller Fähigkeiten (durch Alter, Krankheit, auch als Auswirkung starker Gefühle), aber auch im Verlust wichtiger Personen (Partner) oder Objekte (Auto, Wohnung), vor allem, wenn diese wichtige Handlungsmöglichkeiten repräsentieren.

Varianten der Bedrohung

Eine Bedrohung kann aber auch *aus der Planstuktur eines Menschen selber* entstehen, wenn zum Beispiel Pläne untereinander in Konflikt geraten. Das heißt in der Regel, daß Verhalten, das dem einen Plan dienen würde, Auswirkungen hätte, die mit einem anderen Plan nicht vereinbar wären. Jedes Verhalten hat ja nicht nur die primär erwünschte Wirkung, sondern auch positive und negative Nebenwirkungen. Die Betrachtung im Hinblick auf nur eine Wirkung ist zwar alltäglich, aber eigentlich nicht gerechtfertigt (Luhmann, 1973). Beispiel: Bei einer Frau, die ganztags mit Haushalt und Kindern beschäftigt ist (und der Haushalt und Kinder auch wichtig, als einziger Lebensinhalt aber zuwenig sind), werden berufliche Selbstverwirklichungspläne wieder wichtiger. Eine stärkere Ausrichtung auf diese Pläne ist aber schon aus zeitlichen Gründen nicht ohne Konflikte mit anderen Plänen möglich, sofern nicht zum Beispiel durch Engagement des Mannes im Haushalt ein Kompromiß herbeigeführt wird.

Die Bedrohung kann sehr *konkret* mit einer *eng umgrenzten* Situation zusammenhängen, sie kann aber auch sehr *diffus* und *langanhaltend* sein, zum Beispiel wenn bei einer aus bestimmten Gründen gewählten Lebensführung ein Grundbedürfnis andauernd vernachlässigt wird.

Auf jeden Fall sind Emotionen nie aus einer Person allein, sondern erst aus gleichzeitiger Betrachtung der Situation zu verstehen, in der die Person sich mehr oder weniger lang befindet (Schachtel, 1959).

Eine Blockierung muß *nicht objektiv* vorliegen, die *subjektive* Einschätzung allein ist wichtig. So kann schon ein einziges Situationsmerkmal, das sich vielleicht bei früheren Erlebnissen eingeprägt hat, in tatsächlich unproblematischen Situationen ein Bedrohungsgefühl hervorrufen. Ebensowenig muß die Bedrohungseinschätzung bewußt erfolgen. In vielen Fällen kann eine Plananalyse Therapeut und Klient beim Betrachten zuvor unverständlicher Emotionen helfen, aus dem Vergleich von Planstruktur und Situation zu verstehen, welche Pläne bedroht waren.

Mit diesen Annahmen reiht sich unser Konzept nicht in die Majorität der Ansätze ein, die Emotionen «postkognitiv» konzipieren, also annehmen, daß sie erst durch eine Reihe von kognitiven Operationen im engeren Sinn herbeigeführt werden (vgl. Mandl & Huber, 1983). Vor allem durch die Betonung analoger Kommunikation ist der Plansatz durchaus kompatibel mit der vor allem durch Zajonc (1980) vertretenen Annahme, daß emotionale Reaktionen einer kognitiven Bewertung vorangehen können [1]. Mit der Annahme, daß die blockierten Pläne meistens interaktionelle Pläne sind, stimmt der Plansatz übrigens auch sehr gut mit der Betonung der sozialen Dimension im Gefühls-Konzept von Averill (1976) überein.

Positive Gefühle

Positive Gefühle entstehen sozusagen umgekehrt zu negativen Gefühlen, wenn Situationen oder Wahrnehmungen eintreten, die für wichtige Pläne günstig sind. Bei positiven Gefühlen viel mehr noch als bei negativen Gefühlen – so unser Eindruck – wird das Ausmaß des Gefühls verstärkt,

---

[1] Was im übrigen auch mit konnektionistischen Modellen gut vereinbar ist (Caspar et al., 1992).

wenn die Situation überraschend eintritt oder als ungewöhnlich empfunden wird und wenn ein hohes Ausmaß an Bewußtheit für das Gefühl vorliegt.

Daß positive Gefühle hier viel kürzer behandelt werden als negative, liegt nicht etwa daran, daß sie und psychisches Wohlbefinden (als Gegensatz zu psychischen Störungen) *an sich* weniger wichtig wären. Die Plananalyse ist aber eine Methode zum Erarbeiten einer Konzeption für das *gegenwärtige* Befinden des Klienten, und da steht das Bedürfnis, negative Emotionen im Detail zu verstehen, eher im Vordergrund. Positive Emotionen sind meistens leichter zu verstehen. Sie sollten im Zusammenhang mit einer ressourcenorientierten therapeutischen Haltung (s. S. 159, 187) deshalb beachtet werden, weil sie oft auf Ressourcen hinweisen.

Die Relevanz des Bedrohungs- beziehungsweise Blockierungskonzeptes für das Verständnis von Gefühlen im therapeutischen Kontext ergibt sich aus zwei Tatsachen: Erstens kommen Klienten dann in die Therapie, wenn sie in Sackgassen, also typische Blockierungssituationen, geraten sind. Solche Lebenslagen sind, von wenigen – ebenfalls typischen – Ausnahmen abgesehen, von heftigen negativen Emotionen begleitet, die es zu verstehen und zur individuellen Blockierungssituation in Beziehung zu setzen gilt.

Zweitens ist die Therapiesituation dadurch gekennzeichnet, daß der Therapeut immer wieder Anstöße gibt, die für den Klienten insofern «Störungen» darstellen, als er sie nicht so einfach und ohne Veränderung in der bestehenden Struktur verarbeiten kann und soll. Nachdem wir früher bereits das Aufeinanderprallen von therapeutischen Interventionen und den vorhandenen Strukturen des Klienten unter dem Aspekt des «Widerstandes» ausführlich thematisiert haben (Caspar & Grawe, 1980, 1981) sieht Grawe (1986) dieses gezielte «Stören», ausgehend von Piagets (1981) Assimilations/Akkommodations-Konzept, als Hauptwirkprinzip in einer Therapie an. Konsequenterweise betrachtet er die davon ausgehenden, zumindest vorübergehend auftretenden negativen Gefühle als selbstverständliches Begleitphänomen.

Mit dem Aspekt der Bedrohung beziehungsweise Blockierung bestimmter Pläne ist aber erst ein Faktor bei der Entstehung positiver und negativer Gefühle erklärt: *Welches Gefühl* dann genau entsteht, ist von weiteren Plänen abhängig. Wenn der Charakter der Situation eher aggressive Gefühle nahelegen würde (die Schwiegermutter einer Klientin schränkt diese herrisch in ihren Rechten ein), können solche unterbunden werden durch Aggressions-Vermeidungs-Pläne. Dadurch steigt die Wahrscheinlichkeit, daß andere negative Gefühle entstehen, wie zum Beispiel Ängste oder Schuldgefühle, oder daß gar kein Gefühl bewußt erlebt wird – manchmal mit dem bewußten Eindruck von «Gefühlsleere» – und die entstandene Spannung sich unter Umständen in psychosomatischen Symptomen äußert. Wir gehen nicht so weit, wie einige Autoren (Schachter & Singer, 1962; Mandler, 1979), die annehmen, daß eine Aktivierung zunächst *neutral* ist und erst durch Interpretation ihre emotionale Tönung erhält: Die Art der Bedrohung oder Blockierung und die Situation legen in vielen Fällen eine bestimmte emotionale Reaktion von vornherein zumindest sehr nahe. Dennoch bleibt ein gewisser Spielraum bestehen. Gerade hier zeigt sich ein eminenter Einfluß lebensgeschichtlicher Erfahrung im Umgang mit Gefühlen.

> Pläne, die bestimmen, in welchen Gefühlen sich die Aktivierung äußert

Die «motivierende Kraft» von Gefühlen

Ein weiterer Aspekt des Zusammenhanges von Gefühlen und Plänen ist – banal – die Tendenz, positive Gefühle herbeizuführen und negative zu vermeiden: Es ist also von der *motivierenden Kraft* von Gefühlen die Rede. Alle Pläne, die der Herstellung eines positiven Zustandes dienen («gewinne die Zuneigung von AB»), können auch von dem damit verbundenen positiven Gefühl her definiert werden («stell das Gefühl von Befriedigung her, das mit der Zuneigung von AB verbunden ist»). Umgekehrt können Pläne, die der Vermeidung eines negativen Zustandes dienen, definiert werden als Pläne, die dem Vermeiden der damit verbundenen (tatsächlich erlebten oder befürchteten) negativen Gefühle dienen. Ein großer Teil, wenn nicht der größte Teil menschlicher Aktivitäten, läßt sich aus dieser Perspektive verstehen. Bei der Plananalyse werden im allgemeinen der Einfachheit halber meistens lediglich die negativen und positiven Ziel-Zustände in der Bezeichnung für die betreffenden Pläne wiedergegeben:

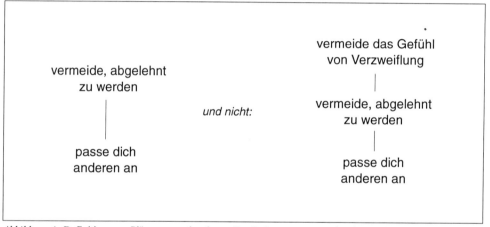

Abbildung 4: Definition von Plänen, ausgehend von Zuständen versus ausgehend von den damit verbundenen Gefühlen.

Nur wenn der angestrebte Zustand tatsächlich am besten mit dem dazugehörenden Gefühl beschrieben werden kann, wird die Zielkomponente eben mit diesem Gefühl definiert.

Pläne, die dem Umgang mit Gefühlen dienen

Wenn tatsächlich ein negatives Gefühl da ist oder konkret antizipiert wird, aktiviert ein Mensch meist mehr oder weniger geeignete Pläne, um es zu beseitigen. Diese *Bewältigungs-(«Coping-») Strategien* können bei der Störungsquelle ansetzen. Das heißt, es kann versucht werden, die Quelle der Bedrohung oder Blockierung zu beseitigen. Das ist natürlich die gründlichste Strategie. Beispiele dafür sind, unerledigte Arbeiten zu erledigen, die einem schlaflose Nächte bereitet haben, neue Bezugspersonen zu suchen, wenn man nach einem Verlust depressiv verstimmt ist, aber auch, sich in der Therapie um eine Klärung von Konflikten zu bemühen, wenn die Bedrohung innerlich aus Plankonflikten entstanden war.

Ansetzen an der Quelle

Nicht selten müssen auch Kompetenzen auf- und Ängste abgebaut werden, um geeignete Aktivitäten erst zu ermöglichen.

Leider ist die Beseitigung einer Störung «an der Quelle» nicht immer möglich. Eine existentielle Bedrohung des Arbeitsplatzes zum Beispiel kann in einer Wirtschaftskrise vom Individuum nicht einfach abgewendet werden, ebensowenig wie tödliche Krankheiten, technische und Naturkatastrophen. Gerade – aber nicht nur – dann zeigt sich *«palliatives»* *Bewältigungsverhalten*, das sich auf den Umgang mit negativen Gefühlen selbst bezieht. Je nach Situation ist es hilfreicher, sich den Gefühlen – im Sinne einer Verarbeitung – offen zuzuwenden oder das Ausmaß von Bewußtsein für ein Gefühl zu kontrollieren bis hin zur völligen Verdrängung. Die bekannten Untersuchungen von Epstein et al. (Epstein, 1972) zur Entwicklung und Kontrolle von Angst bei erfahrenen und unerfahrenen Fallschirmspringern zeigten deutliche Unterschiede im Verlauf der Angst. Erfahrene Springer zeigten insgesamt weniger Angst; wichtiger noch ist aber die Beobachtung, daß Angstspitzen früher lagen (sie sich also früher emotional mit dem bevorstehenden Absprung auseinandersetzten), direkt vor dem Absprung die Angst aber effizient kontrolliert werden konnte. Neurotische Personen werden von ihren Fähigkeiten zur Angstkontrolle her mit unerfahrenen Springern verglichen. Während die Beschäftigung mit Angst und ihren Quellen beim konstruktiven Umgang mit Angst offenbar ein wesentlicher Faktor für Angstbewältigung und Angstkontrolle ist, kann im negativen Fall die Angst in einem Teufelskreis des Sich-Konzentrierens auf die Angst immer größer werden.

Palliative Strategien

Bewältigungs- oder Vermeidungsstrategien können einen großen Teil der menschlichen Aktivitäten ausmachen, nicht so sehr auf konkrete Bedrohungen und die dazugehörenden Gefühle ausgerichtet, sondern auf den *Schutz der «wunden Punkte»*. Es erscheint zwar plausibel, daß diese Vermeidungsstrategien ursprünglich aus konkreteren Bedrohungs- und Blockierungssituationen entstanden sind. Bei früh entstandenen «wunden Punkten» dürfte es sich fast immer um Bedrohung durch Verlust lebenswichtiger Bezugspersonen, beziehungsweise der elterlichen Zuwendung und daraus abgeleitete Bedrohungen durch erwartete Peinlichkeit, Scham usw. handeln. Beim erwachsenen Klienten haben diese wunden Punkte und die dazugehörenden Vermeidungsstrategien sich aber von ihren ursprünglichen Entstehungsbedingungen gelöst und erscheinen direkt als verhaltensbestimmend. Das soll an dieser Stelle genügen: Ausführlicher hat sich Grawe (1986) in seiner Schema-Theorie damit beschäftigt.

Strategien zum Schutz der «wunden Punkte» als Strategien zum Umgang mit potentiellen Gefühlen

Positive Gefühle werden natürlich nicht vermieden, sondern im Gegenteil herzustellen gesucht – sollte man meinen. Im allgemeinen stimmt das ja auch, aber genau betrachtet gibt es kaum Menschen, für die nicht gewisse Situationen, die «eigentlich» mit positiven Gefühlen verbunden sein sollten, zumindest ambivalent sind: Es ergibt sich also ein Nebeneinander von negativen und positiven Gefühlen, wenn nicht gar letztere völlig ausbleiben. Es gibt generalisierte Ängste davor, sich einfach von positiven Gefühlen mitreißen zu lassen, etwas einfach voll zu genießen. Der Erfolg in Prüfungen kann bedeuten, erfolgreicher als jemand zu sein, den zu übertrumpfen tabu ist, und impliziert meist Unsicherheiten über die Zeit danach (z.B. das Berufsleben). Das Wichtigerwerden einer Zweierbeziehung kann auch bedrohlich werden usw. Mit dem Umgang mit positiven Gefühlen beziehungsweise deren Auslösern sind dementsprechend oftmals *sehr zentrale* Pläne verbunden, auch dann, wenn man nicht ohnehin die ganze Planstruktur aus der Gefühls-Perspektive betrachtet.

Positive Gefühle: Auch der Umgang mit ihnen ist nicht immer unkompliziert!

Instrumentelle Funktion von Emotionen

Ein letzter Aspekt bei der Betrachtung der Verbindung von Emotionen und Plänen ist die Tatsache, daß Emotionen selber oder deren Begleitumstände eine *instrumentelle Funktion innerhalb der Planstruktur* haben können. Zunächst einmal ist dabei an die allgemeine handlungsunterstützende Funktion zu denken: Es ist zum Beispiel schwer, sich energiegeladen von einer Konfliktquelle zurückzuziehen, das geht besser, wenn man kraftlos, ängstlich, depressiv ist. Es ist schwer, aktiv auf andere Menschen zuzugehen, wenn man nicht in einer entsprechenden Stimmung ist oder sich in diese versetzen kann. Ein sehr illustratives Beispiel sind auch sozialängstliche Klienten, die sich (aus einem falschen Verständnis von Selbstsicherheit) zum Teil nur durchsetzen können, wenn sie sich vorher systematisch in Rage versetzt haben.

Das Beispiel zeigt übrigens einmal mehr, wie untrennbar verwoben intrapsychische und interaktionelle Funktionen sind: Hier also die innerlich energetisierende und ängstliche Bedenken beiseitedrängende Funktion der Wut einerseits, andererseits die Förderung eines Ausdrucksverhaltens, welches Interaktionspartner zu beeindrucken geeignet ist.

Es gibt viele Beispiele dafür, daß ängstliche Gefühle Vermeidungsverhalten, depressive Gefühle depressives Rückzugsverhalten, Wut aggressives Verhalten usw. stützen und rechtfertigen können: Darin liegt eine direkte instrumentelle Funktion von Gefühlen, die allerdings ubiquitär ist und in Plananalysen nur festgehalten wird, wenn das einen *besonderen Erklärungswert* hat. Implizit ist damit auch die generelle Funktion von Emotionen angesprochen, kognitive Prozesse und Handlungen zu integrieren. Greenberg & Safran (1987) stellen bei ihrem integrativen Emotionsmodell diesen Aspekt in den Vordergrund.

Die interaktionelle Wirkung von Emotionen

Eine weitere, häufig zu beobachtende Funktion ist in der *interaktionellen Wirkung* von Emotionen, beziehungsweise des Zeigens von Emotionen zu suchen: Ein geradezu klassisches Beispiel für die instrumentelle Verstärkung einer Symptomatik ist ja die Zuwendung, die Agoraphobiker oftmals mit ihrer Angst erreichen. Ähnlich wirken – in entsprechenden Beziehungssystemen – auch depressive Gefühle. Umgekehrt kann das Zeigen von Gereiztheit dazu führen, daß ein Mensch, der einem anderen zu nahe gekommen ist, wieder das erwünschte Maß an Distanz einhält usw. Theoretisch würde es für eine interaktionelle Wirkung reichen, die entsprechenden Gefühle nur zu zeigen, ohne sie zu erleben, wenn man das perfekt könnte. Weil das schwierig ist, zumindest über längere Zeit, und nicht zuletzt, weil ein Verhalten «als ob man ... wäre»[1] auch das tatsächliche Auftreten des entsprechenden Gefühls fördert, tritt meistens eben nicht nur das entsprechende Ausdrucksverhalten, sondern auch das Gefühl selber auf. Zudem treten Gefühle in der Mehrzahl nicht *ursprünglich* wegen ihrer interaktionellen Wirkung auf, sondern werden dadurch nur verstärkt und aufrechterhalten.

Der Stellenwert des plananalytischen Gefühlskonzeptes: Rahmenkonzept – in welches jeder seine besonderen Kenntnisse einbringen sollte – mit besonderen Stärken

Damit sind diejenigen Aspekte der Beziehung von Emotionen zu Plänen umrissen, die wir für am wichtigsten halten. Leser, die mit einzelnen Emotionstheorien besonders gut vertraut sind, werden von den hier sehr knapp dargestellten Grundlagen ausgehen können, dabei aber einzelne Aspekte wesentlich differenzierter einbringen, als wenn sie über ihre

---

[1] Um Mißverständnissen vorzubeugen: Es wäre schrecklich, wenn Menschen überwiegend so funktionieren würden!

speziellen Kenntnisse nicht verfügen würden. Die hier aufgeführten Aspekte sind auch von sehr unterschiedlichem Gewicht, je nach Perspektive, die bei der Verwendung plananalytischer Konzepte eingenommen wird. So hat zum Beispiel aus der schematheoretischen Perspektive der Aspekt des Herstellens und Vermeidens von Gefühlen ganz besondere Bedeutung. Einem Adlerianer wird dagegen die instrumentelle Funktion von Gefühlen wichtiger sein usw. Wenn man als klinischer Psychologe Gefühle ganz pointiert in den Vordergrund der Betrachtung stellen will, reichen die Beziehungen zwischen Gefühlen und Plänen auch nicht aus, um die ganze «Emotionsdynamik» (etwa im Sinne von Kruse, 1985, 1986) zu erklären. Wie in Kap. 2.1 zumindest angedeutet wird, haben wir daher schon vor Jahren weitergehende Konzepte herangezogen. Trotz dieser Einschränkung sei noch einmal unsere Erfahrung hervorgehoben, daß von den eben beschriebenen Aspekten her die Gefühle, die in einer Therapie relevant sind, aus der Perspektive der Plananalyse in einem ausreichenden Maß verständlich sind. Die Behandlung wichtiger Emotionen erhöht oft das Verständnis klinisch bedeutsamer Aspekte.

Ein letzter Punkt: Gefühle drücken sich oft subtil in nonverbalem Verhalten aus. Mit der genauen Betrachtung und Analyse von instrumentellen und reaktiven nonverbalen Verhaltensaspekten bringt die Plananalyse eine besondere Stärke bei der Analyse von Emotionen ein.

2.2.7 Plananalyse-Ansatz als Struktur-Theorie

2.2.7.1 Der Stellenwert des Plananalyse-Ansatzes als Theorie

Man kann Theorien mit der Vorstellung betrachten, sie sollten «wahr» sein und diese Anforderung erscheint prima vista auch trivial: Aus Theorien lassen sich «wahre» Aussagen oder Erklärungen über einen Teilbereich der Realität ableiten, die auch für praktische Belange von Nutzen sind. Umgekehrt erbringt die empirisch überprüfte Richtigkeit von abgeleiteten Aussagen den Beweis für die Richtigkeit einer Theorie.

In der frühen Verhaltenstherapie zum Beispiel wurde die Vorstellung vertreten, psychologische Theorien könnten direkt in therapeutische Interventionen umgesetzt werden. Diese Sicht wurde sehr grundsätzlich in Frage gestellt (Westmeyer, 1977; Schulte, 1980; Scheele, 1982; Herrmann, 1979; Caspar, 1987b). Heute dürfte die Meinung wohl allgemein verbreitet sein, daß aus Theorien zwar Ideen abgeleitet werden können, die in der Praxis von heuristischem Nutzen sind, daß aber eine «Anwendung» einer Theorie auf jeden Fall über mehrere *Zwischenschritte* und in transformierter Form erfolgt (Caspar, 1994a).

Das Verhältnis von Theorie und «Anwendung»

Obwohl nicht auf diese Auseinandersetzung gemünzt, erscheint die von Foppa (1984) eingeführte Unterscheidung zwischen *Erklärungs- und Perspektivtheorien* auch in diesem Zusammenhang sehr relevant: Erklärungstheorien sind danach grundlagenpsychologische Theorien, die den Anspruch haben, «wahre» Erklärungen zu einem eng umrissenen Ausschnitt der Realität zu liefern. Perspektivtheorien sind dagegen so etwas wie nützliche Optiken, mit denen Realität betrachtet werden kann. Im Prinzip handelt es sich um Vortheorien, die lediglich etwas expliziter und systematischer, aber genauso wenig empirisch widerlegbar sind wie

Erklärungs- und Perspektivtheorien

diese. Das Kriterium zur Beurteilung von Perspektivtheorien ist ihre Nützlichkeit. Nützlichkeit besteht vor allem in der «Vermittlung neuer Denk- und Anschauungsformen, die sich auf lange Sicht auch dann als fruchtbar erweisen können, wenn sie – allem Anschein nach – empirisch widerlegt wurden» (a.a.O., S. 13). Der Wert von Perspektivtheorien liegt damit auf einer ganz anderen Ebene als der von Erklärungstheorien.
Selbstverständlich sind «Wahrheit» und «Nutzen» nicht völlig unabhängig. Der Nutzen eines Ansatzes erweist sich nach Foppas Vorstellungen erst über sehr lange Zeit. Meist handelt es sich auch um komplexere Konzepte, die aus mehreren, unter Umständen relativ unabhängigen Teilen bestehen. Damit stellt sich neben der Frage nach den Nützlichkeits-*Kriterien* zusätzlich die Frage, *welche Komponenten oder Elemente des Ansatzes* im Hinblick auf ihre Nützlichkeit untersucht werden sollen. Bereits wenn es darum geht, relativ eng umschriebene Therapieverfahren in ihrer Nützlichkeit zu beurteilen, erweist sich die Identifikation «wirksamer Komponenten» als äußerst schwierig (vgl. am Beispiel Depressionen; Niebel, 1985). Viel schwieriger wird es noch bei einem Ansatz wie der Plananalyse: Welche Teile tragen was zur Gesamtnützlichkeit bei? Auch wenn das Kriterien-Problem und das Problem der Bestimmung «wirksamer Komponenten» eines Ansatzes gelöst wäre, könnte ein relativ schneller, greifbarer Nachweis einer überlegenen Nützlichkeit im Bereich der Psychotherapie nach aller Erfahrung nur schrittweise, mit Hilfe mehrerer Jahre dauernder Forschungsprojekte erbracht werden. Gegenwärtig kann dem Anspruch nach Nützlichkeitsnachweis weder tatsächlich, konkret, noch in konzeptueller Hinsicht nachgekommen werden. Das ist kein Merkmal des Plananalyse-Ansatzes allein, sondern ein Merkmal aller ähnlichen Ansätze.
Solange aber keine ganz eindeutigen empirischen Argumente für die Nützlichkeit eines Ansatzes vorliegen, bleibt die empirische Belegbarkeit der «Wahrheit» zugrundeliegender Annahmen ein kürzerfristig greifbares Argument dafür, daß die Theorie sich einmal als nützlich erweisen könnte. Therapietheorien «zweiter Generation» (Grawe, 1995) zeichnen sich dadurch aus, daß in ihnen relevante empirische Ergebnisse möglichst widerspruchsfrei integriert sind. Wenn man davon ausgeht, daß die Realität komplex ist, laufen «wahre» Theorien für größere Realitätsausschnitte – wie das Therapiegeschehen – allerdings Gefahr, *zu komplex* zu werden.

Die Nützlichkeit von Ansätzen kann unter zunehmender Komplexität leiden

Mit zunehmender Komplexität nimmt aber der Nutzen aus pragmatischen Gründen tendenziell wieder ab. Zwischen Nützlichkeit und Wahrheit besteht also allein schon wegen dieses «Komplexitätsargumentes» (Herrmann, 1979) kein einfacher Zusammenhang.

Relative Nützlichkeit und die Überbetonung bestimmter Aspekte

Bei der Beurteilung eines Ansatzes zählt nicht seine «absolute», sondern die *relative Nützlichkeit* im Vergleich zu anderen Ansätzen. Nun wäre es wissenschaftssoziologisch naiv, anzunehmen, alle Ansätze hätten freies Spiel und eine gleich große Chance, ihre Nützlichkeit nach und nach unter Beweis zu stellen: Macht und Geschicklichkeit im Argumentieren, «Zeitgeist» usw. spielen eine entscheidende Rolle. Thomä benutzte einmal das Bild von einem Baum, bei dem jeder Zweig versucht, der Haupttrieb zu werden [1]. Ein gängiges Mittel bei diesem Kampf ist es, gerade die Aspekte

---

[1] Leider konnte trotz Prof. Thomäs Hilfe die Literaturstelle nicht mehr genau eruiert werden: Er steht aber nach wie vor zu dem Vergleich.

überzubetonen, bei welchen der favorisierte Ansatz seine Stärken hat. In der Vergangenheit haben solche Überbetonungen bei verschiedenen Ansätzen dazu geführt, daß die mit diesen Aspekten verbundenen Konzepte und Technologien besser entwickelt wurden, als das ohne diese Überbetonungen wohl der Fall gewesen wäre.

Überbetonungen haben aber – insgesamt betrachtet – auch zu einem Oszillieren, zu einem Hin und Her zwischen verschiedenen Aspekten geführt, und das halten wir für unökonomisch. Da es bei klinisch-psychologischen Ansätzen darum geht, daß Menschen einmal besser, einmal schlechter verstanden werden, mit allen Konsequenzen für die Therapie, halten wir es sogar für unethisch, das Oszillieren nicht auf ein Minimum zu beschränken. Es ist uns deshalb wichtig hervorzuheben, daß wir die Aufforderung, mit der Plananalyse das Geschehen einmal konsequent aus der instrumentellen Perspektive zu betrachten, nicht als verabsolutierende Überbetonung (mit Wahrheitsanspruch) dieser Perspektive mißverstanden haben wollen.

Ist der Plananalyse-Ansatz also eine Perspektivtheorie? Wir verstehen ihn so und haben an anderer Stelle noch ausführlicher für diese Sichtweise argumentiert (Caspar, 1984). Darüber hinaus enthält der Plananalyse-Ansatz aber auch noch eine ausgearbeitete Technologie zum praktischen Erarbeiten von Fallkonzeptionen.

2.2.7.2 Struktur versus Prozeß

Zentrale Einheit des Plananalyse-Ansatzes ist – eben – der «Plan». Beim Erschließen der Planstrukturen eines Individuums wird versucht, mehr oder weniger *überdauernde strukturelle Eigenheiten* seines Handelns, den «roten Faden», festzuhalten. Dabei wird den situativen Informationen Rechnung getragen, welche den Gültigkeitsbereich einschränken. Das ändert aber nichts daran, daß Strukturen im Zentrum des Interesses stehen.

Das Verständnis Diltheys (1894/1964) von «Struktur» – er hat laut Dorsch (1976) diesen Begriff in die Geisteswissenschaft eingeführt – deckt sich recht gut mit dem Anliegen des Plananalyse-Ansatzes: Er versteht darunter «das seelisch-geistige Leben als *gegliedertes Gefüge* (= Ganzheit), das nicht aus Teilen zusammengesetzt und ein Wirkungsgefüge von teleologischem Charakter ist und von seiner Ziel- und Zweckgerichtetheit her verstanden werden kann» (a.a.O., S. 589, Hervorhebung F.C.).

Was bedeutet «Struktur-» Ansatz?

Reese & Overton (1979) verstehen unter «psychischer Struktur» «die *relativ stabilen Eigenschaften oder Organisationsmuster bestimmter Verhaltenssysteme*» (S. 79, Hervorhebung F.C.).

Im Gegensatz zu den bedeutendsten Strukturalisten Wundt und Titchener (vgl. Neel, 1974) geht der Plan-Ansatz nicht davon aus, daß es kleinste, nicht weiter zerlegbare Einheiten gibt, die etwa mit chemischen Elementen vergleichbar wären.

Wenn von «Planstrukturen» die Rede ist, darf das zudem nicht darüber hinwegtäuschen, daß der Plananalyse-Ansatz von seiner finalen Auffassung, von der Auffassung des Bewußtseins her usw., dem Denken von William James wesentlich näher steht. Wenn James «Gedanken», «Ideen» usw. als Abstraktionen, künstlich geschaffene Hilfsmittel zum Verständnis psychologischer Vorgänge ansieht, könnte man den moderneren Begriff «Plan» hier wohl ohne weiteres anfügen. Auch mit der Dialektik zwischen (bei James biologischen) Bedürfnissen, die es oftmals «irrational» zu befriedigen gilt, und freier Willensentscheidung sind wir beim Plan-Ansatz konfrontiert. Es dürfte nicht zufällig sein, daß diese Frage des Determinismus Ansätze mit ähnlichen Grundannahmen, zum Beispiel die Adlerianer, stark beschäftigt (vgl. Titze, 1979).

Das Verhältnis «strukturell» zu «funktional»

Wenn der Plananalyse-Ansatz als struktureller Ansatz bezeichnet wird, ist das als *Gegensatz zu «Prozeß-Ansatz»* zu verstehen, *nicht als Gegensatz zu funktionalen Ansätzen*: Die Unterscheidung von Titchener (s. Neele, 1974), der Strukturalist untersuche, «was ist», der Funktionalist dagegen, «wozu das ist», macht deutlich, daß der Plan-Ansatz mit seinem Ausgehen vom Instrumentellen zumindest *auch* ein funktionalistischer ist. Luhmann (1973) wirft die Frage auf, ob nicht der Zweckbegriff den Sinn hat, das Scheitern der Ontologie «... zu verdecken, indem er dem Vergänglichen einer Handlung, die ist und doch nicht ist, das Bleibende des Zweckes als eigentliches Wesen aufprägte» (a.a.O. S.8).

Konstruktivistische Position: Pläne sind eine nützliche Fiktion; die funktionale Betrachtungsweise liefert das Ordnungskriterium für die Struktur

Es ist hier nicht der Raum, die wissenschaftstheoretische Diskussion um strukturelle vs. funktionalistische oder vs. Prozeß-Modelle gründlich aufzurollen: In unseren Augen ist es entscheidend, das «was», also die Planstrukturen, nicht als etwas real Seiendes aufzufassen, auch wenn der verkürzte Sprachgebrauch manchmal diesen Eindruck erwecken mag: Es geht vielmehr darum, mit Planstrukturen als «nützlichen Fiktionen» (Herrmann, 1979) Ordnung in ein komplexes «wozu» zu bringen, während umgekehrt die «wozu»-Frage ein nützliches Strukturierungsmerkmal für fiktive Strukturen ist.

Ein System begreifen bedeutet Struktur und Funktion begreifen

Bei moderneren kybernetischen Modellen verschwindet ohnehin die strenge Unterscheidung zwischen Struktur und Funktion. Um ein System zu begreifen, muß ich eine Vorstellung von *beidem* haben, und beides beeinflußt sich gegenseitig untrennbar. Typisch für die kybernetische Sicht ist auch, daß je nach Interesse mal der eine, mal der andere Aspekt in den Vordergrund gestellt werden kann, ohne daß das ein Negieren der Bedeutung anderer Aspekte bedeutet. Das gilt nicht nur für den Struktur- und Funktions-, sondern auch für den Prozeß-Aspekt.

Eine strukturelle Betrachtung bedeutet nicht automatisch eine statische Sichtweise

Bedeutet nun das Betonen der strukturellen Aspekte beim Plan-Ansatz, daß ihm eine *statische Sichtweise* eigen ist? Nach unserer Auffassung *nicht*. Pläne, wie sie in Planstrukturen abgebildet werden, enthalten strukturelle Abstraktionen über viele Situationen. Der situative Geltungsbereich eines Planes und andere seiner Merkmale können nur bestimmt werden, wenn nicht nur eine Situation, nicht nur eine Momentaufnahme der Struktur im ganz engen Sinn von «Moment», betrachtet wird. Veränderungen in der Aktivation, in Abhängigkeit u.a. von Veränderungen in der Situation, können zum Gegenstand gesonderter, sogenannter «sequentieller» Plananalysen gemacht werden (Schiepek et al. 1995b).

In der «Momentaufnahme» ist auch Geschichte und Potential enthalten

In der Plananalyse werden Motive, Intentionen, Konflikte, Fähigkeiten usw. betrachtet, alles Aspekte, die nicht nur die Merkmale eines gegenwärtigen Zustandes sind, sondern bereits auch ein *Potential* für die Zukunft und ebenfalls eine Geschichte enthalten. Veränderung ist im Plansatz nicht einfach der Unterschied in der Struktur zwischen zwei Zeitpunkten, wie etwa für Russell (1903): Viele Aspekte der Veränderung sind der Struktur zu jedem Zeitpunkt inhärent. Bereits Aristoteles hatte hervorgehoben, daß sich nicht einfach Objekte ändern, sondern Objekte *mit bestimmten Eigenschaften* (McKeon, 1941). Das Frame-Konzept (s. Kap. 4.2.15) bietet ja auch die Möglichkeit, Informationen dazu explizit festzuhalten, wo immer das relevant erscheint und nicht bereits im motivationalen Aspekt enthalten scheint.

Eine korrekt durchgeführte Plananalyse enthält zudem stets Tests im Sinne der Überprüfung von Prognosen (oder mindestens von impliziten Erwartungen), wie ein Klient in einer veränderten künftigen Situation reagieren müßte und welche Wirkung eine Veränderung von Situationsvariablen bei ihm bewirken müßte, wenn die bisherige Analyse korrekt ist (vgl. Kap. 4.2.14). Die Möglichkeit, aus der bestehenden hypothetischen Struktur vorauszusagen, wie ein künftiges Verhalten in einer bestimmten Situation aussehen müßte, wie ein Klient insbesondere auf eine Intervention reagieren müßte, gehört zum Spannendsten bei der Plananalyse. Wo immer mit dem Klienten seine Vision von der eigenen Zukunft thematisiert wird, ist dies in Beziehung zu setzen mit und zu verstehen vor dem Hintergrund der gegenwärtigen Struktur. Markus & Nurius (1986) sprechen in diesem Zusammenhang vom «possible self», welches sie in ganz enger Verbindung mit der gegenwärtigen Sicht eines Menschen von sich selber konzipieren.

<small>Es gehört zu einer Plananalyse, Prognosen zu machen, also über die Gegenwart hinauszugehen</small>

Das alles läßt den Plan-Ansatz *nicht statisch* erscheinen, auch wenn das Bild einer Planstruktur (die ja nur ein Zwischenschritt ist) diesen Eindruck erwecken könnte.

Damit erscheint die klassische Unterscheidung zwischen Struktur- und Prozeßmodellen etwas *weniger dichotom* als vielleicht auf den ersten Blick (Cleland, 1988). Klar bleibt aber, daß der Plan-Ansatz kein Prozeß-Modell ist und sein will: Während Entwicklungspotentiale und -barrieren auch bei der Plananalyse Gegenstand der Betrachtung sind, lenkt erst eine ausgearbeitete Prozeßtheorie die Aufmerksamkeit explizit und systematisch darauf, welche konkreten Inhalte einer Struktur für ein genaues Verständnis der Entwicklungsprozesse wichtig sind. Grawe (1986, 1987) hat mit seiner «Schema-Theorie» ein allgemeines, unter anderem auf Piaget zurückgreifendes Modell vorgelegt, das mit dem Plananalyse-Ansatz sehr kompatibel ist (vgl. auch Schneider, 1983, 1988), und Wüthrich (1987) hat den Schema-Ansatz in konkreten Analysen mit dem Plan-Modell verbunden.

<small>Der Plan-Ansatz ist und bleibt ein Strukturmodell. Der Unterschied zwischen Struktur- und Prozeßmodell ist aber bei näherem Hinsehen nicht so kraß wie auf den ersten Blick</small>

Arbeiten, in denen Veränderungsprozesse im Detail nachvollzogen werden, machen klar, daß der griechische Philosoph Heraklit mit seinem «panta rei» («alles ist im Fluß») recht hatte, daß andererseits aber Prozeßmodelle, die nur *Veränderungsprinzipien* vorsehen, ohne von einem konkreten *strukturellen* Verständnis auszugehen, abstrakt und metaphorisch bleiben.

2.2.8 Störungsmodell

2.2.8.1 Die Beziehung zwischen Plänen und psychischen Störungen

Psychische Störungen werden im Zusammenhang mit den zwischenmenschlichen Beziehungen eines Klienten gesehen

Wie bereits mehrfach angeklungen, versuchen wir, Entstehung und Aufrechterhaltung der Problematik eines Klienten von der Gestaltung seiner *zwischenmenschlichen Beziehungen* – unter Einschluß darauf bezogener intrapsychischer Phänomene – her zu verstehen. Wir sehen uns dabei in Übereinstimmung mit einer großen Zahl von Untersuchungen und Überlegungen, auf deren detaillierte Darstellung hier aber verzichtet werden soll, nicht zuletzt, weil viele Leser wohl bereits damit vertraut sind. Für die folgenden Überlegungen wird Gültigkeit zunächst einmal nur für «neurotische Störungen» im weiteren Sinn beansprucht.

Die interaktionelle Perspektive wird in den Vordergrund gestellt, ohne die Bedeutung anderer Perspektiven zu verneinen

Diese interaktionelle Perspektive einzunehmen bedeutet weder zu negieren, daß psychisches Geschehen natürlich immer auf einer mehr oder weniger gut funktionierenden physiologischen Basis stattfindet, noch, daß materielle und gesellschaftliche Gegebenheiten im weitesten Sinn zwischenmenschliche Beziehungen nachhaltig bestimmen. Genauso wie in anderen Ansätzen andere ätiologische Perspektiven in den Vordergrund gestellt und besonders differenziert herausgearbeitet wurden und werden, wird beim Plananalyse-Ansatz eben die interaktionelle Perspektive in den Vordergrund gestellt.

Dabei gehen wir von der Auffassung aus, daß es sich um eine für den Phänomenenbereich «psychische Probleme» besonders relevante Perspektive handelt. Die Offenheit eines Ansatzes für die Verbindung mit Überlegungen, denen andere Perspektiven zugrundeliegen, halten wir trotzdem für eine wesentliche Anforderung an jeden Ansatz (Caspar, 1987b).

Ein Mensch *ohne psychische Beeinträchtigung* verfügt über eine Planstruktur, die es ihm erlaubt, in seiner materiellen und zwischenmenschlichen Umgebung seine wichtigsten zwischenmenschlichen Bedürfnisse ausreichend zu befriedigen. Verschiedene Eigenarten der Planstruktur können einen Menschen *«anfällig»* machen für Störungen. Ob eine Störung manifest wird, hängt entsprechend der interaktionistischen Auffassung des Plananalyse-Ansatzes immer von Individuum und Umgebung ab. Die Angemessenheit einer Planstruktur kann immer nur von einer bestimmten situativen Umgebung her im engeren (konkrete Situation) oder weiteren Sinn (zum Beispiel gesellschaftliche Umgebung) beurteilt werden. Darüber hinaus gibt es aber insgesamt rigidere Strukturen, die nur mit sehr eingeschränkten Typen von Situationen «zurechtkommen» und flexiblere, die befriedigende Handlungsmöglichkeiten für eine größere Menge unterschiedlicher Situationen enthalten.

Es gibt nicht «gute» und «problematische» Strukturen an sich: Es kommt immer auf individuelle Struktur und Umgebung an

Die problemlose Planstruktur gibt es nicht, weil die Menge potentieller Problemsituationen, genauso wie die Menge der Situationen, die man positiv für sich nutzen kann, grundsätzlich unbeschränkt ist. Diese Tatsache lenkt die Aufmerksamkeit von der Frage, ob eine Planstruktur bereits «gut» ist, zur Frage, wie wandlungsfähig eine Struktur ist, also wie weit ein Individuum in der Lage ist, veränderte Situationen als solche wahrzunehmen und sich ihnen aktiv anzupassen, beziehungsweise wie weit Hemmnisse für eine solche Anpassung da sind. Auch wenn die Umwelt sich objektiv vergleichsweise wenig verändert, bringt ja allein schon das Älterwerden eines Menschen immer wieder Wechsel in Anforderungen und Möglichkeiten. «Anpassung» ist hier immer so gemeint, daß die Möglichkeit, die Situation in wesentlichen Merkmalen zu verändern oder ohne überwiegende Nachteile zu verlassen, eingeschlossen ist. Die Planstruktur enthält nicht ein fertiges Repertoire, sondern ist – zur Erinnerung – vielmehr aufzufassen als offenes und entwicklungsfähiges Gesamt der Konstruktionsregeln für jeweils neu konstruiertes zielgerichtetes Verhalten [1]. Fähigkeiten und Hemmnisse für einen Anpassungsprozeß spiegeln sich ebenfalls in der Planstruktur.

Ein Mensch, der den allgemeinen Plan «stell dich neuen Anforderungen» hat, wird sich gegenüber unbekannten Stressoren (und gegenüber neuen Chancen!) anders verhalten als einer mit einem allgemeinen Plan «vermeide jedes Risiko», und einer mit beiden gleichzeitig aktivierten Plänen gerät unweigerlich in einen Konflikt. Im allgemeinen sind Pläne, die den Umgang mit Situationen steuern, aber nicht so generell, sondern viel spezifischer, also zum Beispiel: Herausforderungen einer bestimmten Art im Beruf zu suchen, bestimmte Erfahrungen mit dem anderen Geschlecht aber systematisch zu meiden.

Wir gehen von der Grundannahme aus, daß ein Individuum ohne größere Störungen lebt, wenn es eine hinreichende Zahl von Situationen optimal im Sinn seiner Bedürfnisse nutzen und gestalten kann. Es muß ferner in der Lage sein, unter realistischer Berücksichtigung der multiplen Konsequenzen jedes möglichen Verhaltens möglichst günstiges Verhalten im Sinne der *Mehrfachbestimmtheit* zu konstruieren, ohne sich durch die Schwierigkeit dieses Vorhabens paralysieren zu lassen. Subjektiv zufrieden ist es, wenn es gleichzeitig auch in der Lage ist, seine Standards den bestehenden Möglichkeiten anzupassen. Objektiv sind die Möglichkeiten, die man hat, ja nie anhaltend ideal. Genauso, wie man von einem Glas sagen kann, es sei halbvoll oder halbleer, spielt die angemessene *Anpassung von Anspruchsniveau*s auch im zwischenmenschlichen Zusammenleben eine wichtige Rolle.

Störungsanfällig sind:

– Strukturen, deren *positive Ziele sehr beschränkt sind*, so daß wenige Situationen positiven Aufforderungscharakter haben, oder anders gesagt, Möglichkeiten und Anregung bieten, im Sinne eigener Ziele aktiv zu werden (also zum Beispiel einseitige Ausrichtung auf Anerkennung aufgrund sportlicher Leistungen).

– Strukturen, die relativ *viele negative Ziele*, das heißt viele Vermeidungspläne enthalten. Qualitativ betrachtet sind vor allem solche Vermeidungsziele problematisch, die eine Auseinandersetzung mit wichtigen positiven Zielen ausschließen (also zum Beispiel vermeiden, Verantwortung zu übernehmen; Schuldgefühle gegenüber Eltern vermeiden, die daraus entstehen können, daß man das Leben selber besser meistert).

---

[1] Zum genaueren Verständnis, wie diese Anpassung geschieht, erscheinen uns konnektionistische Modelle besonders geeignet (Caspar et al., 1992; Caspar & Grawe, 1996).

wenig Toleranz für unvermeidliche negative Konsequenzen	– Menschen, denen es schlecht gelingt, sich selber und anderen gegenüber für den unvermeidlichen Rest an *negativen Konsequenzen* geradezustehen, den jedes noch so ausgewogene Handeln mit sich bringt. Resultat sind Vermeidungsverhalten, Inaktivität beziehungsweise typische neurotische Entscheidungskonflikte. Dahinter stehen Pläne, Spannungen zu vermeiden und oftmals ein Perfektionismus als Ablenkungs- und/oder Absicherungsstrategie.
fehlendes Repertoire	– Strukturen, in denen zwar Ziele da sind, ein angemessenes Strategie- und Verhaltens-*Repertoire* aber fehlt (zum Beispiel Anerkennung als Künstler zu erwerben, ohne Strategien, mit Zeiten harter Arbeit ohne Anerkennung von außen umzugehen).
mangelnde Anspruchs-Regulation	– Menschen, denen es schlecht gelingt, ihre *Ansprüche* zu regulieren (die also zum Beispiel ein Leben lang einem fiktiven Traummann, beziehungsweise -frau, nachjagen) und die dementsprechend von der Realität frustiert sind.

Die beiden letzten Punkte drücken sich zwar kaum direkt in Plänen aus oder nur als Defizit, insofern, als konkretes Verhalten eben fehlt; es finden sich darüber hinaus aber in der Regel Hintergründe dafür in der Planstruktur: So wurde zum Beispiel durch Vermeidungspläne verhindert, daß sich ein Repertoire durch Auseinandersetzung mit den relevanten Situationen entwickeln konnte. Übermäßig niedrige und hohe Ansprüche haben oftmals eine instrumentelle Funktion in der Planstruktur (zum Beispiel zu vermeiden, sich mit dem niederen Alltag und der eigenen Mittelmäßigkeit auseinandersetzen zu müssen). Schwierigkeiten, für die Konsequenzen eigenen Handelns einzustehen, hängen oft aktuell oder historisch mit Plänen zusammen, zu vermeiden, von wichtigen Personen abgelehnt zu werden. Das waren einige Bemerkungen zur *Struktur*.

Störungen in der kontinuierlichen konstruktiven Anpassung führen zu Problemen	*Dynamisch* betrachtet sind solche Menschen gefährdeter, die sich überwiegend assimilativ zu verhalten versuchen: Das heißt, sie versuchen, ihre Strukturen vor Veränderung zu bewahren, auch wo ein Beharren nicht angemessen ist in dem Sinn, daß es zu einer zunehmenden Einschränkung der Möglichkeiten und zu einer zunehmend verzerrten Sicht der Realität führt.

All diese Überlegungen gelten für die Betrachtung längerer Zeiträume. Vorübergehend kann die subjektive Zufriedenheit unter Umständen größer als bei einem «durchschnittlich funktionierenden» Menschen sein, wenn ein Mensch mit einer rigiden Struktur (und darauf gründenden enttäuschenden Erfahrungen und Erlebens-Defiziten) endlich einen Menschen oder eine Situation findet, der oder die in einer komplementären Position zu seinen Möglichkeiten ist (Willi, 1975).

Etwas *allgemeiner betrachtet* gibt es zwei Möglichkeiten der Beziehung von psychischen Störungen zu Planstruktur eines Menschen:

Sehr allgemein betrachtet: Psychische Störungen als Nebenwirkungen	– Die psychischen Störungen sind *Nebenwirkungen* von mißglückten Versuchen, wichtige Bedürfnisse zu befriedigen. Meistens kommt es dazu, wenn Vermeidungspläne irgendwelchen Inhaltes die Konstruktion angemessener (im Sinne von nebenwirkungsfreieren) Lösungen

verunmöglichen. Zum Beispiel: Man sucht zwischenmenschlichen Kontakt, vermeidet dabei aber systematisch Spannungen. Nebenwirkung: Die eigenen Rechte werden zunehmend eingeschränkt. Verhalten ohne diese Nebenwirkung, also permanent ausgewogen seine Interessen zu wahren, wäre dagegen mit einem Spannungs-Vermeidungsplan nicht vereinbar. Je mehr Vermeidungsziele vorhanden sind, desto schwieriger wird es, seine Bedürfnisse zu befriedigen, ohne mit mindestens einem Vermeidungsziel in Konflikt zu geraten.

Die objektiv gegebene Umwelt und psychologische und biologische Anlagen des Individuums bestimmen allerdings zusätzlich, welche Belastungen bestehen und wie weit oder eng der Spielraum für das Finden solcher Lösungen ist. Zudem scheint es recht große Unterschiede in der Fähigkeit zu kreativem interaktionellem Problemlösen zu geben, also in der Fähigkeit, Verhalten so zu konstruieren, daß es im Sinne der Mehrfachbestimmtheit möglichst vielen Plänen positiv gerecht wird und möglichst wenig negative Nebenwirkungen hat. Zum Teil kann diese Fähigkeit auch aus der Planstruktur erklärt werden (zum Beispiel wenn ein Mensch vermeidet, die langfristigen Konsequenzen seines Verhaltens zu beachten, um dafür auch nicht die Verantwortung übernehmen zu müssen). Für Aspekte, die über das Erwähnte hinausgehen, gibt es auch allgemein in der Pathopsychologie noch wenig befriedigende Erklärungen.

— Psychische Störungen können selber eine *instrumentelle Funktion* im Gesamt-Funktionieren eines Menschen haben. Wir würden nicht so weit gehen wie zum Beispiel Alfred Adler (Titze, 1979), der psychische Probleme hauptsächlich aus dieser Perspektive sieht. Wichtige Anteile von psychischen Störungen können aber auf diese Weise nachvollzogen werden. Oft ist das Auffinden von instrumentellen Funktionen nicht trivial, sondern setzt gute Kenntnisse über einen Klienten voraus, weil dadurch erst eine ausreichende Basis für Hypothesen über mögliche individuelle instrumentelle Funktionen des Symptoms da ist: Meistens imponiert ja zunächst einseitig das Leiden an der Störung. Die (hypothetische) Feststellung, daß eine Störung eine instrumentelle Funktion hat, bedeutet keine negative Bewertung, weder der Störung noch des Klienten: Es bedeutet zu verstehen, warum die Störung ein gegenwärtig wichtiger Teil des Lebens eines Klienten ist, und führt erst dann zur Frage, unter welchen Bedingungen der Klient darauf verzichten könnte.

<small>Instrumentelle Funktion psychischer Störungen</small>

Die beiden Möglichkeiten sind keine sich ausschließenden Alternativen. Nicht selten entsteht ein Problem als Nebenwirkung, wird aber aufrechterhalten, nachdem einmal die instrumentelle Funktion «entdeckt» ist. Dazu ein illustrierendes Beispiel:

<small>Nebeneinander beider Aspekte ist typisch</small>

Ein Geschäftsmann ist recht rigide in seinem Umgang mit Kunden. Er spürt zu Recht, daß er dadurch vielen Situationen nicht gewachsen ist, und reagiert mit deutlicher Nervosität (Entstehung des Problems als Nebenwirkung). Er «merkt» (meistens natürlich unbewußt), daß die Mehrzahl der Kunden sich schonungsvoller verhalten, wenn sie seine Nervosität wahrnehmen. Obwohl die Nervosität selber mit seinen Wünschen, wie er gerne auftreten würde, schlecht vereinbar ist, überwiegt die Erleichterung über die Schonung und die Nervosität tritt immer regelmäßiger auf.

Je gründlicher eine Analyse durchgeführt wird, desto deutlicher zeigt sich meist ein Nebeneinander der beiden Anteile.

Nützliche Heuristiken statt Theorien mit Wahrheitsanspruch

Die Beschäftigung mit psychischen Störungen geschieht *nicht* mit dem Anspruch, *«wahre»* Erklärungen zu liefern, sondern Betrachtungsheuristiken. Pathopsychologische Theorien treten oft mit einem Anspruch der Erklärung und Richtigkeit auf, der andere Theorien ausschließt. Auf dem gegenwärtigen Stand der Kenntnisse erscheint das aber wenig gerechtfertigt. *Heuristiken* können sich auf verschiedene Theorien stützen, eher ausgehend von einem «versuch's mal mit der XY-Sichtweise, ob sie dich weiterbringt!». Gemeint ist nicht ein Sammelsurium von übergeneralisierten Faustregeln, sondern ein Set von Heuristiken auf der Basis grundlagenpsychologisch fundierter Ansätze, welche zu verändern sind, wenn sich neue Erkenntnisse ergeben.

Der Anspruch, eine «plananalytische Pathopsychologie» im Sinn von systematischen und vollständigen Zusammenhang-Such-Heuristiken zur Verfügung stellen zu können, kann zur Zeit nicht eingelöst werden. In allen bisher gemachten Plananalysen war der Versuch, Störungen zu erklären, selbstverständlich ein wichtiges Anliegen und verschiedene Forschungsarbeiten beschäftigten und beschäftigen sich gezielt damit (Deppeler, Heiniger, Jost, Oesch, Zingg). Aus den bisherigen Analysen können einige Erfahrungen weitergegeben werden. Diese Heuristiken müssen zweifellos weiter ergänzt und ausdifferenziert werden.

Bei der Erklärung psychischer Störungen stehen sich oftmals zwei Arten von Ansätzen gegenüber:

1. Ansätze, die Störungen aus *allgemeinen Modellen* für das Funktionieren eines Menschen erklären und oft wenig helfen zu begreifen, warum gerade dieser Mensch diese spezielle Störung entwickelt hat und wie die Eigendynamik dieser Störung zu verstehen ist, und

2. *störungsspezifische* Ansätze, die gut das Besondere einer bestimmten Störung erfassen, aber wenig Verbindung zu einem allgemeinen Verständnis des Menschen haben, und von daher auch Gefahr laufen, im Kurativen, im Beseitigen der Störung steckenzubleiben.

Plananalyse als Bindeglied zwischen allgemeinen und spezifischen Ansätzen

Die hier exemplarisch dargestellten Heuristiken sollten nach unserer Auffassung grundsätzlich ein geeignetes Bindeglied sein zwischen (zu) allgemeinen und (zu) spezifischen Ansätzen [1]. Der allgemeine Teil ist dabei – wie in diesem Buch dargestellt – bereits gut ausgebaut, die störungsspezifischen Heuristiken müssen auf geeignete andere Konzepte gestützt oder induktiv gewonnen werden. Durch solche Heuristiken gewinnt der Plananalyse-Ansatz klar an Nützlichkeit. Ob die Heuristiken jemals sozusagen «einverleibt» werden sollen, erscheint jedoch fraglich (vgl. Kap. 2.1). Die folgenden Darstellungen sollen von daher illustrierend und anregend sein, geben aber nicht vollständig die im Zusammenhang mit unseren Plananalysen gemachten Erfahrungen wieder.

---

[1] Die Diskussion um den relativen Stellenwert allgemeiner vs. störungsspezifischer Ansätze ist in jüngster Zeit wieder intensiviert worden (Caspar, 1996).

Obwohl die Einteilung in Störungsgruppen (wie zum Beispiel im DSM IV), der plananalytischen Betrachtung eher widerspricht [1], dürfte für die meisten Leser dieser Zugang am vertrautesten sein. Obwohl sie für die therapeutische Praxis von beschränkter Bedeutung ist (Beutler & Clarkin, 1990; Clarkin & Kendall, 1992; Kendall & Clarkin, 1992) können sie als Ordnungskriterien genutzt werden. Die folgende Diskussion ist deshalb nach solchen diagnostischen Begriffen geordnet.

An der Entstehung von chronischen Problemen sind regelmäßig negative Gefühle beteiligt: Die oben dargestellten Überlegungen zur Entstehung und Aufrechterhaltung negativer Gefühle sind deshalb auch für das Verständnis chronischer Probleme relevant. Dennoch sind zum Beispiel Angst, Deprimiertheit, usw. als transitorische Gefühle nicht gleichzusetzen mit chronischer Angst, Depression, usw.: Bei chronischen negativen Gefühlen (beziehungsweise deren Abwendung) ist ein wesentlich größerer Teil der individuellen Planstruktur darauf ausgerichtet, diese Gefühle – an den Gefühlen selber oder der Quelle der Störung ansetzend – zu vermeiden oder in erträglichen Grenzen zu halten (vgl. auch Broda, 1985). Ferner haben chronische Gefühle oder deren Begleitumstände viel häufiger eine instrumentelle Funktion, womit dann auch nachvollzogen werden kann, warum die Gefühle eben persistieren und nicht einfach vorübergehen.

An Störungen sind regelmäßig negative Gefühle beteiligt, deshalb sind die Heuristiken zur Betrachtung von Gefühlen ebenfalls relevant

Chronische negative Gefühle oder emotionale Störungen sind aber nicht mit vorübergehenden negativen Gefühlen gleichzusetzen

2.2.8.2 Angst

Angst ist das bestuntersuchte transitorische Gefühl, Angst ist auch als psychisches Problem am besten untersucht und hat innerhalb des Plananalyse-Ansatzes bisher am meisten Beachtung erfahren (Caspar, 1983a, 1987c, Caspar & Tuschen, 1987). In diesem Abschnitt geht es nur um psychische Anteile, im Gegensatz etwa zu rein biologischen Anteilen. Zwischen verschiedenen Formen von Ängsten beziehungsweise Phobien wird nicht a priori unterschieden: Sie sind nicht Kategorien, von denen ausgegangen wird, sondern es ist *aus der Plananalyse plausibel nachvollziehbar zu machen*, warum in welchem Fall was auftritt. Wir legen dabei ein sehr breites Angstverständnis zugrunde, das zum Beispiel auch Stress oder Schlaflosigkeit (wenn sie überwiegend auf Anspannung beruhen) sowie solche «Angst» einschließt, die wegen exzessiven Vermeidungsverhaltens de facto gar nicht eintritt.

Wenn wir den Aspekten folgen, welche bei der Analyse von Gefühlen allgemein relevant sind, haben wir bei chronischer, klinisch relevanter Angst folgendes zu beachten (vgl. Kap. 2.2.6. In Kap. 4.2.13 sind die Heuristiken noch genauer beschrieben):

Verschiedene Formen von Angst werden nicht a priori unterschieden; es ist aus der Struktur nachvollziehbar zu machen, warum in einem Fall das eine, im anderen Fall etwas anderes entsteht

Situation: Die relevanten Situationen können mehr oder weniger *ausgedehnt* und *konkret* sein. Bei Ängsten (entsprechend der gängigen Terminologie) handelt es sich eher um ausgedehntere Zeitabschnitte und weniger konkret definierte Situationen, bei Phobien eher um kürzere Abschnitte und konkretere Situationen. Zeitlich beschränkte Angstgefühle werden dann klinisch relevant, wenn sie häufig auftreten oder zu stark einschränkendem Vermeidungsverhalten führen.

Die beteiligten Aspekte

---

[1] Den Kategorien liegt keine funktionale Betrachtungsweise zugrunde und die Strukturen von Patienten aus derselben diagnostischen Gruppe können sich stark unterscheiden.

Bedrohte oder blockierte Pläne: Es kann sich hier um *konkretere oder allgemeinere Pläne* handeln (vermeide Enttäuschung vs. vermeide, von XY gleich jetzt einen Korb zu bekommen). Oft werden auch in einer Situation der Bedrohung relativ allgemeiner Pläne (ernähre deine Familie) zusätzlich konkretere Pläne bedroht (vermeide Auseinandersetzungen am Arbeitsplatz). Daß im Leben eines Menschen wichtige Pläne bedroht sind, ist nichts Besonderes, Pathologisches: Natürliche Entwicklungs- und Veränderungsprozesse schaffen immer wieder neue innere und äußere Konflikte. Nur dann, wenn ein Individuum keine konstruktive Bewältigung schafft, entstehen potentiell Probleme. Oftmals spielt dabei ein Übergewicht leicht verletzbarer und einschränkender Absicherungs-Pläne eine wichtige Rolle.

Pläne, die Art des Gefühls bestimmen: Dieser Aspekt wird relevant, wenn der Charakter der Situation und der bedrohten Pläne «*eigentlich*» ein anderes Gefühl nahelegen würden, als jenes, das dann tatsächlich auftritt, also: «Eigentlich sollte» Angst auftreten; Pläne, die ängstliche Gefühle verhindern, führen aber dazu, daß ein Klient auf einem unspezifischen Gefühl «sitzenbleibt» oder ein anderes, zum Beispiel ein aggressives Gefühl empfindet. Umgekehrt kann Angst auftreten, wenn «eigentlich» ein anderes Gefühl, zum Beispiel Aggressionen, auftreten müßte, das aber durch Pläne, die Aggressionen nicht zulassen, verhindert wird. Solche Pläne des Umganges mit Gefühlen sind meistens in ihrer Entstehung *lebensgeschichtlich* weit zurückzuverfolgen und widerspiegeln gesellschaftliche und Familien-Normen, aber auch ganz individuelle Erfahrungen mit dem Ausdruck des einen oder anderen Gefühls. Insofern als sie oft einen anhaltenden, «typischen» Umgang mit Gefühlen betreffen, sind sie für die Enstehung chronischer Probleme noch wichtiger als für transitorische Gefühle.

Pläne, die der Bewältigung oder dem Vermeiden von Angst dienen: Die Frage nach Bewältigungsplänen knüpft daran an, daß in den meisten Angstkonzepten Reaktionsmöglichkeiten eine entscheidende Rolle spielen (zum Beispiel: Lazarus, 1966). Auch dieser Aspekt ist bei chronischen wichtiger als bei transitorischen Ängsten: Oft ist bei Angst-Patienten ihr ganzer Lebensstil geprägt von Vermeidungsverhalten, manchmal viel mehr als von tatsächlich auftretender Angst. Das ist es nicht zuletzt, was Angst-Patienten einander ähnlich erscheinen läßt; Vermeidungsverhalten ist bei Phobien, das heißt bei konkreten Bedrohungssituationen, besser sichtbar als bei diffuseren Situationen: Bei vielen Menschen können aber Strategien, mit denen sie ihre *wunden Punkte schützen*, die einen *großen Teil ihrer Struktur bestimmen* und ihre Weiterentwicklung behindern können, als Angst-Vermeidungs-Strategien interpretiert werden. Rigide Strukturen scheinen oft, wenn nicht immer, das Ergebnis zu sein von Coping-Strategien zur Bewältigung von Angst (zum Beispiel Sullivan), Unsicherheit (zum Beispiel Adler) usw., die nur um den Preis der Blockierung natürlicher Entwicklungsprozesse funktionieren.

Bewältigungspläne können nach *außen*, auf die Ursache der Bedrohung gerichtet sein oder der *intrapsychischen Bewältigung* dienen. Gerade in Bedrohungssituationen, in denen diffuse Angst auftritt, können die verursachenden Probleme, zumindest aus der Sicht des Betroffenen, nicht an der Wurzel gepackt werden, und er versucht sich deshalb mit mehr oder weniger konstruktiven intrapsychischen Ansätzen. Das exzessive Sich-Konzentrieren auf alles, was mit der Angst zu tun hat, äußere Ereignisse, Körpersensationen und Gedanken (Margraf & Schneider, 1989), ist ein Beispiel für ungeeignete Bewältigungsversuche. *Palliative Strategien*, also mehr auf die Kontrolle des Gefühls als auf die Quelle der Störung gerichtete Strategien, umfassen Verleugnung, Ablenkung, körperliche Entspannung, Drogen usw. Epstein (1972) verglich, wie bereits erwähnt, die Strategien von neurotisch Ängstlichen mit denjenigen von unerfahrenen Fallschirmspringern. Das Auftreten von Ängsten kann, wenn man will, noch stärker aus der Perspektive von geeigneten/ungeeigneten Angst-Kontrollstrategien betrachtet werden: Eigentlich hätten wir ja alle Anlaß, permanent Angst vor vielerlei Bedrohungen zu haben. Nur der Wirkung mehr oder weniger geeigneter Strategien ist es zu verdanken, daß die meisten von uns ein einigermaßen angstfreies und genußvolles Leben führen können: Wo dabei die Grenze zwischen konstruktiver und pathologischer Verdrängung liegt, ist schwer klar zu bestimmen. Alle Versuche, Ängste mit professioneller Hilfe oder allein in den Griff zu bekommen, gehören auch zu den Bewältigungsplänen. Ob ein Plan konstruktiv ist oder nicht, ist nach Maßgabe der individuellen Situation vor allem nach den Kriterien zu beurteilen, ob er zur dauerhaften Bewältigung führt und was der Preis ist, der dafür bezahlt wird: Oft ergeben sich aus destruktiven Bewältigungsversuchen Blockierungen in der Entwicklung oder auch wesentlich konkretere Probleme wie Alkoholismus, Zwänge (als Versuch, Ängste zu kontrollieren) oder Depressionen (als Folge von sozialem Rückzug als Vermeidungsverhalten).

Pläne, für die Angst eine instrumentelle Funktion hat: Wenn Angst oder Begleitumstände von Angst in der Struktur eines Menschen eine instrumentelle Funktion gewinnen, trägt das zur *Aufrechterhaltung der Angst* bei. Insofern ist auch dieser Aspekt bei chronischer Angst tendenziell wichtiger als bei transitorischer Angst. Gut bekannt sind die Effekte, daß Angst Schonung und Zuwendung bewirkt. So treten Agoraphobien ja bei alleinstehenden Personen viel seltener auf als bei solchen mit Partnern. Die Palette der «Möglichkeiten» ist aber unbeschränkt: Ängste können von Beziehungsproblemen ablenken, die sonst zur Scheidung führen müßten, «kleine» Ängste können von «großen», bedrohlicheren Ängsten ablenken, sie können aggressive Ausbrüche verhindern, usw.: Erst die genaue Kenntnis eines Einzelfalls (zum Beispiel als Ergebnis einer Plananalyse mit einem reichen Erfahrungshintergrund in Alltag und therapeutischer Praxis), macht es möglich, alle, auch ungewöhnliche Möglichkeiten instrumenteller Funktionen abzuchecken. Diese genaue Analyse ist oft erst der Schlüssel für das Verständnis einer bestimmten Angst. Die Tatsache, daß Angst oft mit einem hohen subjektiven Leidensdruck verbunden ist, schließt eine instrumentelle Funktion jedenfalls in keiner Weise aus.

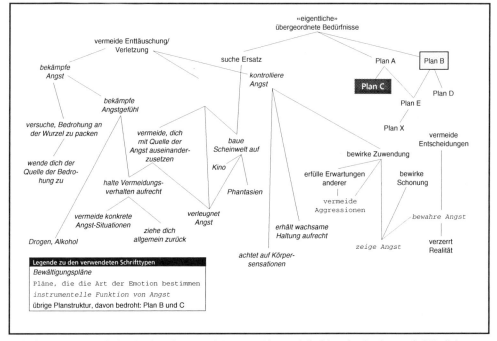

Abbildung 5: «Prototypische» Struktur für Angst-Störungen. Diese und die folgenden Strukturen sind Verdichtungen aus jeweils mehreren konkreten Einzelanalysen, die wir durchgeführt haben. Explizit aufgeführt sind vor allem Bewältigungspläne und weitere Pläne in unmittelbarem Zusammenhang mit Angst. Weitere Teile der Struktur sind nur schematisch mit Buchstaben angedeutet (Plan A-X): Die Bedrohung einzelner dieser Pläne trägt zur Entstehung von Angst bei, wobei der Inhalt der bedrohten Pläne von Individuum zu Individuum verschieden sein kann: Hier sind die schematischen Pläne B und C als bedroht hervorgehoben (weitere Erläuterungen im Text).

Die «prototypische» Struktur ist eine Abstraktion	Die *«prototypische» Planstruktur* in Abbildung 5 soll einige der angesprochenen Aspekte veranschaulichen [1]. Die weitgehende Beschränkung auf die instrumentellen Bezüge mag zwar dem Mißverständnis Vorschub leisten, es komme bei der Plananalyse nur darauf an: Aus Platzgründen beschränken wir uns dennoch darauf, weil es sich dabei um das Besondere bei der Plananalyse handelt.
Es ist typisch, daß in einer Struktur Widersprüche stecken	Zunächst mag es verwirrend sein, daß in der Struktur etliche *Widersprüche* enthalten zu sein scheinen (zum Beispiel «wende dich der Quelle der Bedrohung zu» vs. «vermeide, dich mit der Quelle der Angst auseinanderzusetzen»). Diese prototypische Struktur ist ganz einfach eine Abstraktion über mehrere mögliche Strukturen, in denen je nachdem das eine oder das andere betont sein kann. Zudem stecken aber auch in der Struktur für einen individuellen Klienten oftmals «Widersprüche» in dem Sinn, daß je nach Situation der eine oder andere Teil der Struktur aktiviert sein kann.

---

[1] Mit den «prototypischen Strukturen» auf dieser und den folgenden Seiten habe ich sehr ambivalente Erfahrungen gemacht: Für die einen Betrachter scheinen sie sehr nützlich und instruktiv zu sein, andere eher zu verwirren. Sollte bei Ihnen letzteres der Fall sein, übergehen Sie die Strukturen bitte einfach!

Zunächst zum Strukturteil rechts oben: Hier wird lediglich schematisch auf die *Bedrohung* von Plänen als Ausgangspunkt der Angstentstehung hingewiesen: Konkret kann es sich je nach Klient und Angst um recht unterschiedliche Pläne handeln.

Erläuterung der Struktur

Daß aus der Bedrohung Angst und kein anderes Gefühl wird, ist häufig auf *andere Gefühle behindernde Pläne*, hier «vermeide Aggressionen», zurückzuführen. Daß Angst entsteht, kann ebenfalls mit der *instrumentellen Funktion* der Angst («zeige Angst») zusammenhängen.
Typisch für Angst-Patienten ist, daß ein großer Teil ihrer Struktur der Bewältigung der Angst dient: Wir verzichten hier darauf, auf jeden Plan gesondert einzugehen. Das Achten auf Körpersensationen und die wachsame Haltung generell gehören zu den Strategien, welchen Angst-Patienten oftmals in einem Teufelskreis halten. Ebenfalls fatal ist häufig, daß Angst zu einem verstärkten Bedürfnis nach Zuwendung führt, dieses aber gleichzeitig sozial weniger erwünschte emotionale Reaktionen, wie aggressive Reaktionen, erschwert und damit das Auftreten von Angst wahrscheinlicher macht. Für das genaue Verständnis dieser Prozesse liefert die Planstruktur einen Hintergrund, enthält aber nicht bereits die dynamische Erklärung.
Das Verzerren der Realität – man mag an die kognitiven Therapieansätze denken – wird hier *nicht einfach als Zufallsprodukt* von Lernprozessen gesehen, sondern auch unter dem Aspekt betrachtet, daß es eine instrumentelle Funktion haben könnte.
Zu unserem Credo gehört, daß keine fixen Grenzen zwischen Störungen bestehen (Caspar & Grawe, 1996): Es ist zum Beispiel ohne weiteres einfühlbar, daß jahrelanges angstbedingtes Rückzugsverhalten ein idealer Nährboden für depressive Verstimmungen ist («Verstärkerverlust-Theorie» sensu Lewinsohn, 1974). Solche Bezüge drängen sich bei konkreten Analysen auf. Es würde aber zu weit führen, hier auch nur auf einen Teil der vielen Möglichkeiten einzugehen.

Es gibt keine fixen Grenzen zwischen Störungen

Die Struktur soll – wie bereits betont – lediglich illustrierenden Charakter haben. Sie mag dabei helfen, entsprechende eigene Analysen bei konkreten Klienten durchzuführen und sollte dabei anregend, aber auf keinen Fall einschränkend wirken.
In der Struktur stecken auch Vorstellungen zur Pathogenese von Angst aus sehr verschiedenen Ansätzen; wir können hier nicht im Detail darauf eingehen. Wer die Ansätze kennt, wird sie wohl ohne weiteres erkennen. Im Prinzip können Übereinstimmungen mit pathopsychologischen Konzepten dadurch zustandekommen, daß unabhängig von einem bestimmten Modell Phänomene ähnlich betrachtet werden: Wahrscheinlicher sind Übereinstimmungen aber natürlich dann, wenn der Analysierende ein pathopsychologisches Konzept von Anfang an explizit oder implizit im Kopf hatte und seine Analyse dadurch beeinflußt wurde.

2.2.8.3 Depression

Diese Gruppe von Störungen soll noch knapper behandelt werden als Angst. Abbildung 6 zeigt eine «prototypische» Struktur.

Erläuterung der Struktur

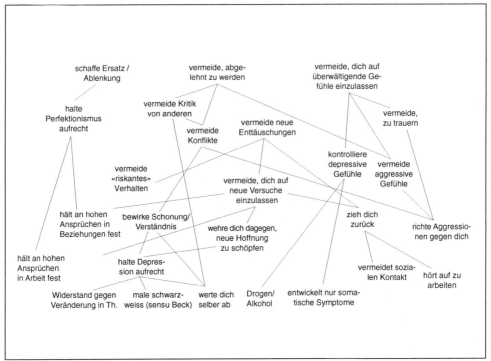

Abbildung 6: Depression: Prototypische Struktur (Erläuterungen im Text, allgemeine Bemerkungen zu den prototypischen Strukturen: s. Abb. 5)

Die Struktur soll wiederum auf einige typische Voraussetzungen für die Entstehung und Aufrechterhaltung der Störung aus den zwischenmenschlichen Strategien eines Klienten hinweisen.

Eine häufige Voraussetzung sind Schwierigkeiten im Umgang mit *Gefühlen der Aggression* und/oder der *Trauer*, die es erschweren, mit Ereignissen im Leben fertigzuwerden, die andere Menschen weniger dauerhaft belasten. Entsprechende *Vermeidungspläne* schränken die Fähigkeit, ein erfülltes Leben zu führen, unter Umständen erheblich ein, insbesondere, wenn es zu einem *allgemeinen Rückzug* kommt, der dann wenig Freuden im Alltag übrigläßt. Die *Kontrolle* der Gefühle ist zumindest ein Faktor bei der Entstehung der oft bewußt erlebten «Gefühlsleere».

Häufig werden auch hohe *Ansprüche* gefunden.

Kognitive Verzerrungen können aus der Gesamtstruktur verstanden werden

Die Beobachtung, daß Depressiven die «*sichere Enttäuschung*» über sich und die Welt *lieber* ist, als das Immer-wieder-Probieren, spiegelt sich in verschiedenen Plänen wieder. Damit kann zum Teil auch das Festhalten an kognitiven Verzerrungen und der Widerstand gegen Veränderung in der Therapie verständlich gemacht werden. Das Festhalten an hohen Ansprüchen wird – abgesehen von der Ersatzfunktion für ein wirklich zufriedenstellendes Leben – auch aus der Perspektive gesehen, daß es vor dem Immer-wieder-Probieren schützt: Dieses erscheint – gemessen an den hohen Ansprüchen – völlig sinnlos. Eine realistische Revision der Ziele aufgrund konkreter Erfahrungen wird dabei verhindert.

Die häufig hohe Anspruchshaltung darf nicht darüber hinwegtäuschen, daß Depressive typischerweise *wenig hohe positive Ziele* haben, mit denen sie sich ganz identifizieren können: Viele konkrete Handlungen im Alltag, die bei Nicht-Depressiven an wichtige Pläne «angehängt» sind, bleiben daher verständlicherweise aus, sie würden in einer depressiven Planstruktur sozusagen «in der Luft hängen».

Defizite in Strategien, sich positive Erfahrungen zu verschaffen, und soziale Defizite tauchen nicht direkt in der Planstruktur auf, da die entsprechenden Pläne ja fehlen: In der Planstruktur sind nur Ersatz- und Vermeidepläne enthalten, die sich aus den Defiziten ergeben beziehungsweise ihnen zugrundeliegen.

Erst mit der Zeit entsteht oft ein «sekundärer Gewinn» daraus, daß ein depressiver Zustand zu einer Schon-Haltung in der Umgebung führt.

Weitere allgemeine Bemerkungen, die zur Angst-Struktur gemacht wurden, gelten sinngemäß auch für die Struktur zur Depression und die folgende Struktur zu psychosomatischen Störungen.

2.2.8.4 Psychosomatische Störungen

Es gibt unzählige Störungen, die unter «psychosomatisch» subsumiert werden. Vielen von ihnen ist – neben allen Besonderheiten – gemein, daß sie mit einem ungeeigneten Umgang mit Emotionen und mit einem erhöhten Spannungsniveau verbunden sind. Nach unseren Erfahrungen aus konkreten Analysen zeigen Psychosomatiker dabei aber *weniger* das für ängstliche und depressive Patienten typische *Rückzugsverhalten*, sondern bleiben eher aktiv. Darauf nimmt die prototypische Struktur in Abb. 7 vor allem Bezug.

Die Struktur gibt zunächst einen *«Grund-Konflikt»* wieder (hier «vermeide Nähe» vs. «suche Nähe»), wie er oftmals bei Psychosomatikern zu finden ist: Er vermag einseits ein *hohes allgemeines Spannungsniveau* zu erklären, andererseits historisch verständlich zu machen, warum *keine angemessenen Strategien* für den Umgang mit Spannungen und Konflikten etabliert wurden. Ähnlich wie bei Depressiven findet sich oftmals ein hohes *Anspruchsniveau*, das zum Teil auch ähnlich aus der «Ablenkungs- und Ersatzfunktion» erklärt werden kann, sich aber typischerweise viel stärker in *aktiven* Plänen niederschlägt. Oft *fehlt* allerdings die Fähigkeit, dabei Forderungen im Sinne *eigener Bedürfnisse* durchzusetzen.

Erläuterung der Struktur

Oft finden sich Probleme im Umgang mit Gefühlen, was zumindest teilweise aus dem Versuch verstanden werden kann, *wunde Punkte* auf sehr generalisierte Art und Weise *zu schützen*.

Auch psychosomatische Symptome können eine *instrumentelle Funktion* gewinnen, was hier ebenfalls angedeutet ist.

Die «Frames»-Kästchen rechts oben deuten beispielhaft an, daß bei psychosomatischen – wie natürlich auch bei den anderen – Störungen weitere nicht-instrumentelle Bezüge für ein wirkliches Verständnis zu berücksichtigen sind: Die instrumentelle Planstruktur liefert lediglich den «Rahmen», innerhalb dessen der Stellenwert dieser Informationen deutlich wird.

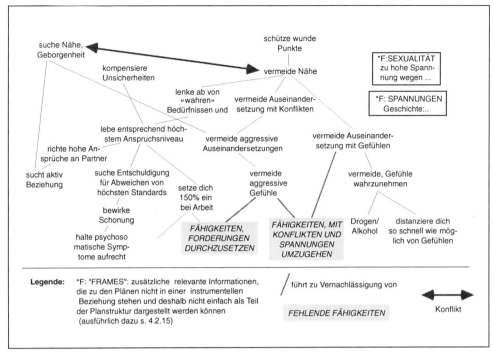

Abbildung 7: Psychosomatische Störungen: Prototypische Struktur (allgemeine Erklärungen s. Abb. 5, weitere Erklärungen im Text). Hervorhebungen und zusätzliche Informationen können im Prinzip in jeder Struktur verwendet werden: Nicht-instrumentelle Aspekte werden so bereits in der Struktur sichtbar. Es sollte aber darauf geachtet werden, daß die Struktur nicht überladen und unübersichtlich gemacht wird.

2.2.8.5 Weitere Störungen

Andere Störungen können auf ähnliche Art erklärt werden

Bei Menschen mit vielen weiteren Störungen, aber auch bei nicht klinisch auffälligen Menschen, finden sich Zusammenhänge der Art, wie sie hier für Angst, depressive und psychosomatische Störungen beschrieben wurden. So können zum Beispiel viele *Zwänge* verstanden werden als Versuch, Ängste und überhaupt das als gefährlich erfahrene Leben unter Kontrolle zu bringen. Sogenannte *«Persönlichkeitsstörungen»* können als Produkt frustrierter Versuche erscheinen, mit der sozialen Umwelt in «normale» Beziehungen zu treten, mit dem Resultat, sich entweder davon unabhängig zu machen oder durch ganz «besondere» Strategien doch noch eine Art von Einflußnahme zu gewinnen. Die Analyse interaktioneller Pläne setzt damit am Kern von Persönlichkeitsstörungen an und ist gleichzeitig eine hervorragende Basis für Verständnis und Gestaltung der meist konflikthaften Beziehung.

Körperliche Erkrankungen sind, wenn sie schwerer sind und/oder länger anhalten, immer eine Belastung, zu deren Bewältigung mehr oder weniger geeignete interaktionelle und intrapsychische Strategien eingesetzt oder entwickelt werden. Auch *psychotische Ängste* können bei guter Kenntnis von Person und Situation alles andere als unverständlich sein.

Überall, wo es um eine Analyse zwischenmenschlichen Verhaltens geht, hat die Plananalyse grundsätzlich ein Potential, zumindest wichtige Anteile zu klären. Bei «psychotischen» Störungen zum Beispiel liegen aber bislang nur sehr eingeschränkte Erfahrungen vor, und es ist auch anzunehmen, daß der Anteil, bei dessen Verständnis der Plan-Ansatz unter Umständen helfen kann, kleiner ist als bei «neurotischen» Störungen.

Die Plananalyse hat bei jeder Störung ein Potential, wenn es um die Erklärung zwischenmenschlicher Anteile geht

Ein Ansatz ist aber nicht nur dann nützlich, wenn er *vollständige* Erklärungen liefert, sondern bereits, wenn er einen *Teil* der ursprünglichen Entstehungsbedingungen, der Gründe für das Aufrechterhalten der Störung und für Eigendynamik und Generalisierungen verstehen hilft. Die Kombination allgemeiner und störungsspezifischer Teile hat sich dabei als fruchtbarer erwiesen als ein alleiniges Nutzen allgemeiner oder störungsspezifischer Ansätze.

2.2.9 Übereinstimmung zwischen verschiedenen Analysierenden

Wie weit würden verschiedene Personen oder Gruppen übereinstimmen, wenn sie von demselben Klienten eine Planstruktur erschließen würden? Diese Übereinstimmung ist zwar nicht das wichtigste Kriterium zur Beurteilung des Plananalyse-Ansatzes, wie unten noch ausgeführt wird, es wäre aber doch interessant, zu wissen, *wie groß* sie etwa ist und *wovon das Ausmaß abhängt.*

Wie ähnlich sind Strukturen, die verschiedene Analysierende vom selben Klienten erstellen?

Theus (in Vorbereitung) untersuchte in zwei Studien die Übereinstimmung zwischen Planstrukturen. In der ersten Untersuchung verglich er die Strukturen, die mehrere Gruppen von Teilnehmern an einem Plananalyse-Seminar an der Universität Bern aufgrund eines Videobandes vom selben Klienten, aber unabhängig voneinander, erschlossen hatten. Von vornherein war klar, daß die expliziten zweidimensionalen Planstrukturen für einen Vergleich nicht ausreichen würden, weil daraus nicht hinreichend klar werden würde, ob bei Plänen mit derselben Bezeichnung wirklich dasselbe gemeint war und vice versa. Pläne sind ja nicht einfach durch ihre Bezeichnung definiert, sondern durch ihre Stellung in der Struktur und durch weitere explizite und implizite Informationen: Es wäre von daher abwegig, einfach von den Labels ausgehend festzustellen, ob ein Plan in einer Vergleichs-Struktur ebenfalls enthalten ist oder nicht. Die Studenten versahen ihre Analysen deshalb mit zusätzlichen Kommentaren, die ebenfalls festgehalten wurden.

Eine deskriptive Studie

Es können nicht einfach die «labels» verglichen werden

Der Vergleich zeigt, daß die anscheinend wichtigsten Pläne von den meisten Gruppen in der einen oder anderen Weise festgehalten worden waren, einige aber auch fehlten: Ein Anhaltspunkt zur Beurteilung war die Analyse des Therapeuten, die allerdings auf einer wesentlich größeren Zahl von Sitzungen beruhte. Die nicht gravierenden, aber doch deutlichen Unterschiede zur Fallkonzeption des erfahrenen Therapeuten dürften allerdings – abgesehen von der viel schmaleren Datenbasis der Studenten – auch auf ihren beschränkteren klinischen Wissens- und Erfahrungshintergrund zurückzuführen sein.

Der Vergleich war beschreibend und nicht formalisiert, was einerseits der Sache angemessen, andererseits natürlich weit entfernt ist von traditionelleren Vorstellungen einer «Reliabilitäts»-Untersuchung, die eine oder wenige klare quantitative Aussagen zur Übereinstimmung erwarten würden.

Zweite Studie: Stimmen Fallkonzeptionen überein?

In einer zweiten Untersuchung verglich Theus acht Zweiergruppen von Analysierenden: Vier Gruppen von Studenten und vier Gruppen von praktizierenden Therapeuten überwiegend verhaltenstherapeutischer Ausrichtung. Erstere hatten bei F. Caspar ein einführendes Seminar zur Plananalyse an der Universität Bern absolviert, letztere hatten an drei aufeinander aufbauenden Wochenend-Workshops von K. Grawe teilgenommen. Die eine Hälfte (2 Studenten- und 2 Therapeuten-Gruppen) analysierten ein 45minütiges Band von einem Klienten, die andere Hälfte ein ebenso langes Band von einem anderen Klienten. In dieser Untersuchung wurden nicht Planstrukturen verglichen, sondern die daraus abgeleiteten *Fallkonzeptionen*. Wir nahmen an, daß es leichter sei, verbale Statements zu bestimmten Fragen zu vergleichen, als komplexe Strukturen. Grundlage für die Fallkonzeptionen war die Liste von Topics, welche in Kap. 3.2 wiedergegeben ist. Selbstverständlich waren die Fallkonzeptionen recht rudimentär, da den Analysierenden von der einen Sitzung viel weniger Information zur Verfügung stand, als das üblich ist zum Zeitpunkt, an dem man eine Fallkonzeption verfaßt. Es zeigte sich auch, daß mehrere Teilnehmer an der Studie zu wenig vertraut waren mit einigen Gesichtspunkten, die der Anleitung zum Verfassen der Fallkonzeption zugrundelagen: Darin waren sie auch nicht, beziehungsweise unterschiedlich, ausgebildet worden. Sie hatten zwar als Teil der Instruktion Gelegenheit, offene Fragen zu klären, aber weder sie selber noch der Untersucher erkannten alle Unklarheiten. Die heterogene Art, wie vier der fünfzehn Fragen beantwortet wurden, zeigt, wie unterschiedlich die Fragen verstanden wurden: Es handelt sich dabei um die Fragen nach dem «tatsächlich gelebten Selbst», «intrapsychischen Strategien», den wichtigsten Gefühlen und nach einer knappen Erklärung der Probleme.

Befriedigende bis gute Übereinstimmung

Die Antworten der zweimal vier Gruppen auf die Fragen in der Liste wurden von Theus in allen Details verglichen, und mit Ausnahme der erwähnten Fragen zeigte sich eine *befriedigende bis gute Übereinstimmung* zwischen den Gruppen. Bei einzelnen Fragen, wie derjenigen nach der Problemsicht der Klienten, war die Übereinstimmung sogar sehr gut: Das erstaunt allerdings nicht so sehr, weil diese Frage weniger interpretative Schritte voraussetzt. Vergleicht man die zwei Klienten untereinander, so zeigt sich, daß sich die Fallkonzeptionen – trotz zum Teil ähnlicher Benennung der höchsten Pläne – sehr deutlich unterscheiden: Die Übereinstimmung zwischen den Gruppen bei einem Klienten ist also nicht einfach darauf zurückzuführen, daß man ohnehin immer die gleichen Pläne in Klienten hineinsieht. Das Ausmaß an Übereinstimmung zwischen den Gruppen bei einem Klienten ist bei den einzelnen Fragen unterschiedlich, wenn man die zwei Klienten miteinander vergleicht: Es scheint, daß jede Frage je nach Klient unterschiedlich eindeutig beantwortet werden kann. Das impliziert auch, daß durch geeignete Auswahl von Klienten empirische Ergebnisse zur Übereinstimmung stark beeinflußt werden könnten.

Vergleicht man die Übereinstimmung zwischen den Studentengruppen mit derjenigen zwischen den Therapeutengruppen, zeigt sich eine leicht bessere Übereinstimmung zwischen ersteren: Das leuchtet insofern ein, als trotz der überwiegend verhaltenstherapeutischen Ausrichtung bei den

Therapeuten ihr Theorie- und Erfahrungshintergrund wahrscheinlich heterogener war als bei den Studenten.

Für künftige Untersuchungen erscheint es wichtig, durch geeignetes *Training* sicherzustellen, daß die Untersuchten nicht nur im Erschließen von Planstrukturen, sondern auch im Erstellen von Fallkonzeptionen gut und einheitlich ausgebildet sind. Richtig finden wir hingegen nach wie vor, Analysierende mit unterschiedlichem Theorie- und Erfahrungs-Hintergrund zu vergleichen und nicht einfach mit einer maximalen, für die Praxis wenig relevanten Homogenität schöne Übereinstimmungen herzustellen.

Im Hinblick auf weitere Untersuchungen zum Plananalyse-Ansatz ist es auch interessant zu sehen, wie bei *anderen, teilweise vergleichbaren Ansätzen* die Übereinstimmung untersucht wurde. Bemühungen von Psychoanalytikern, zu übereinstimmenden individuellen Fallkonzeptionen zu kommen, reichen ja über zwei Jahrzehnte weit zurück (Caspar 1996). Seitz (1966) versuchte dies mit der «Chicago Consensus Group» : Der Versuch kann im wesentlichen als gescheitert betrachtet werden, obwohl es «nur» darum ging, den zentralen Konflikt herauszuarbeiten. Collins (1988) führt dies in ihrer Übersicht darauf zurück, daß von Therapeuten-Notizen (statt von klientennäheren Daten) ausgegangen wurde, daß es keine die Konzeptionen beschränkende Anleitung gab und daß der theoretische Hintergrund heterogen war. Malan (1976) ging bei seiner Untersuchung ebenfalls von Therapeuten-Protokollen aus, und es ging ebenfalls um die zentralen Konflikte, er arbeitete aber mit zwei Gruppen von Beurteilern, von denen jede erstmal einen internen Konsens herstellen mußte. Das Ausmaß zulässiger Interpretationen wurde beschränkt . Leider konnte die Übereinstimmung nicht wirklich unabhängig überprüft werden, da beide Gruppen durch die Sicht des Therapeuten beeinflußt waren. Malan kommt selber aber zum Schluß, es habe eine große Ähnlichkeit vorgelegen. DeWitt, Kaltreider, Weiss & Horowitz (1983) verwendeten einen ähnlichen Ansatz wie Malan: Bei ihnen schätzte dann ein unabhängiges Team die Ähnlichkeit zwischen den klinischen Beurteilern ein. Die Ergebnisse sind eher ernüchternd und liegen knapp unter dem Mittelpunkt auf der Skala zwischen «sehr ähnlich» und «sehr unähnlich». Die Studie «challenges the reliability of narrative psychodynamic formulations» (Horowitz, Rosenberg, Ureño, Kalehzan & Halloran, 1989, S. 600).

Es gibt mehrere neuere Studien. Auf Luborskys «Core Conflictual Relationship Theme» (CCRT) - Methode wird hier trotz gewisser Ähnlichkeiten zum Plananalyse-Ansatz (Luborsky & Crits-Christoph, 1990) nicht näher eingegangen, weil die CCRT-Methode die ursprünglichen Daten stark reduziert und nicht nur nonverbale Informationen unbeachtet läßt, sondern auch eine starke Selektion für die untersuchten «relationship episodes» trifft. Die berichtete Reliabilität für diese Methode ist sehr hoch. Das ist nicht erstaunlich, weil das Vorgehen dem entspricht, was Watts (1980) in Bezug auf die Reliabilität eine «low risk strategy» nennt.

Nicht näher eingegangen wird auch auf die «Dynamic Focus-Method» der Vanderbilt-Gruppe (Strupp & Binder, 1984; Schacht, 1986): Auch hier werden die analysierten Daten in einem halbstrukturierten Interview, dem «Interpersonal Assessment Interview», stark eingeschränkt. Das trägt

Marginalien:
- Wie untersuchen vergleichbare Ansätze die Übereinstimmung?
- Ansätze, die Ähnlichkeiten aufweisen, aber in wichtigen Punkten nicht mit der Plananalyse übereinstimmen

zweifellos zur hohen Reliabilität bei, macht die Methode aber gleichzeitig schwer vergleichbar mit dem Planansatz. Die individuellen Analysen werden von der Vanderbilt-Gruppe auf die Standard-Skalen von Benjamins (1974) «Structural Analysis of Social Behavior (SASB)» abgebildet, ein an sich interessanter Versuch, Vergleichbarkeit herzustellen, bei dem allerdings der individuelle Charakter der Analysen verlorengeht.

«Plan Diagnosis» Methode: Große Homogenität zwischen den Analysierenden

Bei der «Plan Diagnosis Method» von Weiss, Sampson und der Mount Zion Forscher-Gruppe (Weiss et al. 1986) ist die Homogenität des theoretischen Hintergrund bei den Analysierenden wohl am größten von allen Gruppen, über die hier berichtet wird. Es werden jeweils von drei bis fünf Beurteilern zwei bis drei Therapiesitzungen nach dem Transkript beurteilt und jeder entwickelt unabhängig eine Fallkonzeption (die Kategorien dafür sind in Kap. 3.2 wiedergegeben) in Form von Ein-Satz-Stellungnahmen zu jedem Aspekt. Jeder schreibt auch eine Liste von Alternativen auf: Was man bei diesem Klienten auch sehen könnte, er aber für falsch hält. Beide Arten von Listen, die «richtigen» und die «falschen» von allen Beurteilern, werden dann zusammengemischt, denselben wieder vorgelegt und jeder beurteilt auf einer Skala, wie gut jeder Satz auf diesen Klienten zutrifft. Die Sätze, die im Mittelwert oberhalb einer Schwelle liegen, werden dann in die endgültige «Plan-Formulierung» integriert.

Hohe Übereinstimmung

Zur Reliabilitäts-Überprüfung wurden Listen zusätzlich zur ersten Gruppe, die die Liste aufgestellt hatte, einer zweiten Beurteilergruppe zur Beurteilung auf der Skala vorgelegt. Die Übereinstimmung war dabei gut bis sehr gut (Rosenberg, Silberschatz, Curtis, Sampson & Weiss, 1986). Bei einem zweiten Weg zur Überprüfung (Perry, Luborsky, Silberschatz & Popp, 1987) wurde bei einem Einzelfall nur die Übereinstimmung auf der Skala innerhalb einer Gruppe betrachtet: Die Übereinstimmung war auch hier hoch. Diese Ergebnisse sind für die Plananalyse insofern wichtig, als bei der «Plan-Diagnosis»-Methode auch unbewußte Motive einbezogen sind und sie ganz individualisiert ist. Unterschiedlich ist vor allem die große Homogenität zwischen den Beurteilern. Im Hinblick auf die Frage, wie bedeutend diese ist, lieferte eine Studie von Collins und Messer (1988) interessante Ergebnisse: An der Rutgers-University wurde die «Plan-Diagnosis»-Methode mit Unterstützung und enger Beratung durch Silberschatz angewendet. Im Gegensatz zur üblichen Anwendung war der theoretische Hintergrund dabei aber nicht die Theorie von Weiss (1986a), er entsprach eher geläufigeren psychodynamischen Ansätzen. Das Training und die damit verbundene Abstimmung zwischen den Beurteilern war recht aufwendig. Die Übereinstimmung innerhalb des Rutgers-Teams wurde ähnlich wie bei der Mount-Zion-Gruppe geprüft (s.oben!) und fiel recht befriedigend aus. Zusätzlich wurde auch die Übereinstimmung zwischen Rutgers- und Mount-Zion-Gruppe an denselben Klienten überprüft.

Drastischer Beleg, wie wichtig die genauen Umstände der Durchführung sind

Die Resultate sind sicher nicht gänzlich unerwartet, aber drastischer als erwartet: In einem quantitativen Rating der ursprünglichen qualitativen Analyse ist die Korrelation bei Teilen der Fallkonzeption negativ! Spätere Vergleiche [1] zeigten konsistente Unterschiede darin, wie verschiedene Gruppen einen Patienten einschätzten.

---

[1] Panel von Curtis, Silberschatz, Messer und Collins am Annual Meeting der Society for Psychotherapy Research, Wintergreen, VA, 1990.

Dies zeigt in unseren Augen die Richtigkeit der These, daß die Anwendung einer Methode unter ganz bestimmten Bedingungen überprüft werden kann, die Angabe von allgemeinen quantifizierten Zuverlässigkeitswerten für eine Methode aber irreführend ist. Solche Angaben müßten die genauen Umstände der Anwendung berücksichtigen, also vor allem Voraussetzungen beim Anwender und beim bearbeiteten Material. Diese Voraussetzungen lassen sich schwer standardisieren und auch wenn dies einfacher wäre, würde sich die Frage nach der Praxisrelevanz solcher Ergebnisse stellen.

Ergebnisse von einer weiteren Methode, der «Idiographic Conflict Formulation Method (ICF)», stammen von der Gruppe um Perry an der Harvard University (Perry, Augusto & Cooper, 1987). Bei dieser Methode betrachten zwei erfahrene Kliniker ein Videoband von einem unstrukturierten psychodynamischen Interview, diskutieren und formulieren zusammen die Konflikte des Klienten. Die Topics dazu finden sich ebenfalls in Kap. 3.2. Im Prinzip sind Inferenzen erlaubt, auch über unbewußte Motive: Sie sollen aber nicht zu weit gehen (nicht «higher order» sein), theoretische Begriffe sollen vermieden werden und die Schlüsse sind mit Evidenz zu belegen: In letzterem besteht eine besondere Ähnlichkeit zur Plananalyse. Die individuelle Fallkonzeption, die daraus folgt, ist vier bis acht Seiten lang und besteht zu großen Teilen aus einer Auflistung von Evidenz.

Die «Idiographic Conflict Formulation» Methode

Die Übereinstimmung wurde wie folgt getestet: Ein zweites Team erstellte eine Analyse von denselben Klienten und anschließend wurde die Ähnlichkeit zwischen den zwei Analysen pro Topic von unabhängigen Raterteams eingeschätzt. Der Vergleich wurde ebenfalls mit zwei falsch zugeordneten Analysen angestellt; eine davon stammte von einer ganz anderen Art von Klient, die andere von einem anderen Klienten mit derselben Art von Störung. Die Übereinstimmung zwischen den zwei Teams beim selben Klienten war mäßig, aber doch deutlich höher als beim Vergleich mit den falsch zugeordneten Analysen.

Insgesamt befriedigende Übereinstimmung

Die letzte Methode zum Testen der Reliabilität, die wir hier berichten, ist besonders interessant. Horowitz et al. (1989) argumentieren, daß die Reliabilität erhöht werden kann, indem mehrere Personen einen Fall analysieren und ihre Ergebnisse mitteln. Obwohl sie damit aus einer statistischen Sicht zweifellos recht haben, ist es doch so, daß man in einem Forschungs-Kontext üblicherweise mit den besten verfügbaren Beurteilern arbeitet, so daß weitere Beurteiler meistens weniger qualifiziert sind als die ersten. Es geht ja nicht um einfache quantitative Ratings, sondern um komplexe, sophistizierte Fallkonzeptionen. Wir müssen deshalb annehmen, daß die Urteile zusätzlicher Beurteiler immer mehr Fehlervarianz enthalten und daß dies die Vorteile einer größeren Zahl von Ratern mindestens aufwiegen würde.

Während wir der Idee, Reliabilität durch Hinzunahme von Ratern zu erhöhen, aus pragmatischen Gründen skeptisch gegenüberstehen, teilen wir die Skepsis von Horowitz et al. (1989) gegenüber einem allzu simplifizierenden Vergleichen der Fallkonzeptionen verschiedener Therapeuten. Ihre Vergleichsmethode geht von einer Aufteilung der Fallkonzeptionen in Gedanken-Einheiten aus. Die Fallkonzeptionen, die mehrere Therapeuten aufgrund eines identischen Videobandes gemacht haben, werden daraufhin verglichen, welche Einheiten am häufigsten auftreten. Eine

Besonders angemessene Überprüfung: Vorgehen

Kombination von Gedankeneinheiten, die sie als prototypische Beschreibung eines Falles ansehen, beschreiben sie als «consensual formulation». Die Methode wird «consensual response method» genannt.

In ihrer empirischen Forschung bildeten Horowitz et al. «Panels» mit acht Mitgliedern, die Fallkonzeptionen für 15 Patienten erarbeiteten. Die Gesamtgruppe von 72 Beurteiler repräsentierte ein recht breites Spektrum psychodynamischer Hintergründe. Die Zahl der Beurteiler und die Heterogenität der Gruppe machen die Ergebnisse weitestgehend unabhängig von einzelnen Personen. Die Beurteiler hatten 20 Minuten Zeit, ihre Sicht des Patienten unabhängig voneinander aufzuschreiben. Dann diskutierten sie ihre Sicht innerhalb des Panels für 30 Minuten, gefolgt von 15 Minuten, in denen sie ihre ursprüngliche Formulierung verändern konnten. Ihre revidierte Fassung konnte Einsichten enthalten, die aus der Diskussion stammten.

Danach teilte eine Gruppe unabhängiger Beurteiler manualgeleitet und reliabel die Formulierungen in Gedankeneinheiten auf. Zusätzliche Beurteiler entschieden, welche Gedankeneinheiten gemeinsam waren. Als «consensual responses» wurden die Einheiten bezeichnet, die in den Fallkonzeptionen von mindestens drei von acht der ursprünglichen Beurteiler enthalten waren. Zur Replikation formulierte ein zusätzliches Panel von acht Beurteilern ihre Sicht von einem Patienten, von dem bereits ein erstes Panel eine Fallkonzeption erarbeitet hatte. Von den konsensuellen Fallkonzeptionen der ersten und der zweiten Gruppe stimmten durchschnittlich 81% überein. Zudem erkannten zusätzliche Beurteiler die Patienten zuverlässig aus den Fallkonzeptionen wieder, auch wenn idiosynkratische Informationen (wie Beruf etc.) getilgt worden waren.

Horowitz et al. stellen fest, daß sehr wenige Gedankeneinheiten in einer gegebenen konsensuellen Formulierung bei allen (oder wenigstens den meisten) der acht Beurteiler auftraten. Offensichtlich vermittelt ein 55-minütiges Interview so viele Details, daß erfahrene Kliniker zur Beschreibung eines Falles unterschiedliche Aspekte aussuchen können, ohne sich dabei notwendigerweise zu widersprechen. Die höchste Übereinstimmung wurde zudem in den Gedankeneinheiten gefunden, die eher Fakten als klinische Interpretionen enthielten. In künftigen Untersuchungen sollte man ihrer Meinung nach die Übereinstimmung nach einer Sitzung vergleichen mit der Übereinstimmung nach mehreren Sitzungen. Sie nehmen an, daß nach mehreren Sitzungen Idiosynkrasien, welche die Übereinstimmung schmälern, weniger Gewicht haben.

Bewertung des Ansatzes

Aus mehreren Gründen ist der Ansatz von Horowitz et al. sehr wertvoll und sehr kompatibel mit unserer eigenen Auffassung. Die Autoren halten nicht an der Illusion fest, daß Reliabilitätsstudien im Bereich des klinischen Urteilens analog zu Reliabilitätsstudien mit einfachen Test-Werten durchgeführt werden können und sollten. Sie diskutieren offen klinisch relevante Varianzquellen, die der Reliabilität abträglich sind, statt alle Energie in eine fragwürdige Verbesserung der Reliabilität eines Ansatzes zu stecken, und sie versuchen, einen breiten Bereich natürlicher Variation auf Seiten der Patienten und der Beurteiler zu berücksichtigen.

Übereinstimmung in qualitativen Ansätzen ist nicht dasselbe wie die Reliabilität einfacher Masse.

Doch zurück zu grundsätzlicheren Überlegungen zur Reliabilität: Wenn ein Therapeut als Grundlage für seine Therapieplanung Plananalysen durchführt, ist deren Reliabilität ein untergeordnetes Kriterium. Die Plananalyse stützt sich auf eine konstruktivistische Sicht der Realität (s. Mahoney, 1991), d.h., daß es keine einfache Beziehung zwischen der «objektiven Realität» und der Abbildung gibt, die man sich davon macht und z.B. in einer plananalytischen Fallkonzeption ausdrückt. Selbstverständlich sollte die Analyse in einer vernünftigen individuellen Beziehung stehen zu den «wirklichen» Zusammenhängen bei einem Klienten, also in diesem Sinn *valide* sein, und man kann sich schlecht vorstellen, wie das möglich sein sollte, wenn jeder völlig Beliebiges in einen Klienten hineininterpretieren kann. Das Befolgen gewisser Regeln, wie in Kap. 4 dargestellt, das Üben und Diskutieren von Analysen mit anderen in der Gruppe und Selbsterfahrung, um eigene Anteile besser kennen und in Rechnung stellen zu lernen, sind wichtige Voraussetzungen dafür, die Beliebigkeit im erforderlichen Maß einzuschränken. Insbesondere wird bei der Plananalyse wie bei keinem einigermaßen vergleichbaren Verfahren verlangt, Inferenzen mit konkreten Daten zu belegen. Bei Forschungsanwendungen (vgl. Kap. 6) kommt dazu, daß die Schlüsse Schritt für Schritt festgehalten und nachvollziehbar gemacht werden: Die Plananalyse fordert also keineswegs zum Rückfall in unüberprüfbare, anekdotische Einzelfalldarstellungen auf. Sicher bleibt aber eine Spannung zwischen dem Bestreben, das Nicht-Offensichtliche in die Analysen einzubeziehen und dem Bestreben, die Beurteilerübereinstimmung zu maximieren. Was Watts (1980, S. 100) für Interviewer feststellt, gilt gleichermaßen für Beurteiler von Interviews: «The more people depend on non-obvious cues in making their clinical judgments, the less it can be expected that two different interviewers will reach the same conclusions ... increasing reliability does not always increase validity ... the difficulty of checking validity has led to a perhaps excessive scientific concern with the reliability of interview judgments rather than with their validity».

> Plananalyse: Einschränkung der Beliebigkeit durch Regeln, insbesondere: Beleg in konkreten Beobachtungen

Das entscheidende Kriterium bleibt aber in jedem Fall die *Nützlichkeit* der Analysen, die in keinem einfachen Verhältnis zur «Richtigkeit» einer Analyse steht (vgl. Kap. 2.2.7). Es steht für mich außer Frage, daß ihre eigenen Fallkonzeptionen sowohl für das Mt. Zion-Team als auch für das Rutgers-Team (s. oben) sehr nützlich waren und sind, obwohl sie wenig übereinstimmen. Daß traditionelle funktionale Verhaltensanalysen nützlich sind und waren, wird – trotz fehlender Reliabilitäts-Überprüfung und obwohl immer wieder Verfahren mit noch größeren Nützlichkeitsansprüchen vorgeschlagen wurden – wohl niemand ernstlich bezweifeln.

> Die Nützlichkeit steht im Vordergrund. Sie hängt nicht in einfacher Weise von der «Richtigkeit» ab

Ähnlich wie bei der Validität gibt es auch für die Nützlichkeit *verschiedene Kriterien*. Foppa (1984) plädiert bei der Bewertung eines Ansatzes, wie bereits dargestellt, eher gegen eine kurzfristige und für eine langfristige Perspektive. Das schließt nach meiner Auffassung aber nicht aus, kurzfristige Bewertungen der Anwendung von Plananalysen in ganz bestimmten Situationen vorzunehmen.

Bei der klassischen funktionalen Verhaltensanalyse wurde vorgeschlagen, die *Effekte* einer daraus abgeleiteten Therapie als Kriterium für die *Richtigkeit der Analyse* zu betrachten (Schulte, 1974). Diese Haltung wurde aber von anderen kritisiert (Westmeyer, 1977), vor allem, weil der Zusammenhang zwischen *Analyse* und Therapieerfolg zu indirekt ist, das heißt zu viele Variablen intervenieren. Angemessener erscheint es, die Auswir-

> Der Erfolg einer Therapie hängt nur mittelbar von der Richtigkeit der Analyse ab

kungen auf Prozeßmaße zu betrachten, das heißt also auf Maße, die von Sitzung zu Sitzung viel direkter auf unterschiedliche Arten der Problemanalyse zu reagieren versprechen.

Effekte einer Vorform der Plananalyse in einer vergleichenden Studie

Für eine Vorform der Plananalyse, die Vertikale Verhaltensanalyse, etwa auf dem Stand von Caspar und Grawe (1982), liegen solche Daten vor. In einer großen Vergleichsstudie wurden Gesprächspsychotherapie, Breitspektrum-Verhaltenstherapie auf der Basis von traditionellen Funktionalen Verhaltensanalysen und Interaktionelle Verhaltenstherapie auf der Basis von Vertikalen Verhaltensanalysen als Mittel der Problemanalyse miteinander verglichen (Grawe, Caspar & Ambühl, 1990 [1]). Die Therapien fanden statt an der psychotherapeutischen Ambulanz des Psychologischen Institutes der Universität Bern. Die Klienten waren zwischen 25 und 45 Jahre alt, rund zwei Drittel waren weiblich, ein Drittel männlich, überwiegend aus der unteren Mittelschicht, und sie hatten alle Probleme im zwischenmenschlichen Bereich. Psychotische, drogenabhängige und suizidale Klienten waren aus der Untersuchung ausgeschlossen. In den beiden verhaltenstherapeutischen Bedingungen waren je 16, in der GT-Bedingung 15 Klienten. Die Therapien dauerten im Durchschnitt etwa 35 Sitzungen über 11 Monate.

Für jeden Klienten wurden im Durchschnitt 30 000 Messungen erhoben, von denen hier nur auf die Stundenbogen und ein Rating der therapeutischen Heuristiken eingegangen wird. In den Stundenbogen beantworteten Therapeut und Klient nach jeder Sitzung je 34 Fragen mit 7 Abstufungen («stimmt genau» bis «stimmt überhaupt nicht»), bei denen es um Therapiebeziehung, Fortschritt in dieser Sitzung und ähnliches ging.

Auswirkungen auf die Sicherheit der Therapeuten und auf die Therapiebeziehung

Die Interaktionelle Verhaltenstherapie, die, wie gesagt, auf der Basis einer plananalytischen Problemanalyse durchgeführt wurde, zeichnete sich im Stundenbogen gegenüber Breitspektrum-Verhaltenstherapie und Gesprächspsychotherapie wie folgt aus: Nach Meinung der Klienten war die Problemsicht des Therapeuten differenzierter, sie fühlten sich in der Beziehung wohler und spürten weniger Widerstand. Die Therapeuten hatten mehr Zutrauen zu ihren Interventionen, sie erlebten ihre Klienten als kooperativer und motivierter und sie sahen weniger interaktionelle Probleme.

Thommen, Ammann und von Cranach (1988) fanden bei einem sozialpsychologisch motivierten Vergleich von sieben «interaktionellen» Verhaltenstherapeuten und sieben Gesprächspsychotherapeuten aus derselben Studie tiefgreifende Unterschiede in dem Sinn, daß Attributionen der ersteren Gruppe sich tatsächlich mehr auf diejenigen Elemente stützen, die beim Plananalyse-Ansatz hervorgehoben werden (Pläne, Absichten, Informationsverarbeitungsprozesse, nonverbales Verhalten). Das klientenspezifische Wissen der Therapeuten aus dieser Gruppe ist komplexer und stärker strukturiert. Die interaktionellen Therapien waren darüber hinaus stärker strategisch geplant, das heißt die Therapeuten hielten gleichzeitig an übergeordneten Zielen fest, waren aber in der Lage, ihr konkretes Vorgehen flexibel den Erfordernissen der Situation anzupassen.

---

1 Projekt unterstützt vom Schweizerischen Nationalfonds, Projekt Nr. 1.036.-079.

Dieses hier stark komprimiert wiedergegebene Bild aus den Vergleichen von Grawe et al. (1990) und Thommen et al. (1988) entspricht genau den Ansprüchen, die der Plananalyse-Ansatz erhebt: Mit einer differenzierteren Problemsicht den Therapeuten *Anleitung* zu geben und insbesondere eine *individuelle Gestaltung der Therapiebeziehung* zu ermöglichen. Eine genauere Betrachtung der Daten zeigt, daß sogar weniger erfolgreiche Klienten ihre Therapie positiver erlebten als entsprechende Klienten in anderen Bedingungen und daß sie das Modell des Therapeuten besser akzeptieren konnten. Während für die anderen Therapien Kontraindikationen gefunden wurden (starke Autonomiebedürfnisse sprechen gegen eine Breitspektrum-Verhaltenstherapie, starke Bedürfnisse nach Unterstützung und Anleitung gegen eine Gesprächspsychotherapie), kamen Klienten mit recht unterschiedlichen Bedürfnissen gut mit Interaktioneller Verhaltenstherapie zurecht.

Ein anderes Maß, von Ambühl (1987) durchgeführte, hochreliable Ratings zur Einschätzung der vom Therapeuten angewandten therapeutischen Heuristiken, zeigt folgendes: Bei den Interaktionellen Verhaltenstherapien zeigt sich mehr Arbeit an der therapeutischen Beziehung, an der Erhöhung der Kompetenzen der Klienten und an der Entwicklung von Einsicht. Das sind, mit Ambühls Worten, die «Eckpfeiler» therapeutischer Veränderung in dieser Therapieform. Es gelang den Therapeuten aber nicht nur besser, ihrerseits aktiv zur Erreichung der Therapieziele beizutragen, sie konnten auch die Klienten besser zu einer offenen Haltung gegenüber den therapeutischen Interventionen motivieren. Auch bei diesem Maß entsprachen die Ergebnisse dem, was man von einer plananalytisch fundierten Therapie erwarten könnte.

Spricht dies für die «Richtigkeit» der Analysen, welche den Interaktionellen Verhaltenstherapien zugrundegelegt wurden? Für die Nützlichkeit im Sinne einiger konkreter Anliegen des Plananalyse-Ansatzes wohl schon, für die «Richtigkeit» nur sehr mittelbar. Wir kennen von vielen Jahren der Vermittlung plananalytischen Vorgehens beides: Die manchmal großen Meinungsdifferenzen zwischen Workshop-Teilnehmern mit verschiedenem Erfahrungs- und Theorie-Hintergrund einerseits, die äußerst große Übereinstimmung bei Paaren oder Gruppen eingespielter «Plan-Analytiker», die bereits viele Analysen zusammen durchgeführt haben, andererseits. Diese Erfahrung, die nicht auf systematischen Studien beruhte, aber immer wieder gemacht wurde, genügte uns für viele Jahre und *wir* sind der festen Überzeugung, daß im Rahmen eines homogenen *Theorie- und Erfahrungshintergrundes* die Übereinstimmung sehr hoch ist. Wie hoch sie genau ist, hängt dann aber von vielen weiteren Faktoren ab. So ist die *Reichhaltigkeit der Informationen* aus dem nonverbalen Verhalten je nach Klient sehr unterschiedlich, Klienten können mehr oder weniger gut in gemeinsame *Vortheorien der Analysierenden* passen usw. Das Ausmaß der Übereinstimmung hängt weiter von der *Instruktion oder Selbstinstruktion der Analysierenden* ab, das heißt zum Beispiel, ob sie versuchen, möglichst schnell reichhaltige Hypothesen zu bilden oder nur das anzunehmen, dessen sie sich sehr sicher sind.

Zur Tatsache, daß klassische Reliabilitäts-Untersuchungen, die von quantitativen Maßen oder zumindest leicht quantifizierbaren Variablen ausgehen, für eine Beurteilung eines Ansatzes wie der Plananalyse nicht geeignet sind, kam damit noch dazu, daß Maße der Übereinstimmung von

Umstände bestimmen, wie hoch die Übereinstimmung ist

vielen Randbedingungen abhängig sind. Wir konnten uns deshalb nicht entschließen, viel Energie in solche Untersuchungen zu stecken, deren Resultate uns in jedem Fall als fragwürdig erschienen.

In jüngerer Zeit habe ich jedoch einerseits die oben dargestellten Untersuchungen anderer mit einer offenbar allgemein akzeptierten Methodik zur Reliabilitätsüberprüfung kennengelernt: Obwohl bei der Plananalyse zusätzliche Probleme dazukommen, sind die berichteten Untersuchungen ermutigend und wegweisend. Andererseits haben wir gesehen, daß die Akzeptanz für unsere Methode zumindest für einige (in einem für uns nicht so leicht nachvollziehbaren Ausmaß) von formaleren Reliabilitäts-Tests abhängt, als wir sie bisher vorgelegt haben. Nach wie vor haben wir den Eindruck, daß solche Forderungen oftmals auf einem Unverständnis für wesentliche Unterschiede zwischen standardisierten diagnostischen Verfahren und einem Ansatz wie der Plananalyse beruhen. Der Eindruck von Tagungen, daß die Ergebnisse der Mt. Zion-, der Harvard- und anderer Gruppen einfach als Zahlenwerte ohne Kontext aufgenommen worden sind, stimmt nachdenklich: Sobald sie einmal vorliegen, scheinen Zahlenwerte vergessen zu machen, wie voraussetzungsreich individuelle qualitative Analysen sind und daß die Transformation in quantitative Werte diesen Voraussetzungsreichtum nicht reduziert, sondern im Gegenteil erhöht.

Wenn sie einmal vorliegen, machen Zahlenwerte leicht vergessen, wie sie gewonnen wurden und zu beurteilen sind

Aber es ist ja nicht ganz auszuschließen, daß wir uns in dieser Einschätzung irren, und auch aus pragmatischen Gründen erscheint es mir wünschenswert, die bestehenden Studien zu erweitern, gewisse Richtwerte zu liefern und damit die Akzeptanz zu erleichtern. Klar ist jedoch, daß damit nur bestimmt werden kann, welches Maß an Übereinstimmung unter spezifischen Randbedingungen mit der Methode der Plananalyse erzielt werden *kann*. Eine umfassende Beurteilung des aus vielen interagierenden Bestandteilen zusammengesetzten Plananalyse-Ansatzes ist damit nicht möglich (vgl. Kap. 2.2.7).

Weitere Studien zur Übereinstimmung bei Plananalysen sollten durchgeführt werden

3. Fallkonzeptionen

3.1 Einleitung

Die Einführung in das Plananalyse-Konzept enthielt viele eingestreute kleine Beispiele zur Illustration einzelner Aspekte. Bis hierhin wurde hingegen kein Beispiel *zusammenhängend* dargestellt. Die Verbindung konkreter Details in größeren Zusammenhängen ist aber das zentrale Anliegen des Plananalyse-Ansatzes, so daß es höchste Zeit ist, eine plananalytische Fallkonzeption vorzustellen.

Die Verbindung konkreter Details in größeren Zusammenhängen ist das zentrale Anliegen der Plananalyse

Zunächst folgen allerdings einige *grundsätzliche Bemerkungen* zum Thema Fallkonzeption, und es werden einige Formen der Fallkonzeption, die Ähnlichkeiten zu plananalytischen Fallkonzeptionen aufweisen, dargestellt: Die *konstruktivistische Position* des Plananalyse-Ansatzes soll damit noch einmal *hervorgehoben* und Leser sollen ermutigt werden, das Wesentliche an der Sache und nicht die äußere Form zu sehen. Dies macht es dann auch leichter, die konkrete Gestaltung von Fallkonzeptionen ihren spezifischen Bedürfnissen anzupassen.

Die konkrete Gestaltung von Fallkonzeptionen kann individuellen Bedürfnissen angepaßt werden

3.2 Zur Darstellungsweise

Der Eindruck, das, was bildlich bei der Plananalyse ins Auge fällt, die zweidimensionale Struktur-Darstellung, sei das Endprodukt, wurde schon früher als Mißverständnis bezeichnet. Die Planstruktur im engeren Sinn ist ein Teil, ein *Hilfsmittel*, ein *Zwischenprodukt* bei der Plananalyse. Das Endprodukt ist eine verbale Fallbeschreibung [1].

Der Eindruck, die zweidimensional gezeichnete Planstruktur sei das Endprodukt, ist falsch: Sie ist eine Zwischenstufe

Das Verhältnis von Planstruktur und verbaler Fallkonzeption kann man sich etwa so vorstellen, wie in Abbildung 8 dargestellt.
Die Fallkonzeption geht also erstens von den Zusammenhängen aus, die in der *Planstruktur* festgehalten sind, zweitens von den *zusätzlichen Informationen* über situative Bezüge, Gefühle, Gewicht von Plänen, Nebenwirkungen.
Diese zusätzlichen Informationen sind Teil des impliziten Wissens, je nach Anwendungszweck zum Teil auch in expliziten Notizen oder gar formalisiert in Form von Frames (s. Kap. 4.2.15) festgehalten.
All diese Information wird nun abgebildet in die Fallkonzeption, die nach verschiedenen Kriterien gegliedert ist, welche unten noch genauer erklärt werden.

Die Fallkonzeption bezieht Informationen ein, die nicht explizit in der Planstruktur enthalten sind

---

[1] Die Ausgestaltung dieses Elementes der Plananalyse ist vor allem ein Verdienst von Balmer, Wüthrich und Zingg (Balmer, 1987; Wüthrich & Zingg, 1986)

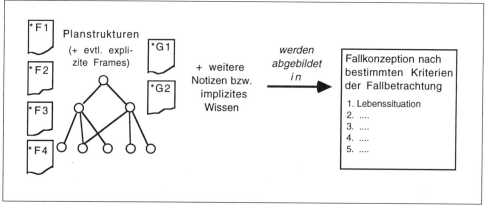

Abbildung 8: Das Verhältnis von Planstruktur und verbale/schriftlich festgehaltener Fallkonzeption: Erste Sichtweise: Die Kriterien, nach denen der Fall betrachtet wird, werden beim Fertigstellen der Fallkonzeption relevant. Die hier um die Struktur herum schematisch angedeuteten «Frames» deuten an, daß nicht nur Informationen über instrumentelle Funktionen festgehalten werden (Frames sind ein Hilfsmittel zum Darstellen dieser Informationen; *F = allgemeiner Frame, *G = Gefühlsframe, vgl. Kap. 4.2.15).

Man kann den Prozeß aber auch anders betrachten: Die Optik, die bei der Darstellung angewendet ist, ist ja weitgehend dieselbe Optik, die auch auf die ganz ursprünglichen Informationen (Verhalten des Klienten, Gefühle des Therapeuten usw.) angewendet wird. So gesehen stehen die Kriterien der Fallbetrachtung von vornherein im Vordergrund, schon bei der Beobachtung; die Plananalyse-Technologie ist lediglich ein Hilfsmittel bei der Verarbeitung. Bei der Darstellung der erschlossenen Zusammenhänge wird dann wieder explizit den Kriterien der Fallbetrachtung gefolgt (Abb. 9).

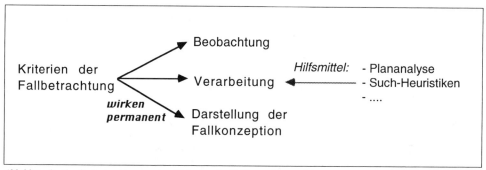

Abbildung 9: Zweite Betrachtungsweise: Kriterien der Fallbetrachtung wirken permanent.

Welche Kategorien bei der Fallbeschreibung angewendet werden, hängt ab von:

Faktoren, von denen die Gestaltung der Fallkonzeption abhängt

– *Theorien*, die der Therapeut seiner Betrachtung zugrundelegt
(– eventuell individuellen Vorlieben des Anwenders)
– Anforderungen im Zusammenhang mit dem konkreten *Verwendungszweck* (Therapiepraxis, bestimmte Forschungsfragestellungen)
(– eventuell zusätzliche Möglichkeit, für einen bestimmten Klienten besonders relevante Aspekte auch in der Gliederung hervorzuheben).

Ein Beispiel für eine Gliederung ist die von Grawe und Dziewas (1978) vorgeschlagene:

1. Welche Interaktionsmuster geht der Patient bevorzugt ein?
2. Welche zwischenmenschlichen Verhaltensweisen versucht er bei seinen Interaktionspartnern herzustellen, das heißt in konventioneller lerntheoretischer Sprache ausgedrückt: Welches sind seine wichtigsten zwischenmenschlichen Verstärker?
3. Welche zwischenmenschlichen Verhaltensweisen seiner Interaktionspartner versucht der Patient zu vermeiden beziehungsweise aktiv zu verhindern, das heißt: Welche zwischenmenschlichen Reize sind für ihn aversiv?
4. Wie sehen die wichtigsten Vermeidungsstrategien des Patienten aus, mit denen er das Auftreten dieser aversiven Reize in seinen zwischenmenschlichen Beziehungen verhindert?

Die Aufstellung zeigt deutlich den Einfluß der zugrundegelegten Theorien, hier konkret, daß die Distanz zu den damaligen verhaltenstherapeutischen Konzepten noch nicht so groß war, vielleicht auch einfach das Bemühen von Grawe & Dziewas (1978), sich verhaltenstherapeutischen Kollegen verständlich zu machen. Dieser letzte Aspekt übrigens des *Sichverständlich-Machens*, darf in seiner Bedeutung nicht unterschätzt werden: Fallkonzeptionen dienen ja in der Regel nicht dazu, Fälle so zu beschreiben, daß sie ideal in hochdifferenzierte idiosynkratische Konzepte eines bestimmten Therapeuten oder Forschers passen, sondern sie dienen der Kommunikation.

Der umfassendste und expliziteste Ansatz für kognitiv-behaviorale Fallkonzeptionen, der uns bekannt ist, stammt von Persons (1989). Im Vergleich zur breiter angelegten Plananalyse konzentrieren sich ihre «case formulations» auf die Probleme des Patienten, einschließlich problematischer Teile der therapeutischen Beziehung. Persons Fallkonzeptionen bestehen aus sechs Teilen (Persons, 1989, S. 48f):

1. The problem list.
2. The proposed underlying mechanism (typischerweise in Begriffen der Kognitiven Verhaltenstherapie).
3. An account of the way in which the proposed mechanism produces the problems on the problem list.
4. Precipitants of the current problems (Belege dafür, daß die zugrundeliegenden Mechanismen tatsächlich in den kritischen Situationen die erwarteten Effekte hervorbringen.
5. Origins of the mechanism in the patient's earlier life.
6. Predicted obstacles to treatment based on the formulation.

Verschiedene Beispiele für Topic-Listen: Sie zeigen, daß viele Varianten möglich sind und enthalten Anregungen

Zwei andere Möglichkeiten der Fallbeschreibung gingen aus Bemühungen hervor, auf *psychodynamischen Konzepten* aufbauend klare, reliable Fallkonzeptionen zu entwickeln.

Die Arbeitsgruppe in Cambridge um Perry & Cooper (Perry, Augusto & Cooper,1986) verwendeten folgende Aufteilung:

1. Wish (Wünsche, positive Ziele eines Individuums, einschließlich darin enthaltene Konflikte).
2. Fear (Angst, Vermeidungsziele des Patienten).
3. Resultant (Was resultiert daraus, vor allem auf der Ebene konkreter Beobachtungen).
3a Symptomatic outcomes (alle konkreten Angaben zur Problematik des Klienten unter Bezug auf 1 + 2).
3b Avoidant outcomes
(resultierendes Vermeidungsverhalten unter Bezug auf 1 + 2).
4. Vulnerability to specific stressors (Anfälligkeit für Umstände, welche individuelle Konflikte aktivieren, die Beurteilung von Lösungs-, beziehungsweise Adaptionsmöglichkeiten des Individuums eingeschlossen).
5. Best available level of adaptation to conflicts
(Deskriptiv: Was ist vom Klienten erreicht?).

Nach der Beschreibung der Struktur mit Einbettung von Symptomen und Vermeidungsverhalten sticht hier vor allem die Beurteilung der Qualität einer Struktur im Hinblick auf «Vulnerability» und erreichtes «Level of Adaptation» hervor.
Weiss, Sampson und die Mt. Zion-Psychotherapie-Forschungsgruppe (Weiss et al., 1986; Curtis & Silberschatz, 1996) konzentrieren sich bei ihrer «plan diagnosis method» auf Veränderungsmotivation und Veränderungsmöglichkeiten des Patienten. Ihre «plan formulation» enthält:

— Eine erste allgemeine Übersicht.

— Ziele «which the client would like to achieve» (wobei nicht einfach von den Aussagen des Klienten ausgegangen wird, sondern die interpretierende Sichtweise der Beobachter zugrundegelegt wird).

— Obstructions (entspricht etwa dem auch verwendeten Begriff «inner obstacles», also beim Patienten bestehende Hindernisse gegen die Erreichung der Ziele).

— Tests: In der Therapie verwendete Tests mit dem Ziel zu «disconfirm pathogenic beliefs and irrational expectations».

— Insights (Wissen, das dem Klienten hilft, seine Ziele zu erreichen).

In dieser Aufteilung kommt vor allem die kognitive Orientierung, ein Kennzeichen des Weissschen Ansatzes, und die Konzentration auf den Therapieprozeß mit dem speziellen Theorieelement des Testens von belastenden Ideen in der Therapiebeziehung zum Ausdruck.
Zurück zu Beschreibungs-Kategorien im Bereich der Plananalyse. Eine Gliederung wurde vom Autor vor geraumer Zeit in Anlehnung an bestehende Anleitungen im Kontext einer Untersuchung zur Übereinstimmung von Plananalysen entworfen:

1. Die wichtigsten Pläne im Beziehungsverhalten?
   – gegenüber dem Therapeuten

- gegenüber anderen Personen
  Situativer Geltungsbereich dieser Pläne?
  Besonders bemerkenswerte Mittel (Unterpläne) dafür?
2. Das Bild, das der Klient von sich herzustellen/zu vermeiden versucht?
   - bei anderen (insbesondere: beim Therapeuten)
   - bei sich selber
3. Art der Befriedigung wichtiger Bedürfnisse (z. B. nach nahen zwischenmenschlichen Beziehungen, Bestätigung, Sicherheit, Sinngebung)?
4. Die wichtigsten «wunden Punkte» des Klienten (Scham, Angst, Schuld...) und seine Mittel, diese zu schützen.
5. Zentrale Konflikte für den Klienten?
6. Ungleichgewicht zwischen aktiven und defensiven / vermeidenden Plänen?
7. Aspekte des tatsächlich gelebten Selbst [1], die dem Klienten nicht oder nur eingeschränkt bewußt zugänglich sind? Gründe dafür?
8. Auffällige intrapsychische Strategien?
9. Wichtige Gefühle und Erklärungen dafür?
10. Die wichtigsten Probleme des Klienten aus seiner Sicht?
11. Die wichtigsten Probleme aus der Sicht des Beobachters?
12. Knappe Erklärung für die Probleme?
13. Erklärung dafür, daß der Klient seine Probleme bisher nicht befriedigend lösen konnte und Erklärung für die Problemsicht des Klienten?
14. Längerfristige Lebensgestaltung: Auffälligkeiten in Berufs- und Partnerwahl usw. in Bezug zur Planstruktur?
15. Ideen zur Lösung der Probleme und zur Gestaltung der therapeutischen Beziehung?

Verschiedene Vorschläge von Wüthrich & Zingg lassen sich etwa auf folgenden gemeinsamen Nenner bringen:

1. Therapiebeziehung
2. Andere wichtige Beziehungen (je nach Klient aufgeteilt z. B. in 2.1 Partnerschaft, 2.2 Eigene Kinder, 2.3 Berufskollegen usw.)
3. Selbstbild/Selbstschemata
4. Emotionale Schemata [2]
5. Zentrale Konflikte
6. Symptome

---

[1] Dieser Begriff bezieht sich auf die Unterscheidung in Grawes (1987) Schematheorie zwischen dem Selbst, wie es «tatsächlich» Verhalten und Erleben eines Menschen steuert und der Repräsentantion des Selbst im Bewußtsein.

[2] Zur genauen Bedeutung dieses Begriffes siehe Kapitel 5.

Je nach Klient können auch weitere sogenannte *«Topics»* angefügt werden, zum Beispiel zu besonderen individuellen Coping-Strategien; bei den «zwischenmenschlichen Beziehungen» (Topic 2) können bei einzelnen Klienten Personen auftauchen, die in der Regel überhaupt nicht wichtig sind usw.

Diese verschiedenen Möglichkeiten wurden hier aufgeführt, um die folgende Fallkonzeption von ihrem Aufbau her von vornehinein als *eine von mehreren Möglichkeiten* dastehen zu lassen. Die Gliederung, die in Kap. 3.3 zur Darstellung des Beispielsfalles verwendet wird, weicht aus Gründen, die hier nicht im einzelnen diskutiert werden, leicht von der oben dargestellten Liste ab. Leserinnen und Leser mit einem anderen theoretischen Hintergrund oder ganz speziellen Anwendungsabsichten mögen das folgende Beispiel als Kompromiß verstehen zwischen verschiedenen Möglichkeiten, die wir sehen und je nach Kontext auch nebeneinander verwenden. Sie mögen sich im übrigen frei fühlen, für ihre Anwendungszwecke beziehungsweise entsprechend ihren Konzepten eigene Formen zu entwickeln. Immer geht es dabei darum, Vorteile, die mit einem individuellen Zuschneiden auf die Bedürfnisse eines Teams verbunden sind, abzuwägen gegen den Nachteil, daß die Vergleichbarkeit mit Fallkonzeptionen anderer und damit die Kommunikation beeinträchtigt werden kann.

Bei jeder Fallbeschreibung *müssen* bestimmte Aspekte hervorgehoben, andere vernachlässigt werden (Westmeyer, 1977). Warum wir dabei bestimmte Teile für zentral halten, sollte aus den Erläuterungen zu dem Konzept der Plananalyse verständlich sein.

Die Beschreibungskriterien *überschneiden* sich «von Natur aus»: Bei den konkreten Fall-Beschreibungen empfiehlt es sich, darauf zu achten, daß die daraus entstehende Redundanz nicht so groß wird, daß die Motivation eines Lesers über Gebühr strapaziert wird. Ein wichtiges Mittel dazu ist, auf bereits oder später noch Beschriebenes zu *verweisen*, statt dasselbe mehrfach zu wiederholen.

3.3 Ein Beispiel

Übersicht

Diese Liste liegt der Darstellung des Beispielsfalls zugrunde. Sie ist ein Kompromiß aus verschiedenen früheren Versionen

1. Aktuelle Lebenssituation:
   Zusammenfassende, nicht vertiefende Beschreibung. Sie sollte Information enthalten zu:
   – den wichtigsten Bezugspersonen
   – gesellschaftlichem, einschließlich ökonomischem Status
   – Beruf
   – Freizeitgestaltung
   – äußere Erscheinung
   – gravierenderen medizinischen Problemen oder anderen belastenden Problemen (also zum Beispiel Schulden, usw.: ohne «psychische» Probleme im engeren Sinn)
   – kurze Angabe, warum der Patient zu dem Zeitpunkt die Therapie aufsucht.

2. Biographie.
3. Die wichtigsten positiven Pläne des Klienten.
4. Die wichtigsten Vermeidungspläne des Klienten.
5. Selbstkonzept des Klienten mit Angabe der wichtigsten Mittel, es für sich aufrechtzuerhalten und anderen zu vermitteln. Angabe, welche Teile des eigenen Funktionierens für den Klienten nicht verfügbar zu sein scheinen.
6. Die wichtigsten Stressoren und die wichtigsten positiven Situationen für den Klienten. Wo tauchen starke positive und negative Gefühle auf?
7. Einbettung der Probleme in die Planstruktur. Wo sind dem Klienten andererseits (Teil-)Lösungen für Konflikte gelungen?
8. Problemsicht des Klienten und Begründung, warum der Klient in eine Sackgasse geraten ist (unter Bezug auf die bereits beschriebenen Punkte).
9. Therapiebeziehung.
(10. Fakultativ, das heißt nur, wenn die Fallkonzeption tatsächlich Grundlage für die Therapieplanung sein oder eine Prognose gemacht werden soll: Was könnte dem Klienten in der Therapie helfen, sich in eine befriedigendere Richtung weiterzuentwickeln: Allgemeiner Entwurf.)

Die Reihenfolge kann auch anders gestaltet werden: Immer setzt ein Thema die anderen Themen voraus. Die hier gewählte Reihenfolge spiegelt nicht die Bedeutung wider: Die Therapiebeziehung – hier Punkt 9 – steht ja traditionellerweise beim Plananalyse-Ansatz ganz im Zentrum des Interesses. Das folgende Beispiel entspricht einem üblichen Fallbericht auf der Basis einer Plananalyse nach einigen Sitzungen. Der Hypothesencharakter sei hier noch einmal betont: Er wird in den einzelnen Aussagen nicht immer wieder hervorgehoben. Die genaue Herleitung aus Beobachtungen ist in diesem Beispiel nicht widergegeben, der Bezug zu den Details kann aber mit hilfe der Planstruktur im Anschluß an den beschreibenden Text hergestellt werden [1].

Bei allen Aussagen zur Struktur im folgenden Fall handelt es sich um Hypothesen

1. Lebenssituation zum Zeitpunkt der Therapieaufnahme

Herr Sträuli ist 35 Jahre alt, seit 12 Jahren verheiratet mit einer gleichaltrigen Frau, kinderlos. Er ist Inhaber einer kleineren Schlosserei mit einem Angestellten und einem Lehrling. Er arbeitet in einer Gemeinde, 15 Autominuten von Bern entfernt, und wohnt am gleichen Ort in einer schön gelegenen Eigentumswohnung. Die finanziellen Verhältnisse sind gut, wenn auch nicht üppig. Ein kleineres finanzielles Loch hat vor einem

Die Darstellung der Lebenssituation macht mit dem Klienten bekannt. Sie enthält noch keine elaborierte Analyse: Es soll zwar auf jeden Fall das dargestellt werden, was später als Hintergrund für das Verständnis der Analyse gebraucht wird, die Darstellung soll aber noch möglichst allgemein und wenig selektiv im Hinblick auf bestimmte Hypothesen sein

---

[1] Die genaue Herleitung der Schlüsse aus den Beobachtungsdaten, wie bei Caspar & Grawe (1982), wurde von vielen Lesern verständlicherweise als «mühsam zu lesen» empfunden und wird deshalb hier nicht wiedergegeben. Wer Interesse daran hat, kann den Prozeß dort an einem anderen Beispielsfall im Detail verfolgen.

halben Jahr ein Unfall mit dem noch nicht abbezahlten Auto gerissen, vor allem, weil Herr Sträuli immer schon Autos gefahren hat, die für seine Verhältnisse eher eine Nummer zu groß waren. Nach dem Unfall hinkt er immer noch etwas, nach komplizierten Operationen am einen Bein. Seit der Kindheit leidet er an Asthma. Sonst ist er gesund, fühlt sich seit einigen Monaten aber «ohne Schwung».

Seine Ehe sei «normal», seine Frau schaue gut zu ihm [1], er finde sie aber manchmal etwas wenig anregend. Die Sexualität sei «normal», das Interesse daran habe bei ihm in den letzten Jahren aber etwas nachgelassen, das sei aber vermutlich etwa so, wie in den meisten Ehen.

Herr Sträuli ist seit Jahren Kassierer des örtlichen Sportvereins, über den er viele Kontakte hat, auch wenn er vorübergehend – seit dem Unfall – sportlich nicht mehr aktiv ist.

Die Therapie sucht er auf wegen mehr oder weniger diffuser Ängste, die er seit dem ersten Auftreten vor einem guten Jahr mit Beruhigungsmitteln durchaus erfolgreich bekämpft hat; dennoch hat er – weil er sich seit einem Jahr so kraftlos fühlt – gedacht, ewig könne er das so nicht weitermachen. Vielleicht sei es ganz gut, daß er im Moment keinen Sport betreiben könne, so habe er Zeit, seine Ängste «wegzutrainieren» und «psychische Kondition» aufzubauen.

Äußerlich tritt der Klient nicht besonders auffällig in Erscheinung: Er ist mittelgroß, weder besonders attraktiv noch unattraktiv, hat einige Kilos zuviel, ohne ausgesprochen übergewichtig zu erscheinen, er trägt eine anscheinend sorgfältige Mischung zwischen eleganter und sportlicher Kleidung, seine Gestik ist verhalten.

2. Biographie

Die Reichhaltigkeit dieses Teils wird sehr davon abhängen, wieviel Wert der Therapeut auf die Biographie legt und wieviel er davon exploriert. Im übrigen gilt sinngemäß der Kommentar zur Darstellung der Lebenssituation

Herr Sträuli stammt ursprünglich aus einer größeren Stadt. Er ist Sohn eines Angestellten in einer Baustoff-Firma, dessen offenbar hervorstechendstes Merkmal war, daß er unter einer sehr schmerzhaften Knochentuberkulose litt. Sein Einkommen reichte, um die Familie zu ernähren, er war für Herrn Sträuli und seine zwei älteren Schwestern aber nicht verfügbar: Er brauchte immer «seine Ruhe» und beschäftigte sich mit Vorliebe mit Zeitungen sowie mit seiner Insektensammlung. Herr Sträuli war als Kind hin- und hergerissen zwischen Mitleid, weil sein Vater sich offensichtlich quälte, und Zorn, daß er keinen starken Vater hatte, wie er das von Gleichaltrigen her kannte. Vor einem Jahr, zwei Jahre vor der ersehnten Pensionierung, wurde der Vater auf dem Lagerplatz von einem Hubstapler tödlich verletzt.

Die Mutter ist eine sehr selbständige, kulturell engagierte Frau. Sie hatte unter ihre Verhältnisse geheiratet, vom Vater des Klienten vor allem durch sein blendendes Aussehen angezogen: Es gehörte ganz zu ihrer Art, sich gegen ihre Eltern durchzusetzen und zu meinen, mit allfälligen Schwierigkeiten würde sie spielend zurechtkommen. Ihr Mann bewunderte sie restlos, auch wenn es ihn störte, daß sie ihre vielfältigen Aktivitäten nach der Geburt der Kinder nicht einschränkte, so daß der Haushalt in jeder

---

[1] Dies ist ein Helvetismus: Fallkonzeptionen werden aber lebendiger und treffender, wenn sie charakteristische Ausdrücke der Klienten wiedergeben.

Hinsicht vernachlässigt war. Entsprechend den damaligen Normen trug ihm das auch Fragen anderer ein, warum er seine Frau nicht mehr an die Kandare nehme. Diese Situation war um so bitterer, als er nach seiner Erkrankung – ein paar Jahre nach der Hochzeit – rein körperlich nicht mehr die Erscheinung war, um derentwillen seine Frau sich mit ihrer großbürgerlichen Familie zerstritten hatte, und das ließ sie ihn auch spüren.

Der Patient bewunderte seine Mutter ebenfalls restlos: Sie sei eine schöne Frau gewesen und habe immer gewußt, was sie wollte. Die negativeren Seiten beschrieben ihm erst später seine Schwestern, die bereits früh in den Haushalt eingespannt wurden. Herr Sträuli senior kümmerte sich deswegen nicht viel mehr um sie, zeigte aber doch eine gewisse Dankbarkeit, während der Sohn für ihn eigentlich nur eine Belastung war.

Einen großen Teil der Zeit verbrachte Herr Sträuli bei den Großeltern väterlicherseits, die nur ein paar Häuser weiter wohnten. Dort schlief er auch sehr oft. Seinen Großvater erinnert er als sehr launisch, er konnte aber sehr aufmerksam die Geheimnisse seines Schrebergartens und seiner kleinen Werkstatt-Nische im Keller des Hauses vermitteln. Die Großmutter war kränklich, sie blieb im Hintergrund, der Patient erinnert sich eigentlich fast nur an die Situationen, wenn sie ihn und den Großvater zu Tische rief. Herr Sträuli kann sich erinnern, wie er sich so zwischen dem fünften bis zehnten Lebensjahr hin- und hergerissen fühlte zwischen dem sicheren Platz bei den Großeltern (die Launen des Großvaters beeindruckten ihn letztlich wenig) und dem Elternhaus, von dem er objektiv wenig hatte und zu dem er sich aber vielleicht gerade deshalb hingezogen fühlte. Aus welchen Gründen er wohl etwa zu einem Viertel der Zeit bei seinen Eltern war, kann er nicht sicher sagen, er hatte aber immer das Gefühl gehabt, der Aufenthalt hänge von seinem Wohlverhalten ab. Wohlverhalten hieß: Nicht auffallen, nicht zur Last fallen. Heute sieht er seine Mutter etwa einmal monatlich, man hat aus der Art, wie er über sie redet aber den Eindruck, sie sei nach wie vor wichtig für ihn.

Vom Umgang mit Gleichaltrigen weiß er wenig zu berichten, das sei wohl «normal» gewesen. Manchmal habe er schon besonders gute Freunde gehabt, aber nie so konstant. Er sei in der Klasse wohl eher unauffällig gewesen, wenn Mädchen sich für ihn interessierten, sei er eher verunsichert gewesen und habe engere Kontakte vermieden.

Nach der Schule wollte Herr Sträuli in die Kunstgewerbeschule. Er fiel – obwohl er in der Schule einschließlich Sekundarschule immer zum oberen Drittel gehört hatte – bei der Aufnahmeprüfung durch. Er schiebt das vor allem auf starke Prüfungsängste, die er damals plötzlich entwickelt hatte.

In der Absicht, später Metallplastiker zu werden, fing er eine Schlosserlehre an. Während er zunächst das Handwerkliche einfach als Mittel zum Zweck angesehen hatte, ließen seine künstlerischen Ambitionen mit der Zeit nach. Er beschränkte sich ganz auf die übliche Arbeit, ohne damit eigentlich zufrieden zu sein. Sein Interesse für Autos sei – so meint er selber – wohl ein «Konsumpflaster» für seine Unzufriedenheit über die zusehends verblassenden Träume gewesen. Interessant ist, daß seine Mutter zunächst großes Interesse für seine Pläne – Kunstgewerbeschule und Metallplastiker – zeigte, sich aber ziemlich schnell enttäuscht abwandte, als er nichts so schnell umsetzte.

Die Rekrutenschule und spätere Aufenthalte im Militärdienst empfand er als menschlich unnötig entwürdigend; es sei ihm wohl zugute gekommen, daß er früh gelernt habe, sich unauffällig zu verhalten. Ehrlich gesagt habe es ihm aber gutgetan, daß da immer jemand war, der sagte, was zu tun sei, und der dann auch die Verantwortung hatte, wenn «en Seich»[1] herausgekommen sei.

Mit Frauen hatte er lange Zeit nicht viel im Sinn. In seiner Freizeit bastelt er viel an Autos, auch für Bekannte. Deshalb habe er gar nicht viel Zeit gehabt. Auch bei seinen Kino-Besuchen – seinem zweiten Hobby – habe er sich nicht an Mädchen herangemacht oder «herangewagt», müsse man wohl eher sagen.

Schließlich lernte er mit zweiundzwanzig doch seine spätere Frau kennen. Die jüngere seiner Schwestern habe sie «sozusagen verkuppelt». An sich habe es ihn nicht sehr gereizt, aber sie sei nett gewesen und es sei alles so glatt gegangen. Nach einem Jahr habe er einfach «ja» gesagt zum Heiraten. Er hatte gerade die Aussicht, die Schlosserei eines Onkels zu übernehmen, die zudem in der Nähe des Herkunftsortes seiner Braut lag. Letzteres war für ihn insofern attraktiv, als sie die Stadt, in der sie damals lebten, als fremd und unpersönlich empfand und gerne zurückgegangen wäre.

3. Die wichtigsten positiven Pläne des Klienten
(Übersicht über die Planstruktur s. S. 97)

«Positiv» bedeutet, daß diese Pläne Bedürfnissen, wie Nähe, Gestaltung eines als sinnvoll empfundenen Lebens usw. dienen.
Wie das Beispiel zeigt, sind «positive» und Vermeidungspläne oft eng miteinander verbunden und nicht wirklich voneinander zu trennen. Dennoch ist es sinnvoll, in der Darstellung Schwerpunkte zu setzen

Es charakterisiert den Klienten nicht schlecht, daß einem nicht sofort prägnante positive Pläne einfallen: «Positiv-unauffällig» zu sein, umschreibt einen seiner wichtigsten Pläne. Dabei geht es nicht um eine unbeholfene Unauffälligkeit, der Klient ist ja sehr aktiv: Früher sein Helfen bei Autoreparaturen, sein Engagement im Sportverein, seine unaufdringliche Aufmerksamkeit für persönliche Angelegenheiten des Therapeuten (die verschnupfte Nase, die vorübergehende Blässe). Diese große Zahl aktiver Unterpläne verhindert auch, daß man den betreffenden Plan als Vermeidungsplan «vermeide aufzufallen» benennt.

Die genannten Unterpläne sind aber wohl erst vollständig erklärt, wenn wir zusätzlich einen hypothetischen Plan «mach' dich sympathisch» annehmen. Auch sein sorgfältiges Sich-Kleiden erklären wir hauptsächlich mit diesem Plan.

Aus der Biographie wissen wir, daß der Klient durchaus beruflichen (künstlerischen) Ehrgeiz hatte: In seinem konkreten Verhalten zeigt sich aber nichts mehr davon. Im Beruf ist es ihm wichtiger, zuverläßig und korrekt und erfolgreich zu sein, aber ohne ganz besonderen Ehrgeiz.

Einiges an Zeit verwendet der Klient dafür, sich fit zu halten: Einen gut funktionierenden Körper zu haben, hat für ihn einen hohen Stellenwert, was zum Teil von seinem auch körperlichen Einsatz erfordernden Beruf, zum Teil aber auch vom Erleben der Krankheit seines Vaters her erklärt werden kann.

---

[1] ungefähr: «Mist»

Das Fahren schneller Wagen scheint zur erstrebten Unauffälligkeit zunächst eher im Widerspruch zu stehen, da diese Autos ja auch von der Erscheinung her auffällig sind. Für Herrn Sträuli scheint aber wichtiger zu sein, daß das schnelle Fahren ihm das Gefühl von Macht und Unabhängigkeit gibt, welches ihm im Leben sonst fehlt. Daß er gewissen Leuten mit dem Auto auch imponiert, ist eher eine nette Dreingabe, die er je nach Interesse an der Person gerne mitnimmt.

Die Frage, was für ihn der Sinn des Lebens sei, stellt er sich seit längerer Zeit auch häufiger. Viele Jahre sei er jetzt ganz zufrieden gewesen, aber vielleicht sei es doch nicht gut gewesen, auf seine künstlerischen Interessen ganz zu verzichten. Wie weit allerdings die künstlerischen Interessen in sich motivierend waren oder ob sie zumindest historisch gesehen ein Teil des Strebens nach Aufmerksamkeit von Seiten der Mutter waren, darüber läßt sich auch nach der Therapie nur spekulieren.

Einen Seitensprung des Klienten vor einem Jahr interpretiert er selber so, daß er sich bei einer Frau, die in mancher Hinsicht ähnlich war wie seine Mutter und die er – im Gegensatz zu seiner Frau – bewunderte, Bestätigung holen wollte, indem er sie für sich gewann. Im Unterschied zu seinen sonstigen Gewohnheiten hatte er sich auch heftig um sie bemüht. Die Beziehung endete für ihn enttäuschend, nachdem – so hatte er es zumindest erlebt – die Frau sich über seine Angepaßtheit und Spießigkeit lustig machte. Das konnte er nicht verkraften und er beendete von sich aus die Beziehung. Die Episode zeigte, wie wichtig für ihn nach wie vor ist, von einer bewunderten Frau anerkannt zu werden, auch wenn sich das in seinem Verhalten – bis auf diese kurze Episode – nicht niederschlägt. Phantasien mit dem Inhalt, von einem solchen Menschen Anerkennung zu finden, angeregt z.B. durch Filme, lernt der Klient in der Therapie entsprechend einzuordnen. Daß er sie bis auf die genannte Ausnahme nie auslebte, wird mit einem starken Plan, Enttäuschungen zu vermeiden, erklärt.

4. Die wichtigsten Vermeidungspläne

Der wichtigste übergeordnete Vermeidungsplan des Klienten ist, Ablehnung zu vermeiden. Daß dieser Plan für ihn viel bedeutender ist als für andere Menschen, läßt sich aus seiner Biographie ohne weiteres verstehen. Der Klient hat als Teil des Ablehnungs-Vermeidungs-Planes ein ausgesprochen sensibles Wahrnehmungssystem für Wünsche anderer und für geringste Zeichen von Ablehnung entwickelt. Daß er dabei sozial trotzdem gut integriert ist, hängt mit den oben erwähnten aktiven Teilen seiner Struktur zusammen. Er hat hervorragende Fähigkeiten, andere für sich einzunehmen, indem er aufmerksam zuhören, persönliches Interesse zeigen und den Gesprächspartner bestätigen kann.

Seine Lebensgestaltung im großen ist durch zwei Vermeidungspläne geprägt: Erstens vermeidet er Enttäuschung in einer Zweierbeziehung, indem er nach einer längeren Zeit des Sich-nicht-Kümmerns eine Frau wählte, die sich von seiner Mutter deutlich unterschied und ihn im Hinblick auf die Konstanz ihrer Zuwendung nicht gefährdete. Dafür nahm er in Kauf, daß sie ihm über ihre versorgende Grundhaltung hinaus wenig Reizvolles anzubieten hatte.

Vermeidungspläne sind Pläne, welche verhindern, daß ein Mensch einfach und unkompliziert der Realisierung seiner wichtigsten Bedürfnisse nachgeht. Sie reflektieren oftmals aktuelle und historische Einschränkungen aus der Umgebung, allerdings in der Weise, wie diese vom Individuum verarbeitet wurden. Viele Vermeidungspläne dienen dem Schutz «wunder Punkte»

Zweitens vermied er Enttäuschung mit seinem Verzicht, sich hartnäckiger um eine Entwicklung seiner künstlerischen Interessen zu bemühen, und ging beruflich auf «Nummer Sicher». Es stellt sich nachträglich auch die Frage, ob die schädliche Prüfungsangst an der Kunstgewerbeschule-Aufnahmeprüfung nicht die Funktion hatte, ihn vor dem Schritt in eine anspruchsvolle Ausbildung zu bewahren, die ein nicht geringes Risiko des Scheiterns in sich geborgen hätte.

Es ist daran zu denken, die Pläne, die mit dem Vermeiden von beruflichen Enttäuschungen, von Verantwortung und von Unsicherheiten in sozialen Kontakten zu tun haben, einem allgemeineren Plan, wie «vermeide Unsicherheit» oder «vermeide Risiken» unterzuordnen: Dies sollte dann aber nicht nur eine semantische Abstraktion sein, sondern nur vorgenommen werden, wenn die weitere Arbeit mit dem Klienten nahelegt, daß es sich um eine für das Verständnis seines Verhaltens und Erlebens hilfreiche Einheit handelt.

5. Selbstkonzept des Klienten

Dieser Teil enthält Angaben dazu, wie der Klient sich selber sieht.
Diese kognitiven Strukturen sind eng verbunden mit zentralen Plänen eines Menschen. Sie enthalten sozusagen die Prämissen für viele Pläne und sind gleichzeitig ein Produkt von Plänen

Der Klient sieht sich selber als soliden Berufsmann, der eigentlich auch ein Künstler hätte werden können, als (fast) soliden Ehemann einer gut für ihn sorgenden Frau, der eigentlich lieber konstant begehrt würde von einer anspruchsvolleren Frau, und er ist ein solides, aktives Vereinsmitglied. Das «Gut-Funktionieren» sieht er als Kern seiner Persönlichkeit. Was dieses gute, aber etwas mittelmäßige Funktionieren stören könnte – z.B. höhere Ansprüche in Beruf und Beziehung –, wird im Alltag fast konsequent ausgeblendet. Ausnahmen sind sein Seitensprung und sein rasantes Autofahren. Die «Unfälle» dabei haben ihn auch wieder zurechtgestutzt, fast könnte man meinen, er habe sie provoziert, um wieder auf den rechten Weg gebracht zu werden, nach dem Motto «ich war schon immer einer, der eben nicht zuviel riskieren sollte». Irgendwie nagt aber doch eine Unzufriedenheit an ihm, als ob das doch nicht alles gewesen sein sollte, was aus ihm zu machen ist. Dem Klienten ist, wie bereits erwähnt, sein körperlicher Zustand wichtig: Von seinem Vater her hat er ein starkes Bewußtsein dafür, was es heißt, nicht gesund zu sein. Nicht bewußt sind dem Klienten Zusammenhänge im Umfeld seiner Symptomatik (s. Punkt 7). Der Klient hat sein Leben insgesamt so eingerichtet, daß der tatsächlich gelebte Teil seines Selbstkonzeptes insofern im wesentlichen reibungslos funktioniert, als alles, was mit höheren Ansprüchen zusammenhängt – mit der erwähnten Ausnahme – nicht aktiv angestrebt wird: Damit wird auch das Risiko von Enttäuschungen beziehungsweise die Notwendigkeit, sein Selbstkonzept in diesen Teilen zu verändern, minimiert.

6. Die wichtigsten Stressoren und die wichtigsten positiven Situationen für den Klienten

Der Klient hat sein Leben weitgehend so eingerichtet, daß er nicht in große Konflikte kommt. Wenn es ihm ganz gelingen würde, seine künstlerischen Ziele und die Visionen von einer anspruchsvolleren Frau aufzugeben, wäre er sozusagen glücklich: Beides nagt aber diffus an ihm. Die Mittelmäßigkeit seines Lebens führt auch zu einer Nivellierung seiner Gefühle. Positive Gefühle hat(te) er beim schnellen Autofahren («schaff' dir Machtgefühl»!) und kurzfristig in der Beziehung zu der anderen Frau, mit entsprechend negativen Gefühlen beim Scheitern der Beziehung. Mittelstarke positive Gefühle empfindet er auch – ganz entsprechend der erschlossenen Planstruktur –, wenn es ihm gelingt, gute Kontakte herzustellen und wenn er nach irgendwelchen Merkmalen («ich bin bei der Bergwanderung viel weniger außer Atem gekommen als mein zehn Jahre jüngerer Cousin») seinen guten körperlichen Zustand bestätigt sieht.

Dieser Teil betrachtet sozusagen die wichtigsten «Resultate» der Auseinandersetzung mit der aktuellen Umgebung. Es geht dabei vor allem um die ganzheitlicheren Reaktionen des emotionalen Regulationssystems

7. Einbettung der Probleme in die Planstruktur

Zu erklären sind vor allem die diffusen Ängste, die den Leidensdruck des Klienten ausmachen, weiter die Kraftlosigkeit und schließlich wären mögliche psychische Anteile am Asthma zu sondieren. Die «diffusen Ängste» haben in etwa der Hälfte der Situationen konkrete Bezüge: Ängste im Straßenverkehr, hypochondrische Ängste, seltener auch soziale Ängste. Sonst empfindet der Klient «einfach ein solches Gefühl», ohne recht sagen zu können, wo es herkommt: Das macht ihn auch hilflos gegenüber der Angst. Wo sie konkretere Bezüge hat, empfindet er diese selber als «beliebig», zufällig von Ereignissen des Alltags abhängig, worauf die Angst gerade fällt. Wir stimmen dem zu. Es lassen sich zwar über Zufälle hinaus auch einzelne, in der besonderen Situation bedrohte Pläne ausmachen, es scheint aber die Bedrohung sehr allgemeiner Pläne zu sein, welche zu einer sehr allgemeinen Bereitschaft, mit Ängsten zu reagieren, führt. Hilflos fühlt sich der Klient auch gegenüber der Kraftlosigkeit, weil sie nur sehr beschränkt auf körperliche Unpäßlichkeiten, wenig Schlaf und ähnliches zurückzuführen ist. Die diffusen Ängste treten seit einem guten Jahr auf, wenig später kommt die Kraftlosigkeit hinzu und zwischen erstem Auftreten von Ängsten und Kraftlosigkeit lag die Beziehung zu der anderen Frau. Es stellt sich die Frage, ob diese zeitliche Nähe auch auf einen inhaltlichen Zusammenhang hinweist: Von der Plananalyse her wäre das plausibel.

Nachvollziehen von Entstehung und Aufrechterhaltung der Probleme vor dem Hintergrund der bis dahin erschlossenen Strukturen

In der Lebensgeschichte des Klienten sind Ängste nur von der Kunstgewerbeschule-Aufnahmeprüfung her bekannt, wo bereits die Vermutung aufgetreten war, sie könnten auch die instrumentelle Funktion haben, ihn vor einer risikoreichen Laufbahn zu bewahren.

Entsprechend den Such-Heuristiken zur Analyse von Angst (Kap. 2.2.8.2 und 4.2.13) interpretieren wir aus dem zeitlichen Zusammenhang und von den Effekten her die jetzt aufgetretenen diffusen Ängste einerseits als Resultat einer anhaltenden Blockierung expansiver Pläne des Klienten. Andererseits nehmen wir an, daß sie zumindest aufrechterhalten werden durch ihre instrumentelle Funktion: Blockiert hat er sich selber die Pläne, sein Leben beruflich und privat anspruchsvoller zu gestalten, indem er mittelmäßigere, sicherere Wege wählte. Diese stehen bei seiner aktuellen Lebensführung ja so stark im Vordergrund, daß die «anspruchsvolleren» Pläne nur indirekt erschlossen werden konnten. Es gibt aber eben doch deutliche Anzeichen dafür, daß sie in den letzten Jahren vermehrt aktiviert wurden. Das geschah offenbar in dem Maße, in dem es ihm gelungen war, ein sicheres Mittelmaß zu etablieren, er damit also einerseits nicht mehr so beschäftigt war, andererseits mehr und mehr spürte, daß es ihn trotz aller Pflästerchen – wie Auto – und anderer als sinnvoll empfundener Beschäftigungen – wie Sport und Vereinsleben – nicht mehr sehr befriedigte. Diese wenig offen eingestandene Unzufriedenheit gefährdete aber das nicht ohne Mühe geschaffene sichere Mittelmaß, spätestens, wenn sie zu Versuchen führte, dieses zu überwinden: Eine künstlerische Laufbahn, beziehungsweise der Versuch dazu, würde mit dem Weiterführen der Firma im bisherigen Stil nicht vereinbar sein und eine Beziehung zu einer anregenderen Frau wäre für ihn nicht vereinbar mit seiner Ehe. Das ist ihm während seines Seitensprunges deutlich geworden.

Außerdem ist das Risiko viel größer, in einer solchen Beziehung selber in Frage gestellt zu werden und die bisherige sichere Basis nicht im selben Maße wiederzufinden. Ängste und «Kraftlosigkeit» dienen nun – so unsere Spekulation – dazu, ihm den Schwung und die Kraft zu rauben, die er bräuchte, um seine Situation in eine riskantere Richtung zu ändern: Er leidet zwar ganz ohne Zweifel unter der Situation, es sind aber die (ihm nicht bewußten) Vorteile, die seine Probleme aufrechterhalten. Die Tatsache, daß diese Sicht in seiner Problemdefinition nicht enthalten ist und daß ihm subjektiv keine Mittel zur Bewältigung der Probleme an der Wurzel zur Verfügung stehen, haben bislang eine Lösung verhindert. Er hat bisher überwiegend im Sinne seiner «Nummer Sicher»-Pläne gelebt, einzelne Eskapaden im Sinne expansiverer Pläne sind ihm schlecht bekommen – wobei noch die Frage ist, ob er diese Mißerfolge nicht selber begünstigt hat, weil sonst der Streß im Hinblick auf seine «mittelmäßigeren» Pläne zu groß geworden wäre, und schließlich hat er mit seinen Ängsten jetzt einen relativ stabilen Zustand erreicht [1].

Für das Asthma finden wir zunächst keine Erklärung: Es scheint mit einer allgemein hohen Grund-Spannung (in der Kindheit im Zusammenhang mit seiner Sorge um das Akzeptiertwerden, jetzt im Zusammenhang mit seinem permanenten Bemühen um gutes Funktionieren) zusammenzuhängen. Wenn in aktuellen Situationen diese Spannung erhöht wird, treten (nicht allzu schwere) Anfälle auf. Es kann kein ganz bestimmter Typus spannungserhöhender Situationen ausgemacht werden.

8. Problemsicht des Klienten und Begründung, warum der Klient in eine Sackgasse geraten ist.

Subjektive Sicht des Klienten, idealerweise mit Begründung aus der Struktur, warum der Klient sich seine Probleme so erklärt. Die Erklärung, warum der Klient seine Probleme bisher nicht selber lösen konnte, kann Bezüge zu Faktoren in der Umgebung, zur Planstruktur des Klienten und zu seiner Problemsicht haben

Der Klient steht seinen Problemen weitgehend verständnislos gegenüber: Psychische Probleme passen einerseits nicht in seine Sicht der Welt überhaupt, andererseits würde Einsicht in die instrumentelle Funktion seiner Symptome für ihn schwierig machen, diese aufrechtzuerhalten, und im Moment hat er dafür keinen Ersatz. Problemlösungen stellt er sich dementsprechend und in Anlehnung an die Bedeutung, die Körper und Körpertraining für ihn haben, eher als «Training» vor.

Der Hauptgrund, warum der Klient in die Sackgasse geraten ist, dürfte seine mangelnde Bereitschaft sein, Risiken einzugehen und Erfahrungen zu machen mit Grenzen seiner eigenen Möglichkeiten, dem Umgang mit Enttäuschungen usw. Lebensgeschichtlich gesehen hatte er auch wenig Möglichkeit, dies von emotional stabilen und ermutigenden Beziehungen ausgehend zu lernen.

9. Therapiebeziehung

Die Umgänglichkeit des Klienten läßt ihn zunächst als interaktionell unproblematischen, pflegeleichten Klienten erscheinen. Es gibt aber doch einige Gefahren zu beachten:

- Der Plan, sich sympathisch zu machen, kann den Klienten zu stark absorbieren und Kräfte und Aufmerksamkeit verbrauchen, die er eigentlich für die Arbeit an seinen Problemen bräuchte.
- Der Plan, Spannungen zu vermeiden, kann dazu führen, daß der Klient Dinge, die ihm in der Therapie nicht passen, nicht rechtzeitig kundtut, und daraus können Komplikationen entstehen.
- Der Klient wird wahrscheinlich Widerstand gegen eine zu früh und unvorsichtig vorgebrachte Sicht seiner Probleme (wie oben dargestellt) entwickeln, was Auswirkungen auf die Therapiebeziehung haben könnte.

Welche Teile der Struktur sind in der Therapiebeziehung besonders relevant? Besondere Beobachtungen, Fallen und Möglichkeiten

Zu den beiden ersten Punkten ist zu sagen, daß hier natürlich nicht nur Gefahren für die therapeutische Beziehung bestehen. Die therapeutische Beziehung kann vielmehr als prototypische Situation genutzt werden, kann dem Klienten zu zeigen, wie er seine Beziehungen gestaltet.

10. Was könnte dem Klienten in der Therapie helfen, sich in eine befriedigende Richtung weiterzuentwickeln? [2]

Wichtigstes Ziel ist, den Klienten dabei zu unterstützen, bewußter zu entscheiden, wie er eigentlich leben will, und weniger auf seine destruktiven Lösungsversuche angewiesen zu sein. Dazu gehört, sein Bewußtsein dafür allmählich zu erweitern. Weiter wird daran gearbeitet werden müssen, daß er es allen recht machen will: Vermutlich wird es dabei einiges an Erlebnissen aus seiner Kindheit und Jugend aufzuarbeiten geben. Es wird dann darum gehen, den Klienten zu ermutigen, vermehrt das zu tun, was er für richtig hält. Er wird darauf vorzubereiten sein, daß Enttäuschungen eintreten werden und wie er damit umgehen kann.

Fakultativer Ausblick. Er sollte vor allem dann gemacht werden und möglichst konkret sein, wenn die Fallkonzeption tatsächlich Grundlage für die Therapieplanung sein soll und wenn sie im Forschungskontext Grundlage für Prognosen ist

In Bezug auf die Arbeit sollte es möglich sein, Kompromisse zu finden – vielleicht mit gewissen finanziellen Einbußen, falls er mehr seinen künstlerischen Interessen nachgehen will. Schwieriger ist es sicherlich mit seiner ehelichen Beziehung. Es wäre zu schauen, wie weit die Ehe – eventuell in einer zusätzlichen Ehetherapie – entwicklungsfähig ist in eine

---

[1] Eine Alternativhypothese, die auch in den Zeitablauf passen würde, ist: Der Tod des Vaters hat bei ihm aggressive Wünsche aktiviert. Ängste eine Folge davon. Der Unfall könnte als «autoaggressiver» Akt gesehen werden, ein Versuch, die Aggressionen umzulenken. Auch für sein Verhältnis zu Mutter und Frauen bieten sich zweifellos «psychodynamischere» Alternativhypothesen an. Es ist sinnvoll, im weiteren Verlauf einer solchen Therapie nach Evidenz für solche Hypothesen Ausschau zu halten und gegebenenfalls die mehr «bottom up» gewonnenen Hypothesen, die im Text dargestellt sind, zu ersetzen oder zu ergänzen (vgl. auch 4.2.8).

[2] Die Ziele werden hier möglichst ohne viel «wenn und aber» formuliert: Selbstverständlich ist die Bereitschaft, solche frühen Zielbestimmungen im Lauf der Therapie zu verändern und zu spezifizieren, hoch.

Richtung, die auch seine Bedürfnisse mehr befriedigt. Es wäre aber auch nicht erstaunlich, wenn sich zeigen würde, daß er die Frau (in seiner Sicht oder wirklich) in der ursprünglichen Position gehalten hat und daß die von ihm erwünschte neue Position auch vermehrt schon lange gehegten Wünschen ihrerseits entsprächen.

Dies sind sehr allgemeine Zielsetzungen, die im Verlauf der Therapie aufgrund detaillierterer Informationen und erster Erfahrungen noch zu differenzieren wären.

Die zweidimensional gezeichnete Planstruktur findet sich auf Seite 97. Die hier folgenden Frames ergänzen die Planstruktur:

Frames zur Planstruktur «Sträuli»

Im Gegensatz zur Planstruktur enthalten die folgenden Frames auch Informationen, die nicht in instrumenteller Beziehung zu den Plänen stehen. Mit «F» sind «allgemeine Frames» bezeichnet, die ergänzende Informationen irgendwelcher Art enthalten können, mit «G» sind «Gefühlsframes» bezeichnet, die Informationen zu relevanten Gefühlen enthalten. In der Planstruktur finden sich, mit einem Stern hervorgehoben (*G1, *F7, usw.) Verweise auf diese Frames: Sie besagen also in der Struktur: «Zu diesem Plan gibt es weitere Informationen, siehe auf dem entsprechenden Blatt!». Zur Verwendung von Frames bei der Darstellung nicht-instrumenteller Informationen allgemein: s. Kap. 4.2.15).

F1 Aktivität im Sportverein: eingeschränkt durch Unfall

F2 Asthma

F3 Ehe:
    – «normal»
    – Interesse an Sex hat nachgelassen
    – sie seien «verkuppelt worden»
    – sie sei «nett gewesen», es sei alles so glatt gegangen
    – er nimmt in der Ehe Reizlosigkeit zugunsten der Sicherheit in Kauf

F4 Mutter zeigt sich erst interessiert, wendet sich dann schnell ab

F5 Seitensprung:
    – enttäuschend: Die Frau habe sich über seine Angepaßtheit und Spießigkeit lustig gemacht

F6 Eltern:
    – beide: Patient war Belastung für sie
    – Vater:
      – litt unter schmerzhafter Knochentuberkulose
      – nicht verfügbar für die Kinder
      – zog Mutter durch blendendes Aussehen an

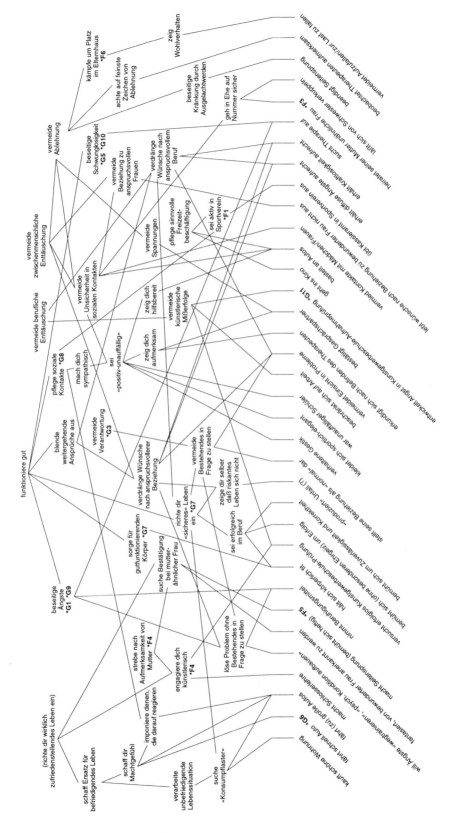

- bewundert Mutter restlos
- Gefühl des Klienten gegenüber Vater: Mitleid-Zorn
- Mutter:
    - schön, wußte, was sie wollte, selbständig, kulturell engagiert
    - setzte sich gegen Eltern durch, traute sich Bewältigung von Schwierigkeiten zu
    - vernachlässigte Kinder und Haushalt
    - Klient sieht sie ein Mal monatlich: Sie ist noch wichtig für ihn
- Großeltern: Klient war meistens bei ihnen
    - Großmutter: kränklich, blaß, «sorgt»
    - Großvater: launisch, vermittelt Klient Interessen

G1 Diffus ängstlich
    S: seit knapp 1 Jahr im Straßenverkehr, hypochondrisch, seltener sozial, etwa zur Hälfte konkrete Bezüge zur Situation, aktiviert wahrscheinlich durch berufliche und soziale Etablierung
    −: richte dir wirklich zufriedenes Leben ein
    B: Beruhigungsmittel, Therapie
    F: sichere dich gegen Störungen deines etablierten Lebens ab

G2 Unzufrieden
    S: kommt künstlerischen Interessen nicht nach, intrinsisches Künstlermotiv vs. Aufmerksamkeit von Mutter ?
    −: pflege Kunst
    C: «Konsumpflaster»

G3 Erleichtert
    S: Militärdienst in untergeordneter Position
    +: vermeide Verantwortung

G5 Schwunglos
    S: seit einem guten Jahr, kurz nach Eintreten der Ängste, nach Mißerfolg mit anderer Frau aktiviert durch beruflich und soziale Etablierung
    −: richte dir wirklich zufriedenstellendes Leben ein

G6 Mächtig
    S: schnelles Autofahren
    +: schaffe dir Machtgefühl

G7 Bestätigt
    S: Bergwandern, Jüngere kommen schneller außer Atem
    +: sorge für gut funktionierenden Körper

G8 Zufrieden
    S: nachdem er gute Kontakte hergestellt hat
    +: pflege soziale Kontakte

G9 Hilflos 1
    S: empfindet Angst, kennt Quelle nicht
    –: beseitige Ängste

G10 Hilflos 2
    S: Kraftlosigkeit, nur beschränkt auf physische Ursachen zurückzuführen
    –: beseitige Schwunglosigkeit

G11 Ängstlich
    S: Kunstgewerbeschule-Prüfung
    –: pflege Kunst, Kompetenzpläne
    F: vermeide künstlerischen Mißerfolg

4. Die Praxis des Erschließens und Konsequenzen für die Therapie

4.1 Einleitung

Patrick Süskind schreibt in «Das Parfüm»[1] über Pater Terrier: «Technische Einzelheiten waren ihm sehr zuwider, denn Einzelheiten bedeuteten immer Schwierigkeiten, und Schwierigkeiten bedeuteten eine Störung seiner Gemütsruhe und das konnte er gar nicht ertragen.»
Dieser Teil des Buches beschäftigt sich mit *technischen Einzelheiten* und läuft von daher Gefahr, die «Gemütsruhe» des Lesers zu stören.
Der Plananalyse-Ansatz tritt mit dem Anspruch auf, eine Perspektiv-Theorie und ein ausgearbeitetes Analyse-Werkzeug zu sein (vgl. Kap. 2.2.7). Als *Perspektivtheorie* braucht er die Ruhe nicht zu stören, will man ihn hingegen als *Werkzeug* nutzen, kommt man um Einzelheiten nicht herum. Während andere Perspektivtheorien aber den «Teufel im Detail» den Anwendern überlassen, hat die jahrelange Praxis mit dem Plananalyse-Ansatz zu einer Verfeinerung von Konzepten, Hinweisen und Regeln geführt, die Anwendern vermittelt werden können. Dadurch wird er zwar früher auf gewisse Schwierigkeiten gestoßen, die mit Einzelheiten zusammenhängen, es können aber auch *Hilfestellungen* gegeben werden. Vielleicht ist es am besten, beim ersten Lesen *über Einzelheiten hinwegzugehen*, sofern deren Relevanz nicht unmittelbar einleuchtet. Sobald man in der eigenen Praxis auf ähnliche Einzelheiten stößt, kann man dann mit wesentlich *spezifischerer Motivation* nachblättern. Der Hinweis auf Möglichkeiten, gewisse Hürden zu nehmen, soll nicht den Eindruck vermitteln, es handle sich um einen Ansatz, der fast nur aus Hürden besteht.
Bei einzelnen Aspekten werden *Übungen* zum Erwerb von Fähigkeiten und Erfahrungen vorgeschlagen, ohne die der Ansatz von beschränktem Nutzen ist. Es bleibt aber jedem Leser selber überlassen, wie er sein Lesen organisiert: Die Übungen können übersprungen und später durchgeführt werden: Sie sind für das Verständnis des Textes nicht Voraussetzung. Demgegenüber ist es zumindest bei einigen Übungen schwieriger, sie durchzuführen, ohne die dazugehörenden Erläuterungen gelesen zu haben.
Noch stärker als die anderen Teile des Buches soll dieser Teil zum Springen beziehungsweise nachträglichen Zurückblättern einladen: Die Information ist deshalb soweit möglich spotlight-artig organisiert mit relativ wenig verbindendem Text.

> Wer den Ansatz nur als Perspektivtheorie benutzen will, braucht sich um Details nicht unbedingt zu kümmern
>
> Wer die Methode konkret anwenden will, kommt über kurz oder lang nicht darum herum
>
> Die Beschäftigung mit Details in diesem Kapitel geschieht nicht um ihrer selbst willen, sondern dient der Hilfestellung. Wer diese im Moment nicht braucht, überspringt dieses Kapitel am besten oder liest es sehr selektiv

---

[1] Diogenes, Zürich 1985, S. 12

Im folgenden werden viele explizite Regeln vermittelt, die eher zur rational-analytischen denn intuitiven Behandlung von Informationen auffordern. Dies entspricht nicht ganz unserer Auffassung, daß beide Teile der Informationsverarbeitung zu einem guten Resultat gleichermaßen beitragen und sich in der Praxis in ihren Stärken gegenseitig ergänzen sollten (Caspar, 1995 a). Rational-analytische Anteile lassen sich einfach leichter in Form expliziter Regeln vermitteln. Intuitive Prozesse sind aber entscheidend beteiligt, von der Roh-Verarbeitung von Informationen («framing») über das Entwickeln von Hypothesen zu möglichen instrumentellen Beziehungen bis hin zum Überprüfen, ob die schrittweise entwickelte Sicht einer ganzheitlichen Prüfung standhält.

4.2 Praxis des Erschließens

Die Kernfrage beim Erschließen von Plänen [1] ist die Frage: Ist ein bestimmter Verhaltensaspekt *instrumentell* zu verstehen, beziehungsweise: Wozu dient dieser Verhaltensaspekt? «Verhalten» wird dabei sehr breit verstanden.

4.2.1 Einbezug unterschiedlicher Verhaltensaspekte und Informationsquellen

Breites Spektrum von Informationen

Gegenstände, die in die Plananalyse eingehen können, sind beobachtbares und erschlossenes, bewußtes und unbewußtes, verbales und nonverbales Verhalten, die instrumentellen Aspekte der Emotionsregulation, instrumentelle Aspekte der Konzepte, die ein Klient von sich und der Welt hat, usw. Informationen können aus Einzel- oder Gruppentherapie, Beobachtungen außerhalb der Therapiesituation im engeren Sinn, in Rollenspielen und von spontaner oder angeleiteter Selbstbeobachtung des Klienten kommen. Zu einem bestmöglichen Verständnis eines Klienten kommt man erst, wenn man *alle Verhaltensaspekte* und *alle* zur Verfügung stehenden *Informationsquellen in die Analyse einbezieht*. Abbildung 10 veranschaulicht schematisch, wie verschiedenste Aspekte in einer Analyse vereint werden.

Die Planstruktur wird im Prinzip kontinuierlich erweitert. In der Praxis meistens dann, wenn viel neue Information anfällt oder in der Therapie Probleme entstehen

Die Plananalyse kann auch auf die Analyse beobachtbaren, auf Wirkungen in der Umwelt ausgerichteten Verhaltens beschränkt werden; das war ja auch der historische Ausgangspunkt des Ansatzes. Man verzichtet dabei aber unnötigerweise auf einen Bereich, in dem die Plananalyse nützlich ist und der auch wichtig ist, um die Hintergründe des auf die Umwelt gerichteten Verhaltens zu verstehen.

Ein besonderer Vorzug der Plananalyse ist, daß Informationen unterschiedlichster Qualität und aus unterschiedlichsten Quellen zu einem

---

[1] Wenn im folgenden der Einfachheit halber vom «Erschließen von Plänen» die Rede ist, ist das meistens nicht zu verstehen als Erschließen nur der Pläne im engeren Sinn, sondern auch der mit diesen verbundenen Elemente, wie Prämissen, Emotionen usw.: Die Pläne im engeren Sinn sind das, was im Minimum explizit festgehalten wird, alles andere *kann* festgehalten werden, ist aber implizit immer Voraussetzung für das Verständnis der Pläne im engeren Sinn.

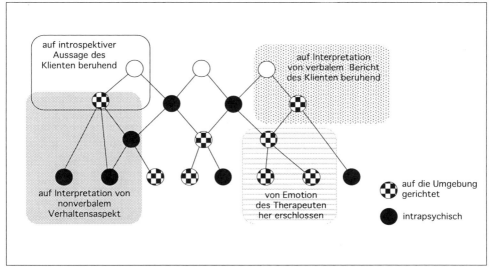

Abbildung 10: Einbezug unterschiedlicher Verhaltensaspekte.

Gesamtbild zusammengefügt werden können. Keine Informationsquelle ist grundsätzlich ausgeschlossen, besonders bedeutsam sind aber:

- Verhaltensbeobachtungen in der Therapie- oder einer natürlichen Situation
- Berichte des Klienten über Verhalten, Erleben und andere Ereignisse innerhalb und außerhalb der Therapiesituation [1].
- introspektive Berichte des Klienten über sein Denken und Erleben einschließlich Phantasien und Tagträume.
- die Wirkung des Verhaltens auf Interaktionspartner (Therapeut beziehungsweise Beobachter, Gruppenmitglieder in einer Gruppentherapie, Interaktionspartner in der natürlichen Umgebung): Ausgelöste Gedanken, Gefühle oder Verhaltenstendenzen
- Fragebögen
- Berichte von Angehörigen, Freunden, Pflegepersonal, Mitgliedern einer Therapiegrupe usw.

Das Erschließen einer Planstruktur erstreckt sich über die ganze Therapie und ist eigentlich *nie «vollständig»*: Interventionen gehen immer von einem *vorläufigen Verständni*s aus. Die ersten Minuten einer Therapie sind oft sehr aufschlußreich, weil der Klient im Sinne des «interaktionellen Problemlösens» (Argyle 1972) versucht, die Situation nach dominanten interaktionellen Bedürfnissen zu gestalten: Nach einem gut geführten Erstinterview können in der Regel die wichtigsten Pläne für die interaktionelle Therapieplanung erschlossen werden. Idealerweise erfolgt die Erweiterung dann kontinuierlich, in der Praxis explizit allerdings meistens nur dann, wenn *größere Mengen neuer Informationen* anfallen,

Nach einem guten Erstinterview können in der Regel die wichtigsten Pläne für die interaktionelle Therapieplanung erschlossen werden

---

[1] Die Selbstbeobachtung des Klienten kann dabei selber funktional betrachtet werden. Ausführlicher zur Selbstbeobachtung s. Rehahn & Sommer (1982).

Die Planstruktur wird im Prinzip kontinuierlich erweitert, in der Praxis meistens, wenn viel neue Information anfällt, oder in der Therapie Probleme entstehen

Alles beruht auf Interpretation

in der Therapie Schwierigkeiten entstehen oder die Therapie in eine Phase der *inhaltlichen oder interaktionellen Neuplanung* tritt. Auch wenn ein erfahrener Praktiker unter Umständen sehr schnell in der Lage ist, auf weit übergeordnete Pläne zu schließen, bringt ihm das genaue, explizite, stufenweise Erschließen nach unserer Erfahrung oftmals neue Einsichten.

Nie werden Informationen – egal aus welcher Quelle – *uninterpretiert* zusammengefügt. Immer ist es der Analysierende, allein oder mit anderen, welcher entscheiden muß, wie er einen Zusammenhang herstellen will: Verhalten hat nie eine person- und situationsunabhängige Bedeutung. Berichte des Klienten geben immer dessen Sicht wieder – beziehungsweise: wie er will, daß der Therapeut ihn sieht – und sind von daher daraufhin zu prüfen, ob ihr Inhalt unverändert übernommen werden soll oder nicht.

Die Tatsache, daß ein Patient bestimmte Aspekte des eigenen Erlebens und des Verhaltens sieht oder nicht sieht, betont oder berichtet, kann selber eine instrumentelle Funktion haben. Sich selber als gelegentlichen Lügner oder als eine Person zu sehen, die gelegentlich mehr von primitiven Trieben als von hohen moralischen Werten bestimmt ist, mag allzusehr unvereinbar mit dem Selbstkonzept sein und deshalb unbeachtet bleiben. Andere negative Eigenschaften mögen vom Patienten selber beachtet, aber vor anderen, einschließlich Therapeut, versteckt werden. Was die Wirkung auf Interaktionspartner betrifft, kann diese im Sinne der Pläne erwünscht sein, es kann sich aber auch um eine in jeder Hinsicht unerwünschte Nebenwirkung handeln. Welches von beidem der Fall ist, ist Gegenstand von Interpretationen. Je wichtiger ein Plan ist, desto unwahrscheinlicher ist, daß er sich in der Interaktion mit *einer* Person nicht niederschlägt. Dennoch ist die Interaktion des Klienten mit nur einer Person – zum Beispiel dem Therapeuten – eine zu schmale Basis, um weitreichende diagnostische Schlüsse zu ziehen. Daß die Interaktion in einer Therapiegruppe als «sozialer Mikrokosmos» gesehen werden kann, in dem vielfältige diagnostische Beobachtungen möglich sind, ist eines der gewichtigsten Argumente für Gruppentherapie (Grawe, 1980).

Die Beobachtung von Verhalten in natürlichen Situationen ist fast immer lohnend, wird de facto aber von wenigen Therapeuten betrieben. Zumindest sollte aber die Art, wie ein Klient *sein Leben im Großen gestaltet* (zum Beispiel Berufs- und Partnerwahl) und wie er seine wichtigsten Probleme löst, im Zusammenhang mit seinen Plänen reflektiert werden. Verschiedene *Theorien* können dabei besondere *Aufmerksamkeit auf bestimmte Aspekte lenken*: So legt zum Beispiel die psychodynamische Theorie von Weiss (1986b) nahe, zu schauen, ob ein Klient sich selber in der beruflichen Entwicklung hemmt, um Schuldgefühle gegenüber Vater oder Mutter wegen einer potentiellen Überlegenheit zu vermeiden, das alte «Sicherungs-»Konzept von Adler (1924) legt nahe, die Art, wie jemand sein Leben einrichtet, aus dieser Sicherheits-Perspektive zu sehen, das «Kollusions-Konzept» von Willi (1975) – die ausgeprägt psychoanalytische Terminologie sollte nicht über die Kompatibilität mit dem Plankonzept hinwegtäuschen – legt nahe, nach bestimmten Typen von Komplementarität in Paar-Beziehungen zu fragen, usw.: Dies sind nur drei mehr oder weniger zufällig gewählte Beispiele für Heuristiken, mit denen die reale Lebenssituation eines Klienten mit seiner Planstruktur in Beziehung gesetzt werden kann.

Das Plankonzept setzt den Möglichkeiten eines Therapeuten, relevante Informationen zu gewinnen, keine Grenzen: Die Palette reicht von einfachem Fragen über «Experimente» in der Therapiesituation, ob der Klient sich so verhält, wie das von der bisherigen Sicht her eigentlich zu erwarten wäre, über Träume, bis zur Anwendung von kreativen Medien, zum Beispiel das Zeichnen eine «Lebenspanoramas» (Heinl Petzold & Fallenstein, 1983) zur Hypothesengewinnung weit über die Grenzen dessen hinaus, was einem Klienten introspektiv/verbal zugänglich ist. Selbstverständlich sind diese Schritte sinnvoll in den Gesamtablauf zu integrieren, und aus der vorläufigen Analyse eines Klienten kann es sehr wohl Kontraindikationen gegen das eine oder andere Mittel geben.

Mit der Frage der Informationsquellen eng verbunden sind Vorstellungen darüber, was einem Klienten bewußt ist und was nicht:

<small>Die Möglichkeiten zur Informationsgewinnung sind grundsätzlich unbeschränkt</small>

4.2.2 Bewußtheit und Introspektion

Im Einklang mit der Literatur (z.B. Brewin, 1988; Nisbett & Wilson, 1977) gehen wir davon aus, daß einem Menschen *nur ein Teil seines instrumentellen Verhaltens bewußt* wird. Bewußtheit für Prozesse und Inhalte herzustellen wird als eine besondere Leistung des Individuums angesehen (im Gegensatz zur Vorstellung, daß etwas verdrängt werden muß, um unbewußt zu werden). Ohne daß ein großer Teil der Verhaltensregulation unbewußt und automatisiert abläuft, könnte ein Mensch gar nicht funktionieren. Bewußtsein wird – man kann sich das vorstellen wie die Bewegung eines *Scheinwerferkegels* – lediglich auf das gelenkt, was besondere Aufmerksamkeit erfordert.

<small>Bewußtsein beruht auf einer besonderen Leistung: Scheinwerfer mit eingeschränkter Bewegungsfreiheit</small>

Introspektiv kann höchstens das wirklich erinnert werden, was einmal bewußt beachtet wurde (Ericsson & Simon, 1984). Dabei besteht eine Tendenz, das nicht bewußt werden zu lassen, was nicht mit dem Selbstkonzept vereinbar ist: Die Bewegungsfreiheit des Scheinwerfers ist sozusagen eingeschränkt.

Abgesehen von diesen Einschränkungen sind vor allem Pläne auf *mittlerer hierarchischer Ebene bewußt*. Die höchsten Pläne, die den am weitesten übergeordneten Motiven entsprechen, sind unbewußt oder nur teilweise bewußt, die Konstruktion des Verhaltens auf unterster Ebene, der «Subroutinen», erfolgt in der Regel automatisiert und unbewußt. Bei unseren Analysen sind wir zudem zur Überzeugung gelangt, daß meistens nicht ein «ganzes» Gefühl, ein «ganzer» Plan usw. bewußt oder unbewußt sind; meistens sind *einzelne Teile aus einem Komplex bewußt, andere nicht*.

Für das Erschließen von Plänen hat die Beobachtung, daß vieles unbewußt ist, Implikationen: Wir können uns nur zum Teil auf das verlassen, was dem Klienten bewußt zugänglich ist. Gerade die Teile, die bisher unkontrolliert seine Weiterentwicklung beeinträchtigt haben, weil sie ihm nicht bewußt zugänglich waren, müssen anderweitig erschlossen werden. Entsprechende Hypothesen lauten dann: «der Klient verhält sich, als ob er Plan XY/Annahme YZ hätte». Die Zustimmung des Klienten beim ge-

Es ist keineswegs gleichgültig, was ein Klient zu einer Planhypothese denkt. Die Grundannahmen der Plananalyse implizieren aber, daß dies nicht das letzte Kriterium für Beibehalten oder Verwerfen einer Hypothese ist

meinsamen Rekonstruieren kann zwar die Gewißheit des Therapeuten erhöhen und auch aus therapeutischen Gründen äußerst wichtig sein. Sie ist aber *weder eine notwendige noch eine hinreichende Bedingung* für das Festhalten an einer Plan-Hypothese. Zu beachten ist insbesondere auch, daß die Fähigkeit vieler Menschen, plausible Modelle dafür zu entwickeln, wie es «in ihnen» aussieht, dazu führen kann, daß sie die natürlichen Grenzen der Fähigkeit zur Introspektion unterschätzen. Diese Sicht impliziert nicht, introspektiven Aussagen einen geringen Wert einzuräumen; sie mahnt lediglich, introspektive Berichte nicht unhinterfragt zu übernehmen.

4.2.3 Nonverbales Verhalten

Breites Verständnis von «nonverbalem Verhalten»

Eine der wichtigsten Informationsquellen, gerade wenn es um das Erschließen unbewußter Anteile geht, ist das Beobachten nonverbalen Verhaltens: Unter nonverbalem Verhalten verstehen wir alle Aspekte von Mimik, Gestik, Haltung, aber auch Kleidung, sowie die paraverbalen Aspekte der Kommunikation wie Diktion, Sprachfluß, Stimmlage usw. Man kann auch pragmatische Verhaltensaspekte einbeziehen, also: *daß* ein Klient ein bestimmtes Thema in einer bestimmten Situation anschneidet usw. All das zusammen wird von der Kommunikationstheorie auch «analoge Kommunikation» genannt, im Gegensatz zur «digitalen Kommunikation», dem verbal-inhaltlichen Teil der Kommunikation.

Die meisten von uns sind gewohnt, sich bewußt auf die verbal-inhaltlichen Aspekte der Kommunikation zu konzentrieren. Wir werden zwar in unserem Empfinden und Verhalten permanent und großenteils unbewußt durch nonverbales Verhalten anderer beeinflußt, die bewußte Beobachtung nonverbalen Verhaltens braucht aber besondere Aufmerksamkeit und Übung.

In vielen Fällen ist nonverbales Verhalten einfach zu interpretieren. Oft besteht aber ein großer Spielraum, ob wir einen nonverbalen Verhaltensaspekt überhaupt als auffällig betrachten wollen, und noch viel mehr, welche Bedeutung wir ihm geben. Das dürfte auch der Hauptgrund dafür sein, daß in der Psychotherapieforschung nonverbales Verhalten vergleichsweise wenig beachtet wird. Ein Verzicht auf die Beobachtung und Interpretation nonverbalen Verhaltens bedeutet aber einen Verzicht auf eine nicht in jedem Fall, aber in vielen Fällen wichtige Informationsquelle. Wichtig bedeutet hier: Nonverbales Verhalten kann Informationen enthalten, die in den verbal-inhaltlichen Aussagen nicht enthalten sind, oder kann helfen, Beobachtungen abzusichern, die sonst eine zu unsichere Basis für weitergehende Interpretationen gewesen wären.

Nonverbales Verhalten enthält oft wichtige Informationen. Es muß aber im Kontext von Situation und Planstruktur interpretiert werden

Wie ein nonverbaler Verhaltensaspekt zu interpretieren ist, dafür gibt es *kaum eindeutige Kriterien*. Die Situation, in der er auftritt, spielt eine besonders wichtige Rolle. Dabei geht es weniger um die «objektive» Situation, als um die Situation, wie der Klient sie vermutlich subjektiv sieht. Ein Wackeln mit dem Fuß hat in sich wenig Bedeutung. Das Wissen, daß es beim Klienten auftrat, als der Therapeut ihm sagte, «Sie haben schon gute Fortschritte gemacht», hilft auch nicht so viel weiter. Erst die begründete Annahme, daß dieser Klient ängstlich auf jedes Anzeichen einer Beendigung der Therapie achtet, hilft zu einer prägnanteren Interpretation des nonverbalen Verhaltens, wie Abb. 11 veranschaulicht.

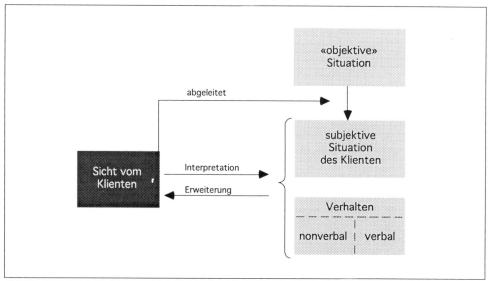

Abbildung 11: Interpretation nonverbalen Verhaltens im Kontext von Situation und Sicht des Klienten.

Selbstverständlich besteht dabei die Gefahr eines Interpretations-Zirkels. Ohne den Preis, auf den Einbezug nonverbalen Verhaltens in die Analyse zu verzichten, kann diese Gefahr nicht beseitigt, sie kann aber de facto durch sorgfältiges Belegen der Hypothesen und vor allem durch Erschließen in einer Gruppe, zumindest in einer Übungsphase, erheblich reduziert werden.

Ist nun also zum Beispiel ein trauriger Gesichtsausdruck einfach «reaktives» Zeichen einer traurigen Stimmung, die leicht und einfühlbar auf ein Verlusterlebnis zurückzuführen ist? Oder ist er instrumentell zu interpretieren, also vor allem bestimmt durch die Wirkung auf den Therapeuten, zum Beispiel den Klienten zu schonen? Oder beides: Zunächst reaktiv verursacht und dann verstärkt beziehungsweise länger aufrechterhalten durch die instrumentelle Funktion? Man mag mehr oder weniger einleuchtende Argumente für jede Sichtweise finden, aber eindeutige, von der bereits bestehenden Sicht des Analysierenden unabhängige Kriterien selten. Deshalb ist der Austausch mit Kolleg(inn)en über die Interpretation einer beobachteten Situation zumindest in der Lernphase so zeitraubend, aber auch so wichtig. Oft müssen auch Informationen aus anderen Situationen herangezogen werden, und schließlich ist auch der Rückblick bei abgeschlossenen Therapien ein wertvolles Feedback: «Wie beurteile ich meinen damaligen Eindruck von nonverbalen Verhaltensaspekten aus der heutigen, vollständigeren Sicht? Gibt es – über mehrere Klienten verglichen – systematische Fehler, die ich in Zukunft vermeiden sollte?»[1]. So betrieben – mit einer andauernden Lernhaltung und einem ebenso anhaltenden Bewußtsein, daß die Schlüsse immer spekulativ, provisorisch

Reaktiv oder instrumentell?

Die Plananalyse hilft, alles zu einem Gesamtbild zusammenzufügen

---

[1] Für besondere Forschungsfragestellungen können selbstverständlich nicht- oder wenig interpretierende Beobachtungsverfahren eingesetzt werden: Diese sind aber für die Entwicklung eines individuellen Verständnisses für eine spezielle Situation im Sinne der Plananalyse wenig hilfreich.

und absicherungsbedürftig sind – ist das intensive Einbeziehen nonverbaler Informationen verantwortbar. Oder umgekehrt: Wenn wir davon ausgehen, daß unser therapeutisches Handeln immer auf einem möglichst vollständigen, breiten Verständnis des Klienten beruhen sollte, ist es nicht zu verantworten, nonverbale Verhaltensaspekte zu vernachlässigen.

Vorschlag zum Üben:

Beobachtet wird ein Rollenspiel mit einem Therapeuten und einem Klienten, wenn vorhanden ein Videoband von einer echten Sitzung. Meist reicht ein Ausschnitt von einer Viertelstunde. Ein Rollenspiel kann aufgenommen werden, meist lohnt sich der Zeitaufwand dafür aber nicht, wenn man durch Aufteilung einer genügend großen Gruppe Therapeut und Klient gleichzeitig beobachten kann. Der Gegenstand des Gespräches ist relativ unwichtig.

Nacheinander (oder bei Aufteilung der Gruppe gleichzeitig von je einem Teil der Gruppe) werden Therapeut und Klient beobachtet und auffällige Verhaltensaspekte des nonverbalen Verhaltens werden notiert. Ob ein nonverbaler Verhaltensaspekt auffällig ist, ergibt sich zum Teil erst vor dem Hintergrund des verbalen Verhaltens. Versuchen Sie aber dennoch, den verbalen Kanal so weit wie möglich «abzuschalten»; bei einer Videoaufnahme können Sie das sogar einmal buchstäblich versuchen. Das ist der konsequenteste Weg, die nonverbalen Botschaften ganz unbeeinflußt vom Verbalen zu verarbeiten.

Anschließend werden die Notizen (eventuell mit Hilfe einer Wandtafel oder eines großen Papiers) verglichen und diskutiert. Bei Dissens, was tatsächlich zu sehen war, kann – falls vorhanden – das Videoband noch einmal herangezogen werden. In die Bewertung als «auffällig» gehen aber ohnehin individuelle Unterschiede bei den Beobachtungen ein, die nur um den Preis eines Verlustes an Flexibilität eliminiert werden könnten. Wichtig ist, daß jede(r) Beobachter(in) nach mehreren Übungsdurchgängen seine/ihre Schwächen und Stärken kennen- und damit umgehen lernt. Diskutieren Sie dies auch in der Gruppe! Wenn die Beobachtungen auf einem Videoband basierten, dann können sie zum Teil überprüft werden. Oftmals gibt es aber kein abschließendes Kriterium dafür, was *die richtige* Beobachtung ist. Deshalb ist das Diskutieren so wichtig (vgl. auch 4.2.5).

Die Kriterien für die Bewertung von einzelnen beobachteten Fakten als auffällig bestimmen bereits automatisierte Prozesse der Wahrnehmung, erst recht aber die bewußte Entscheidung, wie man mit den Informationen weiter verfahren will:

4.2.4 Bewerten von Beobachtungen als auffällig

Eine Strukur muß sich auf das potentiell Relevante beschränken, wenn sie nützlich sein soll

Ein Grundproblem beim Entwickeln von Hypothesen darüber, was Verhalten und Erleben eines Menschen in verschiedenen Bereichen bestimmt und von anderen Menschen unterscheidet, ist die Zahl und Komplexität der relevanten Merkmale und Zusammenhänge. Wollte man alles darstellen, was grundsätzlich beobachtbar oder erschließbar ist, wäre eine so entstandene Struktur überhaupt *nicht mehr zu handhaben und damit nutzlos*. Den praktischen Nutzen einer Struktur [1] können wir nur erhalten, wenn wir uns auf das *klinisch Relevante* beschränken, was im allgemeinen dem *Auffälligen, Besonderen bei einem Klienten* entspricht: Alles andere erscheint uns gewissermaßen «selbstverständlich», das heißt, wir können

---

[1] Hier und im folgenden wird teils der Begriff «Struktur» statt «Planstruktur» benutzt, weil darüber hinausgehende Informationen, wie Frames, mitgemeint sind.

aus unserer allgemeinen Wissensbasis stets ad hoc Hypothesen darüber entwickeln. Das Problem kann auch mit der Figur-Hintergrund-Metapher umschrieben werden: Das Individuelle, Besondere ist der Vorder-, das Allgemeine der Hintergrund. Das schließt nicht aus, «Normales» explizit festzuhalten, wenn es einen besonderen Erklärungswert zu haben scheint, zum Beispiel als Bindeglied in einer Struktur.

Was ist auffällig? Figur und Hintergrund

Es gibt auch sehr vernünftige Argumente dafür, daß Informationen nur dann beachtet werden sollten, wenn letztlich Handlungsanweisungen aus ihnen abgeleitet werden können. Es gibt sicher auch Beispiele dafür, daß solche Wahrnehmungsschemata den Umgang des Analysierenden mit Roh-Informationen bestimmen, bei deren Ausbildung ihre *Handlungsrelevanz* ein wichtiger Gesichtspunkt war. Ein vergleichsweise induktives, wenig durch Theorien und Kriterien wie Handlungsrelevanz bestimmtes Vorgehen ist aber das wichtigste Standbein des Plananalyse-Konzeptes, so daß wir zunächst von sehr breiten Vorstellungen ausgehen, was «auffällig» beziehungsweise «relevant» ist.

Was als auffälliges Verhalten zu bewerten ist, hängt in starkem Maße von der jeweiligen *Situation* ab. Personen, die mit einer Situation gut vertraut sind (das heißt die Situationsvarianz gut kennen), können am besten individuelle Varianz und damit dieser zugrundeliegende Pläne erkennen. So ist es zum Beispiel schwierig, ein Videoband mit einer Therapie aus einer anderen Kultur zu bewerten, ein rogerianisch orientierter Therapeut weiß unter Umständen nicht so genau, was «normales Verhalten» in einer psychoanalytischen Sitzung ist usw.

Auffällig ist also, was sich abhebt von *Erwartungen* des Analysierenden, die auf Erinnerungen an vergleichbare Situationen beruhen, oder unter Umständen – in einer Therapiegruppe – auch vom Verhalten anderer Gruppenmitglieder.

Auffällig ist, was sich abhebt vom «Durchschnitt», vom Erwarteten

Die Bewertung bleibt auf jeden Fall subjektiv: Sie hängt unter anderem von blinden Flecken, aber auch von Wahrnehmungsstärken des Therapeuten beziehungsweise Beobachters und von seinen Werten ab. Deshalb ist es vor allem in der Trainingsphase so wichtig, diese Aspekte immer wieder zu diskutieren (vgl. Kap. 4.2.5). Dabei impliziert ein Festhalten als «auffällig» aber nicht bereits eine Beurteilung als «problematisch», sondern heißt nur «besonderer Beachtung wert»[1].

Zu beachten ist dabei, daß ein Festhalten als «auffällig» nicht bereits eine Beurteilung als «problematisch» impliziert, es heißt nur «besonderer Beachtung wert»

Von entscheidender Bedeutung ist natürlich auch die Selbstinstruktion im Hinblick auf das Erschließen: Will man nur ganz eindeutig Auffälliges festhalten (mit dem Risiko, Wichtiges zu übersehen) oder will man möglichst viel festhalten (mit dem Risiko, viel nicht relevante Information festzuhalten). Wenn mehrere Personen bei einer Plananalyse zusammenarbeiten, sollten sie sich darüber von Anfang an einigen, um lediglich aus unterschiedlichen Selbstinstruktionen[2] stammende Meinungsdifferenzen nicht grundsätzlicher als nötig zu diskutieren.

Bei jeder Methode, die zu gültigen Aussagen über Klienten kommen will, ist der Einfluß der Analysierenden auf das Ergebnis zu beachten:

---

[1] Ein Bild mag dies illustrieren: Ein kleiner blühender Kirschbaum steht an einem Waldrand, sonst nur grüne Bäume. Schrift dazu: Manchmal ist es wunderbar, anders zu sein. Das Bild hängt übrigens in einer Schule im Lehrerzimmer!

[2] Wir benutzen den Begriff «Selbstinstruktion» um den impliziten Charakter der Regeln zu betonen, nach denen ein Individuum die expliziten Heuristiken des Plananalyse-Ansatzes anwendet.

4.2.5 Einfluß der Analysierenden auf das Ergebnis

Unterschiede sind zu erwarten, wenn man die Analysierenden nicht durch Regeln so einschränkt, daß weitergehende Interpretationen ausgeschlossen werden und individuelle Stärken verlorengehen. Die Beliebigkeit ist aber durch die Regeln der Plananalyse stark beschränkt

In eine Planstruktur gehen Informationen von sehr unterschiedlicher Qualität, aus sehr unterschiedlichen Informationsquellen, über verschiedene Kanäle ein. Der Therapeut beziehungsweise Beobachter braucht dabei seine *ganze Informationsverarbeitungs-Kapazität*. Die erschlossenen Pläne können nicht unabhängig von der erschließenden Person sein. Eine stärkere Einschränkung durch Regeln um der Objektivität willen würde auf eine *Nivellierung* auf einem tiefen, Inferenzen und tieferes Verstehen weitgehend ausschließenden Niveau hinauslaufen, das bei jedem garantiert wäre. Es würde damit unmöglich, besondere Stärken des Analysierenden zu nutzen, aber auch, den Besonderheiten des einzelnen Klienten gerechtzuwerden (Caspar, 1988b), und darauf zielt der Ansatz ja gerade ab.

Das heißt aber nicht, der Subjektivität freien Lauf zu lassen. Es gibt ja, wie in diesem Kapitel dargestellt, eine ganze Reihe von *Regeln*, die sich im Laufe der Zeit als notwendig oder nützlich erwiesen haben, den Analysierenden aber möglichst wenig einschränken. Auch werden Planstrukturen in der Regel nicht von einer einzelnen Person erschlossen, zumindest nicht in der Ausbildungsphase: Diskussionen zwingen dazu, nicht einfach darauflos zu erschließen, sondern Schlüsse zu reflektieren und insbesondere mit Evidenz zu belegen.

Unterschiede in den erschlossenen Strukturen können von der persönlichen Struktur des Analysierenden herrühren: Die erschlossenen Klienten-Strukturen mit Planstrukturen der Analysierenden, beziehungsweise Therapeuten zu vergleichen, ist ein wichtiges Stück Selbsterfahrung und allemal eine lohnende Sache. Es gibt auch Vorlieben und Wahrnehmungsstärken für das Beachten einzelner Informationsquellen und Kommunikationskanäle. Unterschiede können auch von einer unterschiedlichen Schulorientierung herrühren. Es scheint uns sinnvoll, nicht nur individuelle Stärken bei den Analysierenden, sondern auch konzeptuelle Stärken verschiedener Ansätze zu nutzen, mit denen die Analysierenden bereits vertraut sind.

Aus der allgemeinen Lebenserfahrung, aus theoretischem Wissen und aus Therapieerfahrung kann ein Analysierender *Erwartungswerte* ableiten und als sogenannte «Default»-Werte – Stellvertreter sozusagen – nutzen, bis er individuelle Beobachtungen zu einem Klienten hat, beziehungsweise um individuelle Beobachtungen von diesem Hintergrund abzugrenzen. Genau besehen könnte die Verarbeitung von Beobachtungen und auch der therapeutische Dialog ohne das überhaupt nicht funktionieren. Es kann also höchstens um ein Mehr oder Weniger an Einbezug dieser bei jedem Analysierenden verschiedenen Wissensbestände gehen. Ein Weniger würde, so haben wir argumentiert, einen Verlust an Fähigkeit, Informationen flexibel zu handhaben, zugunsten eines zweifelhaften «Objektivitäts»-Gewinnes bedeuten: Ein zweifelhafter Gewinn an Reliabilität also, zulasten der Nützlichkeit. Demgegenüber kommt es nach unserer Auffassung viel mehr darauf an, sich des *«Default»-Charakters* so gebildeter Hypothesen konsequent konstruktivistisch *bewußt zu bleiben*: Es handelt sich um vorläufige Hypothesen auf der Basis von «Stellvertretern» für genaueres, individuelles Wissen, die dementsprechend allzeit zur Revision bereitstehen müssen. Dies gilt insbesondere dann, wenn neue Evidenz zur Verfügung steht und wenn andere Personen zu anderen Schlüssen kommen. Unterschiede zwischen Personen sind dabei nicht einfach der Plananalyse als Methode anzulasten. Solche Unterschiede aufgrund unterschiedlicher Hintergründe sind ein Merkmal von Diskurs-Verarbeitung schlechthin (vanDijk & Kintsch, 1983): Das genaue, explizite Ausarbeiten und Vergleichen macht nur die Unterschiede *deutlich* (und damit Fehler korrigierbar), die auf jeden Fall bestehen, wenn diese Personen in einer wenig einschränkenden Weise interpretativ an einen Klienten herangehen. Die Einigung auf eine bestimmte theoretische Perspektive, das Angleichen des semantischen Verständnisses der verwendeten Begriffe, das Angleichen von Wahrnehmungsfähigkeiten durch besonderes Training usw. kann die Varianz innerhalb einer Gruppe beträchtlich reduzieren. Dies alles ist nicht Voraussetzung für die Durchführung von Plananalysen: Beim Vergleichen der Ergebnisse muß man sich aber klarmachen, welches im Einzelfall die Voraussetzungen für ihr Zustandekommen waren (vgl. Kap. 2.2.9).

Unterschiede sind dann nicht von Belang, wenn sie sich – wie häufig der Fall – lediglich in unterschiedlichen *Benennungen* von Plänen, Unterschieden in der Bildung von Einheiten und in unterschiedlichen Gliederungen der Struktur niederschlagen. Auch wenn sie unterschiedliche Ausgangsinformationen benutzen und von verschiedenen theoretischen Hintergründen ausgehen, können verschiedene Analysierende zu einer nahezu identischen Sichtweise des Klienten kommen. Wichtig ist aus einer pragmatischen Sicht vor allem, daß man aufgrund der verschiedenen Plananalysen zum selben Klienten im Hinblick auf bestimmte Fragestellungen zu vergleichbaren Schlüßen kommt.

<small>Oberflächliche Unterschiede sind nicht von Belang</small>

Einige grundsätzlichere Überlegungen und empirische Ergebnisse zur Übereinstimmung bei der Plananalyse und vergleichbaren Verfahren finden sich in Kap. 2.2.9.

4.2.6 Formulieren der Plan-Bezeichnungen

Die Bedeutung von Plänen ist grundsätzlich einerseits holistisch, andererseits atomistisch definiert: *Holistisch* bedeutet in diesem Zusammenhang, daß die Bedeutung eines Planes sich aus seiner Stellung in der Gesamtstruktur der Pläne ergibt; man mag dafür den Begriff «kontextuell» bevorzugen. *Atomistisch* bedeutet, daß die Bedeutung bestimmt wird von der inneren Struktur eines einzelnen Planes her. Darunter verstehen wir weniger die Unterpläne, als zum Beispiel die Annahmen des Klienten, die diesem Plan zugrundeliegen, seinen situativen Geltungsbereich, usw., also all die Informationen, die bei der Plananalyse implizit oder explizit, zum Beispiel in Frames-Form (Kap. 2.2.5, 4.2.15) die individuelle Bedeutung eines Planes ausmachen. Die Bezeichnung für einen Plan, das «Label», soll zu beiden Perspektiven, der holistischen und der atomistischen Bedeutung, Zugang zu schaffen versuchen (s. Abb. 12).

<small>Die Bezeichnung für einen Plan soll gleichzeitig seine Einbettung in die Struktur und seine Bestandteile reflektieren</small>

Üblicherweise werden *Verhaltensaspekte im Indikativ* («lächelt entschuldigend») und *Pläne im Imperativ* («reduziere Spannungen») formuliert. Der Indikativ dient dazu, die unterste (Verhaltens-)Ebene zu kennzeichnen, drückt also aus, daß dieses Element zumindest im Moment nicht

<small>Verhaltensaspekte werden im Indikativ, Pläne im Imperativ formuliert. Es gibt aber keine absolute «unterste Ebene»</small>

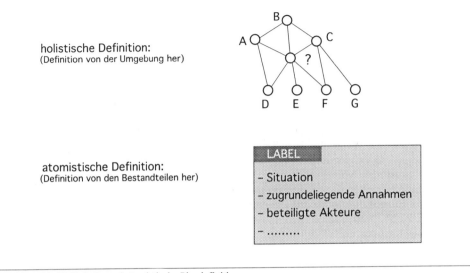

Abbildung 12: Holistische und atomistische Plandefinition

weiter zerlegt werden soll beziehungsweise zerlegt wurde. Der Imperativ bei der Bezeichnung von Plänen soll den instrumentellen Aspekt betonen. Er hat sich als günstiges Mittel erwiesen, das «Hereinrutschen» nicht-instrumenteller Verbindungen zu verhindern, welche die Planstruktur verwirren würden und deshalb nicht hineingehören. Dafür haben wir in Kauf genommen, daß die Sprache manchmal etwas gekünstelt wirkt und für jene, die daran nicht gewöhnt sind, der Eindruck verstärkt werden kann, es werde Bewußtheit unterstellt..

<small>Die Bezeichnung der Pläne reflektiert auch Interpretationen der Analysierenden</small>

In die Planbezeichnungen (im folgenden sind die Bezeichnungen für Verhaltensaspekte immer mit gemeint) gehen wie gesagt vielfach *Interpretationen* mit ein. Es soll ja verständlich gemacht werden, warum man überhaupt auf eine bestimmte Zuordnung kam. Es ist auch obsolet, in der Formulierung den Eindruck einer nicht-interpretativen Haltung erwecken zu wollen, da das Erschließen einer Planstruktur ohnehin ein durch und durch interpretativer Vorgang ist. Erst die Interpretation weist einem Verhaltensaspekt ja eine bestimmte Funktion zu.

Im obigen Beispiel würde man sich wohl als Teil eines «reduziere Spannungen»-Planes ohnehin ein entschuldigendes Lächeln vorstellen. In anderen Fällen wäre ein Zuordnung schwieriger zu verstehen. Das gilt vor allem dort, wo es beim aufgeführten Verhalten alles andere als trivial ist, überhaupt eine instrumentelle Funktion anzunehmen.

Übungsvorschlag:
Überlegen Sie sich Formulierungen zu folgenden Situationen beziehungsweise Zuordnungen und vergleichen Sie ihre Vorschläge wenn möglich in der Gruppe. Wenn ein Vergleich nicht möglich ist, überlegen Sie sich selber, ob ein Leser Ihres Vorschlages ohne weiteres verstehen würde, was Sie ausdrücken wollten. Formulieren Sie jeweils einen bis zwei Verhaltensaspekte und einen bis drei Pläne, nicht auf mehr als drei Ebenen. Es geht nicht um vielgliedrige Struktu-

ren. Nicht alles muß in eine Planbezeichnung hineingepackt werden. Bedenken Sie, daß per definitionem ein Plan nur zum Teil durch seine Bezeichnung, im weitern durch die unter- und übergeordneten Pläne und allenfalls durch erläuternde Kommentare, eventuell in Frames-Form, definiert wird. Bedenken Sie, daß die für diese Übung zur Verfügung gestellten Informationen notwendigerweise knapp sind. Normalerweise hätten Sie eine breitere Informatinsbasis um Annahmen abzustützen. Sollten Sie gelegentlich den Eindruck haben «es käme ganz darauf an...», dann treffen Sie einfach Annahmen und lösen Sie die Aufgabe auf der Basis dieser Annahmen, ohne sich aber in zu weitreichenden Spekulationen zu verlieren.

1. Ein 38-jähriger Universitätsdozent benutzt eine auffällige Fahrrad-Eigenkonstruktion. Das Vehikel hat weder einen besonderen Wert als Oldtimer, noch ist es besonders praktisch. Es ist reparaturanfällig und steile Staßen sind ein Problem, weil es nur drei Gänge hat. Abgesehen davon, dass es ihn an gute alte Studentenzeiten erinnert, hat er schon mehrfach bemerkt, daß Studierende überrascht-positiv reagieren, wenn sie ihn als Eigner des Fahrzeuges identifizieren.

2. Ein Klient wird immer dann auffallend nervös in seiner Gestik, wenn der Therapeut das Gespräch auf seinen Umgang mit Rivalität am Arbeitsplatz bringt.

3. Eine Klientin leidet unter agoraphobischen Ängsten. Sie zwingt ihren Mann damit dazu, die Freizeit praktisch ausschließlich zuhause zu verbringen.

4. Nach Meinung eines Klienten läßt seine Frau sich von ihren Scheidungswünschen immer dann abbringen, wenn er – sonst ein «harter Mann» – in Tränen ausbricht und ihr wortlos zu verstehen gibt, wie verzweifelt ihn das machen würde.

Beurteilen Sie Ihre Lösungen, bevor Sie diese mit dem Kommentar in Kap. 4.4. vergleichen!

Pläne haben einen *eingeschränkten situativen Gültigkeitsbereich*, das heißt, sie sind nicht immer gleichermaßen verhaltensbestimmend. Informationen darüber, wann (in welchen Situationen beziehungsweise wem gegenüber) sie relevant sind, gehören deshalb zur Definition jedes Planes. Oftmals ist aus der Art des Planes der Situationsbezug unmittelbar evident (zum Beispiel: «erkläre dem Therapeuten das Nichtbezahlen von Honorarrechnung») oder ist ohne viel Aufwand aus unter- und übergeordneten Plänen erschließbar. Wenn das nicht der Fall ist, sollte der situative Gültigkeitsbereich in der Planbezeichnung umschrieben werden. Würde die Umschreibung die üblichen Länge für eine Planbezeichnung sprengen, dann kann die Verwendung eines separaten Situationsframes in Frage kommen.

Gehen Sie Ihre Vorschläge für die Beispiele 1–4 oben noch einmal im Hinblick auf diesen Aspekt durch. Wenn Sie wollen, können Sie auch Zusatzannahmen zu den Beispielssituationen einführen, um Situationsbezüge noch klarer zu definieren.

Eine Maxime beim Durchführen von Plananalysen ist, für jeden Klienten eine ihn wirklich ganz *individuell charakterisierende Struktur* zu erarbeiten. Die Verwendung von Begriffen, die der Klient selber verwendet, kann dabei helfen («zeig den anderen, daß du ein Mordskerl bist»). Ein Spezialfall davon ist, auf der Verhaltensebene statt der indirekten Rede («sagt, er kümmere sich nicht um die Meinung anderer») in zitierenden Anführungszeichen die direkte Rede wiederzugeben («"die können mich mal"»).

Planbezeichnungen sollten ganz individuell zugeschnitten werden

113

Pläne, welche vor allem der Selbstdarstellung dienen, sollten entsprechend bezeichnet werde

Bei den meisten Plänen spielt vor allem oder zumindest auch der *Eindruck* eine Rolle, den man damit auf andere macht. Der Begriff «impression management» (Schlenker, 1985) bringt das treffend zum Ausdruck. Die Formulierungen «mache XY perfekt» vs. «sei perfekt» vs. «zeige dich perfekt» setzen unterschiedliche Akzente: «mache XY perfekt» ist konkreter und kann ausschließlich dem Wunsch dienen, ein aus irgendwelchen Gründen wichtiges Handlungsresultat zu erreichen, kann aber auch zusätzlich ein Unterplan für die anderen beiden Pläne sein. Die Formulierung «sei perfekt» weist eher auf die Bedeutung des Planes für das Selbstkonzept hin. Die Formulierung «zeige dich perfekt» betont eher den Eindruck, den man auf andere machen will. Insofern als der Erfolg dabei auch auf das Selbstkonzept zurückwirkt, schließt die Formulierung die Bedeutung für dieses mit ein. Die Betonung des Eindruckes auf andere kann aber verständlich machen, warum zum Beispiel auch Unterpläne zugeordnet werden, die mit wirklicher Perfektion gar nichts zu tun haben, wie «gibt vor, ... getan zu haben», «verteidigt sich gegen Kritik» usw.. Dennoch bedeutet die Betonung des Selbstdarstellungsaspektes nicht, daß man dem Klienten unterstellt, es sei alles nur hohler Schein. Weil entsprechende Planformulierungen («zeige dich...») auf Außenstehende manchmal so wirken und das den Eindruck einer skeptisch bis abwertenden Haltung gegenüber dem Klienten erwecken kann, soll sich jeder Plananalytiker selber überlegen, ob er eine Betonung des Selbstdarstellungsaspektes so kennzeichnen will.

Berücksichtigung verschiedener Aspekte in Mehrfachzuordnungen

Verschiedene Aspekte können natürlich immer auch in *Mehrfachzuordnungen* ausgedrückt werden.

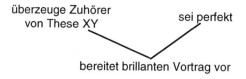

Überlegen Sie sich zu den folgenden Beispielen mit etwas Phantasie jeweils eine Planbezeichnung für jeden dieser Aspekte:

– ein konkretes Ziel zu erreichen

– ein bestimmtes Selbstkonzept zu bestärken oder zu verändern

– einen bestimmten Eindruck bei anderen zu erwecken:

1. fährt schnell Auto
2. macht Gips-Plastik
3. macht auffallend fleißig Hausaufgaben für Therapie
4. prügelt sich in Gegenwart seiner neuen Freundin mit einem Mann, den er beim Versuch ertappt hat, sein Auto zu knacken
5. vermeidet in Partnerbeziehung in auffallendem Maße, aggressiv zu sein.

Oft sind die Aspekte in der Realität nicht so klar zu trennen; es handelt sich hier um Übungsbeispiele.

Das Benennen von Plänen ist im übrigen eine Sache der Erfahrung, des Geschickes, aber auch der Sprachgewohnheiten in einem Team: Was für die eine Gruppe eine semantisch knappe und klare Bennennung ist, die unter Umständen sehr effizient einen Bezug zu theoretischen Grundannahmen herstellt ohne dabei die individuellen Besonderheiten zu verwischen, ist für eine andere Gruppe ein völlig unklarer Begriff (Caspar, 1988a). Benennungen sollten vor allem auch der Frage Rechnung tragen, wer die Bezeichnung am Schluß verstehen soll: Dient die Analyse nur dazu, dem Analysierenden selber die Zusammenhänge klarzumachen und werden die Folgerungen daraus, wenn nötig, für andere «übersetzt» oder sollen mehrere Personen, innerhalb oder außerhalb eines engeren Kreises, die Roh-Analyse verstehen?

4.2.7 Das Entwickeln von Planhypothesen

Im vereinfachten Jargon sprechen wir zwar davon, daß ein Klient einen Plan «hat», beim Entwickeln von Planhypothesen ist aber das Bewußtsein wichtig, daß es sich immer nur um *vorläufige Hypothesen* handelt und daß – so oder so – *Pläne Konstrukte im Kopf des Analysierenden* sind und nichts real beim Klienten Vorhandenes (vgl. auch Kap. 4.2.14 zum Überprüfen und Verändern von Planhypothesen).

Die wichtigsten *Leitfragen* beim Entwickeln von Hypothesen sind:
- welche Gefühle und Eindrücke löst der Klient bei mir und anderen aus?
- was will er bei mir und anderen erreichen, wozu will er mich und andere bringen, welche Verhaltenstendenzen auslösen?
- welches Bild von sich versucht er mir und anderen zu vermitteln?
- welches Bild von sich versucht er für sich selber aufrechtzuerhalten?
- welches Verhalten von mir und anderen würde gar nicht in die Situation passen, würde schwerfallen, versucht er zu verhindern?

Leitfragen zum Entwickeln von Planhypothesen

Bei all diesen Fragen geht es selbstverständlich nur darum, *hypothetische* Antworten zu finden. In der Praxis gibt es im Prinzip fünf Arten des Erschließens:

Planhypothesen können auf mehreren Wegen entstehen

- Von einer Verhaltensweise wird direkt auf einen Plan geschlossen und dann in der Folge geprüft, ob weiteres, bestätigendes Verhalten beobachtet wurde, oder es werden entsprechende Verhaltensweisen gesucht.
- Bei mehreren Verhaltensaspekten wird ein gemeinsamer Nenner gesucht, daraus ein Plan erschlossen und geprüft, ob weiteres bestätigendes Verhalten beobachtet wurde.
- Von der Wirkung auf Interaktionspartner wird auf einen Plan geschlossen, dann wird die für die Wirkung verantwortliche Operation gesucht, dann nach weiterem bestätigendem Verhalten gefragt.
- Pläne werden «von oben» erschlossen: Man fragt sich dabei zum Beispiel «Wie befriedigt der Klient sein Bedürfnis nach XY?» (vgl.4.2.8).

– Pläne werden von Gefühlen her erschlossen, die mit ihnen im Zusammenhang stehen («das beobachtete Gefühl wäre in der Situation plausibel, wenn man annimmt, ein Plan XY sei blockiert»; vgl. Kap. 4.2.13).

Von «bestätigendem» Verhalten sollte nicht die Rede sein ohne zu betonen, daß auch Beobachtungen, die *nicht* zur erschlossenen Struktur passen, registriert werden sollen. Im Beispiel 4 im letzten Kapitel also zum Beispiel: Der Klient hat sich sonst immer, wenn es brenzlig wurde, aus dem Staube gemacht, und das ist auch in der Planstruktur festgehalten («mache dich aus dem Staub, wenn es brenzlig wird»): Die Prügelszene paßt überhaupt nicht dazu! Was ist besonderes an der Situation? Ist der genannte Plan zu Unrecht formuliert worden oder sind in dieser Situation andere Pläne beteiligt als in scheinbar vergleichbaren Situationen? usw. (vgl. auch Kap. 4.2.14).

Übungen:

Ziel: Es geht hier zunächst um einfache Hypothesen, also nicht bereits um das Entwickeln komplexer Strukturen.

Ausgangsmaterial: Rollenspiel oder Video von echter Therapiesitzung oder notfalls Spielfilm mit Darstellung der Interaktion zweier Personen.

Aufgabe: In zwei Spalten werden auf der einen Seite im Verhalten aufgefallene Aspekte notiert (beginnend bereits während der Beobachtung), auf der anderen Seite erste Planhypothesen. Diese Spalte kann nach Abschluß der Beobachtungsphase noch kurz ergänzt werden, ohne daß sie aber weiter ausgearbeitet wird.

Anschließend werden die notierten auffälligen Verhaltensaspekte und die ersten Planhypothesen zwischen den Gruppenmitgliedern verglichen (Wandtafel!). Bei Abweichungen der eigenen Notizen von der Mehrheitsmeinung sollte sich jedes Gruppenmitglied überlegen, ob die eigene Lösung in Verbindung gebracht werden kann mit Eigenheiten der eigenen Person (Bedeutung der Selbsterfahrung!). Die Bewertung von Abweichungen ist dabei nicht von vorneherein negativ: Es kann sich zwar um Verzerrungen oder blinde Flecken handeln, aber auch um eine besondere Beobachtungsfähigkeit oder Sensibilität. In jedem Fall lohnt es sich, bei weiteren Übungen immer wieder zu vergleichen, ob die Abweichungen systematisch in eine Richtung gehen und dies in der Gruppe auch zu diskutieren. Voraussetzung dazu ist ein offenes Gruppenklima, in dem Varianz nicht als peinlicher Fehler erscheint, sondern als der Plananalyse (und allen interpretierenden Verfahren) inhärentes Phänomen, bei dem gemeinsame Erklärungsanstrengungen für alle Seiten lehrreich sind.

Wenn die Gruppe groß genug ist (sechs bis acht oder mehr), dann empfiehlt es sich, die Gruppe aufzuteilen: Die eine Gruppe beobachtet den Therapeuten, die andere den Klienten (bei Spielfilm-Material sinngemäß). Es ergeben sich dann vier Spalten. Werden Paare (insbesondere Patient-Therapeut) beobachtet, ist es sinnvoll, die Spalten so anzuordnen, daß die «Plan»-Spalte vertauscht, bei der einen Person rechts bei der anderen links steht. So können die Pläne direkt nebeneinander gehalten und auf Verträglichkeit verglichen werden.

Hinweise zur Diskussion ihrer Lösungen: Siehe Kap. 4.4!

4.2.8 Erschließen von Plänen «von oben» und konzeptgeleitete Interpretationen

Das individuelle induktive, *«von unten nach oben»* («bottom up») Erschließen von Plänen ist eine *besondere Stärke* des Planansatzes. Dieses Vorgehen kann und soll aber *ergänzt* werden durch ein eher deduktives, *«von oben nach unten»* («top down») heuristisches Suchen nach Plänen. Nicht für alle Pläne lassen sich leicht Hinweise in Verhalten und verbalen Aussagen des Klienten finden. Ein Erschließen «von oben» ist insbesondere wichtig, um auf solche Pläne zu kommen, bei denen nicht ihre hypothetische Existenz, sondern ihr Fehlen ein bemerkenswertes Merkmal für einen Klienten sind. Ein Betrachten «von oben» hilft außerdem zu vermeiden, daß man sich «von unten» kommend auf höheren Plan-Ebenen in psychologisch bedeutungslosen Abstraktionen verliert.

Voraussetzung dafür, auf «Fehlendes» aufmerksam zu werden, ist, daß man eine Norm zur Verfügung hat, nach der zum Beispiel ein Minimum an tieferen sozialen Beziehungen zu einem «gesunden Funktionieren» gehört. So wird man unter Umständen auf Vermeidungsverhalten, Pläne, die der Ablenkung und dem Ersatz dienen, usw. aufmerksam:

Eine besondere Stärke des Plananalyse-Ansatzes ist das Bilden von Hypothesen durch Zusammenfügen von konkreten Beobachtungen. Es ist aber sinnvoll, dies zu ergänzen durch eine von Vorannahmen geleitete Betrachtung

Beispiel: Ein Klient geht ganz in seiner Arbeit auf. Tiefergehende zwischenmenschliche Kontakte vermeidet er ganz, aber so geschickt, daß das gar nicht ohne weiteres auffällt.

Die minimale Voraussetzung für das «Erschließen von oben» sind also Alltagstheorien über «gesundes Funktionieren» und/oder über psychische Störungen. Mit allgemein anerkannten Bedürfnistheorien tut sich die Psychologie eher schwer: Eine recht allgemeine, gut zum Plankonzept passende Theorie ist diejenige von Gasiet (1981). Darüber hinaus stehen aber auch sehr viel spezifischere klinische Theorien zur Verfügung, die nach unserer Auffassung als «Perspektivtheorien» (vgl. Kap. 2.7) zur Gewinnung von Hypothesen genutzt werden sollten.

Annahmen, welche das «Betrachten von oben» anleiten können

Nützlich können nicht zuletzt Konzepte sein, welche Konflikte und Konkurrenz innerhalb einer Struktur zum Gegenstand haben. Solche Konzepte betrachten zum Teil dasselbe aus unterschiedlichem Blickwinkel, zum Beispiel die Bedürfnisse, Angst zu vermeiden, Ablehnung zu vermeiden und das Bedürfnis nach Sicherheit. Von daher sind sie teilweise ineinander überführbar, jedes Konzept hat aber durch die Betonung einer bestimmten Perspektive auch seine besonderen Stärken. Bekannte Aufteilungen sind: Öffentliche vs. private Teile (Adler, 1924), security vs. satisfaction (Sullivan, 1953), need for attachment vs. normal development (Weiss, 1986a) und andere mehr. Auch die Unterscheidung von Grawe zwischen «Selbst-Schemata», die für positive Entwicklungspläne stehen, und negativen emotionalen Schemata, die für die Verteidigung wunder Punkte stehen, reihen sich hier ein (vgl. Kap. 5).

Die aus solchen Ansätzen abgeleiteten Fragen lauten immer ähnlich:

Typische in Theorien begründete Fragen

- Was tut ein Klient im Sinne seiner Sicherungsstrategien?
- Welche Teile seiner normalen Entwicklung opfert ein Klient dafür? oder anders: Was von dem, was für ein befriedigendes Leben wichtig wäre, kann der Klient nicht tun, weil seine Sicherungsstrategien ihn einschränken?

Das Erschließen «von oben» kann auch durch spezifischere Annahmen über zwischenmenschliche Interaktion geleitet sein, zum Beispiel die Annahme, daß ein Individuum unbewußt versucht, in der eigenen Wahrnehmung und/oder in der realen Interaktion bekannte oder doch möglichst ähnliche Situationen wiederherzustellen (Freud, 1914; Krause, 1982; Schneider, 1988; Caspar et al., 1992): Zum sogenannten Wiederholungszwang gibt es einige Überlegungen, die sich von ihrem funktionalen Charakter her gut in plananalytische Such-Heuristiken umsetzen lassen (Caspar, 1984): Das gilt zum Beispiel für «Interpretationen wie die Wiederherstellung einer Situation dient dem Ziel, durch ein (endlich) erfolgreiches Bewältigen die traumatische Situation ad acta legen zu können», «die Wiederherstellung dient dem Ziel, sich selber zu zeigen, daß man solche Situationen bewältigen, das heißt wichtige Bedürfnisse realisieren kann», usw. Um das wiederholte Scheitern zu erklären, können Bezüge zu immer noch fehlenden Fähigkeiten und/oder einen Erfolg verhindernden Plankonflikten hergestellt werden (Grawe, 1987).

Beim Beispielfall Herr Sträuli kann man zum Beispiel von der Frage nach Traumata in der Kindheit und entsprechenden Wiederholungszwängen ausgehend die Seitensprung-Beziehung betrachten und die vorläufige Struktur in Kap. 3 elaborieren:

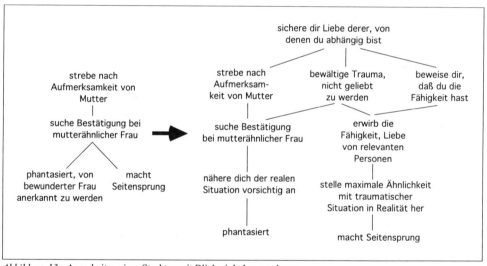

Abbildung 13: Ausarbeiten einer Struktur mit Blickwinkel «von oben».

Die Tatsache, daß das Herstellen einer möglichst ähnlichen Situation (instrumentell nötig, um die erhoffte Bewältigung überhaupt relevant zu machen) bereits den Keim zum möglichen Mißerfolg in sich trägt, ändert nichts an den hypothetischen instrumentellen Bezügen, sondern ist als unerwünschte Nebenwirkung zu betrachten.

Auf solche Zusammenhänge, wie sie hier *beispielhaft* dargelegt wurden, kommt man wohl nur, wenn man sich nicht auf ein induktives Erschließen beschränkt, sondern von mehr oder weniger spezifischen Theorien aus-

geht und in der Realität des Klienten gezielt nach Hinweisen sucht, welche diesen Theorien entsprechen.
Wieweit jeder einzelne bei seiner Analyse von einem maximal induktiven Weg abweichen und explizite Theorien einbeziehen will, beziehungsweise für welche Theorien er sich entscheidet, ist ihm selber überlassen. Einzige Voraussetzung ist, daß die einbezogenen Annahmen vereinbar sind mit den Kernannahmen des Plananalyse-Ansatzes und daß dem Postulat der Plananalyse entsprochen wird, Hypothesen detailliert mit Fakten zu belegen:
Das Wetter kann man auch nicht verstehen, wenn man nur Temperatur, Luftfeuchtigkeit und Luftdruck am Boden mißt: Meteorologen brauchen schon Theorien, was sich weiter oben abspielt und wie das zum Geschehen hier unten in Beziehung steht. Aber das Wetter findet auch nicht einfach in der Höhe statt. Man nehme einem Meteorologen 90% seiner Meß-Stationen am Boden weg und sehe, wie sich das auf seine Prognosen auswirkt!

4.2.9 Hierarchisches Ordnen von Plänen

Im Gegensatz zu semantischen Netzen (s. Kap. 2.2.5), in denen verschiedene Arten von Zusammenhängen dargestellt sind, wird bei Planstrukturen nur der instrumentelle Aspekt explizit berücksichtigt. Diese Beschränkung hat den *Vorteil*, daß die Beziehung der Elemente (Pläne) zueinander, das heißt also die instrumentelle Über- oder Unterordnung, einfach durch die relative Höhe in der vertikalen Dimension ausgedrückt werden kann. «Höhere» Pläne sind instrumentell übergeordnet, «tiefere» Pläne sind untergeordnet. Es wird damit überflüssig, die Verbindungslinien zwischen den Elementen anzuschreiben, um ihre Bedeutung zu kennzeichnen. Das macht die Planstrukturen vergleichsweise *übersichtlicher* als semantische Netze oder Frame-Strukturen (s. Kap. 4.2.15, Abb. 20). Eine so aufgebaute Struktur verträgt dann, wenn das wünschenswert erscheint, maßvoll eingesetzt, durchaus auch einige «fremde» Verbindungen: So kann mit einer gezackten Linie («Blitz und Donner») eine konfliktträchtige Beziehung zwischen zwei Plänen eingetragen werden etc.

Die Beschränkung auf den instrumentellen Aspekt in der Planstruktur im engeren Sinne ist Voraussetzung für die Übersichtlichkeit

Das instrumentelle Ordnungskriterium («Zweck oben, Mittel unten») ist eigentlich einfach. Die Beachtung einiger Aspekte hilft in der Praxis, Probleme zu vermeiden:

1. Es gibt keine Kriterien, um die *absolute* Höhe von Plänen festzulegen. In Planstrukturen geht es primär um die *relative* Höhe der kontinuierlich miteinander verbundenen Pläne:

Die relative Höhe zählt

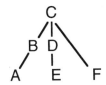

In diesem schematischen Beispiel dient A eindeutig B, B dient C, E dient D, D dient C, F dient C. Hingegen kann man nicht ableiten, daß B und D «hierarchisch höher» sind als F oder daß A «auf der gleichen Höhe» ist wie E und F.

Selbstverständlich kann man sicher einschätzen, daß ein allgemeiner Plan «suche Anerkennung» weiter von konkretem Verhalten-in-Situationen abstrahiert ist als ein Plan «zeige dem Therapeuten nonverbal, daß du nicht über Thema XY reden willst»: Man wird dementsprechend beim Entwickeln einer Planstruktur diese Pläne von vorneherein auf unterschiedliche Höhen eintragen. Beim ersteren Plan erwartet man schließlich, ganz pragmatisch, daß man darunter noch einigen Platz braucht, um zugehörige Unterpläne und Verhaltensaspekte festzuhalten, beim letzteren Plan vice versa. Mit einiger Erfahrung wird man die meisten Pläne in der Zeichnung von vornherein auf eine zweckmäßige Höhe einordnen. Auch erfahrenen Plan-Analytikern bleibt aber ein gelegentliches Umordnen nicht erspart.

2. Es gibt *keine absolute oberste oder unterste Ebene*. Verhaltensauffälligkeiten können immer noch weiter zerlegt werden, wenn man sich davon etwas verspricht:

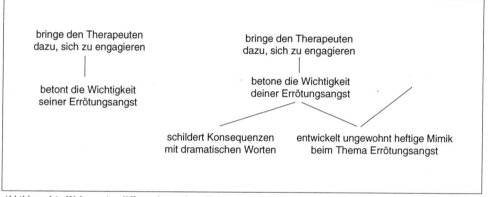

Abbildung 14: Weiteres Ausdifferenzieren eines Elementes auf der Verhaltensebene.

Auf der anderen Seite können in gewissem Umfang auch die höchsten Pläne noch weiter auf übergeordnete Zwecke hin hinterfragt werden. Es gibt ja recht verschiedene Theorien, welches die «höchsten», übergeordneten menschlichen Bedürfnisse sind.

Was zuunterst und zuoberst steht wird nach pragmatischen Kriterien entschieden

Für die Entscheidung, wo man noch weiter «hinauf»- beziehungsweise »hinunteranalysieren» will, und wie umfassend die Struktur überhaupt werden soll, wird jeder in der Praxis eigene pragmatische Kriterien entwickeln. Ein allgemeines Kriterium ist, daß der erwartete Nutzen größer sein soll als der zusätzliche Aufwand und der Verlust an Übersichtlichkeit. Das wiederum hängt vom Therapiekonzept des einzelnen Therapeuten beziehungsweise von den Forschungsinteressen und natürlich von der Relevanz des betreffenden Bereiches für einen bestimmten Klienten ab.

3. Die *hierarchische Höhe* bedeutet *nicht «Wichtigkeit»*. Je höher ein Plan eingeordnet wird, desto mehr Unterpläne und Verhaltensaspekte bestimmt er zwar im Durchschnitt, und das könnte man ja als «Wichtigkeit» definieren. Je höher ein Plan ist, desto abstrakter ist er aber auch und desto mehr gilt, daß er neben anderen Plänen (im Sinne der Mehrfachbestimmtheit) und neben Situationsaspekten nur einen Teil der Konstruktion einer Verhaltenseinheit bestimmt. Es gibt keine allgemeine Wichtigkeit von Plänen, sondern das jeweilige Gewicht, mit dem ein Plan die Konstruktion von Verhalten-in-Situationen bestimmt, wechselt mit Aspekten der Situation und mit der Aktivierung der Schemata, deren Teil der Plan ist. Selbstverständlich kann man sagen, ein Plan sei von zentraler Bedeutung für ein Individuum. Das bedeutet dann, daß er Verhalten und Erleben in einer Vielzahl von Situationen stark bestimmt. Man sollte sich aber bewußt bleiben, daß diese Art von Wichtigkeits-Einschätzung eine Abstraktion aus vielen Faktoren ist und nicht einfach aus der hierarchischen Höhe abgeleitet werden kann. Weil ein explizites Festhalten einer allgemeinen Wichtigkeit im allgemeinen mehr Probleme schafft als löst, sind wir nach einigen Versuchen davon abgekommen.

    Die hierarchische Höhe ist nicht mit Wichtigkeit gleichzusetzen

4. Die *Instrumentalität* eines Verhaltens oder Unterplans, also die Eignung, einen bestimmten Zweck zu erreichen, *kann von Situation zu Situation verschieden sein*. Wenn wir uns in einer konkreten Situation fragen, ob ein Verhalten oder Plan wohl einem bestimmten übergeordneten Zweck dienen könnte, dann bedeutet das: «Ist der Plan (beziehungsweise das ihm untergeordnete Verhalten) in dieser konkreten Situation (subjektiv oder objektiv) geeignet, die Wahrscheinlichkeit zu vergrößern, daß ein im Sinne des übergeordneten Planes erwünschter Zustand eintritt?» Nun sind Pläne, wie der Beobachter sie formuliert, aber eine *Abstraktion aus mehreren Situationen*. Die Plananalyse ist ja ein Versuch, das Allgemeine, Überdauernde zu entdecken, ohne den Bezug zu den situativen Besonderheiten zu verlieren. Wenn eine Instrumentalrelation in der Planstruktur durch Über- beziehungsweise Unterordnung zweier Pläne festgehalten wird, dann bedeutet das: Es erschien dem Analysierenden einleuchtend, daß die Pläne in einer gewissen Anzahl von Situationen in eine sinnvolle instrumentelle Beziehung gebracht werden können. Der springende Punkt ist nun: Das schließt in keiner Weise aus, daß gleich bezeichnete Pläne in einer Anzahl anderer Situationen beim selben, erst recht aber bei verschiedenen Klienten in einer *anderen* instrumentellen Relation stehen können, sogar in einem *«umgekehrten»* hierarchischen Verhältnis. Der Ausdruck «gleich bezeichnet» wurde hier bewußt verwendet, weil ein Plan nicht von seinem Namen, vom Etikett, her definiert wird, sondern in erster Linie durch die zugeordneten Pläne. Ein Beispiel, um diese etwas abstrakten Erläuterungen zu illustrieren findet sich in Abbildung 15.

    Instrumentalität muß über verschiedene Situationen hinweg nicht gleich bleiben

Es kann sinnvoll und verständlich sein, in einer Struktur einen Plan knapp mit «vermeide Kritik» zu benennen: Natürlich wird man aber nicht in eine Planstruktur zweimal gleichlautend «vermeide Kritik» schreiben. Wenn man nur von dieser knappen Bezeichnung her urteilt, könnte nämlich sowohl eine Unter- wie eine Überordnung zum Plan

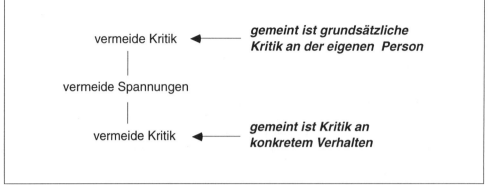

Abbildung 15: Gleich bezeichnete Pläne können inhaltlich unterschiedlich definiert sein. In solchen Fällen ist eine Präzisierung notwendig!

«vermeide Spannungen» einleuchten: Im Fall der Unterordnung wäre gemeint, daß der Klient konkretes Verhalten vermeidet, von dem er erwartet, daß Interaktionspartner es negativ beurteilen könnten. Er vermeidet dies, weil für ihn eine kritische Haltung zwischenmenschliche Spannungen bedeutet und er diese vermeiden will. Im Fall der Überordnung vermeidet er Spannungen, weil das Vorhandensein von Spannungen die Wahrscheinlichkeit erhöht, daß die betreffenden Interaktionspartner seine Person grundsätzlicher in Frage stellen. Wenn also der Eindruck entsteht, die hierarchische Zuordnung sei nicht eindeutig, dann ist das eine negative Nebenwirkung des an sich sinnvollen Abstrahierens über Situationen mit unterschiedlichen Bedingungen für die Instrumentalität und eventuell ein Effekt der irrtümlichen Meinung, ein Plan würde überwiegend durch seine Bezeichnung definiert (statt durch seine Bezüge zu unter- und übergeordneten Plänen und gegebenenfalls auch weitere Informationen). Diese Unterscheidungen mögen einem spitzfindig vorkommen, und man kann sie auch getrost vorübergehend vergessen, weil man nicht sehr häufig auf solche Probleme stößt. Wenn das aber doch der Fall sein sollte, kann es helfen, sich die dargestellten Zusammenhänge klarzumachen. Die Lösung ist dann, die Pläne so konkret und präzise zu bezeichnen, daß klar wird, warum für eine bestimmte Situation oder Klasse von Situationen gerade diese hierarchische Zuordnung gewählt wurde. Nicht auszuräumen ist damit, daß verschiedene Analysierende unterschiedlich einschätzen, was für einen Klienten in einer bestimmten Situation ein geeignetes Mittel zu einem bestimmten Zweck erscheint (s.dazu «Instrumentalität»).

Mehr Präzision in der Benennung kann scheinbare Probleme mit der Hierarchisierung lösen

Nicht nur Instrumentalrelationen im engeren Sinn

5. In die hierarchische Ordnung von Plänen gehen genau gesehen *nicht nur Mittel-Zweck- oder Instrumental-Relationen* im engeren Sinn ein, sondern auch Teil-Ganzes und unter Umständen weitere verwandte Relationen. Normalerweise macht das in der Praxis keine Probleme (siehe dazu «Instrumentalität», Kap. 4.2.10).

Praktische technische Hilfsmittel und ein «Trick»

6. Es ist ratsam, zumindest erste Strukturen auf einem Medium aufzuzeichnen, das *leichtes Auslöschen und Neuschreiben* erlaubt, zum

Beispiel auf eine Wandtafel, Folien oder selbstklebende Notizzettel (pro Plan ein neuer Zettel); bei Veränderungen können dann die Planzettel umgeklebt werden und es müssen nur Linien neu gezeichnet werden. Werden Analysen allein oder zu zweit durchgeführt, spricht vieles dafür, die Struktur mit Hilfe eines normalen, einfachen Grafikprogrammes direkt in den Computer einzugeben, weil dabei die Struktur von Anfang an sauber, und zugleich leicht veränderbar dargestellt ist. Es ist damit minimal aversiv, Veränderungen vorzunehmen.

Ein *Trick* kann nützlich sein, sollte aber der Übersichtlichkeit halber nicht zu oft angewandt werden: Wenn nachträglich ein in der Hierarchie höher aufgeschriebener Plan einem tiefer aufgeschriebenen Plan untergeordnet werden soll, kann man mit gekrümmten Linien arbeiten. Sie müssen aber korrekt unten, beziehungsweise oben an den entsprechenden Plänen ansetzen:

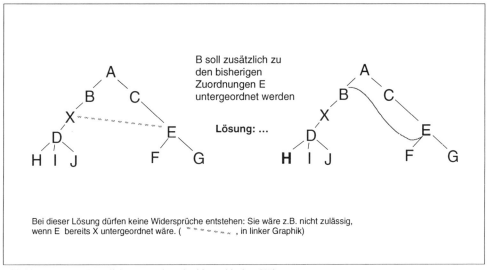

Abbildung 16: Nachträgliches Verändern der hierarchischen Höhe.

4.2.10 Instrumentalität

Die Begriffe «instrumentelle», «Mittel-Zweck-» und «finale» Relation werden beim Plananalyse-Ansatz *weitgehend synonym* verwendet. Immer geht es darum, daß ein Mittel angewendet wird, um einen bestimmten Zweck oder Zielzustand zu erreichen. Oder umgekehrt: Das Mittel hat sozusagen seine Existenzberechtigung vom übergeordneten Zweck her. Von einem Evolutions-Standpunkt aus könnte man auch sagen: Von allen möglichen und spontan produzierten Verhaltensaspekten haben diejenigen, welche einem genügend wichtigen Zweck dienen, die *größte Chance zu überleben und ausgebaut zu werden*. Nicht alles Verhalten ist instrumentell, aber die Verhaltensaspekte, die einen Zweck haben, persistieren am ehesten.

Jedes Verhalten beansprucht Ressourcen und hat neben den beabsichtigten Konsequenzen weitere, unter Umständen gravierende Nebenwirkungen. Ein Mensch produziert deswegen nur irgendwie nützliches Verhalten immer wieder, für das es sich lohnt, diese Nebenwirkungen in Kauf zu nehmen. Das bedeutet aber nicht einfach «Rationalität», wie unten noch ausgeführt wird!

Immer wieder auftretende Verhaltensaspekte sind deshalb am interessantesten, weil wir ja das relativ Überdauernde begreifen wollen, das, was ausmacht, daß wir einen Menschen immer wieder erkennen und Erwartungen bezüglich des künftigen Verhaltens haben können.

Was bedeutet «instrumentell» genau?

Um zwei Pläne einander hierarchisch zuordnen zu können, muß man sagen können: «Der untergeordnete Plan (oder Verhaltensaspekt) A dient dem übergeordneten Plan B» oder: «A ist Mittel für B» oder: «die betreffende Person tut oder braucht A um zu B».

Einige Erläuterungen dazu:

Teil-Ganzes-Relationen eingeschlossen

1. Es kann beim Erschließen einer Planstruktur nützlich sein, nicht nur instrumentelle Bezüge im engeren Sinn, sondern *auch Teil-Ganzes-Relationen* einzubeziehen. Diese Art von hierarchischen Zuordnungen sind in vielen Fällen auch gar nicht klar von Instrumentalrelationen zu trennen. Aber auch dort, wo es möglich ist, können Teil-Ganzes-Relationen helfen, einen Plan von seinen Bestandteilen her zu erläutern und ihn damit im Verhalten zu verankern. Teil-Ganzes-Relationen werden nicht besonders gekennzeichnet und genau wie Mittel-Zweck-Relationen dargestellt. Wir haben dabei nie erlebt, daß das zu Interpretationsproblemen geführt hätte.

Alternativen ausschließende Pläne

2. Die Realisierung eines Verhaltens hat außer der erwünschten Wirkung für den übergeordneten Plan *immer Nebenwirkungen*, die für andere Pläne mehr oder weniger gravierend sein können. Ein Mensch versucht, sein Verhalten so zu konstruieren, daß es nicht nur die erwünschte Wirkung, sondern möglichst wenig negative Nebenwirkungen hat (vgl. auch «Mehrfachbestimmtheit»). Anders gesagt: Wenn eine Anzahl von Mitteln für einen Plan A in Frage kommen, dann werden die ausgeschlossen, welche im Sinne anderer Pläne B,C,D unerwünscht sind, das heißt, deren Nebenwirkungen nicht mit den Plänen B,C,D vereinbar sind [1]. Die verbleibenden Mittel *dienen* dann instrumentell dem Plan A, sind von den Plänen B,C,D aber auch mitbestimmt. Für diese Art Relationen kennen wir keinen knappen Namen. Sie müßten etwa: *«Alternativen-sind-nicht-damit-vereinbar-Relationen»* oder *«Wahrscheinlichkeit-des-Auftretens-erhöhende-weil-Alternativen-ausschließende Relationen»* genannt werden. Etwas unschärfer kann man sie aber getrost auch unter Teil-Ganzes-Relationen subsumieren und gleich wie diese behandeln (s.oben).

Bewußtheit nicht vorausgesetzt

3. Instrumentalität bedeutet *nicht*, daß der Zweck *bewußt* sein muß. Zur unbewußten Verhaltenssteuerung gibt es einige Theorien, viele Details sind aber unbekannt: Es ist hier nicht der Platz, grundsätzlich in die

---

[1] Gemeint ist hier die *Tendenz*, Verhalten so zu konstruieren: Der Versuch, negative Nebenwirkungen *um jeden Preis* auszuschließen, führt selbstverständlich in eine Sackgasse.

Diskussion einzusteigen, und «unbewußt» wird hier im umgangssprachlichen Sinn verwendet. Aber einige Konsequenzen für die Plananalyse gilt es doch zu bedenken. Es ist vernünftig, zu postulieren, daß ein Verhaltensaspekt auch einen Zweck haben kann, ohne daß dies der betreffenden Person bewußt ist. Ein Zweck muß dann aus dem Verständnis, das man sonst von dieser Person und von der betreffenden Situation hat, abgeleitet werden. Das ist dann der Fall, wenn der postulierte Zweck sich durch Veränderungen der Situation oder der Person verändert und der betreffende Verhaltensaspekt sich mitverändert, ohne daß es dafür plausible Alternativ-Erklärungen gibt. Ein vielleicht extremes Beispiel sind die Kuckucks-Eier, die in ihrer Erscheinung jeweils an die Eier der Wirt-Vögel angepaßt werden; ein «Verhalten», bei dem die Instrumentalität ganz offensichtlich ist, bei dem es aber natürlich absurd wäre Bewußtheit zu unterstellen.

In vielen Fällen kann die Richtigkeit einer solchen Ableitung aus Veränderungen des Verhaltens wenn nicht bewiesen, so doch plausibel belegt werden

> *Beispiel:* Ein Klient setzt sich im realen Leben mehr durch. Im selben Maß nehmen seine Größenphantasien ab. Der Schluß ist: Größenphantasien dienten (als Ersatz für wirkliches Verhalten) einem Plan, sich durchzusetzen und werden jetzt, wo reales Verhalten möglich ist, nicht mehr gebraucht.

Auch Parallelen zu anderen Personen können natürlich – mit aller Vorsicht – zur Hypothesenbildung herangezogen werden. Die Zustimmung der analysierten Person ist jedenfalls ein schlechtes Kriterium für die Richtigkeit eines Schlusses. Das «Aufdecken» eines Zusammenhanges führt nur unter bestimmten Bedingungen zur «Einsicht» in diesen Zusammenhang und sogar dann kann es sich um einen zwischen Therapeut und Klient geteilten Irrtum handeln. Wenn ein Zweck unbewußt ist, *darf* er in vielen Fällen auch nicht bewußt sein, weil es nicht zum Selbstkonzept der betreffenden Person paßt, sich von einem solchen Zweck bestimmen zu lassen. Wenn er wichtig genug ist, wird die Person versuchen, ein Verhalten zu konstruieren, das diesem Zweck dienlich ist, ohne daß das für sie selber oder andere Personen offensichtlich wird. Ein Weg dazu ist, es durch akzeptablere Zwecke zu legitimieren. Diese Zwecke können durchaus auch tatsächlich relevant sein bei der Konstruktion des betreffenden Verhaltens, sie enthalten aber nicht die ganze Wahrheit. Eine prototypische Analyse für ein Beispiel altruistischen Verhaltens könnte danach etwa so aussehen:

| suche so schnell wie möglich eine Frau | vermeide, zu deinen zwischenmenschlichen Bedürfnissen stehen zu müssen | fördere die XY-Alternativ-Schule |

beteiligt sich an Wohltätigkeitsbazar

Der «Fördere…»-Plan ist «öffentlich akzeptabel», der «Suche»-Plan ist aber mindestens ebenso verhaltensbestimmend, vom Patienten aber nicht ohne weiteres zugegeben, während der «Vermeide…»-Plan für die (in der abgebildeten Teilstruktur nicht spezifizierten) übergeordnete Gründe steht, aus denen der Patient seine Bedürfnisse nicht zugibt. Selbstverständlich gilt nicht nur, daß ein objektiv vorhandener Nutzen nicht subjektiv bewußt sein muß, sondern auch, daß ein *subjektiv vorhandener Nutzen* ein Verhalten aufrechterhalten kann, ohne daß der Therapeut einen *objektiven Nutzen* feststellen kann.

Versteckte instrumentelle Funktionen

4. Patienten leiden an einem bestimmten Verhalten oder Zustand, wie schon der Begriff sagt. Das heißt aber nicht, daß das Verhalten nicht *auch,* unter Umständen gut versteckte, *positive Konsequenzen* haben kann, die das Aufrechterhalten des Zustandes wesentlich mit erklären. Wenn wir als Therapeuten unsere Aufgabe ernstnehmen, dem Klienten aus diesem Zustand herauszuhelfen, dann müssen wir auch auf solche positiven Konsequenzen achten. Gut bekannte Beispiele sind die Möglichkeit, Partner mit Agoraphobie- oder Depressions-Symptomen zu beeinflussen. Die positiven Aspekte können aber noch viel subjektiver und versteckter sein und es kann ohne Vertrautheit mit dem Patienten völlig unbegreiflich und unplausibel sein, daß er so viel Negatives in Kauf nehmen sollte für einen so kleinen positiven Effekt. Ein von außen gesehen kleiner Gewinn kann aber für ein Individuum ausschlaggebend sein. Beispiele dafür sind das Verhindern von besonderen Peinlichkeiten oder Gefahren (s. unten, 5.), das Festhalten an einer bestimmten Sicht (die für einen stark verunsicherten Menschen unter Umständen nur deshalb so wichtig ist, weil sie die *vertraute* Sicht ist und jedes Abweichen davon katastrophale Risiken in sich birgt), das Sich-Rächen an einem Menschen, wenn man sonst keine Handlungsmöglichkeiten mehr sieht und nicht einfach das wehrlose Opfer sein will usw. So richtig begreifen kann man solche Aspekte vielfach erst, wenn man über die strukturelle Betrachtungsweise der Plananalyse hinaus dynamische, Prozeß-Aspekte einbezieht, wie zum Beispiel die Verengung des Denkens bei der Entstehung von Panikanfällen usw. (vgl. Caspar & Tuschen, 1987).

Das hypothetische Festhalten einer instrumentellen Funktion bedeutet nicht, einen Zusammenhang im linear-kausalen Sinn auszugrenzen: Die Feststellung zum Beispiel, daß ein Partner den anderen mit psychischen Symptomen beeinflußt, impliziert nicht, daß das *«der»* Grund» für das Problem ist: Ein solcher instrumenteller Zusammenhang ist vielmehr ein Teil von zirkulären Zusammenhängen.

«verselbständigte Zwecke»

5. Zwecke können sich in der Ontogenese sozusagen *«verselbständigen».* Ein Beispiel dafür ist der Schutz «wunder Punkte», den Grawe (1986) als das vielleicht sogar wichtigste verhaltenssteuernde Prinzip ansieht. Ein Individuum macht in seiner Entwicklung schmerzliche Erfahrungen mit bestimmten Aspekten des zwischenmenschlichen Zusammenlebens, mit denen es nur fertig wird, indem es sich durch intrapsychisches oder offen manifestes Vermeidungsverhalten schützt. Alfred Adler (1924) führt alles Verhalten letztlich auf Strategien zurück, die dazu dienen, das (Wieder-)Erleben der eigenen Hilflosigkeit und Minderwertigkeit zu vermeiden. Sullivan (1953) argumentiert

ähnlich mit Angstvermeidung. Grawe sucht nach spezifischeren individuellen wunden Punkten. Das betreffende Vermeidungsverhalten wird dann erklärt mit dem Zweck, die mit dem wunden Punkt verbundenen negativen Gefühle zu vermeiden. Versuche, diese Vermeidungsstrategien mit positiven Bedürfnissen auf höchster Ebene zu erklären, wirken künstlich und sind wenig nützlich: Negative emotionale Schemata (Kap. 5) erklären das Verhalten plausibler und das Weiterfragen nach übergeordneten Zwecken wird damit unterbrochen. Wir haben das nie systematisch untersucht, aber meistens scheint es möglich zu sein, die Vermeidungsstrategien *historisch gesehen* weiter instrumentell zurückzuführen auf Ziele wie zum Beispiel Ablehnung durch die Eltern und damit (für das Kleinkind subjektiv) den sicheren Tod zu vermeiden. Es kann unter Umständen zwar einen therapeutischen Sinn haben, eine Analyse so weit fortzuführen, in der Regel ist aber pragmatisch gesehen der Vorschlag von Grawe vernünftig, die Kette instrumentell-hierarchischer Erklärungen bei den «wunden Punkten» abzubrechen.

Was bedeutet all das *für die Praxis* ?   Konsequenzen für die Praxis

1. Der Einschluß von Teil-Ganzes-Relationen macht in der Praxis keine Probleme.
2. In die Analyse sollten nicht nur bewußte Mittel-Zweck-Relationen eingehen. Wer – zum Beispiel aus der ethischen Begründung, den Klienten nicht einfach etwas unterstellen zu wollen – für eine Beschränkung darauf argumentiert, nimmt bewußt in Kauf, daß viele Aspekte des Erlebens und Verhaltens eines Klienten für ihn im Dunkeln bleiben und daß er sein therapeutisches Handeln auf einer unnötig unvollständigen Sicht begründet.
3. Die introspektiv begründete Zustimmung des Klienten zu einer hypothetischen Mittel-Zweck-Relation kann zwar die Gewißheit für den Analysierenden angenehm erhöhen, auf dem richtigen Weg zu sein, ist aber weder ein hinreichendes noch ein notwendiges Kriterium für die «Wahrheit» der Annahme. Derselbe Grund, der einen Klienten dazu bringt, den Zwecke eines Aspektes seines Verhaltens vor sich selber zu verbergen, wird ihn – solange er fortbesteht – auch in der Therapie dazu bringen, ihn nicht in sein Selbstkonzept zu integrieren. Nur: Dieses Argument sollte nicht verhindern, daß der Therapeut sich ernsthaft mit Einwänden des Klienten und seiner Sicht der Zusammenhänge auseinandersetzt. In vielen Fällen wird nämlich der Klient recht haben.
4. Auf weniger offensichtliche Zwecke kommt man oft erst, wenn man sich bei aller Anteilnahme für einen Moment möglichst wenig beeindrucken läßt durch auf der Hand liegende negative Aspekte eines Verhaltens oder einer Situation, ohne natürlich zu verleugnen, daß diese Aspekte genauso real sind. Fragen wie: «Was wäre, wenn das Problem nicht da (oder gelöst) wäre?» «Würde der Klient dann Problemen gegenüberstehen, die er so nicht hat?» usw. können helfen, zu Hypothesen zu gelangen.
5. Die Annahme, daß auch unbewußte Zwecke verhaltenssteuernd sind, könnte wilden Spekulationen Tür und Tor öffnen und im schlimmsten

Fall sogar als Machtmittel gegen einen Klienten mißbraucht werden. Man sollte dort danach suchen, wo sonst «die Rechnung nicht aufgeht» und wichtige Verhaltensaspekte unerklärlich bleiben, vor allem natürlich, wenn das im Zusammenhang mit der therapierelevanten Problematik entscheidend ist. Alle Regeln, Interpretationen sorgfältig abzustützen (s. Kap. 4.2.7) gelten hier in besonderem Maße.

4.2.11 Unterscheidung von instrumentellem und reaktivem Verhalten

Eine Entscheidung ist Voraussetzung für ein klares Einordnen

Der Plananalyse-Ansatz hebt von allen Zusammenhängen des psychischen Funktionierens *die instrumentellen Verbindungen* besonders hervor: Die Mittel-Zweck-Relationen bilden sozusagen das Rückgrat der Analyse und nur sie werden in der zweidimensionalen Darstellung explizit berücksichtigt. Man muß sich also beim Durchführen einer Analyse *stets entscheiden*, ob man einen Verhaltensaspekt instrumentell in die Planstruktur einordnen will oder nicht. Alles nicht-instrumentelle Verhalten wird hier als *reaktiv* bezeichnet in Anlehnung an die lerntheoretische Unterscheidung.

Bei der Interpretation von nonverbalem Verhalten ist stets zu bedenken, daß nonverbales Verhalten ein effizientes Werkzeug in der Interaktion ist (was eine instrumentelle Interpretation nahelegt), oft aber auch einfach ein Ausdruck von einfühlbaren Emotionen, ohne relevante instrumentelle Funktion (was eine reaktive Interpretation nahelegt). Oft kommt auch beides zusammen.

> *Beispiel:* Therapeut sagt (entgegen den Erwartungen des Klienten), es werde einige Zeit dauern, bis der Klient Problem XY loswird. Der Klient macht daraufhin ein bedenkliches, niedergeschlagenes Gesicht.
> Ist das einfach (reaktiver) Ausdruck eines verständlichen Gefühl der Enttäuschung oder setzt er den Gesichtsausdruck ein, um etwas zu erreichen und wenn ja, was könnte das sein? (Nehmen Sie sich vor dem Weiterlesen kurz Zeit, dazu Stellung zu nehmen!)
> Ohne weitere Informationen würde man hier wohl annehmen, daß das beschriebene nonverbale Verhalten auf jeden Fall reaktiv ist: Das heißt, es kann als nonverbaler Ausdruck für das Gefühl der Enttäuschung, resultierend aus der Blockierung eines Planes wie «verschaffe dir so schnell wie möglich Erleichterung von deinen Problemen», verstanden werden.
> Darüber hinaus könnte es auch eine instrumentelle Funktion haben, zum Beispiel in einem Plan, wie «bringe den Therapeuten dazu, sich mehr anzustrengen».

Hinweise auf eine instrumentelle Funktion

Hinweise darauf, daß eine instrumentelle Funktion angenommen werden muß, können sein:

— Ein stärkerer Ausdruck des Gefühls, als man bei diesem Klienten sonst erwarten würde. Es ist also die Frage: «Ist der reaktive Aspekt, die Bedrohung/Blockierung der Pläne ... eine hinreichende Erklärung? Jeder Klient hat aber sozusagen seine eigenen Standards, was ein «normaler», unauffälliger Ausdruck eines Gefühls ist. *Damit* ist eine Beobachtung zunächst zu vergleichen. Anderseits kann aber auch der Ausdruck *jeden* negativen (oder positiven) Gefühls eine instrumentelle Funktion haben, zum Beispiel sich und anderen zu zeigen, wie schlecht (oder gut) die Welt generell ist.

- Ein längeres Anhalten des Ausdruckes, als erwartet würde.
- Eine Variation des Ausdruckes in stärkerer Abhängigkeit von der «aktuellen Lage» für den Plan, für das nonverbale Verhalten (oder Gefühl) eventuell eine instrumentelle Funktion hat, als für den Plan, dessen Blockierung zur Enttäuschung geführt hat.

In diesem Beispiel also: Wenn der Therapeut (als Reaktion auf den Gesichtsausdruck des Klienten) versichert, er werde sein möglichstes tun, aber es werde trotzdem lange dauern, ist das direkter im Sinn des Planes «bringe den Therapeuten dazu, sich mehr anzustrengen» als des Planes «verschaffe dir so schnell wie möglich Erleichterung». Gerade dies Beispiel zeigt, daß die betreffenden Pläne oft nicht ganz zu trennen sind. Wahrscheinlich ist ersterer Plan ja letzterem untergeordnet. Insofern, als Zeichen einer vermehrten Anstrengung konkreter als Änderung der «aktuellen Lage» für ersteren Plan gesehen werden können und erst mittelbar für letzteren, kann ein schnelles Eintreten von Zeichen der Befriedigung beim Klienten doch mit einiger Vorsicht als Hinweis auf eine instrumentelle Funktion interpretiert werden. In einigen Fällen wird dies Kriterium zu einer subjektiv sehr sicheren Interpretation führen, in anderen hilft es wenig.

- Eine innerliche Reaktion beim Beobachter («bei dem Klienten muß ich mich besonders anstrengen»), die durch das Klientenverhalten erzeugt wurde.
- Wenn eine hypothetisch erschlossene instrumentelle Funktion im Kontext anderer Beobachtungen und Schlüsse Sinn macht. Oftmals wird man *einen* Aspekt eines Verhaltens oder Gefühls als instrumentell, andere als gänzlich unauffällig oder reaktiv auffassen, zum Beispiel:

Oft ist nur ein Aspekt instrumentell, andere nicht

– Die verbale Aussage «ich komme da allein nicht mehr zurecht» ist an sich unauffällig, aber die Art, wie ein Klient das sagt («sagt mit flehender Stimme, er komme da allein nicht mehr zurecht») oder wann er es sagt («sagt ganz zum Schluß der Sitzung, nachdem er sich vorher überlegen gegeben hat,...») wird instrumentell interpretiert.

– Das Gefühl «Angst vor öffentlichem Sprechen» wird reaktiv verstanden aus der Bedrohung des Planes, zu vermeiden, von anderen bewertet zu werden. Dieser Aspekt wird nicht in der instrumentellen Struktur festgehalten, sondern – wenn überhaupt explizit – nur in einem zusätzlichen Frame (vgl. Kap. 4.2.15). Die Angst kann aber je nach Situation zusätzlich in verschiedener Weise instrumentell gedeutet werden: Sie kann dem Klienten als Rechtfertigung dienen, für sein Selbstwertgefühl riskanten Situationen fernzubleiben («ich würde gerne unter Beweis stellen, was ich kann, aber wegen der Angst geht das leider nicht»), der Ausdruck von Angst kann bei anderen Schonung bewirken («zeige dem Chef deine Angst» dient dem Plan «veranlasse den Chef, bei der Arbeitseinteilung rücksichtsvoll zu sein») usw.

De facto sind in einer instrumentell betrachteten Verhaltenseinheit meistens, wenn nicht immer, reaktive Anteile enthalten: Die Unterscheidung ist also ganz im Einklang mit unserer konstruktivistischen Grundhaltung als eine *lediglich analytische*, aber dennoch für die Plananalyse entscheidend wichtige, Unterscheidung aufzufassen.

In der Formulierung kann man meistens noch prägnanter als mit einem einfachen «hat Angst» ausdrücken, wie man sich die Verknüpfung gedacht hat. Beispiele:»hält an Angst fest» dient «rechtfertige Vermeiden von Risikosituationen vor dir selber» oder: «betont Ausmaß von Angst» beziehungsweise «zeigt Angst nonverbal dramatisch» dient «bewirke Schonung (oder Verständnis) bei anderen» usw.

Es sollte zum Ausdruck gebracht werden, was genau als instrumentell angesehen wird

Wenn man doch einmal einfach «Angst» oder «hat Angst» auf die Verhaltensebene schreibt, sollte man sich sicher sein, daß man damit wirklich einen instrumentellen und nicht einen reaktiven Aspekt meint (s.auch Kap. 4.2.13).

Übungen:

Aufgabe: Entscheiden Sie, welche Aspekte in den folgenden Passagen reaktiv, welche instrumentell interpretiert werden sollen. Soweit Gefühle betroffen sind, kann unter dem reaktiven Aspekt auch spekuliert werden, wie der betroffene Plan beziehungsweise die Pläne aussehen könnten. Bei allfälligen instrumentellen Aspekten kann ebenfalls auf übergeordnete Pläne spekuliert werden. Dies aber lediglich als Übung; die gegebene Information würde normalerweise für weitreichende Schlüsse nicht ausreichen.

Wem die Aufgabe noch unklar ist, kann das erste Beispiel mit Lösungsvorschlägen als Instruktionsbeispiel verwenden (Lösungsvorschläge Kap. 4.4):

1. **Beispiel:** Eine Klientin beginnt zu trinken, nachdem ihr langjähriger Lebenspartner gestorben ist. Sie versteckt das Trinken auch nicht vor Bekannten, sondern verweist im Gegenteil noch darauf, so könne sie doch keinen neuen Freund finden, wenn Bekannte sie in diese Richtung ermuntern.
2. **Beispiel:** Der Therapeut fordert eine Klientin im Erstgespräch auf, etwas über sich und ihre Probleme zu erzählen. Die Klientin sagt, so schnell und kurz sei das gar nicht möglich, es sei so viel vorgefallen im letzten Jahr. Dann erzählt sie mit gedrückter Stimme von einem Unfall, zwei Vergewaltigungen und der Trennung von ihrem langjährigen Freund. Trotz der gedrückten Stimme wirkt sie irgendwie routiniert/unbeteiligt.
3. **Beispiel:** Ein Klient räuspert sich auffallend häufiger, wenn der Therapeut das Gespräch auf heikle Themen bringt und senkt dann auch häufiger den Blick. Dasselbe ist zu beobachten, wenn er von sich aus das Gespräch auf solche Themen bringt.
4. **Beispiel:** Ein Klient erzählt, daß er sehr darunter leide, daß er durch den Bankrott seines Arbeitgebers seine anspruchsvolle, gut bezahlte Stelle verloren habe. Seither arbeitet er auf einer ihn unterfordernden, schlechter bezahlten Stelle. Er macht plausibel, daß es in seiner Wohnstadt zur Zeit keine befriedigendere Arbeit gibt. Er nimmt Antidepressiva, um mit dieser Situation zurechtzukommen. Ursprünglich hatte er Angst, daß seine anspruchsvolle Frau auf ihn herabsehen würde wegen des Stellenverlustes. Er erlebt sie jetzt aber eher als verständnisvoll.

4.2.12 Mehrfachbestimmtheit

Wir fassen Verhalten nicht im Sinn von fertig zur Anwendung bereitliegenden Einheiten auf, sondern gehen davon aus, daß es *stets neu konstruiert* wird und zwar so, daß es den wechselnden Anforderungen von Situationen möglichst optimal gerecht wird. Auch wenn eine bestimmte Situation vor allem durch eine bestimmte Anforderung geprägt wird, spielen, von ganz wenigen Extremsituationen abgesehen, immer weitere Anforderungen eine Rolle. Anders gesagt: Es sind immer mehrere Pläne, welche die Konstruktion eines Verhaltens bestimmen. Einzelne Aspekte des Verhaltens können zwar überwiegend *einem* Plan dienen, aber andere Aspekte einer komplexen Verhaltenseinheit können durch andere Pläne bestimmt sein. Schon *was* man in einem kurzen Zeitabschnitt sagt oder tut, kann mehreren Plänen dienen. Die weiteren Aspekte, also *wie* man etwas sagt, *wann* man es sagt usw., spiegeln weitere Pläne wider. Die Möglichkeit, in verschiedenen Kanälen zu kommunizieren, ist geradezu eine Aufforderung, verschiedene Kanäle zugunsten verschiedener Pläne einzusetzen, wobei nonverbales Verhalten eher durch unbewußte, das Verbal-Inhaltliche eher durch bewußte Pläne bestimmt ist. Die Aufgabe bei der Plananalyse ist, das bewußt wieder zu *decodieren*, sozusagen *die Konstruktionsprinzipien wieder herauszudividieren*, die Integrationsleistung eines Individuums wieder rückgängig zu machen. Gerade die weniger offensichtlichen Ingredienzien sind oftmals die aufschlußreichsten und relevantesten für die Therapie: Es sind diejenigen Teile, die den Klienten und anderen, die sie vielleicht schon um Rat gefragt haben, am wenigsten aufgefallen sind. Professionelle Therapeuten sind deshalb in besonderem Maße gefordert, durch Klärung dieser Anteile zur Lösung des Problems beizutragen.

Oft sind die weniger naheliegenden Komponenten die wichtigsten für ein Verständnis des Klienten

Bei der Plananalyse gilt es, sich nicht mit dem ersten vermuteten Zweck eines Verhaltens zufriedenzugeben, sondern weiterzufragen, ob ein Verhaltensaspekt gleichzeitig mehreren Plänen dient oder ob eine Verhaltenseinheit durch weitere, von anderen Plänen bestimmte Verhaltensaspekte charakterisiert wird.

Die Plananalyse sollte nicht nur eine Komponente bei der Konstruktion eines Verhaltens verstehbar machen

Hierzu einige Übungen (allein oder in der Gruppe):

1. Stellen Sie sich vor, ein Klient kommt in die erste Therapiesitzung und sagt: «Ich komme allein mit meinen Ängsten nicht mehr zurecht: Wenn Sie mir nicht helfen können, weiß ich auch nicht mehr weiter!». Welcher Plan fällt Ihnen zuerst ein, wenn Sie sich überlegen, wozu der Klient das sagen könnte? Nun bleiben Sie zunächst auf der verbal-inhaltlichen Ebene und lassen Sie sich weitere Pläne einfallen, denen das Verhalten dienen könnte. Sie können sich dazu auch ganz verschiedene Klienten vorstellen. Sammeln Sie erst einige Punkte und lesen Sie dann weiter.
Nun überlegen Sie, bei welchen Plänen es sich um sich gegenseitig ausschließende Pläne handelt. Hier müßten Sie (bei einem echten Klienten) nach weiteren Informationen suchen, die eine Entscheidung zwischenden Alternativen ermöglichen. Andere Pläne werden sich nicht ausschließen, sondern könnten durchaus im Sinne der Mehrfachbestimmtheit gemeinsam die zitierte Klienten-Aussage bestimmen. Wenn Sie nur sich ausschließende oder nur sich nicht ausschließende Pläne gefunden haben, überlegen Sie sich noch kurz, ob Sie nicht noch Pläne der anderen Kategorie finden.
Anschließend gehen Sie über das Verbal-Inhaltliche hinaus und nehmen Sie noch weitere Kommunikationskanäle hinzu. Vielleicht haben Sie das ohnehin bereits getan. Lassen Sie sich verschiedene Arten einfallen, wie ein Klient das sagen könnte (Varianten im nonverbalen Verhalten), wann er es sagen könnte (zum Beispiel ganz zu Beginn der Sitzung oder ganz am Schluß) usw. Überlegen Sie zu jeder Variante, welche zusätzlichen Pläne dahinterstehen könnten, abgesehen von denen, die Sie für den verbal-inhaltlichen Aspekt verantwortlich gemacht hatten. Falls Sie nicht schon selber auf solche Extreme gekommen sind, überlegen Sie sich auch noch, wie Sie das interpretieren würden, wenn der Klient zu dieser Aussage small-talk-haft freundlich lächelt.

Wenn bei einer auffälligen Verhaltensweise verschiedene oder sogar widersprüchliche Verhaltensaspekte verschiedenen Plänen zugeordnet werden können, gibt es verschiedene Darstellungsmöglichkeiten (Abb. 17).

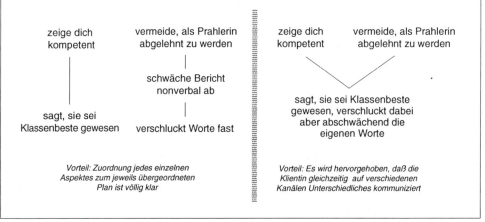

Abbildung 17: Möglichkeiten der Zuordnung von widersprüchlichen Verhaltensaspekten.

2. Wenn Sie sich bereits an der Analyse eines echten Klienten versucht haben, nehmen Sie sich die Struktur noch einmal vor. Sonst lassen Sie sich irgend eine auffällige Verhaltensweise bei einem echten Patienten oder einer Person in der Vorstellung einfallen, die Sie für instrumentell halten. Vergegenwärtigen Sie sich, mit welchen übergeordneten Plänen Sie das Verhalten erklärt hatten. Nun nutzen Sie Ihre ganze Kreativität, um sich *andere* Mittel einfallen zu lassen, welche dieser Klient ebenfalls für diesen Plan hätte einsetzen können. Lassen Sie sich nicht einschränken vom Eindruck, «nein, Kl. XY würde das nie tun» oder «das würde gar nicht zu ihm passen». Wenn solche Gedanken Sie doch einschränken, dann überlegen Sie, auf welche Mittel ein ganz anderer Klient oder Sie für sich selber gekommen wären. In den allermeisten Fällen werden Sie auf eine ganze Reihe von Alternativen kommen. Wenn Sie soweit sind, überlegen Sie sich folgendes:
Warum hat der Klient gerade die beobachtete Möglichkeit gewählt und nicht eine oder mehrere der Alternativen, die Sie gefunden haben? Warum «paßt» nicht alles zu ihm, warum «kann» er vieles nicht? Sie werden einiges damit erklären können, daß der Klient ein Verhalten konstruiert hat, das gleichzeitig Mittel für andere bereits erschlossene Pläne darstellt und deshalb insgesamt nützlicher ist. Weitere Alternativen hätten negative Auswirkungen auf andere wichtige Pläne und sind deshalb ausgeschlossen worden. Man kann von daher durchaus sagen, die schließlich gewählte Möglichkeit sei «bestimmt von» oder «Teil von» andere Alternativen ausschließenden Plänen (s.Kap. 4.2.10). Schließlich kommen vielleicht auch einige Möglichkeiten nicht in Frage, weil die nötigen Fertigkeiten oder Fähigkeiten nicht vorhanden sind. Auch dann können Sie sich aber fragen, warum diese Fähigkeit nicht vorhanden ist: Oft stecken Vermeidungspläne dahinter.
Wenn Sie finden, die Wahl des beobachteten Mittels sei nicht hinreichend aus bereits früher anderweitig erschlossenen Plänen zu erklären, dann versuchen Sie, neue, dieses konkrete Verhalten besser erklärende Plan-Hypothesen zu bilden und diese wie üblich mit weiterer Evidenz abzustützen.

Probleme bei der Konstruktion mehrfachbestimmten Verhaltens und wie man sie verstehen kann.

Nicht immer gelingt es einem Klienten, ein Verhalten zu konstruieren, das *allen* relevanten Plänen gleichzeitig gerecht wird. Da es für viele Anliegen nur Lösungen gibt, die nicht ganz ideal sind, verharren Menschen, denen es schwerfällt, Verantwortung zu übernehmen für die Verletzung der Normen anderer oder von sich selber, im Nichtstun. Das gilt vor allem für Menschen, die durch viele Vermeidungspläne eingeschränkt werden.

Gelingt keine gute Lösung, die *gleichzeitig* den wichtigsten Plänen gerecht wird, dann muß der Klient entweder darauf *verzichten*, überhaupt irgend ein Mittel für einen bestimmten wichtigen Plan einzusetzen: Die Situation vieler depressiver und sozial ängstlicher Klienten ist dadurch charakterisiert. Oder es werden zugunsten eines Planes negative Auswirkungen für andere Pläne einfach in Kauf genommen, was zu erheblichen Problemen führen kann. Ein häufiger *Ausweg* ist, den Plan nur in der Phantasie auszuleben: So können zumindest Wahrnehmungen im Sinne dieses Planes hergestellt werden, ohne daß man Sanktionen riskiert. Obwohl zum Beispiel kompensierende Größenphantasien zu den bestgehüteten Geheimnissen eines Menschen gehören, stößt man als Therapeut mit großer Regelmäßigkeit auf solche Phantasien. Sie können als Beispiel mehrfachbestimmten Handelns aufgefaßt werden: Einerseits bestimmt vom Plan, der Inhalt der Phantasien ist (also bei Herrn Sträuli in Kap. 3 die entsprechenden Phantasien als instrumenteller Teil des Planes, Anerkennung bewunderter Frauen zu erlangen; Phantasien können ganz analog zu realem Verhalten interpretiert werden), andererseits von den Plänen, mit denen ein tatsächliches Ausleben in der Realität kollidieren würde.

Überlegen Sie sich Pläne zu folgenden Phantasien:

– ins Büro zu gehen und in Gegenwart aller Kollegen auf Ihren Schreibtisch zu pinkeln
– Humphrey Bogart zu sein (oder sonst ein Filmstar, nach Belieben)
– von einer unbekannten nackten Person des anderen Geschlechtes verführt zu werden
– daß der Ehepartner einen tödlichen Unfall erleidet (in einer schlechten Beziehung!)

Falls Sie eine Gruppe zur Verfügung haben: Diskutieren Sie die Ergebnisse!

Ein weiterer Ausweg ist eine «*sequentielle Lösung*»: Es wird durchaus in Kauf genommen, für andere Pläne erstmal Schaden anzurichten, um Verhalten realisieren zu können, welches einem wichtigen Plan dient. Der Schaden wird dann vorher oder nachher ausgebügelt. So funktioniert das Verhalten von Menschen oder größeren sozialen Gebilden über weite Strecken, vor allem, wenn die Situation zu komplex ist, um alle möglichen Konsequenzen in einem ideal konstruierten Verhalten zu berücksichtigen. Dieses sequentielle Berücksichtigen verschiedener Pläne kann zu inkonsistent wirkendem Verhalten führen, das man dann entsprechend zu erklären versuchen kann.

Übungsbeispiele: Bitte versuchen Sie, eine sequentielle Erklärung zu finden!

1. Ein Klient setzt alles daran, einen Therapieplatz zu bekommen, überläßt es dann aber dem Therapeuten, sich abzustrampeln, oder er kommt nicht einmal zum «dringenden» Termin.
2. Eine bereits mehrfach fest liiert gewesene Klientin setzt stets alles daran, einen Partner zu finden, fühlt sich dann aber jeweils nach kurzer Zeit eingeengt und bricht die Beziehung ab.

3. Ein Klient beschimpft nach Verlust seines Arbeitsplatzes zunächst seine Frau in übler Weise, ist dann aber ungewöhnlich lieb zu ihr.
4. Ein Klient lebt sehr abhängig in einer Beziehung, setzt die Frau aber immer wieder in Gegenwart anderer herab.

Kommentare siehe Kapitel 4.4 !

4.2.13 Die Beziehung zwischen Gefühlen und Plänen

Ein Rahmenkonzept zum Analysieren der Beziehung zwischen Gefühlen und Plänen

In Kapitel 2.2.6 wurde in das Gefühlskonzept des Plananalyse-Ansatzes eingeführt. In diesem Abschnitt beschränkt sich die Darstellung auf die relevanten Heuristiken, versehen mit einigen Kommentaren und illustriert mit Beispielen. Um die Hintergründe der Heuristiken zu verstehen, werden die Leser, welche Kap. 2.2.6 übersprungen haben, gebeten, sich mit diesem vertraut zu machen. Darüber hinaus sei noch einmal betont, daß das hier vertretene Gefühlskonzept ein *Rahmenkonzept* zum In-Beziehung-Setzen von Plänen und Gefühlen und nicht eine genuine Gefühlstheorie ist, die Emotionen zum Ausgangspunkt hätte. Für die Praxis bedeutet das, daß die eher formaleren Bezüge zur Planstruktur «gefüllt» werden können – und sollen – mit genuineren Gefühlstheorien, über welche der Leser verfügt. Im Hinblick auf das genaue Analysieren eines einzelnen Gefühls und der relevanten Faktoren im situativen Kontext, wenn auch nicht mit allen inhaltlichen Annahmen, steht der Ansatz von Ortony, Clore & Collins (1988) unserer Herangehensweise besonders nahe.

Ausführlichere Fallbeispiele zur Berücksichtigung von Gefühlen im Plananalyse-Ansatz finden sich bei Caspar (1983a, 1984, 1987c).

Zwei Richtungen, die Beziehung zu betrachten

Die Beziehung zwischen Gefühlen und Plänen läßt sich in der Praxis *aus zwei Richtungen* betrachten:

1. Wie kann ich aus der Kenntnis von Planstruktur und Situation Gefühle verstehen? Und:
2. Welche Hinweise kann ich aus auftretenden Gefühlen über die Planstruktur ableiten?

Genaues Betrachten der Situation als Ausgangspunkt

Zunächst zum ersten Blickwinkel: Gefühle sind zweifellos ein eminent wichtiger Teil des psychischen Gesamtfunktionierens. Auch wenn vermutlich kein Ansatz immer alle Gefühle erklären oder gar vorhersagen kann – überzeugende Demonstrationen der Leistungsfähigkeit eines Ansatzes sind oft vor allem der geschickten Auswahl von Beispielen zu verdanken – sollte ein Ansatz wie das Plananalyse-Konzept doch grundsätzlich Zugang zur Mehrzahl beobachteter oder berichteter Gefühle schaffen können.

Zunächst geht es darum, die *Situation* zu umreißen, in der das zu begreifende Gefühl auftaucht. Es kann sich um sehr eng umgrenzte Situationen handeln (Beispiel: Ärger eines Klienten, wenn der Chef einen Auftrag auf unangemessen kommandierende Art gegeben hat) oder um eine eher langanhaltende, eher schwer abzugrenzende Situation (Spannung, die nur schwer mit konkreter Gefühlsbezeichnung faßbar ist, während der Chef jahrelang die Bedeutung der Arbeit eines Klienten abwertet). Die verwendeten Beispiele machen auch deutlich, daß es sich bei abgegrenzt/wenig abgegrenzt nicht um eine Dichotomie handelt: Es gibt Übergänge und Kombinationen (Beispiel: In einer Situation, wo der Chef jahrelang ... und bisher nur unspezifische Spannung aufgetreten ist, kommt es zu akutem Ärger, wie der Chef ...). Es ist dann eine Frage der Zweckmäßigkeit und Erfahrung, welche der Situationen man explizit umschreibt oder ob beide (Hintergrund und konkrete Situation) berücksichtigt werden.

Zum In-Beziehung-Setzen von Gefühlen und Plänen gibt es *vier Haupt-Heuristiken*: Gefragt wird, welche Pläne bedroht oder blockiert sind, welche Pläne die Art des daraus entstehenden Gefühls bestimmen, welche Pläne dem Umgang mit dem Gefühl oder der Ursache für das Gefühl dienen und schließlich, für welche Pläne das Gefühl eine instrumentelle Funktion haben könnte. Die Heuristiken werden hier für negative Gefühle beschrieben. Für positive Gefühle sind sie sinngemäß zu übersetzen. Auf positive Gefühle wird auch in Kap. 2.2.6 eingegangen.

Vier Haupt-Heuristiken

1. Welche Pläne sind bedroht oder blockiert?

Der *Begriff der «Blockierung»* von Plänen erscheint häufiger angemessen, wenn es sich um zeitlich begrenzte und konkrete Situationen handelt und sehr konkrete Handlungen betroffen sind. *Begriffe wie «Bedrohung» oder «Vernachlässigung» oder «Nicht Ausleben»* wichtiger Pläne oder ähnliche Begriffe sind etwas allgemeiner und damit im allgemeinen treffender, wenn es sich um längere, unbestimmtere Zeitabschnitte handelt. Der Begriff der «Bedrohung», so verstanden, daß er ganz konkrete Blockierungen nicht ausschließt, erscheint uns am allgemeinsten und wird im folgenden hauptsächlich verwendet.

«Bedrohung» als allgemeinster Begriff. Ein zweiter Blick lohnt sich, auch wenn alles offensichtlich scheint

Zum Teil ist ganz offensichtlich, welche Pläne bei der Entstehung eines Gefühls betroffen sind, oder der Klient kann introspektiv darüber berichten. Es lohnt sich bei relevanten Gefühlen aber immer, Situation und bis dahin erschlossene Struktur zu vergleichen: Der zweite Blick kann zu einer veränderten Sicht führen, zumindest können zusätzliche Anteile deutlich werden, unter Umständen konnte der Klient sein Problem bisher nicht selber lösen, weil seine Problemsicht unvollständig war.

> *Beispiel:* Ein Klient erklärt sich den Ärger über die Ausgelassenheit seiner Frau an einem Fest mit Kollegen damit, daß sie über die Normen hinaus ausgelassen gewesen sei und ihn damit bloßgestellt habe. Der Therapeut hat bereits aufgrund anderer Beobachtungen die Hypothese gebildet, daß der Klient ängstlich darauf achtet, daß er die ungeteilte Aufmerksamkeit seiner Frau bekommt, weil es für ihn nur ein Alles-oder-Nichts gibt in Beziehungen. Der Therapeut bringt den Ärger vor allem mit einem entsprechenden «Über die Aufmerksamkeit wachen»-Plan des Klienten in Verbindung.

Vor allem wenn es um unspezifischere Spannungen geht und wenn der Klient mangels Bewußtheit wenig Hilfe leisten kann, ist der Therapeut ganz auf einen Vergleich von Situation und Struktur angewiesen. Dazu muß natürlich sein Hintergrundwissen aus Alltags- und expliziteren Theorien kommen. Bedrohungen müssen *nicht objektiv* vorliegen, sie sind häufig rein *subjektiv*.

Bedrohungen müssen nicht «objektiv» vorliegen

Beispiel: Der Klient ängstigt sich zu Unrecht, der Therapeut könnte die Therapie beenden, weil er offensichtlich gute Fortschritte gemacht hat in der letzten Zeit (während in Wirklichkeit noch viele therapierelevante Probleme vorliegen und der Therapeut durch die Fortschritte eher zusätzlich motiviert ist). Für den Patienten wäre es aber so schrecklich, wieder allein dazustehen, daß er übersensibel auf Vorboten eines solchen Zustandes achtet.

Bedrohungen können bewußt oder unbewußt sein

Bedrohungen müssen aber umgekehrt auch *nicht bewußt* sein, sondern können unter Umständen nur aus hypothetischer Planstruktur und «objektiver» Situation abgeleitet werden:

Beispiel: Ein Klient mit Ängsten in Bezug auf seine Kompetenz kann sich seine Schlaflosigkeit (glaubhaft) beim besten Willen nicht erklären, sie tritt aber eindeutig auf, nachdem er einen kritischeren neuen Chef bekommen hat.

Bedrohung von außen und von innen

Bedrohungen oder Blockierungen können *von außen oder von innen* kommen (vgl. «Plankonflikte», 4.2.17):

Beispiel: Ein anderer Mann schnappt dem Klienten seine Freundin weg (Bedrohung von außen), vs. der unbewußte Plan zu vermeiden, daß die Mutter sich von ihm abwendet, hindert einen Klienten, sich seiner Freundin ganz zuzuwenden, mit einem entsprechenden Gefühl der Spannung und der Leere (Blockierung von innen).

Meist kommen Voraussetzungen von außen und von innen zusammen und sind *schwer trennbar*: Diese Beobachtung stimmt völlig mit der interaktionistischen Individuums-Umgebungs-Konzeption des Planansatzes überein.

Manchmal erscheint es eher künstlich, ein Gefühl an der Bedrohung eines *Planes* festzumachen, der ja nur die *Handlungskomponente* eines betroffenen Komplexes ist, welcher sich im weiteren aus Kognitionen, Emotionen usw. zusammensetzt (vgl. Kap. 2.2.5). Es gibt auch selten ein ernsthaftes Argument dafür, daß in Wirklichkeit vor allem die Handlungskomponente betroffen ist. Es sind lediglich pragmatische Argumente der Einfachheit von Suchheuristiken und geordneter Darstellung, welche für das «Festmachen» einer Bedrohung an Plänen sprechen.

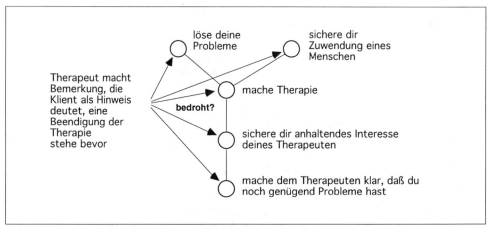

Abbildung 18: Auf welcher Ebene ist ein Plan bedroht? Die instrumentellen Verbindungen zwischen den Plänen stellen ohnehin Verbindung zur Umgebung in der Struktur her.

Es ist nicht immer klar zu entscheiden, welchen Plan in einer hierarchischen Teil-Struktur man als bedroht betrachten will: Es ist aber auch überflüssig, das *allzu* genau bestimmen zu wollen, da hier die hierarchisch-instrumentellen Bezüge jeweils auch die Verbindung zur Umgebung eines Planes ansprechen (s. Abb. 18).

Wo in der Hierarchie setzt die Bedrohung an?

Als allgemeine Regel hat sich als nützlich erwiesen, die Bedrohung immer *so konkret wie möglich* zu beschreiben, also eher auf hierarchisch tiefere Pläne zu beziehen.

Wenn man sich, nach Bestimmen eines bedrohten Planes, überlegt, wie wichtig der Plan ist und ob dem Klienten tatsächlich leicht einsetzbare Handlungsalternativen fehlen, kann man zu einer vorläufigen Beurteilung kommen, ob das betreffende Gefühl daraus bereits erklärbar ist.

Bei einer Prüfungsangst kann sich z.b. herausstellen, daß die Prüfung bei Mißerfolg leicht nachgeholt werden könnte (Alternativen i.S. einer zweiten Chance vorhanden). Sind die Ängste stärker, als das vom Plan, das Studium abzuschließen und ins Berufsleben überzutreten, gerechtfertigt ist, kann das ein Hinweis auf weitere betroffen Pläne sein, z.B. im Zusammenhang mit Kontrolle und Kontrollverlust in einer mündlichen Prüfungssituation, mit den Risiken einer Prüfung für ein geheimes übersteigertes Selbstbild, oder mit einem Plan, endlich die bisher schmerzlich vermißte Anerkennung des Vaters zu gewinnen. Das Gewicht der Bedrohung der einzelnen Pläne summiert sich dann gewissermaßen auf.

2. Welche Pläne bestimmen die Art des Gefühls?

Situation und bedrohte Pläne legen meistens ein bestimmtes Gefühl nahe, aber nicht fest: Oft besteht ein gewisser *Spielraum* dafür, *wie das Gefühl aussehen kann*. Es sind dann weitere Pläne, die bestimmen, welches Gefühl tatsächlich auftritt.

Ein Gefühl kann, muß aber nicht von Situation und betroffenen Plänen festgelegt sein

> *Beispiel:* Man will schlafen und wird dabei gestört. Wenn es sich beim Störenfried um einen plötzlichen starken Wind handelt, fühlt man im Normalfall wohl nur eine leichte Spannung, ausgelöst durch die Bedrohung des Planes, am nächsten Tag topfit zu sein. Kam hingegen der Nachbar (schon wieder!) grölend heim, sind zusätzliche Pläne wie «sorge dafür, daß andere deine Rechte respektieren» betroffen und massiver Ärger ist plausibel.

In beiden Fällen ist das Gefühl aus Situation und betroffenen Plänen nachvollziehbar: Es liegt nicht nahe anzunehmen, daß weitere Pläne maßgebend die Art des Gefühls bestimmen.

Es gibt dagegen auch Fälle, in denen bestimmte Pläne das «eigentlich zu erwartende» Gefühl verhindern und damit zu einem anderen Gefühl beitragen. Oft werden solche Pläne unter starkem Einfluß der (Familien-) Kultur gebildet.

Wo «fehlen» Gefühle?

> *Beispiele:* Der Plan «vermeide aggressive Gefühle» führt im Fall des grölenden Nachbarn zu eher ängstlich-gespannten als aggressiven Gefühlen. Beim Klienten, der mit Ärger auf die Ausgelassenheit seiner Frau reagiert, würde die mindestens ebenso plausible bewußte Angst – als Reaktion auf die Bedrohung seines Planes, sich der ungeteilten Aufmerksamkeit seiner Frau zu versichern – den Klienten auf diesen wunden Punkt aufmerksam machen: Er würde mit

Befürchtungen, seine Frau zu verlieren, konfrontiert. Die aggressiven Gefühle, verbunden mit der entsprechenden bewußten Interpretation des Klienten über die Situation, verhindern das.

Von Fall zu Fall kann es angemessener sein, das tatsächlich auftretende Gefühl als «gezielte Ablenkungsmaßnahme von einem bedrohlicheren Gefühl» oder als «Resultat einer eingeschränkten 'Auswahl' nach Wegfall ausgeschlossener Gefühle» zu verstehen. Im ersteren Fall sind auch die Heuristiken, die nach Coping-Verhalten und instrumenteller Funktion fragen (siehe unten), angesprochen. Einigen Lesern mögen solche Interpretationen bereits «zu psychodynamisch» sein und es besteht keinerlei Notwendigkeit, sich ihnen anzuschließen: Sie können aber ohne weiteres mit den Heuristiken des Plansatzes verbunden werden.

Wenn man bereits ein gutes Verständnis für die Struktur eines Klienten hat, kann es auch sehr ergiebig sein, aus Vergleich von Planstruktur und Situation zu überlegen, wo eigentlich Gefühle auftreten müßten, auch wenn gar keine manifest wurden. Das ist etwas grundsätzlich anderes, als nur von allgemeinen oder eigenen Normen ausgehend dem Klienten insgeheim oder offen vorzuhalten, er sei zu wenig emotional.

Solche Überlegungen können auf Situationen aufmerksam machen, wo sehr effiziente Bewältigungspläne (siehe Unten) oder Pläne, welche «die Art des Gefühls bestimmen» (bis zum Extrem des Nicht-Auftretens deutlicher Gefühle, s. auch Kap. 2.2.8, psychosomatische Störungen) das Manifestwerden von Gefühlen verhindern. Insofern, als das sehr viel Energie verbrauchen kann, sind solche Zusammenhänge unter Umständen für das Verständnis eines Klienten sehr relevant.

Beispiel: Ein bereits erwähnter Klient hat hohe Leistungsansprüche, zeigt aber keine Gefühle, wenn der Chef seine Kompetenz in Frage stellt. Die Frage, was er mit (unterstellten) Gefühlen macht, führt zur Feststellung, daß er sie in solchen Situationen, so gut es geht, an Hund und Kindern «abreagiert», weil der Plan, Konfrontationen zu vermeiden, Ärger als gefährlichen Schritt in Richtung auf eine direkte Auseinandersetzung nicht zuläßt.

3. Welche Pläne dienen dem Bewältigen, Herstellen oder Aufrechterhalten eines Gefühls?

Alle Pläne sind im weitesten Sinn Bewältigungspläne

Die Herstellung positiver und die Bewältigung oder das Vermeiden negativer Gefühle bestimmt einen großen Teil des Verhaltens eines Menschen: Wie bereits ausgeführt, ist es ein stückweit beliebig, ob man sagt «A tut M um den Zustand X herzustellen (oder zu vermeiden)» oder «A tut M um das mit Zustand X verbundene Gefühl G herzustellen (oder zu vermeiden)». Bei den meisten Handlungen drängt es sich nicht unbedingt auf, sie überwiegend aus der Perspektive der hergestellten oder vermiedenen Gefühle zu betrachten. Wenn aber – aus was für Gründen auch immer – ein Gefühl näher betrachtet wird, ist es immer sinnvoll, sich auch die Frage nach dem *Bewältigungsverhalten* zu stellen. Wenn bei Patienten die Vermeidung der mit «wunden Punkten» (Grawe, 1986) verbundenen Punkte verhältnismäßig wichtig ist, kann ein großer Teil des gesamten Funktionierens als Bewältigungs- bzw. Vermeidungsverhalten verstanden werden. Grundsätzlich wird vor allem dann umfangreicheres Bewältigungsverhalten entwickelt, wenn Gefühle oder die Erwartung, daß Gefühle eintreten könnten, längere Zeit anhalten.

Bewältigungspläne können darauf ausgerichtet sein, die Bedrohung *an der Quelle* zu beseitigen (Beendigung einer quälenden Beziehung, assertives Verhalten, um die Quelle eines Ärgers zu beseitigen usw.) oder sie können palliativ sein, das heißt auf den *Umgang mit dem Gefühl selber* ausgerichtet sein, ohne sich primär mit der Ursache der Störung auseinanderzusetzen (Einnahmen von Beruhigungsmitteln, Ablenkung). Sie können *nach außen gerichtet* (zum Beispiel assertives Verhalten) oder *intrapsychisch* sein (versuchen, sich selber glaubhaft zu machen, daß ein anderer einen sicher nicht absichtlich geärgert hat). Es kann sich um eine *echte Bewältigung* handeln (eine Prüfung, vor der man immer Angst hatte, hinter sich bringen) oder um ein *Vermeidungsverhalten* (Zwangsverhalten, um Ängste zu vermeiden). Manchmal ist es auch schwer, zu beurteilen, ob ein Plan dem Klienten hilft, zufriedener zu leben (zum Beispiel wenn ein Klient in einem Job kündigt, von dem er sich überfordert fühlt). Bewältigungspläne können sich auf einen kurzen Zeitabschnitt beziehen (zum Beispiel die Therapie abbrechen, um die negativen Gefühle aus Konfrontationen des Therapeuten zu vermeiden) oder – besonders bei existenziellen Gefühlen – auf das ganze Leben (vermeiden, selbständig zu werden, um ein befürchtetes Gefühl des Alleinseins zu vermeiden, das aufgrund des Sich-Entfernens von der Mutter erwartet wird.). Weder das Bewußtsein des Klienten für den Sinn von Bewältigungsplänen noch die objektive Effektivität eines Bewältigungsverhaltens sind notwendige Bedingungen für Beurteilung einer Hypothese als plausibel: Sowohl die subjektiv/bewußte Meinung eines Klienten, er setze ein «geeignetes» Mittel ein, als auch der objektive Effekt sind für sich allein ein hinreichender Grund, einen Bewältigungsplan zu entwickeln und aufrechtzuerhalten.

Ansetzen an der Quelle einer Störung, Ansetzen am Gefühl selber

Nach innen oder nach außen gerichtet

Insofern als im Gesamtzusammenhang ein scheinbar positives Gefühl auch eine negative Bewertung, ein negatives Gefühl eine positive Bewertung erfahren kann, müssen die Frage manchmal auch umgekehrt werden: «Was tut ein Klient um Positives zu vermeiden und Negatives herzustellen?»

Auch «positive» Gefühle müssen «bewältigt» werden

> *Beispiel:* Für einen Klienten mit starken Bedürfnissen, seine Emotionen zu kontrollieren, kann ein zu starkes positives Gefühl bedrohlich sein und wird deshalb bekämpft. Eine Person, für welche die Rolle des Leidenden wichtig geworden ist, wird sich ebenfalls gegen positive Gefühle wehren.

Für Menschen mit Entscheidungsproblemen kann eine depressive Verstimmung helfen, das Vermeiden eines Konfliktes zu rechtfertigen und deshalb aufrechterhalten werden. In solchen Fällen ist auch die vierte Heuristik, die nach instrumentellen Funktionen eines Gefühls fragt, betroffen. Wenn ein Bewältigungsplan explizit zu einem Gefühl in Beziehung gesetzt werden soll, sieht das etwa so aus:

4. Für welche Pläne könnte das Gefühl oder ein Begleitumstand des Gefühls eine instrumentelle Funktion haben?

Ein Gefühl selber (Ärger, der von Angst ablenkt) oder ein Begleitumstand eines Gefühls (Schonung durch andere, wenn man Nervosität zeigt) kann eine instrumentelle Funktion haben. Die etwas umständliche Formulierung mit dem «Begleitumstand» trägt der Tatsache Rechnung, daß für die Erzielung des Effektes das ursprüngliche Gefühl gar nicht so relevant sein muß (Beispiel: Das Zeigen von Niedergeschlagenheit gegenüber der Freundin kann zu verständnisvoller Zuwendung führen, unabhängig davon, wie niedergeschlagen der Mann wirklich ist; die berühmte «Angst vor der Maus» ist wohl weniger auf tatsächliche Bedrohungsgefühle als auf Verstärkung durch väterliche/männliche Zuwendung zurückzuführen [1], usw.).

Auch negative Gefühle können «positive» Konsequenzen haben; gerade wenn sie andauern, sind sie daraufhin zu betrachten

Gerade bei negativen Gefühlen mag es zunächst als Nicht-Ernstnehmen des Klienten anmuten, wenn man überhaupt nach einer instrumentellen Funktion fragt. Eine entsprechende Hypothese negiert auch keineswegs, daß der Klient tatsächlich unter dem Gefühl leidet: Es handelt sich nicht um ein Entweder-oder, sondern meistens um ein Sowohl-als-auch.

Vor allem *langanhaltende negative Gefühle* werden oft durch eine – manchmal sehr versteckte – instrumentelle Funktion aufrechterhalten (Beispiel: Anhaltende kraftlos/depressive Gefühle verhindern, daß ein Mann sich offen der Frage stellen muß, ob er sich zu seinen homosexuellen Gefühlen bekennen und entsprechende Konsequenzen in seinem Leben ziehen will).

Die Funktion kann intrapsychisch sein (wie im eben erwähnten Beispiel) oder sich an die Umgebung richten (wie bei agoraphobischen Ängsten, wenn sie eine vermehrte Zuwendung durch den Partner zur Folge haben).

Allgemeine instrumentelle Funtionen von Emotionen sind für die Regulation enorm wichtig, werden aber im Einzelfall nicht explizit berücksichtigt

Sehr allgemeine Funktionen eines Gefühls, wie das Auftreten eines damit unvereinbaren Gefühls zu kontrollieren, damit auch Stimmungen aufrechtzuerhalten, Handlungen zu unterstützen, usw., seien hier nur noch einmal in Erinnerung gerufen (vgl. Kap. 2.2.6). Solche Zusammenhänge festzuhalten ist nur dann wichtig, wenn sie für einen einzelnen Klienten von besonderer Bedeutung sind (Beispiel: Permanente Fröhlichkeit als auffälliges Antidepressivum).

Wie wird eine angenommene instrumentelle Funktion explizit festgehalten? Es ist ratsam, nicht einfach den Begriff für das Gefühl in die Planstruktur hineinzuschreiben: Damit wäre zu wenig spezifiziert, was genau gemeint ist, oder ob etwa das Gefühl gar in die Struktur «hineingerutscht» ist, ohne daß wirklich eine instrumentelle Funktion gemeint war: Es sollte vielmehr spezifiziert werden, welcher Aspekt des Gefühls gemeint ist, z.B. «entwickelt aufgesetzte Fröhlichkeit» dient dem Plan «überspiele Traurigkeit». Weitere Beispiele finden sich in Abbildung 19.

In welchem *Verhältnis* stehen die oben dargestellten *vier Such- beziehungsweise Betrachtungsheuristiken* zueinander? Es handelt sich um

---

[1] Eine Kollegin schrieb mir berechtigterweise den Kommentar ins Manuskript: «Haben Deiner Meinung nach nur Frauen 'die Angst vor der Maus'?? Ich könnte Dir da von meinem Vater erzählen...» Es ist nicht ganz unbedenklich, an Stereotypen anzuknüpfen, um einen Gedanken möglichst knapp zu illustrieren!

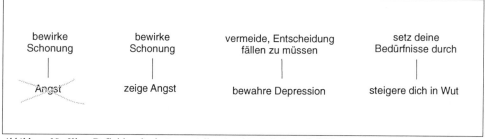

Abbildung 19: Klare Definition des instrumentellen Aspektes bei einem Gefühl.

Aufforderungen, die Aufmerksamkeit bei der Analyse auf die entsprechenden Aspekte zu lenken. Je nach Fall hängen die Aspekte aber zusammen und es können dementsprechend dieselben Pläne mehrfach betroffen sein.

Aspekte, nicht Kategorien

Beispiel: Es handelt sich wieder um den Klienten, der über die Ausgelassenheit seiner Frau verärgert ist.
Situation: Frau verhält sich ausgelassen in Gegenwart von Kollegen.
Bedrohter Plan: Sichere dir ungeteilte Aufmerksamkeit deiner Frau.
Plan, der die Art des Gefühls bestimmt: Vermeide, Ängste bezüglich Aufmerksamkeit deiner Frau bewußt werden zu lassen (unterstellt, daß Ängste in der Situation eigentlich die «naheliegensten» Gefühle wären).
Pläne, für die das Gefühl eine instrumentelle Funktion hat: Vermeide Ängste..., sichere dir ungeteilte Aufmerksamkeit.

Es können auch mehrere Gefühle ineinander *«verschachtelt»* sein.

Beispiel: Ärger über die eigene Angst bei schriftlicher Prüfung: Die Angst kann aus der Bedrohung von Plänen erklärt werden, für die das Bestehen der Prüfung wichtig ist; der Ärger aus der Bedrohung derselben Pläne, zusätzlich des Planes, die Prüfung ohne Angst zu überstehen.

Verschachtelte Gefühle

Es hat sich als nützlich erwiesen, bei jedem Gefühl, das erklärungsbedürftig erscheint, auf jeden Fall die *Situation* möglichst genau zu bestimmen und nach *bedrohten* Plänen zu fragen. Nur zu einem kleinen Teil, zum Beispiel wenn sie durch reines Modellernen zustandekamen und durch eine instrumentelle Funktion aufrechterhalten wurden, gehen Gefühle nicht mindestens ursprünglich auf eine faßbare Bedrohungs- oder Blockierungssituation zurück (was nicht gleichzusetzen ist mit «sind hauptsächlich daraus zu erklären»!).

Obligatorische und fakultative Bestimmungsstücke

Die anderen Heuristiken sind sozusagen «fakultativ»: Sie anzuwenden kann *helfen*, wichtige Zusammenhänge zu sehen, sie führen aber *nicht immer* auf Pläne, die festzuhalten sich lohnt.

Wie werden die hypothetisch erschlossenen Beziehungen eines Gefühls zu Plänen festgehalten, wenn man sie für wichtig genug hält? Wie instrumentelle Beziehungen aufgezeichnet werden können, wurde bereits beschrieben. Die übrigen Bezüge (zum Beispiel bedrohte Pläne) werden nicht in der hierarchischen Struktur festgehalten, sondern in separaten Notizen, eventuell in Frames-Form (s. Kap. 4.2.15).

Übung: Gehen Sie den ganzen Text, der sich mit der Beziehung von Gefühlen zu Plänen beschäftigt, allein oder in einer Gruppe noch einmal durch und erfinden Sie Beispiele für die angesprochenen Aspekte. Wo bereits Beispiele im Text sind, sollten Ihre Beispiele denselben Aspekt illustrieren, aber den Beispielen im Text nicht zu ähnlich sein.

Gefühle sollten nicht nur aufgrund der Planstruktur nachvollziehbar sein können, sie sind auch eine unersetzliche Quelle für Informationen über die Planstruktur

Wir kommen damit zur «umgekehrten» Perspektive: Welche Hinweise kann ich aus beobachteten oder berichteten Gefühlen über die Planstruktur ableiten?

Weil in den letzten Abschnitten die wichtigen Bezüge zwischen Gefühlen und Plänen bereits hergestellt und mit Beispielen illustriert wurden, kann dieser Abschnitt kurz ausfallen. Das darf aber nicht darüber hinwegtäuschen, daß Gefühle eine ebenso wichtige Informationsquelle für das Erschließen von Plänen sein können wie die direkte Beobachtung instrumentellen Verhaltens.

Im einfachsten Fall drückt der Klient seine Gefühle verbal aus, meistens aber nur nonverbal, zum Beispiel:

Spuren im nonverbalen Verhalten

– im Gesichtsausdruck

– in der Stimme

– in der Gestik

– in der Körperhaltung

Diese Ausdrucksformen sind meistens noch einigermaßen leicht zu interpretieren: Sogar bei Menschen aus anderen Kulturkreisen können wir daran mit großer Zuverlässigkeit ihre Stimmung erkennen. Gefühle können aber auch Spuren hinterlassen in:

– der Atmung

– im Sprachfluß

– in der Wortwahl (ohne daß das Gefühl direkt ausgedrückt wird)

und in weiteren nonverbalen Auffälligkeiten, die für sich gesehen nicht ohne weiteres einem bestimmten Gefühl zugeordnet werden können: Hier muß die Situation, in welcher das Verhalten beobachtet wurde, zur Interpretation herangezogen werden. Dabei geht es nicht um die objektive Situation, sondern um die Situation, wie der Klient sie (vermutlich) subjektiv wahrnimmt. Je besser wir also einen Klienten bereits begreifen, desto feinere Anzeichen von Gefühlen können wir wahrnehmen und interpretieren.

Es gehört andererseits zum Problem vieler Klienten, daß sie *Gefühle gar nicht empfinden*, «obwohl das in der Situation eigentlich zu erwarten wäre». Es ist möglich, daß sie keine bewußten Emotion empfinden, aber durchaus auffällige Zeichen von Erregung zeigen. Wenn dagegen überhaupt nichts zu erkennen ist, kann man dennoch versuchen, sich intensiv in den Klienten zu versetzen, und zu empfinden, wie man sich in der Situation fühlen würde. Manchmal braucht das auch gar keine bewußte Anstrengung: Man wird zum Beispiel von selber wütend, sozusagen stellvertretend für einen aggressionsgehemmten Klienten.

Übung:

Material: Rollenspiel, Video von echter Therapiesitzung oder – zum Anfangen einfacher – Aufzeichnung von Spielfilm.

Aufgabe: Alles andere ausblenden und nur achten auf:
- verbal vom Beobachteten beschriebene Gefühle
- nonverbale, eindeutig zu interpretierende Anzeichen von Gefühlen
- nonverbale Anzeichen von Gefühlen, die nur unter Einbezug der Situation interpretierbar sind
- Situationen, wo «eigentlich» Gefühle zu erwarten wären, aber keinerlei Anzeichen davon zu sehen sind
- eigene «stellvertretende» Gefühle.

Vor allem, wenn die Gefühle sich sehr dicht folgen, sind unter Umständen mehrere Betrachtungsdurchgänge nötig.
Wie immer sollten wenn möglich die Lösungen mit anderen Beobachtern verglichen und diskutiert werden.

Die erste Frage, wenn man aus Gefühlen Pläne erschließen will, ist: Kann ich die beobachteten Gefühle *aus der bisher erschlossenen Planstruktur erklären*? Wenn ja: Sind die Gefühle wirklich *befriedigend erklärt*, zum Beispiel wenn in ähnlichen Situationen nicht immer dasselbe Gefühl auftritt? Wenn eine befriedigende Erklärung nicht gelingt, ist die Frage: *«Wie müßten Pläne etwa aussehen, die unter den vier Heuristiken betrachtet, das betreffende Gefühl erklären würden?»*. Man kann als Analogie an folgende Situation denken: Genaue Bewegungs-Beobachtungen bei den bis dahin bekannten Planeten ergaben, daß es unerklärliche Abweichungen von den berechneten Umlaufbahnen gab. Unter der Annahme, daß das nicht auf bisher unbekannte Gesetzmäßigkeiten zurückzuführen sei, sondern ein bisher nicht bekannter Planet nach den bekannten Gesetzmäßigkeiten die Bahnen beeinflußte, wurde Pluto zunächst postuliert und später entdeckt.

Fragen zum Erschließen von Plänen aufgrund von Gefühlen

Entsprechend kann man einmal von den vier heuristischen Leitfragen ausgehen und aus Situation und aufgetretenen Gefühlen auf Pläne spekulieren. Das schließt nicht aus, daß noch völlig andere Dynamiken beteiligt sind, die trotz des allgemeinen Charakters der Heuristiken nicht in diese integrierbar sind. Diese erlauben aber zumindest eine *effiziente, nützliche Annäherung* und führen nach unserer Erfahrung zu vielen Hinweisen, die ohne eine systematisches Einbeziehen der Gefühle als Informationsquelle verlorengegangen wären.

4.2.14 Überprüfen und Verändern von Planstrukturen

Mit dem Zuwachs an Wissen über einen Klienten verändert sich selbstverständlich auch das in der Planstruktur ausgedrückte Bild, das der Therapeut oder Analysierende sich macht. Wenn ein Plan «neu» hinzukommt, kann das heißen: Es ist ein *«alter» Plan*, aber bislang lagen *keine Informationen* über ihn vor, oder es ist ein *neu entwickelter Plan*. Im allgemeinen läßt sich das beim Analysieren, wenn die entsprechende Hintergrund-Information vorliegt, gut entscheiden (Deppeler, 1987; Oesch, 1987), die Veränderung in der Planstruktur selber drückt das aber nicht aus: Soll die entsprechende Information nicht verlorengehen, muß sie separat festgehalten werden. Dies läßt sich in zusätzlichen Kommentaren mit entspre-

«Neuer» Plan: Wirklich neu oder neu erschlossen?

chenden Markierungen in der Planstruktur oder in zusätzlichen Frames festhalten (vgl. Kap. 4.2.15).

Frühe Hypothesenbildung – offene Suchhaltung

Mehrfach war schon von der «Suche nach Verhaltensaspekten, die Planhypothesen bestätigen», die Rede: Selbstverständlich sollten die Augen und Ohren genauso offen sein für Beobachtungen, die *nicht mit dem übereinstimmen, was man von einem Klienten eigentlich erwartet* hat. Der Preis für diese Offenheit ist eher selten, daß man einen Plan völlig verwerfen muß. Meistens geht es darum, den Plan *präziser zu definieren und seinen Geltungsbereich einzuschränken*. Auch sehr schnell erstellte, sehr spekulative Hypothesen können dazu beitragen, eine Menge von Informationen zu strukturieren und damit effizient Pläne eines Klienten zu erschließen. Man muß sich aber des *Hypothesencharakters* stets bewußt bleiben und erwarten, daß Pläne zunächst oft übergeneralisiert sind und durch Vergleich mit später beobachtetem Verhalten spezifiziert werden müssen. Die hypothetische Struktur wird immer weiter korrigiert, so daß sich eine immer bessere Übereinstimmung zwischen erschlossener Struktur und beobachtetem Verhalten ergibt. Zweifellos besteht eine Gefahr, daß die Analysierenden eine bestehende Sichtweise durch selektives Beobachten zu bestätigen suchen. Auf der anderen Seite helfen klare, explizite Hypothesen, sich in einer Masse komplexer Informationen zurechtzufinden, und was sonst möglicherweise im Fluß der Informationen versteckt bleibt, springt ins Auge, gerade weil es mit der bestehenden Sicht nicht vereinbar ist.

Auch wenn dabei anzunehmen ist, daß die Struktur «die Realität» immer besser erfaßt, bleibt es so, daß Beobachtungen nie ohne Interpretationen mit Konstrukten von der Art von Plänen verbunden werden können: Einen eindeutigen Beweis für die Richtigkeit eines Planes kann es deshalb nicht geben (vgl. 4.2.5).

Alte Pläne bleiben latent vorhanden

In der Praxis wird eine Struktur nur erweitert, «überholte», das heißt scheinbar nicht mehr relevante Pläne werden nicht gestrichen: Es wird davon ausgegangen, daß sie in der Regel «latent» vorhanden bleiben. Das heißt, daß der Klient nun zwar sein Verhalten aufgrund anderer, neuer Pläne konstruiert, daß aber zumindest Teile der alten Pläne (i.S. von Konstruktionsregeln) bestehen bleiben und sehr schnell aktiviert werden können. Vor allem höchste Motive werden kaum je ganz aufgegeben und bestimmen anhaltend das Verhalten, wenn auch in anderer Form. Diese Position stimmt überein mit Forschungsergebnissen zur Veränderung negativer Schemata sensu Beck (Beck & Emery, 1981): Auch nach der Remission depressiver Störungen bleiben diese Schemata offenbar vorhanden und sind meßbar, ein Ergebnis, das Vertreter des Ansatzes zunächst irritierte. Inzwischen wird angenommen, daß: «...old schemata do not die but merely fade as a result of underutilization» (Segal, 1988, S. 157). Es ist zwar fraglich, ob «underutilization» tatsächlich *der* relevante Faktor für das Weniger-wichtig-Werden ist: Die Konsequenzen für die Analyse-Praxis bleiben aber dieselben: «Alte» Pläne sind zumindest für längere Zeit noch in Rechnung zu stellen.

Beim Vergleich von Erwartungen mit tatsächlichem Verhalten kann der Klient über spontane Beobachtungen hinaus natürlich auch befragt oder zu systematischer Selbstbeobachtung aufgefordert werden.

Eine Voraussage wird möglich auf der Basis der interaktionistischen Grundannahmen vom Zusammenwirken von Person und Umwelt: Vorausgesagt

werden *nicht ganz bestimmte, konkrete Verhaltensweisen, sondern Determinanten*, nach denen diese konstruiert werden müßten, also: «In Situation A müßten Pläne Y und Z in die Konstruktion des Verhaltens eingehen. Verhalten müßte demzufolge etwa ... aussehen, sicher aber nicht ...».
Konkreter: «Wenn ich dem Klienten vorschlage, eine Imaginationsübung zu machen und dabei die Augen zu schließen, werden seine Situationskontrollpläne einerseits, seine Pläne, bereitwillig Vorschlägen des Therapeuten zu folgen und keine Spannungen zu riskieren andererseits, sein Verhalten bestimmen. Voraussichtlich wird er die Übung nicht wirklich so machen können, aber auch nicht offen widersprechen, sondern eine Ausrede suchen oder andere Arten unoffenen «Widerstandes» zeigen.»
Vorausgesagt werden also Verhaltensaspekte oder Verhaltensklassen und nicht ganz bestimmte Verhaltenseinheiten.

> Nicht ein genz bestimmtes Verhalten wird vorausgesagt, sondern die Komponenten, die in seine Konstruktion eingehen

Explizite Voraussagen sind zweifellos das schärfste Kriterium für die Prüfung, sie sind aber natürlich in der Praxis nicht permanent möglich. In gewissem Maße können sie aber ersetzt werden durch implizite Erwartungen, welche in der automatisierten Informationsverarbeitung von erfahreneren Analysierenden gebildet werden und zu Aufmerksamkeitsreaktionen führen, «sobald etwas nicht mehr stimmt». Erwartungen sind natürlich auch dann um so pointierter, je expliziter und detaillierter die zugrundeliegende Analyse ist. Von daher ist zu wünschen, daß sie auch bei erfahrenen Klinikern nie ganz durch implizite Erwartungen ersetzt werden.

Introspektive Berichte von seiten des Klienten sind weder eine notwendige noch eine hinreichende Voraussetzung für das Beibehalten oder Verwerfen einer Hypothese (vgl. Kap. 4.2.2): Dieses Postulat basiert nicht auf einer Geringschätzung des Klienten, sondern auf der Überzeugung, daß Introspektion und Aussagen des Klienten ebenfalls in erster Linie Gegenstand der Analyse und erst in interpretierter Form Informationsquellen sind.

4.2.15 Repräsentation weiterer, nicht-instrumenteller Information

In der Alltagspraxis wird meistens folgendes schriftlich festgehalten:

- Roh-Notizen: Beobachtungen am beziehungsweise Mitteilungen des Klienten als Ausgangsmaterial
- zweidimensionale Planstruktur als Zwischenschritt und als Hilfe, die Orientierung zu behalten
- Fallkonzeption als Endprodukt der Plananalyse.

Vieles bleibt dabei *implizit* in den Köpfen der Analysierenden. Das ist auch gar nicht anders möglich, wenn man bedenkt, wie schnell ganz explizite Darstellungen innerer Abbilder «explodieren», auch bei ganz umgrenzten Sachverhalten (vgl. zum Beispiel die «Strukturlegetechnik», Scheele & Groeben, 1984). Es kann aber sinnvoll sein, die Planstruktur *mit weiteren Notizen zu ergänzen*; sie enthält ja nur die instrumentell-hierarchischen Informationen, wenn man einmal von den beschränkten weiteren Informationen in der Planbezeichnung absieht.

> Es kann sinnvoll sein, über die Planstrukturen hinaus weitere Informationen explizit festzuhalten

Zum Plan «beseitige Angst in Prüfungssituationen» kann man also zum Beispiel *formlos Notizen machen*, die über den Situationsbezug Auskunft geben, beispielsweise, bei welcher Art Prüfungen die Angst auftritt, welches weitere allgemeine Merkmale der Prüfungssituation sind, usw.

Das Frame-Konzept erlaubt ein systematisches, strukturiertes Einbeziehen weiterer Informationen

Für s*ystematischere Darstellungen* verwenden wir das sog. *Frame*-Konzept im Sinne von Minsky (1975) und anderen: Das Frame-Konzept wurde ursprünglich eingeführt für das Verständnis visueller Wahrnehmungsschemata und der Begriff wird im allgemeinen ähnlich wie «Schema» verstanden (Winston, 1981). Für uns ist vor allem die Eigenschaft wichtig, daß eine bestehende geordnete Menge von Informationen flexibel und mit gutem Zugang zu allen Informationen erweitert werden kann, und zwar ohne, daß man dazu ein aufwendiges Schema braucht (Wüthrich, 1982; Caspar & Wüthrich, 1985). Auch die instrumentelle Planstruktur kann statt zweidimensional in Frame-Form dargestellt werden (Abb. 20 und 21).

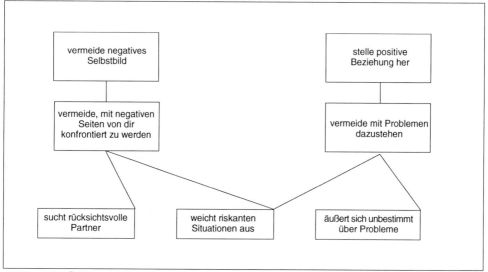

Abbildung 20: Übliche zweidimensionale Darstellung einer Planstruktur

Einbezug der Situation als weiteres Element

In gezeichneter Form wirkt die Frame-Darstellung (Abb. 21) vor allem unübersichtlicher als eine zweidimensionale Darstellung. Es geht hier nur darum zu zeigen, daß Pläne auch als ein Typus von Frames aufgefaßt werden können. Damit ist bei Forschungsanwendungen auch für elektronische Repräsentationen in LISP-Programmen Zugang geschaffen.

Abbildung 22 zeigt den *Situationsbezug* eines Planes als weitere wichtige Komponente, welche über die Komponenten «Inhalt», «Mittel» und «Ziel» in der zweidimensional gezeichneten Struktur hinausgeht und vor allem auch Informationen darüber enthält, welche «Handlungskandidaten» (Piaget, 1981; Aebli, 1980) in ein Planschema passen.

«Reservierte Plätze», obligatorisch oder fakultativ zu besetzen

Frames bestehen aus einer variablen Anzahl von *Slots*. Slots sind sozusagen «reservierte Plätze», auf die Informationen gesetzt werden, die einen bestimmten Frame charakterisieren. Der Typus des Frames bestimmt,

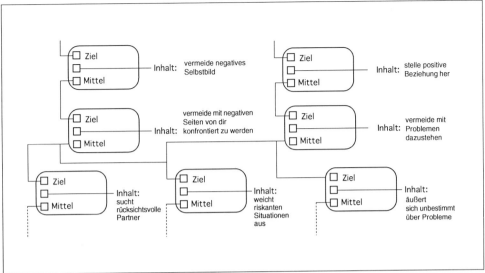

Abbildung 21: Frame-Darstellung einer Planstruktur, identisches Beispiel. Während bei der üblichen Darstellungsform die Position in der vertikalen Dimension die Information über Über- und Unterordnungen enthält, sind diese Zuordnungen bei der Frame-Darstellung durch explizite Benennung herzustellen. Die ähnliche räumliche Anordnung in Abb. 19 und 20 bei diesem Beispiel dient nur dazu, die Nachvollziehbarkeit zu erleichtern.

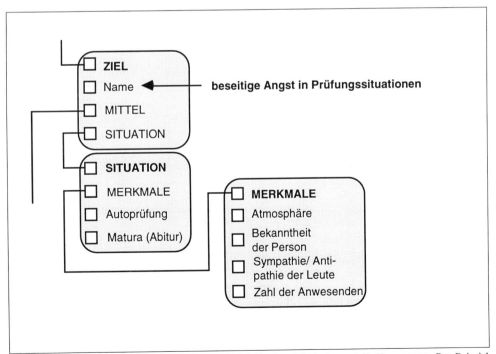

Abbildung 22: Situationsbezug eines Planes als Beispiel für eine nicht-instrumentelle Komponente. Das Beispiel zeigt, daß ein Frame durch Merkmale oder Elemente definiert werden kann.

welche Slots vorgesehen sind. Für Frames vom Typus «Plan» sind obligatorisch zu füllen die Slots «Ziel»,»Mittel» und «Inhalt». Vorgesehen, aber nur fakultativ zu füllen, sind Slots wie «Situation», «mit dem Plan verbundene Gefühle», usw.: Abbildung 23 zeigt weitere Elemente, die zu Plänen in einer nicht-instrumentellen Beziehung stehen, in genau gleicher Weise abgebildet:

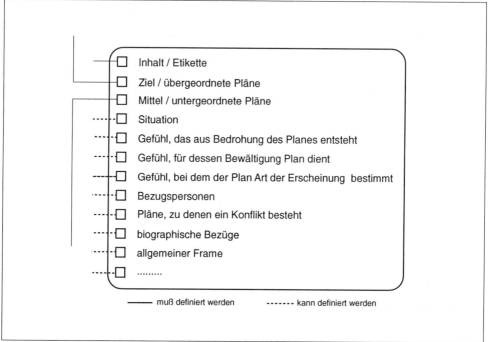

Abbildung 23: Überblick über die inhaltlichen Komponenten eines Planes.

Feste Werte, individuelle Informationen und Erfahrungswerte als Stellvertreter

Slots können gefüllt werden mit *festen Werten*, das heißt von Fall zu Fall unveränderten Inhalten: Das macht bei einem Ansatz, der die individuelle Analyse des Einzelfalls betont, wenig Sinn. Bei der Plananalyse liegt die Betonung auf *individuellen Füllern*, also Angaben, die aus der Beobachtung und Analyse eines bestimmten Klienten stammen. Sozusagen ein Zwischending sind sog. *«Default-Werte»*. Es handelt sich dabei um *Stellvertreter für individuelle Informationen*, Arbeitshypothesen, wie es aller Erfahrung nach wohl ist. Mit diesen läßt es sich erst einmal arbeiten, bis sie bestätigt, spezifiziert oder ersetzt werden durch individuelle Information zu diesem Klienten. Ein Beispiel dafür wäre, wenn man bei einem sozial ängstlichen Klienten als Situations-Merkmal zum Plan «vermeide bedrohliche Situationen» annimmt, daß es um potentielle Blamage-Situationen geht. Default-Werte werden bei Verwendungen von Frames im Zusammenhang mit der Plananalyse nicht festgehalten, da es sich ja nicht um individuelle Informationen handelt. Das Konzept der Verwendung von Default-Werten stellt aber, zusammen mit der Idee, für bestimmte Frame-Typen bestimmte Slots vorzusehen, die *Verbindung zwischen dieser Repräsentationsform und der Verwendung von Suchheuristiken* her (vgl.

Caspar & Wüthrich, 1985). Slots können auch gefüllt werden mit weiteren Frames, wie in Abbildung 20 beim Beispiel der Planstruktur. Die Eigenschaft solcher verschachtelter Strukturen, daß Merkmale von einem Frame zum anderen «vererbt» werden, ohne immer wieder neu erwähnt werden zu müssen, trägt wesentlich zur Ökonomie dieses Systems bei.
Zu den wichtigsten nicht-instrumentellen Elementen einer individuellen Struktur gehören *Gefühle*. Die *Heuristiken* zum Erschließen der Beziehung eines Gefühls zu relevanten Plänen (vgl. Kap. 2.2.6. und 4.2.13) können aus der Frame-Perspektive *als Slots* betrachtet werden. Ein Gefühls-Frame sieht in der allgemeinen Form so aus:

Gefühle in Frames-Form

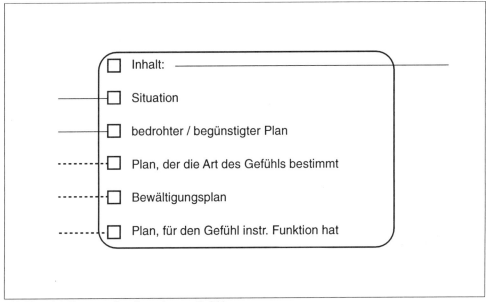

Abbildung 24: Frame zur Repräsentation von Gefühlen.

Abbildung 25 auf der folgenden Seite zeigt ein konkretes Beispiel.
Bei bisherigen gründlicheren Analysen mit Verwendung expliziter Frames haben wir neben Plänen Gefühlsframes (mit der oben dargestellten inneren Struktur), Situationsframes, allgemeine Frames (beide ohne vorgegebene innere Struktur) und manchmal Lebensgeschichte- oder Biographie-Frames verwendet. In allgemeine Frames können beliebige Informationen «gefüllt» werden, für die kein spezieller Frame-Typus vorgesehen ist. Jeder dieser Frames wird *verbunden mit einem Plan*, allenfalls auch mehreren Plänen. Diese Verbindung erleichtert es, die Informationen zu strukturieren und zugänglich zu halten. Sie wird beim Frame und sinnvollerweise auch beim Plan in der Planstruktur festgehalten (s. Abb 26).

Am häufigsten: Situations-, Gefühls-, allgemeine und Biographie-Frames. Auf die Verbindungen kommt es an!

Darüber hinaus gibt es aber auch Komplexe von Informationen, die zu *sehr vielen Plänen Verbindungen* haben. Bei diesen würde das Festmachen an einem bestimmten Plan sehr willkürlich sein und den Zugang eher

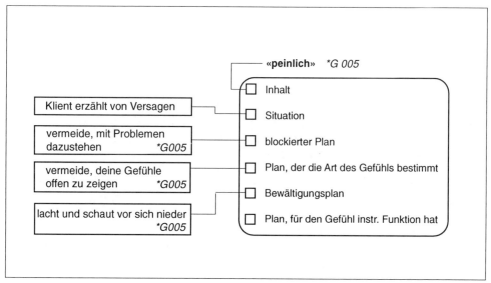

Abbildung 25: Beispiel: Frame-Darstellung zum Gefühl «peinlich». Die Numerierung (*G005) stammt daher, daß es in unserer Sprache weniger Möglichkeiten gibt, Gefühle gleichzeitig knapp und differenziert zu beschreiben, als dies bei Plänen und dem Verhalten möglich ist. Nach Inhalt und Situation unterscheidbare Gefühle der «Peinlichkeit» werden also auch schon im Label voneinander differenziert. Die Sterne dienen allein dazu, Verweise visuell hervorzuheben und leichter auffindbar zu machen.

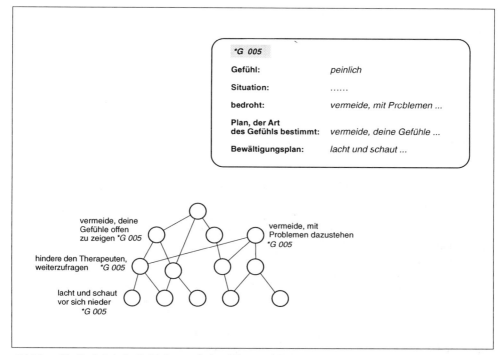

Abbildung 26: Festhalten der Verbindung zwischen Plänen und Frames.

erschweren. Beispiele dafür sind allgemeine Informationen zu Selbstkonzept, Biographie (wenn es sich nicht um spezifische Informationen zu einem bestimmten Plan handelt), religiöse Überzeugungssysteme usw. In solchen Fällen ist es sinnvoller, einen entsprechenden Frame nicht mit einem bestimmten Plan zu verbinden, sondern einfach ohne Verbindung zu einem Plan stehen zu lassen. Ziel bleibt aber, das nicht allzu häufig zu machen, sondern die Information wenn immer möglich zu strukturieren und zu ordnen.

So lassen sich zum Beispiel *Überzeugungen* des Klienten, etwa im Sinne der kognitiven Therapieansätze (Ellis, 1962; Beck & Emery, 1981; und andere), als subjektive Prämissen der Klienten verstehen, welche der Konstruktion der Pläne zugrundeliegen («ich darf keine Fehler machen» => «mache keine Fehler»). Sie lassen sich meistens präzise mit entsprechenden Plänen verbinden: So entsteht eine Übersicht über den Stellenwert einzelner problematischer Annahmen im Gesamtfunktionieren eines Klienten, wie sie für kognitive Therapieansätze sonst zumindest nicht gerade typisch ist. Der Leser sei ausdrücklich ermutigt, über die hier dargestellte Typen von Frames hinaus beliebige weitere Frames und innere Strukturen (Slots) zu entwickeln, die auf die jeweiligen Zwecke genauer zugeschnitten sind. Dabei sollten Frames aber nur «vorgeformt» werden, wenn eine solche Systematisierung gegenüber der Verwendung allgemeiner Frames mehr Erleichterung als Belastung bringt.

Abschließend sei noch einmal betont, daß die *Idee* von Frame-Zuordnungen helfen kann, formlose Notizen zu strukturieren und der Planstruktur ergänzend zuzuordnen, *auch wenn man keine Frames im ganz formalisierten Sinn verwendet*. Frames müssen nicht unbedingt graphisch beeindruckende Kästchen sein!

Auffällige Kognitionen im Sinne der Kognitiven Therapieansätze lassen sich meistens recht präzise mit bestimmten Plänen in Verbindung bringen

4.2.16 Kategorien von Plänen

Pläne können nach theoretischen oder pragmatischen Kriterien in Kategorien eingeteilt werden. Ein Grund, das zu tun, ist einfach, *«Ordnung» und Übersichtlichkeit* zu schaffen in einer Planstruktur (s. Abb. 27).

Ein anderer Grund für das Gliedern von Strukturen ist die Absicht, eine *Beziehung* zwischen Plänen und Kategorien *herzustellen*, die *in Theorien begründet* sind, die man für relevant hält (vgl. Kap. 4.2.7 und 4.2.17). Oft handelt es sich dabei um *Dichotomien*. Beispiele dafür sind Anhängigkeit / Autonomie; Sicherheit / Selbstverwirklichung; konstruktive / Vermeidungspläne; intrapsychische / in die Umgebung wirkende Pläne; positive Selbstschemata / negative emotionale Schemata; öffentliche / private Pläne; usw. Es können auch *Gruppen von Plänen* (und Frames) um Begriffe wie «Eltern», «Kinder», «Beruf», «Alkoholismus» usw. gebildet werden. Ein «Vorsicht!» dazu darf allerdings nicht fehlen: Meistens sind Pläne verschiedener Kategorien in der hierarchischen Struktur *eng miteinander verwoben*. Beispielsweise enthält ein in die Umgebung wirkender Plan auch intrapsychische Unterpläne und vice versa. Bei mehrfachbestimmten Verhaltensweisen oder Plänen ist oft ein Teil der Konstruktionsaspekte bestimmt von öffentlichen, der andere Teil von privaten Plänen, usw.: Das spricht nicht gegen die Verwendung von Gliederungen, man darf sich nur nicht wundern, wenn sie bei genauerer Betrachtung schwerlich in strikter Form aufrechtzuerhalten sind.

Kategorien können Ordnung schaffen

Kategorien können bestimmte theoretische Positionen zum Ausdruck bringen

Vorsicht: Pläne sind eng untereinander verwoben und können deshalb nicht einfach aufgeteilt werden!

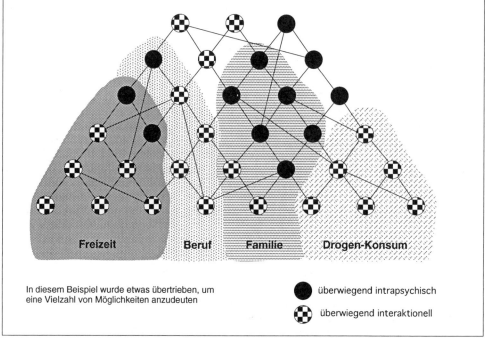

Abbildung 27: Beispiele für Gliederungen in einer Planstruktur. Die Gliederung kann mit «Mengendiagrammen» (Linien, die eine Gruppe von Plänen umfassen), der Verwendung unterschiedlicher Farben (hier angedeutet durch verschiedene Füll-Muster) usw. ausgedrückt werden.

4.2.17 Plankonflikte

Psychische Probleme auf Konflikte zurückzuführen hat in der Psychotherapie Tradition. Es geht hier nicht darum, den psychoanalytischen, lerntheoretischen usw. Konflikttheorien weitere hinzuzufügen, sondern um das *Erschließen von Konflikten aus Detail-Informationen über einen einzelnen Klienten.*

Konflikte können hinter psychischen Problemen stecken

Pläne «an sich» können nicht in Konflikte stehen, es sind die Nebenwirkungen des von ihnen gesteuerten Verhaltens, die dazu führen

Bereits Miller, Galanter & Pribram (1960) betrachteten Plankonflikte als Ursache psychischer Störungen, ohne das allerdings befriedigend zu elaborieren. Das Plankonzept, wie wir es verstehen, vermag deutlich zu machen, daß Bedürfnisse oder Ziele *an sich*, «in ihrer reinen Form» sozusagen, *nicht miteinander in Konflikt stehen*[1]. Wenn wir von subtilen wechselseitigen inhibitorischen Einflüssen, zum Beispiel auf der Ebene unvereinbarer Stimmungen, einmal absehen, sind es die *Nebenwirkungen*, die einen Konflikt herbeiführen: Es sind die Effekte, die konkrete Pläne mit ihren Unterplänen und Verhaltensweisen unter ganz bestimmten Umständen – real oder in der Vorstellung – für andere Pläne haben.

---

[1] Entsprechend dem Song von Reinhard Mey: «Über den Wolken muß die Freiheit wohl grenzenlos sein ...».

Beispiel: Mehrere Frauen – oder Männer – zu begehren, ist wohl allgemein verbreitet. Wie Gesellschaften mit Polygamie zeigen, muß das nicht grundsätzlich zu Konflikten führen. Selbst in unserer Gesellschaft scheint es unter gewissen Voraussetzungen möglich, solche Bedürfnisse relativ konfliktfrei auszuleben. Es ist aber andererseits geradezu trivial festzustellen, daß das auch zu gewaltigen Konflikten führen kann.

Die Tatsache, daß Konflikte bei genauer Betrachtung stets auf Nebenwirkungen von Handlungen im Sinne des einen oder anderen Bedürfnisses zurückzuführen sind, macht es auch *prägnanter, Konflikte aus der Planperspektive zu betrachten,* als aus einer allgemeineren Schema-, Gefühls- oder ähnlichen Perspektive.

> Es ist deshalb oft viel prägnanter, Konflikte aus der Plan- (also aus der Handlungs-), als aus einer allgemeineren Schema-Perspektive zu betrachten

Für das psychische Funktionieren eines Menschen sind Plankonflikte deshalb relevant, weil sie:

1. zu permanenten oder starken negativen Gefühlen
2. zu Kräfte verzehrendem und wichtige andere Pläne behinderndem Vermeidungsverhalten und
3. zur Unterentwicklung von Bereichen, die für gesundes Funktionieren wichtig sind, führen können.

Es gibt eine Reihe von *typischen Konflikten,* die in der Literatur in der einen oder anderen Form immer wieder auftauchen (vgl. Kap. 4.2.16), wie Autonomie vs. Abhängigkeit, Expansion vs. Sicherheit, usw. Als abstrakte Begriffe sind diese Einheiten von beschränktem Nutzen: Erst mit konkreten Inhalten, das heißt Situationsbezügen, zugeordneten Verhaltensaspekten, Prämissen usw. angereichert, ergibt sich ein individuelles Verständnis der Situation eines Klienten oder gar Lösungen. Je nach Situation kann der Erwerb von Kompetenzen (das heißt nebenwirkungsfreier Verhaltensweisen oder geeigneterer Konstruktionsverfahren), die Reduktion von Ansprüchen, das Bearbeiten irrationaler Vorstellungen oder ähnliches angemessen sein: Die *Benennung* des Konfliktes kann helfen, eine Struktur zu ordnen, es lassen sich aber *keine individuellen Schlüsse daraus ableiten.* Die Plananalyse ist ein geeignetes Konzept, für den einzelnen Klienten eine Verbindung zwischen Konflikttheorien verschiedenster Provenienz und individuellen Merkmalen des Klienten und seiner Situation herzustellen.

> Typische Konflikte tauchen in der Literatur in verschiedenen Formen auf. Lösungen ergeben sich nicht aus einem sehr allgemeinen Verständnis des Konfliktes, sondern erst in Kenntnis der besonderen Umstände bei einem individuellen Klienten. Die Plananalyse kann ein Bindeglied zwischen allgemeinen Konflikttheorien und einem individuellen Klienten sein

4.2.18 Test-, Wahrnehmungs- und Metapläne

Eine besondere Kategorie von Plänen sind Wahrnehmungs-, Test- und Metapläne.

Metapläne sind Pläne, die dazu dienen, andere Pläne zu bilden (Miller, Galanter & Pribram, 1960). Es handelt sich dabei meist um sehr *allgemeine Pläne, die an der Konstruktion einer Vielzahl von inhaltlich sehr unterschiedlichen Plänen beteiligt* sind und sich daher von «normalen Oberplänen» unterscheiden. Auch für Meta-Pläne gilt die Regel, daß sie nicht näher betrachtet und explizit festgehalten werden, wenn sie nicht für einen bestimmten Klienten von besonderer Bedeutung zu sein scheinen.

```
entscheide dich          führe kein Verhalten
immer für die            aus, bevor du ganz          vermeide Veränderungen
risikoärmere Variante    sicher bist, daß es keinerlei   bevor du ganz sicher bist,
                         unangenehmen                daß sie nötig sind
                         Nebenwirkungen hat          (Aufschub von Akkommodation)


        ruhe nicht, bis du ein Verhalten      wenn du ein Problem
        konstruiert hast, das allen           hast, konzentriere dich
        deinen Plänen gleichzeitig            darauf und laß nicht
        gerecht wird                          locker mit deiner Auf-
        (Förderung mehrfachbestimmten Verhaltens)  merksamkeit, bis
                                              es gelöst ist
```

Abbildung 28: Beispiele für «Meta»-Pläne.

Metapläne können in die übrige Struktur integriert werden

Nach unserer Erfahrung können Metapläne ohne weiteres in die Struktur der übrigen Pläne *integriert werden*: Die Unterscheidung Meta- vs. übrige Pläne ist ja auch nicht dichotom. Man stößt aber eben gelegentlich auf sehr allgemeine, «abstrakte» Pläne, die eher allgemein für eine auffällige Art der Informationsverarbeitung oder des Problemlösens eines Klienten verantwortlich zu sein scheinen, als für die Konstruktion eines ganz bestimmten Verhaltens. Dies hier anzusprechen, dient lediglich dazu, möglichem Kopfzerbrechen bei dementsprechenden Beobachtungen vorzubeugen.

Nicht selten haben Metapläne im übrigen auch einen einleuchtenden interaktionellen Stellenwert, zumindest historisch betrachtet. Die Situation im zweiten Beispiel oben («führe kein Verhalten aus ...») könnte zum Beispiel entstanden sein aus traumatischer Furcht, die Eltern zu verlieren, wenn man sich nicht ganz reibungslos im Sinne ihrer Wünsche verhält.

Test und Wahrnehmungspläne dienen vor allem der Informationsbeschaffung

Als *Test- und Wahrnehmungspläne* werden solche Pläne bezeichnet, bei denen der Hauptzweck darin besteht, dem Klienten Informationen zu beschaffen. Sie werden hier besonders erwähnt, weil auch sie für das Verstehen des Gesamtfunktionierens wichtig sind, neben Plänen, die auf das Herbeiführen oder Aufrechterhalten eines bestimmten Zustandes ausgerichtet sind.

Test-Pläne dienen dazu, *ganz bestimmte* «ja»-«nein»-Informationen zu erzeugen, indem eine «Probe» durchgeführt wird, *Wahrnehmungspläne* dienen *allgemeiner der Beschaffung von Informationen*: Diese «Typologie» ist selbstverständlich nicht im Sinne einer strengen Trennung gemeint.

Beispiele für Wahrnehmungs- und Test-Pläne sind: Direkte Fragen, Austesten des Interesses des/der anderen bei einem Flirt, indem man doppeldeutige Bemerkungen macht, provozierende Äußerungen, Konzentration der Aufmerksamkeit auf bestimmte Aspekte im Gespräch, abstoßendes Verhalten, um zu sehen, was eine Beziehung verträgt, usw. Einen besonderen Stellenwert nehmen Test-Pläne in der Theorie von Weiss (1986c; Curtis und Silberschatz, 1996) ein, wonach entscheidende Aktivitäten des Klienten in der Therapie dazu dienen, seine pathogenen und Leiden verursachenden Annahmen über zwischenmenschliche Beziehungen in der Therapiebeziehung zu testen: Aus dieser Perspektive erscheint ein großer Teil des Interaktionsverhaltens viel eher dem Testen als dem *darüber hinausgehenden* Herstellen bestimmter Zustände zu dienen.

Auch für Test- und Wahrnehmungspläne gilt, daß sie ohne weiteres in die übrige Struktur integriert werden können und sollen, da sie tatsächlich eng mit anderen Plänen verwoben sind. Es geht hier, noch einmal, nicht um die Einführung einer Typologie, die man sich merken müßte, sondern um Hinweise für den Umgang mit Plänen, die sich doch etwas von interaktionellen Plänen im engeren Sinn unterscheiden.

Auch Test- und Wahrnehmungspläne können in die übrige Struktur integriert werden

4.2.19 Pläne in Systemen

Planstrukturen sind als *Teil von größeren funktionalen Systemen* zu verstehen, also zum Beispiel von Zweierbeziehungen, Familien, Arbeitsgruppen oder größeren sozialen Gebilden (vgl. Kap. 2.2.4). Der *Schwerpunkt* der Betrachtung liegt bei der Plananalyse aber *eindeutig beim Individuum*. Die funktionale Sichtweise ist allerdings sehr verwandt mit der ebenfalls funktionalen Art zu denken bei den systemischen Ansätzen (Schiepek, 1987). Pläne des Individuums können darauf bezogen sein, ein System aufrechtzuerhalten, sich davon abzugrenzen usw. In einer Analyse des Verhaltens der «Patientin» im bekannten Psychiatrie-Film «Family Life» wurden zum Beispiel Pläne formuliert wie: «sei brave Tochter», «kitte die Ehe deiner Eltern», «vermeide, Negatives über deine Eltern zu sagen», aber auch: «ziehe dich zurück» und «verteidige dich als eigenständiger Mensch» (Caspar, 1984 [1]). Systembezogene Pläne sind wohl immer aus ganz «normalen» interaktionellen Plänen entstanden, wie die lebenswichtige Zuwendung der Eltern nicht zu verlieren, bei den Eltern: die Kontrolle über andere Menschen nicht zu verlieren, ein bestimmtes Selbstkonzept aufrechtzuerhalten usw. Sie entwickeln dann aber oftmals eine spezielle Dynamik, die auch eine besondere Betrachtung nahelegen. System-relevante Informationen können über das Formulieren systembezogener Pläne hinaus flexibel mit Plänen verbunden werden, auch explizit in Frames-Form (Kap. 4.2.15). Es ist auch durchaus möglich, individuelle Planstrukturen in größere Systeme zu integrieren (siehe Abbildung 29).

Pläne sind immer Teil größerer, funktionaler Systeme. Die Betrachtung erfolgt aber von einem bestimmte Individuum aus

Die Schwierigkeit, sich hier das System als Handelnden vorzustellen, beruht wahrscheinlich zum größten Teil auf Unvertrautheit mit dieser Perspektive. Es macht uns ja – als Gegenbeispiel – normalerweise keine Mühe zu sagen «das Außenministerium handelt so und so», obwohl es sich auch dort um ein ganzes System von Personen und Gruppen mit teils

---

[1] Plananalysen werden auch bei Kindern gemacht, m.W. aber weniger als bei Erwachsenen. Ein schönes Beispiel findet sich bei Schonauer (1992). Wegen der eingeschränkten Introspektionsfähigkeit von Kindern ist die Stärke der Plananalyse beim Nutzen nonverbaler Informationen besonders relevant.

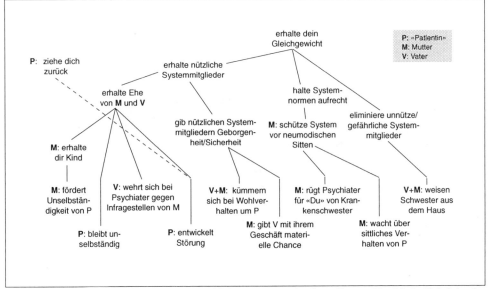

Abbildung 29: Ineinandergreifen der Pläne verschiedener Personen in einem System. Handelnde Einheit ist das System.

gemeinsamen, teils gegenläufigen Zielen handelt: Vielleicht wäre es – zumindest im Forschungskontext – interessant, einmal zu versuchen, diese Schwierigkeit zu überwinden.

In einer Berner Forschungsarbeit wurden die aufeinander bezogenen Pläne eines Paares aus der System-Perspektive analysiert und bewertet (Kästli & Vonarburg, 1986), ohne aber für das Gesamtfunktionieren des Systems eine Planstruktur auszuarbeiten. Diese Studie machte gut nachvollziehbar, warum das Paar Probleme hatte [1].

> Wahrscheinlich ist es günstiger, eine Perspektive nach der anderen einzunehmen

Insgesamt erscheint es uns günstiger, *eine Perspektive nach der anderen einzunehmen* – also zum Beispiel somatisch/intrapsychisch/interaktionell/systemisch – und diese Perspektiven sich gegenseitig ergänzen zu lassen (Schiepek & Kaimer, 1996). Der Blick aus jeder der Perspektiven ist a priori berechtigt und nur dann optimal ergiebig, wenn sie voll und ganz eingenommen wird. Auch hier scheint uns das Herrmannsche Komplexitätsargument (1979) relevant zu sein, wonach mit zunehmender Komplexität der Nutzen eines Ansatzes tendenziell abnimmt: Die «integrative Superperspektive» (in Anlehnung an den von Grawe, 1981, in Frage gestellten «integrativen Supertherapeuten») erfaßt alles und doch nichts richtig (siehe auch Beutler & Clarkin, 1990, S.297).

Es geht demnach viel weniger um die Konkurrenz von Ansätzen, in der es jedem gelingt, mit ausgewählten Beispielen oder Versuchsanordnungen seine Überlegenheit zu beweisen, sondern um die gegenseitige Ergänzung. Die Kompatibilität von Ansätzen – in diesem Fall dank der gemeinsamen funktionalen Sichtweise – wird damit zu einem entscheidenden Kriterium.

---

[1] Für genauere Angaben: s. die angegebene Arbeit!

4.3 Konsequenzen für die Therapie

Während der Entwicklung des Plananalyse-Ansatzes hat sich ein Teil unserer Überzeugungen, wie man in Therapien planen und handeln sollte, beträchtlich geändert. Einige der Überzeugungen sind eng mit dem Plankonzept verbunden, andere weniger. In diesem Buch geht es vor allem um die Entwicklung mit Fallkonzeptionen, wie insbesondere in Kapitel 3 dargestellt, weniger um das Planen und Gestalten von Therapien. Der folgende Abschnitt beschäftigt sich deshalb nur mit einigen Implikationen, die einen besonders direkten Bezug zum Plankonzept haben. Weitere Aspekte, auf die hier nicht besonders eingegangen wird, sind in anderen Publikationen berücksichtigt [1].

4.3.1 Mehrfachbestimmtes Therapeutenverhalten

4.3.1.1 Therapie als ein kreativer Konstruktionsprozeß

Es ist durchaus üblich, Therapie als Anwendung von Interventionen oder Techniken zu sehen. Im Einklang mit einem solchen Anwendungsmodell steht die Vorstellung des Auswählens von Interventionen für eine bestimmte Therapie. Natürlich werden sie in unterschiedlichem Maße an den einzelnen Fall angepaßt, aber Ausgangspunkt sind nichtsdestoweniger Standardprozeduren. Im Gegensatz dazu ist der Plananalyse-Ansatz mit einem heuristischen Modell therapeutischen Handelns verbunden [2]. Danach handeln Therapeuten, indem sie ein Verhalten konstruieren, das der Situation angemessen ist und Erfolg im Hinblick auf die relevanten Therapieziele verspricht. Therapeutisches Handeln ist mehrfachbestimmt in dem Sinne, daß jeweils so viele relevante Aspekte wie möglich berücksichtigt werden.

Therapie: Anwendung oder Konstruktion?

Eine Analogie mag helfen, sich vorzustellen, wie ein solcher mehrfachbestimmter Konstruktionsprozeß laufen könnte: Stellen Sie sich vor, Sie müßten eine Pflanze «erfinden». Die Pflanze müßte mehrfachen Ansprüchen genügen. Alle Pflanzen erfüllen den Anspruch, Stärke aus Licht, Wasser und Kohlendioxyd zu produzieren. Sie wären durch diese Bedingung also kaum eingeschränkt und könnten eine breite Palette verschiedenster Pflanzen erfinden. Nun nehmen wir einen zusätzlichen Anspruch dazu: Die Pflanze sollte auch Bauholz hervorbringen. Diese Bedingung elimiert alle Pflanzen, die unter Wasser wachsen und solche, die nicht mehrjährig sind. Diese Pflanzen entwickeln keine starken Stämme. Die erwünschte Pflanze müßte ferner starken Winden widerstehen können. Dazu muß sie entweder sehr stark, oder aber, zumindest im grünen Zustand, sehr flexibel sein. Zusätzlich müßte die Pflanze trockenheits-

---

[1] Widerstand von Klienten in der Therapie: Caspar & Grawe, 1980, 1981; Caspar, 1985; Therapie von Angst: Caspar, 1986; 1987c; Deutungen in der Therapie: Caspar 1989b; Konzeption von Veränderungsprozeßen (ausgehend vom Konzept der Schematheorie): Grawe, 1987, 1988a; Caspar & Grawe, 1989. Therapie als Konstruktionsprozess: Caspar & Grawe, 1992; Individualisierung vs. Standardisierung: Caspar & Grawe, 1996; Selbsterfahrung aus der Sicht der Plananalyse: Caspar, 1994b.
[2] Das Modell ist detaillierter bei Grawe (1987) und Caspar & Grawe (1992; 1996) beschrieben.

resistent sein. Die Blätter oder Nadeln müßten dazu fähig sein, die Verdunstung einzuschränken und/oder Wasser zu speichern. Die Pflanze muß zudem fähig sein, sich in kurzer Zeit stark zu vermehren. Wir brauchen also Samen, die mit dem Wind oder mit Tieren verteilt werden können. Und so weiter.

In dieser Analogie ist es möglich, die Bedingungen fast unabhängig zu erfüllen, obwohl eine bauholzliefernde Pflanze natürlich auch über eine gewisse Größe verfügen muß, und Pflanzen von einer gewissen Größe an dem Wind stärker ausgesetzt sind. Der Versuch, eine Bedingung zu erfüllen, kann leicht zu einem Konflikt mit einer anderen Bedingung führen. Das gilt für die Konstruktion therapeutischen Handelns noch in viel stärkerem Maße.

Persons (1989, S. 143) gibt ein gutes Beispiel für das Verwerfen einer Intervention, weil sie zwar mit einigen, nicht aber mit allen relevanten Bedingungen im Einklang stand: Ein junger Mann glaubte «Ich bin nicht voll informiert über das Thema ... und wenn andere das entdecken, werden sie mich ablehnen.» Ihm die Hausaufgabe zu geben, sich zu informieren, wäre in mancher Hinsicht vernünftig, wird aber von Persons als untherapeutisch angesehen, weil dadurch seine Idee, er würde wegen Uninformiertheit abgelehnt, eher verstärkt würde. In diesem Fall liegt der entscheidende Einwand gegen die Intervention auf der Ebene des Beitrages zur Problemlösung. In anderen Fällen mögen sogar alle Faktoren auf der Problemlösungsebene für eine Intervention sprechen – zum Beispiel ein strenges verhaltenstherapeutisches Programm zur Therapie einer Zwangsstörung zu entwickeln – aber Bedingungen auf der Beziehungsebene können trotzdem dagegen sprechen - zum Beispiel, daß der Therapeut die Durchführung eines solchen Programmes genau kontrollieren müßte, damit aber die zwischenmenschlichen Bedürfnisse eines extrem autonomiebedürftigen Patienten verletzen würde.

Oft stammen zusätzliche Einschränkungen daher, daß ein Patient nicht unter einem einzelnen Problem leidet, für das ein Standard-Vorgehen verfügbar wäre, sondern unter mehreren Problemen, die oft funktional verbunden sind. Das Bewußtsein für die Tatsache, daß mehrere psychische Störungen oft gemeinsam auftreten, ist in jüngerer Zeit gewachsen (Clarkin & Kendall, 1992; Kendall & Clarkin, 1992; Caspar & Grawe, 1996).

Berücksichtigung zusätzlicher Faktoren

Wenn solche zusätzlichen Umstände ein therapeutisches Vorgehen im Sinne von Standardprozeduren verbieten, müssen Alternativen gefunden werden, oder ein Vorgehen muß konstruiert werden, das eine Standardprozedur zum prototypischen Ausgangspunkt nimmt, dann aber die zusätzlich bedeutsamen Faktoren kreativ berücksichtigt. Im oben erwähnten Fall des zwanghaften, aber autonomiesuchenden Patienten, mag man z.B. mit ihm darüber sprechen, daß es ein sehr effizientes, aber straffes Standardprogramm gibt. Unglücklicherweise erscheine es als ungeeignet für diesen Patienten, weil er sich in seiner Autonomie zu stark eingeschränkt fühlen würde. Deshalb müsse man ein anderes, weniger einschränkendes Vorgehen finden, und nur wenn dieses fehlschlägt, auf das erstere zurückgreifen, das in den meisten Fällen wirksam ist. Man würde dem Patienten möglichst viel Autonomie beim Planen, Durchführen und Überwachen des weniger straffen Vorgehens geben. Die «Drohung», man würde notfalls auf das straffere Programm zurückkommen müssen, wäre für den Patienten ein Ansporn, so erfolgreich wie möglich zu sein. Wenn es tatsächlich zu einem solchen Einsatz des strafferen Programmes kommen würde, hätte der Patient inzwischen vermehrt Einsicht gewonnen, daß dies tatsächlich notwendig ist. Auf der Grundlage der Fallkonzeption und dem hypothetisch daraus abgeleiteten zu berücksichtigenden Aspekt (hier den Autonomiebedürfnissen) wüßte der Therapeut jedenfalls von Anfang an, daß eine solche Therapie wahrscheinlich zeitraubender sein wird als eine Therapie mit einem ähnlichen zwanghaften Patienten mit weniger interaktionellen Komplikationen.

In einer mehrfachbestimmten Weise unterstützen Therapeuten ständig Veränderung, wo sie es am dringendsten und am wirksamsten finden. Es mag Phasen geben, in denen recht detailliert geplant wird. Im allgemeinen werden sie aber – auf der Grundlage der allgemeinen Therapieziele für diesen Patienten – ad hoc ein therapeutisches Vorgehen konstruieren, bei dem die jeweiligen Situationen genutzt werden, um die erwünschte Veränderung optimal zu begünstigen. Dabei wissen sie, daß sie ihre Patienten nicht direkt beeinflussen, sondern nur Anstöße zu entscheidenden Veränderungen geben können. Obwohl sie normalerweise eher aktiv sind, mag es Phasen spontaner Veränderung bei Patienten geben, bei denen Therapeuten vor allem zusehen und versuchen nachzuvollziehen, was sich unter der Oberfläche abspielt, bereit zu intervenieren, wenn das nötig und erfolgversprechend erscheint (Beutler & Clarkin, 1990). Das hat nichts mit Beliebigkeit oder gar Passivität zu tun, es handelt sich vielmehr um eine Position hoher geistiger Präsenz, verbunden mit viel Respekt für die individuelle Dynamik von Veränderungsprozessen, mit einem hohen Maß an Bewusstsein für die grundsätzlichen Beschränktheit der eigenen Möglichkeiten, verbunden mit einem hohen Maß an Bereitschaft, Veränderung zu unterstützen, wenn immer dies möglich und notwendig ist.

Unterstützung spontaner Aktivationen und Veränderungen

Welche therapeutischen Möglichkeiten können in einem solchen Prozeß genutzt werden? Insgesamt steht eine breite Palette gut umschriebener Methoden zur Verfügung. Aus unserer Sicht unterscheiden diese Methoden sich oft mehr an der Oberfläche als in ihren zentralen Effekten oder Wirkprinzipien. Wirkprinzipien sind:

Zentrale Funktionen therapeutischer Methoden

– Ressourcenaktivierung
– Problemaktualisierung (u.a. Aktivierung von Emotionen)
– Aktive Hilfe zur Problembewältigung und
– Klärung (Grawe, 1995).

Therapie aus der Sicht spezifischer Methoden zu sehen behindert eine Betrachtung therapeutischen Vorgehens im Hinblick auf seine zentralen Funktionen. Für ein funktionales Ziel stehen normalerweise mehrere prototypische Vorgehensweisen zur Verfügung. Emotional bedeutsame Erfahrungen können z.B. mit der gestalttherapeutischen Technik des «heißen Stuhls» durchgearbeitet werden, mit Mitteln des Psychodrama, Hypnose, intensiver Konfrontation mit realen Situationen in der Verhaltenstherapie, mit Focusing in der Klientenzentrierten Therapie, usw. Das Ziel ist immer, Emotionen zu aktivieren und durchzuarbeiten. Selbstverständlich müssen Therapeuten auch spezifizieren, an welchen Emotionen sie arbeiten wollen, usw.

> Nebenwirkungen bestimmen zu einem grossen Teil den Gesamteffekt

Selbstverständlich gehören zu jedem möglichen Vorgehen auch Bedingungen, die seine Durchführung einschränken und es ist mit offensichtlichen oder versteckten Nebenwirkungen verbunden. Zu diesen Nebenwirkungen gehören z.B. die beanspruchte Zeit, das zugrundeliegende Modell vom Funktionieren des Menschen und ätiologische Konzepte, die an die Patienten weitergegeben werden, Vergrößerung vs. Einschränkung der Autonomie der Patienten, Verbesserung vs. Strapazierung der therapeutischen Beziehung, etc. Diese Nebenwirkungen bestimmen zu einem großen Teil den über die Symptomreduktion hinausgehenden Gesamteffekt einer Therapie. Wenn man sich auf eine Betrachtung der Haupteffekte beschränkt ist das als ob man Restaurants nur nach dem Kriterium vergleichen würde, wie voll der Magen nach einem Essen in jedem Restaurant war. Aus dieser Sicht ist es nicht beliebig, welchen Weg ein Therapeut zum Erreichen eines bestimmten Zieles wählt, obwohl mehrere Wege zum selben Haupteffekt führen mögen. Je mehr mögliche Vorgehensweisen ein Therapeut in Betracht ziehen kann, desto höher die Wahrscheinlichkeit, daß der erwünschte Haupteffekt mit einem Maximum an günstigen und einem Minimum an ungünstigen Nebenwirkungen erzielt werden kann. Die schulspezifische a-priori Beschränkung auf eine beschränkte Zahl von Methoden schließt irrational Vorgehensweisen aus, die in vielen Fällen sinnvoller sein können. Mehrere Therapiemethoden nüchtern und aus der Sicht ihrer zentralen Funktionen in Betracht zu ziehen trägt nach unserer Auffassung dazu bei, verschiedene Therapiekonzepte einander näherzubringen. Dabei ist allerdings klar, daß der «integrative Supertherapeut» eine Utopie bleiben wird, sowohl in Hinblick auf Virtuosität und Flexibilität im Vorgehen als auch auf den zu erwartenden Effekt. Es macht einen enormen Unterschied, ob ein Therapeut mit Patienten nur wenige Male z.B. Angst-Exposition oder das Durcharbeiten von Emotionen mit der Technik des leeren Stuhls ausgeübt hat, oder ob er das ein halbes Therapeutenleben lang tat.

> Je mehr Flexibilität, desto mehr günstige und desto weniger ungünstige Nebenwirkungen

Wenn hier von Wahl zwischen verschiedenen möglichen Vorgehensweisen die Rede ist, ist damit nicht ein Rückfall zu einer Orientierung an Methoden in dem Sinn gemeint, daß man einfach mehr Methoden im traditionellen Sinn anwenden sollte. In unserem Verständnis können Methoden als Prototypen für therapeutisches Vorgehen von hohem Nutzen sein, aber nicht mehr. Strupp (1978, S. 314) formuliert: «techniques per se are inert unless they form an integral part of the therapist as a person», und wir meinen ebenfalls eine kreative Integration, die mehr ist als die Techniken oder die Person des Therapeuten allein. Techniken haben sicherlich eine wichtige Funktion in der Ausbildung, aber Therapeuten konstruieren ihr Vorgehen immer neu, wobei sie sich von Methoden anregen lassen. Sie sollten ihr Vorgehen nicht immer von Grund auf neu entwickeln, ohne gut etablierte Möglichkeiten therapeutischen Vorgehens zur Kenntnis zu nehmen, sie wenden aber auch nicht einfach Methoden an.

Mit der «gemeinsamen Funktion» von Methoden ist ebenfalls etwas anderes gemeint als das, was andere Autoren «gemeinsame Faktoren (common factors)» nennen und zur Erklärung ähnlicher Effekte unterschiedlicher therapeutischer Vorgehensweisen benutzen. Wir meinen nicht unspezifische Effekte allgemein wirksamer Faktoren, die für die Wirkung von Therapien verantwortlich gemacht werden, sondern sehr spezifische Effekte spezifischer Interventionen in spezifischen Situationen. Um dies zu konkretisieren wird im folgenden zunächst die Konstruktion «komplementären Therapeutenverhaltens» als wichtiger Teil des gesamten Konstruktionsprozesses in der Therapie beschrieben. Dann folgt ein ausführlicheres Fallbeispiel.

4.3.1.2 Konstruieren von mehrfachbestimmtem Beziehungsverhalten

Die therapeutische Beziehung spielt bei den meisten Psychotherapie-Ansätzen eine eminente Rolle. Bei den psychodynamischen und humanistischen Ansätzen ist dies augenfällig, aber auch in der Kognitiven Verhaltenstherapie hat sich ein Bewußtsein dafür entwickelt, daß der Beziehung zwischen Therapeut und Patient mehr Beachtung zu schenken ist (s. z.B. Mahoney, 1991). In der empirischen Forschung ist die deutliche Verbindung zwischen Güte der Beziehung und Therapieeffekten eines der durchgängigsten Ergebnisse (s. z.B. Bergin & Garfield, 1994).

Eine gute Therapiebeziehung setzt ein gewisses Maß an *Komplementarität* zwischen Klient und Therapeut voraus. Manche Therapeuten und Therapieforscher sehen dies hauptsächlich unter dem Aspekt der richtigen Zuordnung («match») von Therapeut und Klient zu Beginn der Therapie. Auch wenn es sicherlich günstig ist, wenn die beiden von vornherein gut zusammenpassen, lassen sich erstens aus äußeren Gründen nicht immer «ideale Paare» bilden, zweitens sind nach dem Erstgespräch nicht immer alle beziehungsmäßigen Anforderungen für einen Klienten voraussehbar, und drittens gibt es Klienten, welche zu keinem Therapeuten passen, es sei denn, dieser passe sich sehr stark an die Erfordernisse einer einzelnen Therapie an.

<small>Komplementarität ist notwendig für eine gute Beziehung</small>

Wir gehen davon aus, daß aus all diesen Gründen *der Therapeut interaktionell möglichst flexibel* sein sollte. Es gibt große Unterschiede in der persönlichen Eingeschränktheit vs. Flexibilität bereits zum Zeitpunkt, zu dem Therapeuten mit ihrer Therapieausbildung beginnen: Die «private» Planstruktur des Therapeuten kann ihm einen mehr oder minder großen Spielraum für die Anpassung an eine bestimmte Situation lassen. All das, was zu diesem Thema für Klienten oder Menschen allgemein gesagt wurde, gilt selbstverständlich auch für den Therapeuten (Caspar & Grawe, 1989, 1992; Caspar, 1994b). Das Therapiekonzept, auf welches er sich bezieht, bringt weitere Einschränkungen mit sich.

<small>Therapeuten sollten interaktionell flexibel sein</small>

Obwohl gerade erfahrene Therapeuten immer wieder davon abzuweichen scheinen, gibt es doch «typische» Arten von Beziehungsverhalten in der Therapie für zum Beispiel Verhaltenstherapeuten, Gesprächspsychotherapeuten und Psychoanalytiker. Die Einstellung, daß eben die Klienten auszuwählen sind, welche sich a priori reibungslos in die beziehungsmäßigen Erfordernisse oder Vorlieben einer bestimmten Therapierichtung einpassen, läßt sich zwar mit dem pragmatischen Argument unterstützen, so würden die Möglichkeiten eines Therapeuten optimal genutzt. Diese Haltung läßt sich aber allenfalls vertreten, solange ein krasses Unter-Angebot an Therapieplätzen besteht und man der Meinung ist, ein Therapeut könne sich nicht flexibler verhalten, aus persönlichen oder konzeptuellen Gründen, oder es sei ihm nicht zumutbar. Auch die Haltung, ein Klient sei zunächst in eine geeignete

<small>Oft wird die Anpassung eher vom Klienten erwartet oder es wird auf Selektion vertraut</small>

interaktionelle Position zu bringen, bevor die eigentliche Therapie anfangen kann (Wilson & Evans, 1977), bringt implizit ein geringes Maß an Zutrauen zur Flexibilität von Therapeut und Therapiekonzept zum Ausdruck. Wir vertreten demgegenüber die Auffassung, daß ein Therapeut beständig auf das – im idealen Maß nie erreichbare – Ziel der Anpassungsfähigkeit an jeden Klienten hinarbeiten sollte. In der Anpassungsfähigkeit des Therapeuten steckt insgesamt weit mehr Potential als im Selegieren von Patienten bzw. Therapeuten (Beutler & Clarkin, 1990).

Die Bedeutung von Selbsterfahrung und Supervision

Diese Art Flexibilität kann nur erreicht werden, wenn man alle spontanen und institutionalisierten Situationen nutzt, in denen man als Therapeut über sich selber lernen kann. Eine persönliche Therapie bzw. Selbsterfahrung mit einer expliziten Betonung des Interaktionellen sind hier von besonderer Bedeutung (Caspar, 1994b).

Vorteile expliziter Analyse ohne Vernachlässigung der Intuition

Ein Therapeut muß aber nicht nur in der Lage sein, als richtig erkanntes Beziehungsverhalten zu *verwirklichen*, sondern auch, sich überhaupt erst einmal *Klarheit über die Beziehungs-Situation* in einer Therapie *zu verschaffen*. In vielen interaktionell weniger problematischen Beziehungen reicht ein intuitives Verständnis für den Klienten wohl aus, um zumindest keine gravierenden Fehler zu machen und eine solide Beziehung zu entwickeln. Ein ausgearbeitetes Analyse-Konzept, welches – wie die Plananalyse – therapeutische Intuition nicht vernachläßigt, sondern als wichtige, aber zu hinterfragende und allein nicht ausreichende Informationsquelle ansieht, scheint aber doch Vorteile zu haben. In einer vergleichenden Studie zeigte sich, daß Therapeuten, welche ihre Therapien auf Plananalysen abstützten, mit einem größeren Spektrum von Klienten zurechtkamen als Gesprächspsychotherapeuten und Verhaltenstherapeuten ohne Plananalyse und daß Patienten *und* Therapeuten sich in der Therapie besser fühlten (vgl. Kap. 2.2.19, Grawe et al., 1990). Die reine Intuition kann bei schwierigen und vor allem bei therapieerfahrenen Klienten («Koryphäen-Killern») in vermeidbare Sackgassen führen und eine genaue Analyse dürfte mehr und präzisere Ansatzpunkte aufzeigen. Das wird insbesondere klar, wenn man sich vergegenwärtigt, daß komplementäres Therapeutenverhalten *nicht* einfach bedeutet, auf unter Umständen problematisches Verhalten des Klienten zu *reagieren*. Aus lerntheoretischer Sicht würde man aus solchem kontingentem Verhalten nicht ganz zu Unrecht einen verstärkenden Effekt erwarten.

Komplementäres Therapeutenverhalten bedeutet nicht, einfach zu reagieren

Nach dem Konzept der Plananalyse geht es im Gegensatz dazu darum, sich *auf der Ebene der Pläne*, welche einem (unter Umständen problematischen) Klientenverhalten *übergeordnet* und welche an sich unproblematisch sind, komplementär zu verhalten.

Beispiel: Ein Klient mit Schwierigkeiten, Kontrolle in konkreten Situationen aufzugeben, hat Probleme, bei einer Entspannungsübung die Augen zu schließen. Er zeigt das aber sehr unoffen, weil er sich die Sympathie des Therapeuten nicht mit offenem Widerstand verscherzen will. Eine unmittelbare Reaktion des Therapeuten wäre, die Übung abzubrechen, um den Klienten nicht zu überfordern und die Beziehung nicht zu strapazieren.

Damit wäre das Problem erstmal aus dem Weg. Der Therapeut hätte aber auch ein unter Umständen wichtiges therapeutisches Mittel aus der Hand gegeben und den Klienten womöglich im Glauben verstärkt, es sei nur seinem rechtzeitigen Widerstand zu verdanken, daß er nicht in eine schlimme Situation geraten ist. Viel besser wäre es gewesen, die Kontrollbedürfnisse des Klienten rechtzeitig zu erkennen und ihnen entgegenzukommen, unabhängig von den dienenden bewußten oder unbewußten Strategien des Klienten. Das kann ein Therapeut zum Beispiel tun, indem er den Klienten immer wieder auffordert, aufzupassen, daß in der Therapie nichts geschieht, was dem Klienten nicht behagt und sofort zu äußern, wenn er diesbezügliche Bedenken hat. Der Therapeut entwickelt also einen zu den Bedürfnissen des Klienten komplementären Plan, dem Klienten Kontrolle zu gewähren und dies dem Klienten auch klarzumachen, wenn immer das angemessen ist. Dies tut er von sich aus, aktiv, und ohne auf problematisches Verhalten des Klienten zu warten. Kritische Situationen, wie eine standardmäßig durchgeführte Entspannungsübung, sollte er im voraus erkennen und einleiten mit Bemerkungen, wie: «Manchen Klienten fällt es schwer, die Augen zu schließen. Probieren Sie's einfach einmal, und wenn es nicht geht, schauen Sie einfach auf eine weiße Fläche an der Wand oder an der Decke.» Der Spielraum, der einem Klienten trotz seiner Kontrollbedürfnisse zur Verfügung steht, wird dadurch nicht kleiner, sondern größer. Er kann sich sicherer sein, die Kontrolle im großen zu haben und dafür im kleinen leichter darauf verzichten.

Andere Beispiele sind, Klienten, welche Ablehnung provozieren, um sich nicht auf eine Beziehung einzulassen und dann enttäuscht zu werden, aktiv und unbeirrt durch brüskierendes Verhalten des Klienten Sicherheit zu geben; Klienten mit besonders großen Ängsten gegen bestimmte Veränderungen in der Therapie zu zeigen, daß man dafür Verständnis hat, sie nicht ablehnt deswegen und bereit ist, mit ihnen den besten für sie möglichen Weg zu gehen, und all das, bevor die Klienten in der Lage sind, ihre Ängste zu verbalisieren und bevor sie sich mit Widerstand gegen bedrohliche Veränderungen wehren müssen; wenn ein Klient in der Therapie einen großen Teil der Zeit mit Klagen verbringt, mit hypothetisch übergeordneten Plänen wie «zeige dem Therapeuten, wie schlecht es dir geht», welcher seinerseits dem Plan dient, Schonung zu erreichen, zu sichern, daß der Therapeut die Probleme ernstnimmt und sich voll engagiert usw., nicht zeitlich kontingent (und wahrscheinlich widerwillig) mit Mitleid zu reagieren, sondern je nach Ergebnis der Analyse dem Klienten aktiv zeigen, daß man sich in der Therapie als Therapeut voll engagiert, daß man begriffen hat, wie schlecht es dem Klienten geht und ihn nicht überfordern wird; usw.

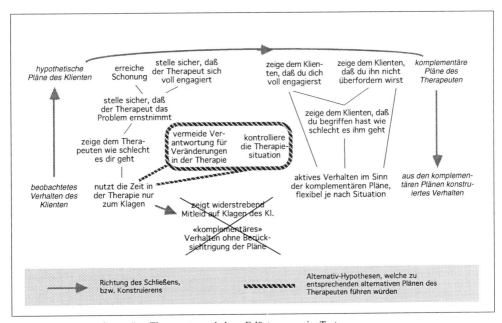

Abbildung 30: Komplementäres Therapeutenverhalten. Erläuterungen im Text.

Klient freimachen für die Arbeit an ihren Problemen

Um nicht mißverstanden zu werden: Es geht hier nicht darum, «billige Tricks» im Umgang mit Klienten zu vermitteln. Eine interaktionelle Strategie des Therapeuten setzt ein *gutes Verständnis für die Motivationsstruktur* eines einzelnen Klienten voraus. Der Therapeut hat eine geringe Erfolgsaussicht, wenn er nur einen Trick anwenden will, ohne den Klienten wirklich zu verstehen und ohne authentisch hinter seinem eigenen Verhalten zu stehen. Komplementäres Verhalten im oben erläuterten Sinne ist echte, im therapeutischen Verhalten gelebte, nicht an der Oberfläche des Klientenverhaltens stehenbleibende Empathie für den Klienten. Hinter Problemverhalten stecken letztlich immer akzeptable Bedürfnisse. Eine gute Kontrollfrage ist: «Bin ich beim Hinaufschließen in der Planhierarchie des Patienten bereits bei akzeptablen Plänen angelangt, die meine Handlungsmöglichkeiten als Therapeut nicht gravierend einschränken?» Ist die Antwort Nein, dann kann nach weiteren übergeordneten Plänen gefragt werden, es kommt aber auch vor, daß an den *Prämissen* für einen schwierigen Plan gearbeitet werden muß. Ein Plan «vermeide auch kleine Enttäuschungen um jeden Preis» ist in jeder Therapie problematisch, weil Enttäuschungen auch in gutgehenden Therapien dazugehören. Erleichterung kann aber bringen, wenn man dem Patienten vermitteln kann, daß seine Voraussetzungen, mit Enttäuschungen umzugehen, jetzt besser sind als früher, u.a., weil jetzt ein Therapeut beim Bewältigen zur Seite steht.

Wenn komplementäres Verhalten in diesem Sinne gelingt, kann der Klient seine problematischen Strategien aufgeben, weil er ohnedies schon bekommt, was er will: Der Therapeut *«sättigt»* ihn ja oder «übersättigt» ihn sogar. Obwohl lange Zeit praktiziertes Problemverhalten oftmals eine gewisse Persistenz aufweist, kommt es nicht selten zu dramatischen Verhaltensänderungen beim Klienten, wenn der Therapeut genau das Richtige gefunden und getan hat. Zeit und Aufmerksamkeit, welche zuvor dadurch *gebunden* waren, daß der Klient versuchte, den Therapeuten zu einem ihm angenehmen Interaktionsverhalten zu bringen, wird plötzlich *frei für wirkliche Arbeit an den Problemen*. Die Annahme des Plan-Ansatzes, daß Pläne in Abhängigkeit von der Situation in sehr unterschiedlichem Maße aktiviert sein können, legt es nahe, zum Beispiel einem verunsicherten Klienten zu Beginn einer Therapie in seinen Abhängigkeitswünschen entgegenzukommen, ohne Angst, daß dadurch das längerfristige Ziel eine Vergrößerung der Autonomie bedroht wird.
Persons (1989, S. 166) gibt ein Beispiel für ein scheinbar komplementäres, in Wirklichkeit aber kontingentes und deshalb problematisches Therapeutenverhalten: Eine Therapie mit einem sehr abhängigen Patienten endete nach Monaten unergiebiger Arbeit als Misserfolg, «obwohl» der Therapeut sehr entgegenkommend war, indem er für ihn z.B. zum Sitzungsende ein Taxi bestellte, weil der Patient sich zu schwach fühlte, das selber zu erledigen. Es muß offen bleiben, ob das Ergebnis anders gewesen wäre, hätte der Therapeut sich komplementär zu übergeordneten Plänen verhalten; so war das Verhalten jedenfalls eindeutig kontingent und damit das Problemverhalten verstärkend. Es ist nicht immer möglich, alle wichtigen Bedürfnisse eines Klienten im erwünschten Maß zu befriedigen. Zwei Faktoren helfen dabei aber, soweit es dabei um Einschränkungen von Seiten des Therapeuten geht: Therapeuten widerstrebt es oftmals, sich vom Klienten «manipulieren zu lassen» und ihn dafür «sogar noch zu verstärken mit der Aussicht, daß das problematische

Verhalten dadurch noch zunimmt». Denselben Therapeuten fällt es viel leichter, sich auf einen Klienten aktiv statt reaktiv einzustellen, mit der Aussicht, daß das Problemverhalten mit der «Sättigung» der dahintersteckenden Bedürfnisse nicht zu-, sondern abnimmt. Darüber hinaus widerstrebt es wohl den meisten Menschen weniger, sich auf einen anderen Menschen einzustellen, wenn sie dabei ihr Bewußtsein auf an sich akzeptable übergeordnete Pläne oder Bedürfnisse lenken, statt auf die problematischen Strategien, welche ihnen dienen und welche ohne tieferes Verständnis das Bild vom Klienten bestimmen. Wenn Bedürfnisse durch lebenslange Defizite übergroß und wirklich kaum zu befriedigen sind, ist es immer noch besser, dem Klienten gegenüber aktiv Verständnis und Empathie dafür zu zeigen (sofern das für den Klienten nicht bedrohlich ist!) und allenfalls darüber zu metakommunizieren, als einfach auszuweichen.

Es gibt unterschiedliche Überzeugungen, in welchem Maße ein Therapeut einen Klienten üblicherweise zu einem gegebenen Zeitpunkt in Frage stellen vs. sich auf ihn einstellen und ihn bestätigen sollte (vgl. Kap. 4.3.1). So oder so ist es aber wünschenswert, *dieses Maß bewußt zu bestimmen* und sich so zu verhalten, daß man dem Ziel möglichst nahe kommt. Daß ein Verhalten nicht nur die im Sinne eines Planes erwünschte Wirkung hat, sondern auch unter Umständen unerwünschte Nebenwirkungen, gilt für den Therapeuten genauso wie für den Klienten. Wie ein Klient in Schwierigkeiten kommt, wenn er sein Verhalten nicht im positiven Sinne mehrfachbestimmt konstruiert (s. Kap. 4.2.12), sondern sich von einem überwichtigen Plan einseitig und zu Ungunsten anderer wichtiger Pläne bestimmen läßt, so kann auch ein Therapeut in Schwierigkeiten kommen, wenn er sich nur auf einen Plan konzentriert. Er muß sein therapeutisches Verhalten auch *mehrfachbestimmt konstruieren*.

Auch therapeutische Interventionen haben Nebenwirkungen und sollten nach dem Prinzip der Mehrfachbestimmtheit konstruiert werden

Ein Mensch, beziehungsweise einzelne seiner Eigenheiten, werden nicht nur verbal bestätigt vs. in Frage gestellt, sondern durch das *Gesamt*verhalten eines Interaktionspartners, also auch durch nonverbale und pragmatische Verhaltensaspekte. Beispiele dafür sind: Feine Nuancen in der Art, wie ein Therapeut etwas ausdrückt (für welche Klienten zum Teil unglaublich feine Antennen haben) oder was ein Therapeut mit einer therapeutischen Intervention implizit über seine Beziehung zum Klienten aussagt. Das hat für einen Therapeuten den Nachteil, daß er auf mehrere Aspekte zu achten hat, wenn er sich gezielt verhalten will, und den Vorteil, daß er verschiedene Verhaltensebenen einsetzen kann, um sich zu verschiedenen Plänen des Klienten passend zu verhalten. Diese Möglichkeit wird vor allem dann wichtig, wenn das Klientenverhalten widersprüchlich ist und konsequent darauf abgestimmtes Therapeutenverhalten ebenso widersprüchlich wäre.

4.3.1.3 Ein Anwendungs- oder ein Neukonstruktionsmodell? Ein Fallbeispiel

Im folgenden Fallbeispiel wird beschrieben, wie vier Vertreter traditioneller Ansätze den Fall konzeptualisiert haben und welches Vorgehen sie vorschlagen. Das ist die Basis für eine Diskussion des Falles aus Sicht der Plananalyse.

Ein Fallbeispiel

In einem anamnestischen Interview berichtet Herr X, ein verheirateter Lehrer das Folgende: Er wurde von seinem Arzt überwiesen, weil er seit dem College[1] starke Kopfschmerzen auf der rechten Seite hatte. Sie traten seit drei Jahren häufiger auf und machens ihm schwer, sich zu konzentrieren, so daß er verwirrt und mutlos wird. Zudem sorgt er sich manchmal über ein ein Jucken am rechten Fuß. Früher sagten Leute zu ihm «Ihnen geht es offenbar gut», wenn er lächelte, aber jetzt bekommt er um zehn oder elf Uhr früh Kopfschmerzen und niemand macht mehr solche Bemerkungen. Er langweilt sich bei der Arbeit und regt sich leicht auf, z.B. wenn andere im Verkehr Fahrspuren blockieren.

Er hat viele Ärzte konsultiert: Augenärzte, Internisten und Neurologen. Keiner konnte eine organische Ursache finden. Einige verschrieben Antidepressiva, schließlich hatte aber einer die Idee, die Kopfschmerzen könnten sich vermindern, wenn er einmal die Gründe dafür verstehen würde. Deshalb schlug er Psychotherapie vor. Manchmal helfen Medikamente, manchmal nicht. Wenn er die Brille absetzt hat das manchmal einen positiven Effekt, deshalb fällt es dem Patienten schwer, nicht zu glauben, daß die Kopfschmerzen organisch verursacht sind. Zudem hält er an einer organischen Erklärung fest, weil neurotische Probleme nicht zu seinem Wunsch passen würden, ein kompetenter, fähiger Lehrer zu sein: Das würde bedeuten, er hat keine Kontrolle, and er hätte damit kein Recht, Lehrer zu sein. Diesbezüglich scheint er hohe Standards zu haben, was mit seinem Ruf übereinstimmt, als Lehrer gute disziplinarische Kontrolle zu haben. Er hat den Laden im Griff («is running a tight ship»), wie er sagt. Dennoch ärgert es ihn, daß der Schulleiter ihm wegen seiner disziplinarischen Fähigkeiten alle schwierigen Schüler zuweist.

Der familiäre Hintergrund des Patienten ist wie folgt: Er ist ein Einzelkind. Sein Vater war Apotheker. Er war eines von achtzehn Kindern und der einzige mit einer guten Bildung. Er war ein «self-made man». Die meiste Zeit verbrachte er in der Apotheke, die ihm selber gehörte. Der Patient mochte viele Eigenschaften seines Vaters nicht: Er trug stets alte Kleider, sprach mit starkem polnischen Akzent, hielt die Apotheke nicht sauber, etc. Weil der Patient sich für den Schmutz in der Apotheke schämte, ging er auch hin zum Putzen. Wenn er den Vater bat, sich mehr um das Geschäft zu kümmern, lachte der ihn aus oder beachtete ihn gar nicht, was der Patient als sehr beschämend empfand. Zur Zeit der Wirtschaftskrise verlor der Vater die Apotheke und arbeitete in einer Fabrik. Seine Mutter beschreibt der Patient als makellos. Wegen der dauernden Abwesenheit des Vaters stand er ihr sehr nahe und ging überall mit ihr hin. Etwa in der zehnten Klasse brach er dennoch aus der Familie aus und blieb oft bis spät in der Nacht weg. Etwa zu der Zeit erkrankte die Mutter an Diabetes. Sie schaffte es nicht mehr, das Haus wurde schmutzig und der Patient war nicht mehr gerne dort. Er hing mit «dem Abschaum» herum, «95% Ausschußmaterial», oft bis fünf Uhr morgens. Es war ihm wichtig, von dieser Gesellschaft akzeptiert zu sein, stellte aber dennoch niemals etwas wirklich Schlimmes an.

Schon als Kind wußte der Patient, daß es Dinge an ihm gab, die «nicht ganz richtig» waren. Zum Beispiel wechselte er die Straßenseite, um einer Person, die er kannte, aus dem Weg zu gehen. Er hatte keine engen

---

[1] Es handelt sich um einen amerikanischen Patienten. Sein Beispiel wird hier benutzt, weil es keine deutschsprachigen Fälle gibt, die in ähnlicher Weise aus Sicht verschiedener Orientierungen aufbereitet wurden.

Freunde und fühle sich speziell unwohl in «intellektuelleren» Kreisen. Er machte sich immer Sorgen, ob er intellektuell ebenso auf der Höhe sei wie andere in seiner Umgebung. Sein Vater wollte, daß er studiert und zu Beginn war er auch gut in der Schule. Dann gingen die Leistungen herunter und er konnte sie trotz hartem Einsatz nicht verbessern. Seine Mutter hielt sich aus dem Streit ob er studieren sollte oder nicht heraus.

Im Gespräch mit dem Therapeuten fühlt er sich gespannt, weil der Therapeut nur wenig direkte Fragen stellt, wie der Patient feststellt, was ihm das Gefühl gibt, das Gespräch tragen zu müssen. Gegen Ende des Interviews fragt er, ob er rauchen darf.

Dieser Fall wurde in «Four psychotherapies», 1970 herausgegeben von Hersher publiziert. Für das Buch führten vier Psychotherapeuten je ein Gespräch mit einem Psychiater, der den beschriebenen Patienten spielte. Anschließend erklärten sie ihre Sicht des Falles und schlugen ein therapeutisches Vorgehen vor. Ellis vertrat die Rational-emotive Therapie (RET), Murray die Klientenzentrierte Therapie, Seidenberg die Psychoanalyse und Cautela die Verhaltenstherapie. Obwohl das Buch mehr als zwanzig Jahre alt ist wurde der Fall hier verwendet, weil es kaum publizierte Fälle mit mehreren Fallkonzeptionen aus verschiedenen Perspektiven gibt. Trotz offensichtlicher Nachteile wurde ein älterer Fall zudem in der Hoffnung gewählt, daß dies die Leser und Leserinnen beim Versuch unterstützt, den Fall nicht einseitig aus der Sicht ihrer bevorzugten therapeutischen Orientierung zu betrachten; schließlich ist ganz klar, daß jeder Ansatz sich seither weiterentwickelt hat, was aber den Wert der vertretenen Sichtweisen für unsere Zwecke nicht mindert.

Der Fall wird hier verwendet, um mehrere Sichtweisen des Problems und die daraus abgeleiteten Vorgehensweisen zu vergleichen. Im Buch sind die vorgeschlagenen Vorgehensweisen nur zum Teil spezifisch mit dem Fall verbunden, so daß wir das offensichtlich Irrelevante auslassen, und selbstverständlich muß zusammengefaßt werden.

Klientenzentrierte Sicht

Murray, der Klientenzentrierte Therapeut, kümmert sich nicht um Psychodynamisches oder um vergangene Erfahrungen, allenfalls als «intellektuelle Übung» (in Hersher, 1970, S. 15), und zu Interpretationen kommt es höchstens zufällig. Er gibt keine Diagnose, weil «diagnosis involves judgment, which conflicts with the basic need for unconditional acceptance» (S. 16). Er setzt keine Ziele. Bei diesem konkreten Patienten betont er das geringe Selbstvertrauen und Gefühle der Oberflächlichkeit. Murrays Vorgehen (er kümmere sich wenig um Techniken) ist:

– Akzeptanz zeigen
– Umformulieren oder wiederholen (rephrasing or restating)
– Ermutigung zum Sprechen
– Fragen, um sein Verständnis zu überprüfen.
– Benennen, Identifizieren und Akzeptieren von Gefühlen
– etc.

Die kognitive Sicht

Ellis' Fallverständnis ist: Der Patient bringt im Sinne der ABC-Theorie (Ellis, 1962) seine eigenen Reaktionen hervor. Es mag schon Einflüsse aus der Vergangenheit geben und es gibt einen Einfluß aus der Gesellschaft, z.B. in Fernsehshows, aber das Problem wird dadurch aufrechterhalten, daß der Patient sich re-indoktriniert. Ellis schließt im allgemeinen biologische Defizite in seine Sicht mit ein, gewisse Patienten haben «Löcher in ihren Köpfen» (S. 52). Bei diesem Patienten betont er Muß-Denken («Musturbation») und absolutistisches Denken.

Zur Behandlung schlägt Ellis die folgenden Elemente und Prinzipien vor:

- Erklären, z.B., daß nicht Personen zu bewerten sind, sondern ihr Handeln
- Handeln und Handeln anstoßen
- den Patienten konfrontativ zeigen, daß sie sich falsche Dinge sagen
- die zentrale selbstabwertende Philosophie attackieren («brainwash people from their original brainwashing», S. 50). Eine nichtdirektive Form der RET könnte er sich nicht vorstellen.
- Um- bzw. Nach-Erziehen («re-educate»)
- Informationen vermitteln
- Hausaufgaben geben

Ein RET-Therapeut ist bei seiner Arbeit weitgehend «er selber», wie ein Physiklehrer zwar Physik unterrichtet, dabei aber sich selber spielt: Ellis glaubt nicht, daß eine therapeutische Beziehung besonders intensiv sein muß. Er betrachtet und vergleicht mehrere mögliche Settings und findet, in Gruppentherapien würden Menschen mehr Risiken eingehen als in Einzeltherapien.

Verhaltenstherapeutische Sicht

Cautela, der Verhaltenstherapeut, stellt als einziger eine differentielle Analyse der kritischen Situationen an. Unter anderem überlegt er, ob der Vater die Kopfschmerzen des Patienten mit Zuwendung in Form von Aspirin verstärkt. Er findet viele Stellen, an denen der Patient sich nicht assertiv verhält. Cautela scheint bei diesen Analysen weniger durch Theorien als durch gespeicherte Listen typischer Beispiele bestimmt zu sein.

Cautelas Vorgehen wäre:

- Desensibilisierung, einschließlich verdeckter
- Gedankenstop
- Konkrete Vorschläge in Verbindung mit der Therapiesituation, z.B. «entspannen Sie sich!»
- Verstärkung des Patienten in der Therapie für Vorschläge, die der Therapeut für nützlich hält.

Psychodynamische Sicht

Seidenberg, der Psychoanalyitker, sieht Neurosen als Selbstrettungs-Mechanismus für einen Menschen, der seine Identität retten will. Es bestehe die Gefahr, daß Psychoanalytiker mit medizinischem Hintergrund gelernt haben, Krankheiten zu heilen und dann den Heilungsmechanismus wegnehmen, den ein Patient anzuwenden versucht. Unterdrückung und Befreiung sind für Seidenberg ein wichtiges Thema. Er sieht die therapeutische Beziehung als einen Rahmen, innerhalb dessen die Patienten sich auf ihre eigenen Ziele hin entwickeln.

Seidenbergs Vorgehen widerspiegelt die Auffassung, daß «if you make sure that you behave properly – , that you don't intrude or take over – you will succeed in being a good therapist.» (S. 130). Er nennt:

- Einen Rahmen von therapeutischen Regeln vorgeben.
- Interpretationen (die voraussetzen, daß der Therapeut klüger ist als der Patient)
- Durcharbeiten der Übertragung
- Klarmachen, wo Freiheit und individueller Raum (privacy) bedroht sind
- Möglicherweise: Stundenlang nichts sagen, gestützt auf die Annahme, daß im Schweigen für den Patienten Wichtiges geschieht
- Abstinenz, wenn der Patient versucht, ihn zum Strukturieren zu veranlassen (Patient: «That's the hardest part for me, that you won't give me any guidelines, that I have to do everything myself and you'll analyze me», S. 139).

Einige *Gemeinsamkeiten* werden von den Therapeuten selber explizit benannt: Ellis glaubt von sich, daß er ein Behaviorist sei «weil wir desensibilisieren» und gleichzeitig ein Rogerianer in seiner bedingungslosen positiven Wertschätzung für den Patienten *als Person* (im Gegensatz zum *Verhalten* des Patienten). Cautela sieht klientenzentrierte Therapie als Desensibilisierung.

Gemeinsamkeiten

Einige *Unterschiede* werden auch explizitgemacht: Cautela würde niemanden «krank» nennen, wie Ellis das tut. Er sieht das Argumentieren mit biologischen Grenzen als Entschuldigungen für die Unangemessenheit von Therapie. Cautela bezeichnet das Unbewusste, Einsicht, Ego, etc. ausdrücklich als unnötig und sieht diese Elemente als Hindernis für das Verstehen und Behandeln von abweichendem Verhalten. Er hat den Eindruck, daß Psychoanalytiker immer den Patienten einen Schritt voraus seien: «der Patient sagt etwas und der Therapeut weiß immer etwas anderes». Ellis steht sozialer Verstärkung negativ gegenüber mit dem Argument, daß es Menschen noch abhängiger mache. Symptome würde er nicht eines nach dem anderen angehen, weil es zuviele davon gebe: «You name it and you've got it» (S. 114). Seidenberg wendet ein, dass in der Therapie von Ellis und Cautela «das Bedürfnis, in das Leben anderer Menschen einzugreifen, allzu offensichtlich ist» (S. 130).

Unterschiede

Diese Liste von Differenzen weist vor allem auf erwartetet Nebeneffekte hin, die aber in einer sehr allgemeinen Weise behauptet und nicht spezifisch unter Bezug auf unsern individuellen Patienten in einer konkreten Therapiesituation diskutiert werden. Dieser mangelnde Bezug auf das Individuum ist ein Ausdruck einer allgemeinen Orientierung an therapeutischen Methoden, auf die hinzuweisen unser Anliegen ist.

Einige von Patienten unabhängige Beschränkungen werden auch erwähnt, wie zum Beispiel die Tatsache, daß der Therapeut in einem Krankenhaus (vs. private Praxis) arbeitet, oder persönliche Eigenschaften des Therapeuten. Um Murray zu zitieren (S. 38): «Wenn ich fähig wäre, so vehement wie Dr. Ellis zu argumentieren, wäre ich vielleicht fähig, meine Patientin aus ihren Problemen herauszureden, aber man muss mit dem arbeiten, was man ist».

Diese Therapeuten wurden nicht aufgefordert, eine umfassende Fallkonzeption zu erarbeiten. Es ist aber dennoch angemessen, als Gemeinsamkeit aller Therapeuten festzuhalten, daß sie *nicht* darauf hinweisen,

Keine detaillierten und umfassenden Fallkonzeptionen

daß ihr Vorgehen auf einer detaillierten individuellen Analyse des Patienten beruhen müsste.

Es ist uns wichtig hervorzuheben, daß all die dargestellten Sichtweisen und die vorgeschlagenen Vorgehensweisen wertvoll sind. Es mögen Zweifel bezüglich der einen oder anderen Sicht oder Vorgehensweise bleiben, aber mindestens teilweise beruhen solche Zweifel auf einem unvollständigen Verständnis der unbekannteren Ansätze oder auf Schwierigkeiten bei der Vorstellung, daß eine bestimmte Vorgehensweise mit der eigenen Persönlichkeit und eigenen Einstellungen verträglich sein könnte.

Jeder der traditionellen Ansätze kann besonders gut ausgearbeitete Elemente zum Verständnis eines einzelnen Patienten in der Psychotherapie beitragen. Das dargestellte Fallbeispiel mag dies illustriert haben. Jeder bedeutende Therapieansatz beruht auf Beiträgen von klugen und einfühlsamen Therapeuten. Viel Wissen und Erfahrung ist in den jeweiligen Konzepten kondensiert. Die Schlacht zwischen therapeutischen Schulen in der oft auf dem einen oder anderen Defizit herumgehackt wird, basiert oft auf Mißverständnissen und trägt den Verdiensten und Stärken kaum Rechnung. Wir respektieren alle Beiträge von Kollegen, die versuchen, die Ansätze auszuarbeiten, die Schwächen auszugleichen und die Ansätze insgesamt zu verbessern.

Wir glauben stark daran, daß es besser wäre, die jeweiligen Vorteile und Stärken jedes Ansatzes zu nutzen, statt sich auf die Schwächen eines Konzeptes zu konzentrieren und ihre Vertreter vorwurfsvoll zu behandeln, wie das so oft passiert. Man soll sich der Schwächen jedes Ansatzes durchaus bewusst sein, aber das sollte das heuristische Nutzen dessen, was verschiedene Ansätze zu bieten haben, nicht lähmen.

Kombination von Elementen unterschiedlicher Herkunft

Bei unserer Arbeit kommen Elemente verschiedenen Ursprungs etwa in folgender Art zusammen: Psychodynamische Ideen helfen beim Verständnis für unbewußte Prozesse und von motivationalen Konflikten, lerntheoretische Konzepte helfen dabei, Umweltfaktoren einzubeziehen, humanistische und interpersonale Ansätze helfen mit der therapeutischen Beziehung, systemische und humanistische Ansätze helfen beim Konzeptualisieren von Entwicklungsprozessen, usw. Wie Murray betont, neigen Therapeuten dazu zu denken, daß ihre Methode als eine feste Einheit dasteht: «One has to take it or to leave it». Er empfiehlt, diese Einheiten auseinanderzunehmen und herauszufinden, was die essentiellen Aspekte dessen sind, was wir in der Therapie tun. Solche Ideen werden in der Zwischenzeit von vielen Psychotherapeuten geteilt (Grawe, Donati & Bernauer, 1994).

Plananalyse von Herrn X

Der nächste anstehende Schritt wäre, *unsere* Sicht des Patienten zu präsentieren und eine Vorgehensweise vorzuschlagen, die offensichtlich denen überlegen sein müßte, die die anderen Therapeuten vorgeschlagen haben. Für die Leser, die sich daran erinnern, wieviel Gewicht wir auf eine sorgfältige individualisierte Fallkonzeption legen, sollte es allerdings eher überraschend sein, wenn wir ein Rezept präsentieren würden, das nur auf so beschränkten Informationen beruht, wie wir sie über diesen Fall haben. Die in Abb. 31 gezeigte Struktur ist wesentlich weniger reichhaltig und enthält mehr Fragezeichen als das für eine Planstruktur typisch ist, wie sie typischerweise nach zwei oder drei Sitzungen erschlossen und gezeichnet würde. Die hier abgebildetet Struktur gibt also keinen angemessenen Eindruck davon, worauf unsere Fallkonzeptionen normalerweise beruhen. Sie ist aber sicherlich in ihrem beschränkten Umfang leichter verdaulich für Kollegen und Kolleginnen die nicht gewohnt sind, solche Strukturen zu lesen.

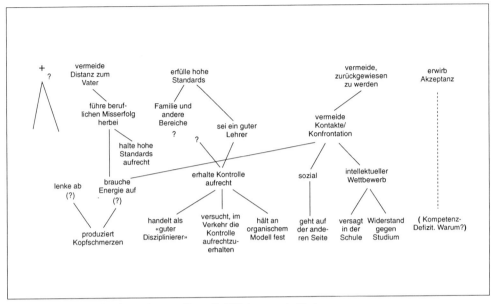

Abb. 31: Hypothetische Planstruktur von Herrn X. Erläuterungen im Text.

Unserer Meinung nach ist ein Plan, Kontrolle aufrecht zu erhalten, sehr zentral. Teil dieses Planes sind Verhaltensweisen, die zur Leistung des Patienten als «guter Disziplinierer» gehören, Versuche, im Verkehr Kontrolle aufrecht zu erhalten (die sichtbar werden in seinen Reaktionen, wenn andere diese Kontrolle gefährden) und seinem Festhalten an einem organischen Modell (vermutlich basierend auf dem Glauben, daß solche Modelle greifbarer und weniger diffus und bedrohlich sind als psychologische Modelle). Ein festgestellter Nebeneffekt - abgesehen von negativen Emotionen bei Bedrohung oder Blockierung der Kontroll-Pläne - ist die Tatsache, daß der Schulleiter ihm alle schwierigen Studenten übergibt. In der Therapie kann sein Suchen nach Struktur auch bezogen werden auf sein Bedürfnis nach Klarheit (als eine Voraussetzung für Kontrolle).
Die Tatsache, daß der Patient ein ordentliches Zuhause liebt (und zwar schon während seiner Jugend in extremem Ausmaß, mag auch ein früher Indikator für denselben Kontroll-Plan sein. Zwei Fragen sind es wert, verfolgt zu werden:
Erstens, ob das Bedürfnis nach Ordentlichkeit «wirkliche» aber gefährlichere Bedürfnisse ersetzt und zweitens, in welchem Maß Verhalten und Bedürfnisse des Patienten einen zwanghaften Charakter haben. Neben anderen unbekannten Plänen, die über dem Kontrollplan stehen könnten, legt seine Vorstellung, dass ein guter Lehrer die Kontrolle bewahren muß, nahe, die Kontrollpläne einem Plan, ein guter Lehrer zu sein, unterzuordnen. Daß der Vater in der Wirtschaftsdepression seine Arbeit verloren hat,

mag eine dramatische Erfahrung gewesen sein, welche die Regel aufdrängte, dass man jederzeit gut sein muß, um einen sicheren Arbeitsplatz zu behalten.

Tatsächlich hat der Patient sehr hohe Ansprüche an sich und andere. Er berichtet, daß er es haßte, wie sein Vater seine Arbeit vernachlässigte. Nun scheinen diese hohen Ansprüche ein weiteres wichtiges Thema zu sein. Offensichtlich hat der Patient Schwierigkeiten, seine Ansprüche auf eine realistische Weise zu regulieren. Das Fehlen eines Modells in seiner Lerngeschichte ist sicherlich ein Hauptgrund für dieses Defizit. Unter dem Druck, der mit dem Studium verbunden war, mag er Ansprüche und Ziele übernommen haben, ohne sie wirklich zu testen und in seine Struktur zu integrieren. Es macht Sinn, anzunehmen, daß gute Leistungen ebenso wie Fehlschläge konflikthaft sind. Erfolge mögen in sich befriedigend sein, sie würden aber zu einer Überlegenheit über seinen Vater führen und damit Schuldgefühle auslösen und mehr Distanz herstellen. Fehlschläge würden in sich enttäuschend sein, sie würden die Erwartung seines Vaters enttäuschen, gleichzeitig aber den Patienten dem Vater ähnlicher machen. Zu bestimmen, was ein Fehlschlag ist, ist immer ein bisschen subjektiv, das Festhalten an hohen Normen ist aber eine der sichersten Garantien für Fehlschläge.

Das Schwarz- und Weißmalen des Patienten - sein Vater war ein wandelnder Mißerfolg, seine Mutter vor dem Ausbruch der Diabetes fehlerlos - macht eine vernünftige Regulation von Ansprüchen und seine Bewertung anderer Menschen zusätzlich schwierig. Man mag sich daran erinnern, dass seine Mutter, obwohl sie sich sicherlich nicht als Ergebnis ihrer Diabetes *völlig* veränderte, sich in seiner Sicht von einer Fehlerlosen zu einer Enttäuschung veränderte. Das schnelle Aufgeben des Patienten in dieser Hinsicht ist ein anderer Indikator für die Defizite in der Regulierung von Ansprüchen und Erwartungen.

Wenn wir annehmen, daß der Patient Fehlschläge sucht, könnte eine andere Strategie zum sicheren Herbeiführen von Fehlschlägen sein, mit Kopfschmerzen die ganze Kraft aufzubrauchen. Hier wird also hypothetisch eine instrumentelle Funktion unterstellt. Das ist eine mögliche Verbindung, durch die die Kopfschmerzen in das Funktionieren des Patienten eingebettet sind. Eine andere Hypothese, die es wert wäre, verfolgt zu werden, ist eine mögliche ablenkende Funktion der Kopfschmerzen in dem Sinn, daß dadurch die Aufmerksamkeit, und damit auch das Leiden an der insgesamt unbefriedigenden Lebenssituation des Patienten beschränkt wird. Die Kopfschmerzen wären dann ein destruktiver Versuch, ein System zu stabilisieren und aufrechtzuhalten, das weit unter den potentiellen Möglichkeiten funktioniert, nur um wunde Punkte zu schützen, wie vor allem die fehlende Akzeptanz durch den Vater.

Akzeptanz und Zurückweisung sind zusätzliche wichtige Themen. Der Patient hat keine hinreichend entwickelten Fähigkeiten, die Akzeptanz durch andere auf angemessene Weise zu erwerben. Die gepunktete Linie im Diagramm zeigt an, daß eine solche Verbindung und eine solche Strategie tatsächlich fehlen. Teilweise hat die Situation des Patienten sich so entwickelt, weil er die meiste Zeit mit den Eltern verbrachte. Keiner von ihnen war ein gutes Modell für den Patienten, und gleichzeitig konnte dieses Defizit nicht mit Gleichaltrigen kompensiert werden, weil er wenig

Kontakt mit ihnen hatte. Wahrscheinlich stellt das «Herumhängen in übler Gesellschaft» einen Versuch dar, wenigstens von einer Subgruppe akzeptiert zu werden, deren niedrigere (oder andere) Akzeptanz-Bedingungen Enttäuschungen weniger wahrscheinlich machten. Akzeptanz durch andere und eine gute soziale Integration sind Faktoren, die Individuen weniger verletzlich machen gegenüber allen Arten von Stressoren. Der Mangel einer solchen protektiven Situation mag also zur Schwierigkeit der Probleme des Patienten beitragen. Die Strategien des Patienten zum *Vermeiden* von Zurückweisung und zwischenmenschlichen Enttäuschungen sind besser entwickelt als Strategien, die sich *positiv* auf Akzeptanz beziehen. «Geringes Selbstvertrauen» ist eine Etikette, die dafür gebraucht wird. Er vermeidet vor allem Situationen des sozialen Kontaktes und der «intellektuellen Wettbewerbes». Der hypothetische Verbrauch von Kraft durch seine Kopfschmerzen unterstützt die Vermeidung- und Rückzugsstrategien des Patienten in dem Sinn, daß sie ihm tatsächlich Energie rauben und ihm zusätzlich eine Entschuldigung geben. Die Erfahrung, vom Vater zurückgewiesen zu werden, mag der Hauptfaktor für die Überentwicklung dieses Teils der Planstruktur sein.

Das sollte ausreichen um zu *illustrieren*, wie eine Planstruktur für diesen Patienten aussähe und welche Art von Beobachtungen, Gedanken und Schlußfolgerungen sie enthält. Weil diese Struktur auf so beschränktem Material beruht, wäre der Eindruck, daß das Vorgehen bei der Plananalyse *sehr* spekulativ ist, äußerst verständlich. Dies ist allerdings nicht typisch für unsere Strukturen in denen es normalerweise ein heiliges Prinzip ist, daß Schlußfolgerungen auf mehrfachen Belegen beruhen müssen. Wir würden zudem aktiv nach positiver Information suchen, d.h. nach Eigenschaften und Bereichen in denen ein Patient *Stärken* hat oder die zumindest unproblematisch sind. Das ist angedeutet durch die «+» und «?» auf der linken Seite der Abbildung.

Eine solche Plananalyse hat natürlich nur einen pragmatischen Nutzen, wenn es möglich ist, therapeutische Vorgehensweisen daraus abzuleiten. Ideen für die Ebene der therapeutischen Beziehungen und Ideen für die «inhaltliche» Ebene dessen, was in der Therapie getan werden soll, folgen. Aus Platzgründen werden die Vorschläge nicht einzeln aus der oben dargestellten Analyse abgeleitet, sondern es wird angenommen, daß Leser leicht die Quelle der folgenden Vorschläge in der Fallkonzeption erkennen können, wenigstens in einem allgemeinen Sinn. Um Mißverständnisse zu vermeiden, sollte betont werden, daß die Fallkonzeption nur einen *Teil* der Prämissen liefert, auf denen die folgenden Vorschläge beruhen. Das spezifische, fallbezogene Wissen muß offensichtlich mit allgemeinem Wissen verbunden werden, vor allem störungsbezogenem Wissen und Wissen über psychotherapeutische Interventionen und Wissen darüber, welchen Effekt sie haben mögen.

Prinzipien für die Therapiebeziehung	In der *Beziehung* sollten wir :

- Aktiv nach positiven Aspekten suchen, auf die wir eine unmittelbare positive Reaktion zeigen können.
- Beiträge des Patienten zur Therapie wertschätzen.
(diese zwei Punkte sind allgemein wichtig, aber sie sind umso wichtiger, je genauer ein Patient seine zwischenmenschlichen Beziehungen im Hinblick auf Akzeptanz vs. Kritik überwacht).
- Suchen nach Tests und Fallen: Der Patient mag die Geduld des Therapeuten strapazieren, ein «bad boy» sein, er mag testen, ob der Therapeut an ihn glaubt oder nicht, indem er die eigenen Schwächen betont und indem er wiederholte Fehlschläge präsentiert.
- Nicht nur widerstrebend seinem Streben nach Struktur nachgeben, sondern aktiv ausdrücken «jetzt brauchen Sie Struktur und das ist auch ok, es ist normal», «sie bestimmen wieviel Struktur und aktive Unterstützung sie brauchen.» Der Patient sollte in dieser Hinsicht eher übersättigt als frustriert werden.
- Wenn über die Vorstellung des Patienten zur organischen Verursachung gesprochen wird: Wertschätzung für seine eigene Stärke zeigen, die sich im In-Betracht-Ziehen alternativer Sichtweisen zeigt. Verständnis zeigen für das Bedürfnis, ein klares, solides Modell zu finden. «Lassen sie uns sehen, wie weit wir mit einem psychologischen Modell kommen».
- Aktiv die Plan- bzw. Schemastruktur nach positiven Möglichkeiten zum Ansetzen an Positivem suchen und Situationen schaffen, in denen eine angenehme Therapiebeziehung ein Gegengewicht schafft zur harten Arbeit an den Problemen. Sicherlich sollte das Bedürfnis des Patienten nach Akzeptanz berücksichtigt werden in komplementärem Beziehungsverhalten (wie oben beschrieben).

Therapeutisches Vorgehen auf der Inhaltsebene	Auf der «Inhaltsebene» der Therapie sollten wir:

- Konkret an der sozialen Vermeidung des Patienten arbeiten, teilweise um Symptome zu reduzieren, vor allem aber wegen der «Nebeneffekte»: Normalerweise ist es möglich, im Bereich sozialer Kompetenz schnelle Fortschritte zu machen, und die Erfahrung von Fortschritt mit einem Problem, das ein Patient über so viele Jahre geplagt hat, hat einen ermutigenden und das Vertrauen in die Therapie vergrössernden Effekt. Zusätzlich hat die Verbesserung zwischenmenschlicher Beziehungen einen allgemeinen protektiven Effekt.
- Später sollten wir im Einklang mit der Heuristik des Durcharbeitens von Emotionen und der Förderung eines neuen Bewußtseins Erfahrungen mit seinem Vater reaktivieren, zum Beispiel mit Zwei-Stuhltechnik aus der Gestalttherapie, indem ein «Lebenspanorama» gezeichnet wird, indem Bilder von der Familie in die Therapie gebracht werden, indem der Akzent des Vaters imitiert wird, usw. Wenn die Erinnerungen und Erlebnisse in Bewegung sind, sollten wir das Erleben und Ausdrücken von Emotionen fördern und ebenso das Bewußtsein für die relevanten Prozesse.

- Arbeit an den problematischen Annahmen des Patienten mit Mitteln der kognitiven Therapie (Fördern von Bewußtsein und Entwickeln von Fähigkeiten).
- Diskutieren eines neuen Planes für das Leben des Patienten, z.B. die (vorgestellte oder gespielte) Mutter und Vater den Plan diskutieren lassen (Förderns von Bewußtsein, Fördern von Fähigkeiten und Durcharbeiten von Emotionen, die sich auf die vorgestellten eigenen und fremden Reaktionen beziehen).
- Fragen «Was wären Sie ohne ihre Kopfschmerzen?» (Fördern von Bewusstsein).

Diese Liste liefert eine Basis für die Arbeit vorzugsweise an denjenigen Aspekten, die zu einer gegebenen Zeit am meisten aktiviert sind. Zum Beispiel mögen die Erinnerung an die Familie um einen traditionellen Feiertag ohnehin besonders stark aktiviert sein; eine konkrete Erfahrung mag den Wunsch, die Probleme sozialen Vermeidens loszuwerden, aktivieren, usw. Zusätzlich sollten die Voraussetzungen für verschiedene Arten von Interventionen berücksichtigt werden. Zu Beginn der Therapie mag es am angemessensten sein, eine sehr konkrete, strukturierte Art von Training durchzuführen, später mag es leichter sein, einige der Gedanken des Patienten in Frage zu stellen, und wir müssen vielleicht sogar noch länger warten bis der Patient bereit ist, sich mit bedrohlichen Emotionen auseinanderzusetzen.

Wieviel ein Patient aushalten kann und wozu er bereit ist, hängt andererseits nicht nur von der *Technik* ab, sondern auch davon, was für ein *konkreter Vorschlag in einer konkreten Situation* vom Therapeuten konstruiert wird, möglicherweise mit einer *Technik als Prototyp* im Kopf. Für jede einzelne Formulierung im Dialog hängen die Auswirkungen nicht nur vom allgemeinen Inhalt ab, sondern oft von subtilen Details der Formulierung. Der Therapeut muss jede Handlung und jede Äußerung so konstruieren, daß dabei mehrere Faktoren gleichzeitig berücksichtigt werden. Es ist durchaus möglich, daß basierend auf einer Intuition oder weniger komplexen Konzepten ähnliche Vorschläge entwickelt werden, wie die hier von uns aus einer individuellen Analyse entwickelten, aber eine sorgfältige Plananalyse steigert sicherlich die Wahrscheinlichkeit, dass die meisten relevanten Faktoren im Konstruktionsprozess für therapeutisches Handeln berücksichtigt werden.

Übung:

1. Klient A hat den wichtigen Plan, in der Therapie seine Stotterprobleme loszuwerden. Sie haben als Therapeut den komplementären Plan, ihm dabei zu helfen. Als Teil dieses Planes müssen Sie genau herausfinden, in welchen Situationen der Klient stottert, beziehungsweise, was diese Situationen für ihn bedeuten. Konstruieren Sie dazu ganz konkretes Verhalten-in-Situationen, das heißt, formulieren Sie ganz konkrete Therapeutenäußerungen, die dem Plan dienen, sich ein Bild von den relevanten Situationen zu machen. Sie können Zusatzannahmen zu Klient und Situation treffen, aber suchen Sie sich nicht einen allzu speziellen Fall. In 5–10 Minuten sollten Sie ein einigermaßen brauchbares Repertoire für diese therapeutische Aufgabe zusammengestellt haben. Wenn möglich, diskutieren Sie die Ergebnisse in einer Gruppe, sonst versuchen Sie, Ihre Vorschläge selber zu bewerten.

2. Klient M. hat einen äußerst wichtigen Plan, keine Schwächen einzugestehen: Das wäre nicht mit seinem Ideal eines starken, reibungslos funktionierenden Mannes zu vereinbaren. Daß er überhaupt eine Therapie aufgesucht hat, ist an sich schon eine andauernde Verletzung dieses Planes. In den Sitzungen scheint er peinlich darauf zu achten, daß er ein dem Therapeuten ebenbürtiger «starker Mann» ist. Erstellen Sie eine möglichst konkrete Liste, was der Therapeut ihm gegenüber zu vermeiden hat, wenn er nicht mit dem beschriebenen Plan in Konflikt geraten will.

Lösen Sie diese zwei Aufgaben, bevor Sie weiterlesen!

3. Nun stellen sie sich vor, bei Klient A. und M. handelt es sich um dieselbe Person! Überlegen Sie zunächst, ob Sie bei Aufgabe 1 bereits Vorschläge gemacht haben, die nicht gegen die Einschränkungen auf der Liste von Aufgabe 2 verstoßen. Versuchen Sie daraufhin, (weitere) Verhaltensweisen zu konstruieren, die beiden Anforderungen genügen.

Wenn Sie damit Schwierigkeiten haben, lesen Sie weiter im Text zu diesem Thema, vielleicht ergeben sich daraus noch Hinweise.

Kommunikation auf verschiedenen Kanälen

Bei der Konstruktion von mehrfachbestimmtem Therapeutenverhalten können, wie bereits erwähnt, *verschiedene Kanäle* benutzt werden. Zum Beispiel kann der Therapeut bei einem Klienten mit einem Konflikt «sich verändern/ sich nicht verändern» den Klienten einerseits verbal eher vor Veränderungen warnen. Das Argument, «wir müssen zuerst genau beobachten, wie das ist mit ihren Problemen», ist ja dafür ein wohlbekanntes Mittel. Auf der anderen Seite ist die pragmatische Tatsache, daß der Klient in der Therapie ist und daß der Therapeut sich ständig mit ihm beschäftigt, ein Stück Mitteilung auf einem anderen Kanal, daß der Klient sich verändern soll und daß der Therapeut auch glaubt, daß das möglich ist. Noch viel mehr gilt das, wenn der Klient in einer sonst gut funktionierenden Gruppe ist, in der alle anderen um ihn herum sich erfolgreich verändern. Solches Therapeutenverhalten wird oft als *«paradox»* bezeichnet, und es ist auch insofern paradox, als auf verschiedenen Kanälen Verschiedenes kommuniziert wird. Es ist aber nicht paradox in dem Sinne, daß es zunächst quasi vom Therapieziel wegführt. Im Gegenteil ist solches Verhalten in den Situationen, in denen der Klient selber in unlösbaren Konflikten ist und diese paradox (das heißt widersprüchlich in verschiedenen Aspekten seines Verhaltens) kommuniziert, die einzig konsequente und den Klienten wirklich ganzheitlich verstehende Antwort. Je länger man sich mit der Konstruktion solchen Therapeutenverhaltens beschäftigt, desto selbstverständlicher wird das und desto weniger erscheint es als «Griff in die Trickkiste». Wirklich überzeugendes Therapeutenverhalten läßt sich nur konstruieren, wenn die entsprechenden Therapeuten-Pläne nicht einfach rational erdacht wurden, sondern Teil der Therapeuten-Persönlichkeit geworden sind, im Sinne einer wirklichen Integration in die Schemata des Therapeuten.

Üben Sie nun auch im Rollenspiel angemessenes Therapeutenverhalten!

Aufgabe: Der «Klient» zeigt je nach Erfahrungsstand des «Therapeuten» mehr oder weniger schwieriges Verhalten. Er nimmt sich dabei vor, dem «Therapeuten» ganz bestimmte Schwierigkeiten zu stellen, ihn aber zu honorieren, wenn er gute Lösungen für sein Therapeutenverhalten findet.

Der «Therapeut» versucht, das Verhalten des Klienten zu begreifen und seinerseits angemessenes Therapeutenverhalten zu konstruieren. Dauer: 10-20 Minuten. Anschließend werden die Beobachtungen diskutiert. Danach sagt der «Therapeut», was er sich gedacht hat. Im Anschluss werden mehrere verbesserte oder einfach unterschiedliche Varianten wieder im Rollenspiel ausprobiert und dann diskutiert.

4.3.2 Kommunikation mit Klienten über «ihre» Pläne

Mit der Plananalyse erarbeitet der Therapeut primär *für sich selber* ein Modell von den Besonderheiten jedes Klienten als Ausgangsbasis für die Gestaltung seines therapeutischen Verhaltens. *Erst in zweiter Linie* und unter einschränkenden Bedingungen kann der Plan-Ansatz auch *für die Kommunikation mit Patienten* benutzt werden.

Zu den Aufgaben eines Therapeuten gehört auch, mit dem Klienten eine gemeinsame Sicht seiner Probleme zu erarbeiten, beziehungsweise dem Klienten mitzuteilen, wie er gewisse Zusammenhänge sieht. Empirische Studien zeigen, wie wichtig für den Therapieerfolg ist, daß Interpretationen des Therapeuten wirklich genau das treffen, was für einen einzelnen Klienten bedeutsam und charakterisierend ist (e.g. Crits-Christoph et al. 1988).

Verschiedene Therapieschulen haben verschiedene Regeln: Sowohl worüber man dabei spricht, als auch welche Aspekte dabei betont oder weggelassen werden, wie und wann man darüber spricht, sind *wichtige Teile einer therapeutischen Gesamtkonzeption* und damit sorgfältig aus der individuellen Fallkonzeption zu begründen (siehe auch Silberschatz, Fretter & Curtis, 1986).

Die Themen sollten nicht nur von der Dringlichkeit oder von bestimmten psychologischen Theorien, sondern vor allem auch dadurch bestimmt werden, welche Themen *für den Klienten ohnehin gerade aktuell* sind. Diese Haltung findet sich in der Schema-Theorie von Grawe (1986) näher ausgeführt, und die Plananalyse kann für den einzelnen Klienten konkrete Anhaltspunkte liefern.

Eine wichtige These ist dabei, daß eine *Balance* zu finden ist *zwischen* «*den Klienten bestätigen*, um ihm eine sichere Basis für Veränderungen zu geben» und «*den Klienten in Frage stellen*, um Veränderungsprozesse in Gang zu setzen». Das geschieht auf der verbal-inhaltlichen Ebene nicht nur durch die Wahl der Themen, sondern auch der Aspekte, die dabei betont werden. Praktisch jeder Bereich menschlichen Verhaltens und Erlebens hat ja seine konstruktiven und seine destruktiven Seiten. Eine allgemeine wertschätzende Grund-Haltung seitens des Therapeuten, ganz im Sinn der Klientenzentrierten Gesprächspsychotherapie, ist dabei sicherlich Voraussetzung. Darüber hinaus dürfte es einem Therapeuten, der gewöhnt ist, im Sinne der Plananalyse zu arbeiten, nicht schwerfallen, die Aspekte zu finden, in denen er den Klienten voll verstehen und unterstützen kann. Jedes instrumentelle Verhalten dient ja letztlich übergeordneten Bedürfnissen, die in sich allgemein menschlich und akzeptabel sind, auch wenn dafür noch so problematische Mittel eingesetzt werden. Während Klienten in ihrem Leben oft nur Ablehnung erfahren haben (für die Mittel), können sie in der Therapie erleben, daß der Therapeut sie in ihren übergeordneten Bedürfnissen uneingeschränkt und ehrlich akzeptiert.

Marginalie: Die Plananalyse braucht einen Therapeuten in erster Linie um sich selber Klarheit zu verschaffen. Erst in zweiter Linie wird sie in die Kommunikation mit dem Klienten explizit einbezogen. Die Entscheidung wann über welche Aspekte gesprochen wird, ist Teil der therapeutischen Gesamtkonzeption und unter Bezug auf die individuelle Fallkonzeption zu entscheiden

Die Kommunikation mit Klienten über «ihre Pläne» bietet viele Möglichkeiten, birgt aber auch Gefahren

Die Frage, *wie* darüber mit dem Klienten gesprochen werden soll, betrifft sowohl die Kommunikation auf der analogen (para- und nonverbalen und pragmatischen) Ebene, als auch die Sprache und die verwendeten Konzepte. Auf ersteres wird in der Übung «Konstruktion mehrfachbestimmten Therapeutenverhaltens» eingegangen, letzteres betrifft vor allem auch die Frage, ob man mit den Klienten von «seinen Plänen» reden oder gar mit ihm zusammen eine zusammenhängende Planstruktur erarbeiten soll. Wir waren zunächst begeistert von der Möglichkeit, den Klienten eine breite, ganzheitliche Sicht ihrer selbst zu vermitteln. Wir versprachen uns davon, daß sie sich aus einem besseren Verständnis für sich selber heraus auch in problematischen Aspekten besser akzeptieren könnten, andererseits aber auch Motivation für gezielte Veränderungen gewinnen könnten. Wir glauben nach wie vor daran, daß diese Annahmen grundsätzlich richtig waren, daß aber viele Klienten durch ein ausgiebiges und explizites Sprechen über ihre hypothetischen Pläne überfordert werden. Gerade bei Klienten, die intellektuell keine Verständnisprobleme haben und auch an einer sehr rationalen Analyse ihres Innersten keinen Anstoß nehmen, besteht andererseits die *Gefahr*, daß sie sich hinter eine solche Analyse zurückziehen und sie dazu benutzen, die Therapie nicht wirklich an sich heranzulassen.

Diese Einwände legen nahe, Klienten Hypothesen über einzelne relevante Zusammenhänge nahezubringen und sie zur Diskussion zu stellen. Auch generellere Sichtweisen können vermittelt werden, zum Beispiel, daß man sich auch bei Verhalten mit dramatischen negativen Konsequenzen fragen kann, ob sie nicht doch durch irgendeinen positiven Zweck aufrechterhalten werden, oder, wie der Klient selber versuchen kann, zunächst unerklärliche Gefühle bei sich selber zu begreifen. Man kann sogar auf einem Blatt Papier oder an der Wandtafel kleine Ausschnitte aus einer Planhierarchie aufzeichnen:

> «Ich schreibe hier mal Ihr Verhalten XY hin. Sie sagen, Sie begreifen sich da selber nicht. Nun können wir ja einmal zusammen überlegen, was (Strich nach oben mit Fragezeichen) mögliche positive Konsequenzen dieses Verhaltens sind»).

So kann einem Klienten allmählich eine Herangehensweise an unbegreifliche Aspekte seines Erlebens und Verhaltens vermittelt werden, ohne jemals den Begriff «Plan» oder «instrumentelle Funktion», «Blockierung von Plänen», «Coping-Strategie» usw. zu verwenden. Wie weit man mit Erklärungen geht, hängt sicher vom einzelnen Klienten und vom Zeitpunkt ab. Nach unserer Erfahrung ist aber eher Zurückhaltung geboten. Das ist nicht eine Frage der Offenheit gegenüber dem Klienten: Über alle wichtigen Aspekte der Sicht des Therapeuten sollte man den Klienten informieren, wenn nicht ganz besondere Gründe dagegen sprechen. Es geht vielmehr darum, zur Kenntnis zu nehmen, daß die Konzepte, die einem Fachmann beziehungsweise einer Fachfrau in ihrem Verständnis für einen Klienten am besten helfen, nicht unbedingt dieselben sind, die einem Klienten am besten helfen. Um die Frage, ob ich als Therapeut gegenüber den Klienten eine akzeptable ethische Haltung habe, komme ich nicht dadurch herum, daß ich ihm um jeden Preis mein Vokabular und meine Konzepte beibringe.

4.4 Kommentare und Lösungsvorschläge zu den Übungen

Kommentar zu den Übungen Kap. 4.2.6:

Wir gehen davon aus, daß Sie Ihre «Lösungen» im wesentlichen selber beurteilen können, deshalb nur einige Hinweise: Im Beispiel 4 kann das appellative Element in die Umschreibung des Weinens eingebracht werden («weint appellativ» oder ähnlich), die übergeordneten Pläne drücken dieses Element aber ebenfalls aus. Wo hier der Kompromiß zwischen Knappheit und Explizitheit der Formulierung gemacht werden soll, kann nicht allgemeingültig festgelegt werden. Eine Möglichkeit:

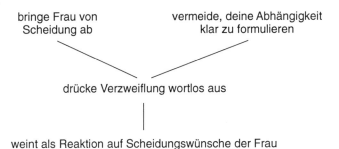

Schauen Sie sich Ihre Vorschläge in den Beispielen 1–3 noch einmal an im Hinblick auf die Ziele «Interpretation möglichst explizit machen in der Bezeichnung des Verhaltens» und «Bezeichnung des Verhaltens möglichst knapp, Interpretation in den zugeordneten Plänen» und überlegen Sie sich Varianten für Ihre Formulierungen. Versuchen Sie möglichst, auszudrücken, ob es sich um einen aktiv-konstruktiven oder um einen Vermeidungsplan handelt.

Hinweise zur Diskussion der Übungs-Ergebnisse aus Kap. 4.2.7:

Bei der **Diskussion** der Planhypothesen ist auf folgendes zu achten:

- Es ist zwar erfreulich, wenn auch schon Hypothesen über weiter übergeordnete Pläne gewonnen werden können, viel wichtiger ist auf dieser Stufe aber noch, daß die postulierten Pläne tatsächlich plausibel aus beobachteten Verhaltensaspekten abgeleitet werden können. Soweit das aufgrund eines kurzen Beobachtungsausschnittes möglich ist, sollten Planhypothesen bereits mit mehreren Beobachtungen belegt werden.
- Jeder aufgefallene Verhaltensaspekt sollte beim Entwickeln von Planhypothesen berücksichtigt werden, es sei denn, man revidiere die

Meinung, daß es sich um eine erklärungsbedürftige Auffälligkeit handelt. Dabei kommt es hier noch nicht auf «tiefgründige» Erklärungen an. Aufgefallenes Verhalten ist selbstverständlich nicht immer instrumentell zu erklären. Aber auch ohne instrumentelle Zuordnung sollte es zu Plänen in Beziehung gesetzt werden, das heißt daraus erklärt werden beziehungsweise helfen, Hypothesen zu erweitern. Heuristiken dazu finden sich unter «Instrumentelles vs. reaktives Verhalten» und bei den Gefühls-Heuristiken.

– Geben Sie sich nicht damit zufrieden, einen aufgefallenen Verhaltensaspekt mit *einem* Plan «erklären» zu können: Meistens erklärt *ein* Plan noch nicht hinreichend, warum gerade dies spezielle aufgefallene Verhalten konstruiert wurde, sondern läßt noch verschiedene Möglichkeiten offen und erklärt allenfalls einen Aspekt. Die Frage: «Ist dies Verhalten mit den bisher formulierten Plänen bereits hinreichend erklärt?» führt oft erst zu den interessantesten Hypothesen (vgl. «Mehrfachbestimmtheit»).

– Spätestens am Schluß der Diskussion soll auch überlegt werden, wie die Pläne beider Interaktionspartner ineinandergreifen. Den Sinn von Plänen begreift man ja oft erst aus einer systemischen Sicht. Zum Teil wird dadurch auch die Neu- oder Umformulierung von Plänen nahegelegt.

– Dieser Vergleich ist natürlich besonders fundiert, wenn der zweite Interaktionspartner durch dieselbe oder – bei Aufteilung (s.o.) – durch die andere Gruppe ebenfalls gründlich betrachtet wurde.

Lösungsvorschläge zu den Übungen aus Kap. 4.2.11:

1. Beispiel:

Die Niedergeschlagenheit ist wohl in erster Linie reaktiv. Das Trinken könnte zwei instrumentelle Funktionen haben: Erstens die Verlustgefühle zu erleichtern, zweitens als Rechtfertigung, sich nicht auf eine neue Beziehung einzulassen. Das kann zwar ein nebenwirkungsreiches, aber doch ganz verständliches Mittel sein, sich Raum zum Trauern und Zeit zu verschaffen, sich auf die neue, schwierige Situation einzustellen, wenn Bekannte sie zu früh und zu sehr drängen, aber auch ein problematisches Vermeidungsverhalten gegenüber zwischenmenschlichen Risiken in jeder neuen Beziehung.

2. Beispiel:

1. Version: Die gedrückte Stimme wird hauptsächlich instrumentell interpretiert. (Siehe Abbildung)
2. Version: Die gedrückte Stimme wird hauptsächlich reaktiv interpretiert: Blockierte Pläne könnten sein: Ihre Würde als Frau, ihr Recht, über sich selber zu bestimmen und ihre körperliche Integrität und ihre Zweierbeziehung aufrechtzuerhalten.

1. Version:

Bei der ersten Version besteht kein Widerspruch zwischen «Gefühle nicht an sich heranlassen» und «gedrückt wirken», weil sie die zum Ausdruck gebrachte gedrückte Stimmung gar nicht wirklich zu erleben braucht (beziehungsweise kann!). Bei der zweiten Version wird angenommen, daß trotz des Planes, Gefühle nicht an sich heranzulassen, der für das routiniert/unbeteiligte Erzählen verantwortlich gemacht werden kann, die geschilderten Erlebnisse so stark sind, daß sie sich auf ihre Stimmung auswirken. Die beiden Versionen schließen sich nicht vollständig aus und die vorhandene Information reicht nicht aus für eine definitive Entscheidung für die eine oder andere Variante.

3. Beispiel:

Das Verhalten kann sowohl reaktiv wie auch instrumentell verstanden werden: Es kann einfach (reaktiv) Ausdruck der erhöhten Spannung sein und es kann (instrumentell) eingesetzt werden, um den Therapeuten vom Weiterbohren abzuhalten. Letzteres ist insbesondere in den Situationen plausibel, in denen der Therapeut die heiklen Themen anspricht. Daß das Verhalten auch zu beobachten ist, wenn der Klient das Heft in der Hand hält, könnte die Argumentation stützen, es sei rein reaktiv. Aber immerhin könnte es auch in diesen Situationen dazu dienen, den Therapeuten vom Nachhaken abzuhalten. Aufgrund der gegebenen Information kann nicht eindeutig für das eine oder andere entschieden werden. Bei einer reaktiven Interpretation waren die bedrohten Pläne generell Kontroll-Pläne (selber zu bestimmen, worüber gesprochen wird) und im übrigen Pläne wie «vermeide, vom Therapeuten als XY gesehen zu werden», oder «vermeide Beschäftigung mit dem wunden Punkt YZ», wobei der Inhalt von XY und YZ vom konkreten Thema abhängt.

4. Beispiel:

Es wird hier davon ausgegangen, daß der Klient tatsächlich keine anspruchsvollere Stelle finden kann. Die Frage ist, ob seine depressive Verstimmung nur als eine einfühlbare Reaktion auf das Verlusterlebnis zu verstehen ist. Immerhin sind nicht nur seine eigenen beruflichen Pläne blockiert, sondern auch Pläne, aufgrund seiner Stelle von seiner anspruchsvollen Frau geachtet zu werden. Eine beträchtliche negative Spannung ist also sehr plausibel. Wir hören aber, daß seine Frau entgegen seinen Erwartungen verständnisvoll ist. Entweder hat er seine Frau falsch eingeschätzt oder er hat ein bisher unbekanntes Mittel entdeckt, bei ihr Verständnis zu bewirken. Die depressive Verstimmung hätte demnach *nach* ihrer reaktiv zu begreifenden Entstehung eine instrumentelle Funktion gewonnen, die zu ihrer Aufrechterhaltung, inklusive Widerstand in der Therapie, beitragen könnte.)

Kommentare zu den letzten Übungen in Kap. 4.2.12:

Bei allen Beispielen wird erst der eine Plan befriedigt (etwa: 1: Löse deine Probleme, 2: Suche eine Partnerschaft, 3: Reagiere deine Frustrationen ab/Lenke dich ab von Problemen, 4: Lebe deine Abhängigkeitsbedürfnisse in Beziehung aus), dabei wird jedoch gegen andere Pläne gehandelt, diese werden dadurch zusätzlich aktiviert und bestimmen, nachdem die ersteren Pläne ein Stück weit befriedigt sind, stärker das Verhalten (etwa: 1: Schütze dich vor wirklichen Veränderungen, 2: Vermeide Risiken aus einer engen Bindung, 3: Sei ein anständiger Mensch / Verhindere, daß Frau dich verläßt, 4: Vermeide Gefühl von Unterlegenheit).

5. Schemata und Frames

Pläne sind nur von ihrer Einbettung in umfassendere Strukturen her zu verstehen[1]: *Mindestens implizites Wissen* darüber ist notwendig, das wurde bereits mehrfach hervorgehoben. Die konkreten Möglichkeiten, nichtinstrumentelle Informationen auch explizit festzuhalten (in Kap. 4.2.15 beschrieben), tragen dem Rechnung: Dort ging es insbesondere um Gefühle, Prämissen, welche den Plänen zugrundeliegen, und genaue Beschreibungen von Situationen. All diese Informationen können aus der Perspektive von Plänen betrachtet und systematisch zu diesen in Beziehung gesetzt werden.

Man kann nun aber auch eine sozusagen «*neutralere*» Perspektive einnehmen und alle potentiell relevanten Elemente gleichwertig behandeln. Pläne würden dann als nicht besonders zu behandelnde Teile von allgemeineren Systemen betrachtet: Sie wären einfach deren Handlungskomponente. Ein Begriff und ein theoretisches Verständnis für solche allgemeineren Strukturen, für dessen Verwendung einiges spricht, ist der «*Schema*»-*Begriff* sensu Piaget (1981): Grawe (1986, 1987) hat vorgeschlagen, das Schema-Konzept für diesen Zweck zu verwenden und dafür gute Gründe genannt[2]. Schemata sind für Grawe organisierte Einheiten der psychischen Regulation, die gleichzeitig Produzent und Produkt von Individuums-Umgebungs-Bezügen sind. Die für die *Psychotherapie* wichtigsten Teile von Schemata sind die *motivationalen*, das heißt die energetisierenden und Richtung gebenden Komponenten. Ziel ist dabei, entsprechend dem Konzept von Powers (1973), eine bestimmte Wahrnehmung von sich selber zu erzeugen. Eine wichtige Möglichkeit dazu, aber nicht die einzige, sind auf die Umgebung wirkende Handlungen. Diese sind *die wichtigste Informationsquelle beim Erschließen von Schemata*.

Drei Arten von Schemata sind von besonderer Bedeutung[3]:

- *das Selbst* ist ein übergeordnetes Ganzes, die Gesamtheit der Schemata eines Individuums. Beim Selbst lassen sich unterscheiden:
- das regulierende Selbst, das «in Wirklichkeit» – also unabhängig von Bewußtheit – Handeln und Erleben steuert und

Marginalien:
Eine Perspektive, welche instrumentelle Relationen weniger in den Vordergrund stellt

Schemata als Analyseeinheiten

Pläne als wichtigste Informationsquelle beim Erschließen von Schemata.
Drei Arten von Schemata sind von besonderer Bedeutung

---

[1] Vgl. Kap. 2.2.5, 4.2.6, 4.2.15.

[2] Stärker als bei der Verwendung des Schema-Konzeptes in der Cognitive Science ist der Piagetsche und Grawe'sche Begriff mit ganz bestimmten Vorstellungen verbunden über Entwicklungsprozesse bzw. darüber, welche Typen von Schemata welche ganz bestimmte Bedeutung haben. Meines Wissens wurden die Unterschiede und Gemeinsamkeiten der Begriffsverwendung erst in der Diplomarbeit von Läderach und Verdun (1995) gründlich diskutiert, und es kann auch nicht Aufgabe dieses Buches sein, das zu leisten; Leser werden gebeten, ihrem Verständnis in diesem Kapitel das Grawe'sche Verständnis zugrundezulegen.

[3] Es ist nicht Aufgabe dieses Kapitels, detailliert in die Schema-Theorie einzuführen (dafür stehen andere Publikationen zur Verfügung: Grawe, 1986, 1987, 1988a; Caspar & Grawe, 1989), sondern auf die Verbindung zwischen Plan- und Schemaanalyse einzugehen.

- das Selbstkonzept: Das Bild, das ein Individuum sich von sich selber in Form von verfügbaren Bewußtseinsinhalten macht. Was im Selbstkonzept repräsentiert ist, wird ebenfalls vom regulierenden Selbst bestimmt.
- *Emotionen* sind Bewertungen der psychischen Aktivität im Hinblick auf die aktivierten Schemata. Emotionale Schemata haben den Selbstzweck, bestimmte emotionale Zustände herbeizuführen, aufrechtzuerhalten beziehungsweise zu steigern oder aber zu vermeiden [1]. Dazu haben emotionale Schemata entsprechende Handlungskomponenten.

Zu emotionalen Schemata gehören die Informationen:

- durch welche Situationen wird das Schema aktiviert?
- mit welchen Erinnerungen ist das Schema verbunden?
- mit welchen Gefühlen ist das Schema verbunden?
- welche Teile sind als Bewußtseinsinhalte verfügbar beziehungsweise nicht verfügbar?
- welche Handlungen werden eingesetzt, um die im Schema enthaltene Zielkomponente zu realisieren?

Negative emotionale Schemata entstehen aus der Blockierung eines wichtigen Zieles. Je bedeutsamer ein negatives emotionales Schema ist, desto weniger werden die entsprechenden Emotionen vom Individuum tatsächlich erlebt: Der Bereich «unzulässige Kognitionen» wird sehr weit. Negative emotionale Schemata werden überwiegend aus Vermeidungsplänen erschlossen, da eine Verständigung darüber in der Therapie zunächst nicht möglich ist.

- *Selbst-Schemata* sind auf positive Ziele ausgerichtet, das heißt auf Ziele, die eine positive Bedeutung für Selbst, Selbstkonzept, beziehungsweise Bedürfnisse eines Menschen haben. Der Begriff «Selbst-Schema» legt unglücklicherweise eine Verwechslung mit den Begriffen «Selbst» und «Selbstkonzept» nahe; es ist jedoch etwas anderes, Konkreteres damit gemeint.

Plan-Anteile in Schemata haben einen hohen Stellenwert

Schemata werden eingeordnet (entsprechend dem Frame-Konzept, vgl. Kap. 4.2.15) unter dem Label der Ziel-Komponente (Plan-Namen). Auch Piaget hat ja der Handlungskomponente seiner Schemata einen hohen Stellenwert eingeräumt und betont, daß die Schemata sich aus der tätigen Auseinandersetzung mit der Umwelt herausbilden. Diese Sicht wird von Autoren ganz anderer Ausrichtung, zum Beispiel den östlichen Tätigkeitstheoretikern, geteilt (Leontjew, 1977; Tomaszewski, 1978). Dem Bezug zu den *Plan-Anteilen* von Schemata ist damit *von vornherein ein hoher Stellenwert* eingeräumt.

---

[1] Leventhals (1984) Verständnis von «emotionalen Schemata» deckt sich nicht genau mit Grawes Konzeption: Die Funktionen, die er emotionalen Schemata zuschreibt, sind aber ähnlich, unter anderem eine schnelle Bewertung der Umwelt zum Zweck der Adaption zu ermöglichen, als Filter zur Konzentration auf wichtige Umweltaspekte zu dienen, einen systematischen Auf- und Ausbau von Erinnerungen zu unterstützen, wichtige emotionale Erfahrungen entlang spezifischer Dimensionen zu generalisieren, stabile Objektbeziehungen zu ermöglichen, usw.

Aus der Schema-Perspektive haben aber andere Elemente, wie kognitive oder emotionale Schemata, einen prinzipiell gleichen Stellenwert wie Pläne. Das wiederum schließt nicht aus, daß aus bestimmten Gründen bestimmte Arten von Schemata in den Genuß einer besonderen Behandlung und Beachtung kommen. So argumentiert Grawe (1987) zum Beispiel dafür, *negative emotionale Schemata* besonders zu beachten, weil sie für die Steuerung problematischen Verhaltens und Erlebens von großer Bedeutung und damit auch für den Therapeuten von besonderer Relevanz seien.

> Negative emotionale Schemata spielen in Grawes Schematheorie eine wichtige Rolle

Die Schema-Theorie im Sinne von Grawe (1986, 1987) entstand namentlich im Bestreben, drei Aspekten mehr Gewicht zu geben, als das beim Plananalyse-Ansatz der Fall war:

1. Die Erweiterung des ursprünglichen Ansatzes um das Frame-Konzept (Wüthrich, 1982; Caspar & Wüthrich, 1985; Caspar 1984) machte zwar die alte Einsicht in die Bedeutung der die Pläne umgebenden Elemente konkret und explizit und schuf auch Darstellungsmöglichkeiten. Dabei wurde aber nur sehr sparsam in Form von Suchheuristiken vorgegeben, welche Elemente aufgrund welcher inhaltlich-psychologischer Überlegungen wichtig sind, und noch viel weniger wurde vorgegeben, welche Auswirkungen das auf die Therapieplanung haben soll. Das Frame-Konzept wurde eher aufgefaßt als formales Rahmen-Konzept, das der einzelne Therapeut dann mit inhaltlichen Annahmen füllen konnte, sofern sie nicht gerade den Grundannahmen des Planansatzes widersprachen (für diese Haltung wird in Kap. 2 ausführlich argumentiert).

   > Plananalyse macht weniger inhaltliche Annahmen, welche Elemente des Funktionierens besonders wichtig sind und wie eine Therapie zu planen ist

2. Zwar hatten bereits Miller, Galanter & Pribram die Vorstellung, daß Pläne sich dann ändern, wenn sie aus irgendwelchen Gründen nicht mehr durchführbar sind: Darüber hinaus aber hatten sie und hatten auch wir später keine genügend differenzierten Vorstellungen, wie Pläne entstehen und wie sie sich ändern. Obwohl natürlich eine Momentaufnahme der Struktur von Klienten einen Wert nur schon daraus gewinnt, daß sie Voraussetzungen für Veränderungen betrachtet und damit der Ausgangspunkt für Konzeption und Beobachtung von Veränderungen ist (Kap. 2.2.7.), reicht sie als Basis weder für die praktische Therapieplanung noch für das Nachvollziehen von Veränderungsprozessen in der Forschung aus.

   > Plananalyse schließt kein elaboriertes Veränderungsmodell ein

3. Der Bedeutung des reflexiven Bewußtseins des Menschen wird besondere Beachtung geschenkt.

   > Plananalyse beschäftigt sich wenig mit dem reflexiven Bewußtsein

Die Schema-Theorie beinhaltet also besondere inhaltliche Vorstellungen über den Stellenwert bestimmter Schemata (wie zum Beispiel Selbst-Konzept oder negative emotionale Schemata), insbesondere an Piaget (1981), Neisser (1979) und Prigogine (1977) angelehnte Vorstellungen über Veränderungsprozesse und Vorstellungen zum reflexiven Bewußtsein.
Weil der *Zugang über Handlungspläne*[1] ein wichtiger und oft sogar der einzige Zugang zu Schemata ist, ist auch die *Plananalyse ein wichtiger Teil der Schema-Analyse* (für eine Darstellung auf dem neusten Stand s.

Plananalyse als wichtiger Teil der Schema-Analyse

Grawe, Grawe-Gerber, Heiniger, Ambühl & Caspar, 1996). Auch Meichenbaum & Gilmore (1984) gehen davon aus, daß ihre schema-ähnlichen «core organizing principles» überwiegend nicht direkt zugänglich sind und aus dem Verhalten und Gefühlen erschlossen werden müssen. Aus Segals (1988) Übersicht über verschiedene Versuche, auf andere Art als mit qualitativen Analysen im Sinne der Plan- beziehungsweise Schema-Analyse Zugang zu Schemata zu gewinnen, werden die Grenzen sehr deutlich, auf die man dabei stößt.

Schema-Analyse und Plananalyse beziehen in die Analyse verschiedene Arten von Elementen der psychischen Regulation ein: Bei der Plananalyse werden andere Elemente als Pläne *von ihrem Bezug zur Planstruktur ausgehend* betrachtet, während bei der Schema-Analyse von einer breiteren Perspektive ausgegangen wird: Der Aspekt der Hand-

Darstellung eines Schemas

Name: *betrogen werden*

– Situation	Wiederverheiratung von Vater, Enterbung, Operation, Tennis, Therapie (!?)
– beteiligte Personen	Vater, Freund, Arzt, Psychotherapeut (!?)
– gesuchte/wiederhergestellte Situation	Situation, wo sie von enger Bezugsperson «betrogen» wird.
– Handlungen zum Herbeiführen der Situation	Situation, wo sie von enger Bezugsperson «betrogen» wird.
– Handlungen zum Umgang mit Problemen in/durch Situation	baut übertriebenes Vertrauen/Erwartungen auf
– Handlungen zum Umgang mit Problemen in/durch Situation	......
– gesuchte Gefühlszustände	......
– vermiedene Gefühlszustände	......
– lebensgeschichtliche Entwicklung	......
– Bewusstsein:	......
– zentrale Annahmen: bewußte: unbewußte:	....

Abbildung 32: Schematische Abbildung eines Schemas, bei dem der Name nicht auf einen bestimmten Plan Bezug nimmt. Die innere Struktur des Schemas widerspiegelt die Annahmen der Schematheorie, welche Elemente relevant sind (siehe Text).

---

[1] Wobei Grawe unter Plänen nurmehr solche Pläne versteht, die auf die Umgebung gerichtet sind.

lungssteuerung ist zwar ein sehr wichtiger, aber nicht klar im Vordergrund stehender Aspekt.

Diese breitere, aber andererseits doch auf bestimmte inhaltliche Aspekte konzentrierte Sicht wirkt sich nicht nur beim Erschließen der Plan- beziehungsweise Schemastrukturen auf die Wahrnehmung aus, sondern natürlich auch auf das Endprodukt. Wenn man davon ausgeht, daß die Ressourcen der Analysierenden nicht unbeschränkt sind, dann muß die Analyse der instrumentellen Zusammenhänge weniger präzis und ela- boriert, die Sicht dafür insgesamt aber einerseits breiter, andererseits in bestimmten inhaltlichen Bereichen – zum Beispiel negativen emotionalen Schemata – differenzierter sein, als bei einer Plananalyse ohne schema- theoretischen Hintergrund [1].

Unterschiedliche Aspekte werden unterschiedlich genau ausgearbeitet

Wie werden nun Schemata *erschlossen und dargestellt*? Technologien dafür wurden allmählich erarbeitet und vorgestellt (Balmer, 1987; Dep- peler, 1987; Heiniger & Jost, 1988; Oesch, 1987; Wüthrich, 1988). Die neuste Darstellung findet sich bei Grawe et al. (1996). Abbildung 32 zeigt schematisch eine Analyse, wie sie 1986 in einem Seminar an einer Klientin erarbeitet wurde.

Erschließen und Darstellen von Schemata

Als Grundlage wird in jedem Fall die plananalytische «Technologie» genutzt: Die Plananalyse akzentuiert zwar den Handlungsaspekt von Schemata und macht zu anderen Teilen weniger inhaltliche Aussagen, es besteht aber ein hohes Maß an Verwandtschaft zwischen den Konzepten, was das Erfassen bestehender Strukturen betrifft. Aus vier Gründen ist die Idee, die Plananalyse-Technologie zu nutzen, besonders naheliegend:

- Die Analyse von Verhalten und Plänen stellt laut Grawe (1986, 1987), wie bereits erwähnt, einen besonders wichtigen Zugang zu Schemata dar: Ein Schema-Analyse-Konzept müßte also ohnehin ein Verfahren beinhalten, das zur Erfassung von Plänen geeignet ist.

Plananalyse als Grundlage

- Die Frage, in welchen Situationen und wodurch welche Schemata aktiviert werden, ist für die Schema-Theorie ganz zentral. Die subjek- tive Ähnlichkeit von Situationen spielt dabei eine wichtige Rolle. Welche Situationsmerkmale aus einer fast unbeschränkten Auswahl von Merkmalen dabei ausschlaggebend sind, hängt von der Plan- struktur eines Individuums ab (Holyoak & Thagard, 1987): Allein deshalb ist eine gute Kenntnis der Planstruktur eines Klienten eine unabdingbare Voraussetzung für eine Schema-Analyse. Darüber hin- aus verwenden auch andere Autoren bei der Beschäftigung mit The- men, welche für die Schema-Theorie zentral sind, Pläne als Strukturierungs- und Ordnungsprinzip, auch wenn sie sonst nicht primär von Plänen ausgehen, so Markus (1983) im Zusammenhang mit dem Selbstkonzept.

Es hängt von der motivationalen Struktur ab, welche Schemata aktiviert sind

Pläne als Ordnungs- kriterium

- Um nicht-instrumentelle Elemente mit Plänen verbinden zu können, wurde bereits für das Plananalyse-Konzept der Frame-Ansatz inte- griert (Wüthrich, 1982; Caspar & Wüthrich, 1985; vgl. Kap. 4.2.15).

Frame-Konzept als Bindeglied

---

[1] Auch bei Analysekonzepten, wie dem von Bartling, Echelmeyer und Engberding (e.g. 1992) wird eine breitere Sicht eingenommen, bei der Pläne im Sinn des Plananalyse- Konzeptes nur ein Teil des Ganzen sind: Solche Konzepte sind aber wesentlich weniger auf eine ganz bestimmte Theorie festgelegt als die Schema-Perspektive sensu Grawe.

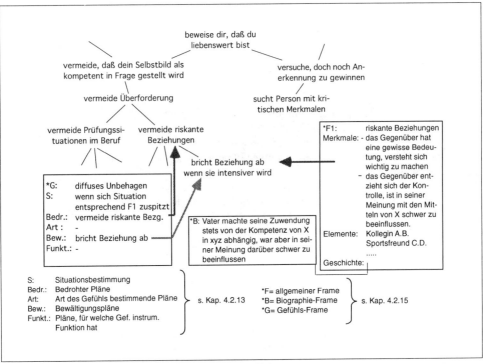

Abbildung 33: Darstellung eines Schemas aus der Planperspektive.

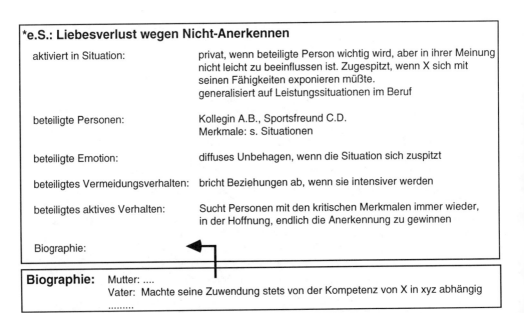

Abbildung 34: Darstellung eines Schemas aus der Perspektive des emotionalen Schemas.

Dort werden die weiteren Elemente zwar aus der Plan-Perspektive betrachtet und formal Plänen zugeordnet; dies ist jedoch nicht zwingend: Das Frame-Konzept kann zum In-Verbindung-Bringen und Darstellen irgendwelcher geordneter Informationen verwendet werden. Tatsächlich werden ja die Begriffe «Frame» und «Schema» in der Kognitiven Psychologie ganz ähnlich verwendet. Man kann also bei der Definition individueller Frames im Prinzip ebenso gut zum Beispiel von emotionalen Schemata wie von Plänen ausgehen. Dies wird in den Abbildungen 33 und 34 veranschaulicht.

Abbildungen 33 und 34 zeigen, daß:

- im wesentlichen dieselbe Information mit Hilfe des Frame-Konzeptes in unterschiedlicher Weise dargestellt werden kann: Die einzelnen Elemente sind dabei je nach Darstellung unterschiedlich leicht zugänglich.
- es für die explizite Darstellung sinnvoll ist, Konventionen für die Binnen-Strukturierung der Schemata im Hinblick auf immer wiederkehrende Elemente zu entwickeln, ähnlich, wie das früher zum Beispiel für Gefühlsframes vorgeschlagen wurde.
- Schemata sich überlappen, so daß es sinnvoll ist, sie in der Darstellung aufeinander zu beziehen, um Redundanz zu vermeiden. Im wiedergegebenen Beispiel sind biographische Erinnerungen an den Vater sicher Bestandteil einer größeren Zahl von Schemata. Es ist wohl sinnvoller, von diesen immer wieder auf ein «Vater»-Schema zu verweisen, wo die Informationen im Zusammenhang wiedergegeben werden.

Selbstverständlich soll das Beispiel in den Abbildungen nicht unterstellen, daß all diese Informationseinheiten in jedem Fall so *explizit* dargestellt werden müssen, schon gar nicht in der praktischen Anwendung: Es geht vielmehr darum, eine Idee zu vermitteln, wie man sich die Relationen zwischen den beteiligten Elementen im Prinzip vorstellen kann, wenn man das einmal explizit machen wollte.

Was in der Abbildung ebenfalls nicht zur Geltung kommt, ist folgendes: Wenn man eine bestimmte Perspektive einnimmt (also zum Beispiel von den Plänen aus vs. von den emotionalen Schemata aus betrachtet), wird nicht einfach dieselbe Information unterschiedlich strukturiert, sondern man wird auch bei unterschiedlichen Aspekten von vornherein genauer oder weniger genau hinsehen und in der Folge unterschiedliche Informationen zur Verfügung haben und darstellen wollen: Es wird zwar starke Überschneidungen geben, aber man wird nie dasselbe sehen.

Man muß sich dabei nicht ein für allemal für eine bestimmte Perspektive entscheiden, sondern kann *nacheinander* verschiedene Perspektiven einnehmen. Letztes Ziel der Plananalyse ist ja *nicht* eine *schematische Darstellung von Zusammenhängen*, wie zum Beispiel in Abbildung 32, sondern das Ziel ist eine *möglichst umfassende Sicht des Patienten*, aus der dann relevante Fragen für die Therapieplanung (oder die Forschung) beantwortet werden können (vgl. Kap. 3). Da es wenig wahrscheinlich ist, daß ich aus einer bestimmten Perspektive alle Fragen am besten beantworten kann, ist ein gewisser «Perspektiven–Pluralismus» wahrscheinlich die beste Devise. Die *Einbettung* der Plan-Perspektive in eine übergeordnete Schema-Perspektive kann man sich etwa so vorstellen: Verhaltensbeobachtungen,

Verschiedene Perspektiven können nacheinander eingenommen werden. Ziel ist nicht eine schematische Darstellung von Zusammenhängen, sondern ein umfassendes Verständnis für den Klienten

aber auch introspektive Berichte, beim Therapeuten ausgelöste Gefühle usw. werden entsprechend den Heuristiken für die Plananalyse (Kap. 4) im Hinblick auf Informationen über die instrumentelle Planstruktur ausgewertet. Informationen, die nicht in instrumenteller Relation zu Plänen stehen, können dabei systematisch von ihrem (anders gearteten) Bezug zu einem Plan her mit diesem in Beziehung gesetzt werden. Also zum Beispiel: Emotion XY beruht auf Bedrohung von Plan AB, die kognitive Prämisse PQ ist Voraussetzung für die Relevanz von Plan CD usw. (entsprechend Kap. 4.2.15).

Welche Pläne und welche zusätzlichen Elemente dabei für relevant gehalten und besonders beachtet und dargestellt werden, hängt dabei davon ab, *welche Fragen* ich aufgrund der Analyse *später zu beantworten in der Lage sein will*: Will ich nur bestimmtes Interaktionsverhalten in bezug auf die unmittelbar übergeordneten Pläne verstehen? Will ich Auskunft über das Selbst-Schema des Patienten geben können? Will ich einen Überblick über seine wichtigsten emotionalen Schemata haben?

Zu dem Zeitpunkt, an dem ich mir diese Fragen dann stelle, werde ich einerseits die Planstruktur konsultieren, andererseits aber auch überlegen, ob ich (aus der Erinnerung oder Notizen) weitere Informationen zur Verfügung habe, die nicht bei der Plananalyse verwendet wurden, die mir jetzt aber weiterhelfen.

Der Vorteil eines solchen Vorgehens ist, daß ich die Informationen (im Kopf, auf dem Papier oder gar im Computer) *von Anfang an in geordneter Form vorliegen* habe. Ein Nachteil könnte sein, daß man seinen Blickwinkel dadurch von vornherein zu stark eingeschränkt sieht. Dann bietet sich die Alternative an, auf das zurückzugehen, was die Plananalyse ursprünglich war, nämlich eine Analyse ausschließlich der instrumentellen Bezüge. Die späteren Entwicklungen, zum Beispiel zum Verständnis der Entstehung von Gefühlen, mögen einem dann helfen beim Erschließen der instrumentellen Zusammenhänge. Nur die letzteren werden aber explizit berücksichtigt. Weitere Informationen werden von Anfang an zusätzlichen Schemata zugeordnet, also zum Beispiel dem Selbst-Schema, einer Reihe von emotionalen Schemata, usw.

Welches Vorgehen unter dem Strich günstiger ist, kann aufgrund der bisherigen Erfahrungen nicht beantwortet werden, vielleicht ist und bleibt das auch eine Frage individueller Vorlieben. Ein Aspekt von dauerhafter Relevanz bleibt das Komplexitäts- und Redundanzproblem, das Anlaß geben kann, eher mit nach dem Wahrheitskriterium defizitär einfachen, nach dem Nutzenkriterium aber im therapeutischen Alltag eher handhabbaren Modellen zu arbeiten.

Standart-Listen von Plänen können eine individuelle Analyse nicht ersetzen

Das *ganz individuelle* Nachvollziehen von Planstrukturen ist Kern der Plananalyse und davon hängt nach unserer Auffassung in starkem Maße der klinische Nutzen ab. Deshalb sind Versuche, Komplexität und Aufwand durch Standardisierung der für den Einzelfall verwendeten Pläne zu reduzieren skeptisch zu betrachten. Listen häufig auftretender Schemata oder Pläne sollten allenfalls heuristisch genutzt werden, sie können aber die individuelle Struktur-Analyse nicht ersetzen (Caspar, 1988b).

6. Die Plananalyse als Forschungsinstrument

Die Ergebnisse aus der vergleichenden Psychotherapieforschung im bisherigen Stil, etwa nach der Ideologie des Kieslerschen Gitter-Modells (Kiesler, 1969), wonach das systematische Zusammenfügen von Erkenntnissen aus sich gegenseitig ergänzenden Studien zu einem besseren Verständnis für Therapie führen sollte, sind eher ernüchternd. In einem Editorial der Zeitschrift für Klinische Psychologie ist über ein Verständnis der relevanten Funktionszusammenhänge zu lesen: «Wir sind heute noch weit von diesem Ziel entfernt, und es ist ungewiß, ob wir es jemals wirklich erreichen werden. Aber daß der Weg dahin über eine detaillierte Einzelfallforschung führt,..., erscheint mir gewiß» (Grawe, 1988b).

Ernüchternde Ergebnisse bisheriger Therapieforschung

Bezogen auf den einzelnen Therapeuten schrieben Grawe und Caspar (1984, S.187): «Für seine Praxis braucht der Psychotherapeut nicht hauptsächlich die genaue Kenntnis vieler Einzelzusammenhänge, sondern er braucht ein Verständnis dafür, wie diese Zusammenhänge zustandekommen. Die sogenannten Rahmenbedingungen verändern sich in der realen Praxis von Fall zu Fall sehr. Das geht vielfach so weit, daß ein Zusammenhang auf der Oberflächenebene, der für den einen Fall gilt, für den nächsten nicht mehr gelten muß. Dabei wäre es natürlich Unsinn, deswegen anzunehmen, daß sich die zugrundeliegenden Funktionsprinzipien, die den Zusammenhang herstellen, geändert haben. Wenn Psychotherapieforschung wirklich einmal Einfluß auf die reale Praxis der Psychotherapie gewinnen will, dann muß sie sich darauf ausrichten, Einsichten in die Tiefenstruktur, in die zugrundeliegenden Funktionsprinzipien, zu erarbeiten. Nur aus einer wissenschaftlich begründeten Einsicht in diese Funktionsprinzipien heraus wird eine wissenschaftlich begründete psychotherapeutische Praxis wirklich möglich werden, nicht aus der Kenntnis hunderter oder gar tausender Einzelzusammenhänge.»

Plädoyer für Einzelfallanalysen

Einsicht in die Tiefenstruktur ist notwendig

Den Gründen, warum bislang wenig Forschung entsprechend dieser Forderung betrieben wurde, wird im erwähnten Beitrag weiter nachgegangen (vgl. auch Rice & Greenberg, 1984). An dieser Stelle mag die Zusammenfassung genügen, daß ein befriedigendes Verständnis der Zusammenhänge nach unserer Auffassung nur auf der Basis eines *interaktionistischen Modells* (vgl. Kap. 2.2.4) möglich ist. Ein Forschungsinstrument sollte *gleichzeitig in Praxis und Forschung anwendbar* sein, um den Transfer zu erleichtern, und sich *nicht auf «das Problem» im engeren Sinn beschränken*. Schließlich sollte ein Konzept *Fähigkeitsaspekt und motivationalen Aspekt* einschließen.

Forderungen an ein Forschungskonzept

Das Plananalyse-Konzept entspricht diesen Forderungen recht gut und ist von daher ein vielversprechendes Mittel, zu einem besseren Verständnis des Therapiegeschehens beizutragen.

Im folgenden geht es nicht in erster Linie darum, auf *Ergebnisse* von Forschungsarbeiten, die die Plananalyse als Mittel einsetzen, inhaltlich einzugehen; Ziel ist vor allem, darzustellen, *in welcher Weise* Plananalysen im Forschungskontext eingesetzt werden können. Der Wert solcher Analysen wird in vollem Umfang erst klar, wenn man die Ergebnisse und den Prozeß, mit dem sie gewonnen wurden, ausführlich darstellt. Es liegt in der Natur solcher Analysen, daß ihre Darstellung viel Raum braucht, es sei denn, man berichte lediglich Ergebnisse auf einem abstrahierten Niveau, woraus dann aber nichts über den Prozeß zu erfahren ist. Eine Darstellung im erforderlichen Umfang würde den Rahmen dieses vor allem für Praktiker geschriebenen Buches eindeutig sprengen. Die folgende Darstellung beschränkt sich deshalb auf eine grundsätzliche Beschreibung des Prozedere und geht dann etwas ausführlicher auf Forschungsarbeiten anderer ein, bei welchen aus den qualitativen Analysen schneller quantitative Daten abgeleitet werden und die deshalb leichter auf beschränktem Raum darstellbar sind. Insofern ist die Darstellung der Arbeiten anderer im Vergleich zu unseren Arbeiten auch etwas ungleichgewichtig. Eine angemessene zusammenfassende Beschreibung der sehr detaillierten Forschungsanalysen, die in Bern mit der Plananalyse allein oder mit der Plananalyse als Basis für Schema-Analysen durchgeführt worden sind und werden, wird die Aufgabe anderer Publikationen sein. Die zur Zeit zugänglichen Forschungsarbeiten sind weiter unten zitiert. Für Leser, die vor allem an Forschung interessiert sind, ist dieses Kapitel als Einstieg gedacht, es soll aber auch Praktikern als Hintergrundinformation einen Eindruck vermitteln, wie die Methode in der Forschung angewendet werden kann.

Unterschiede zwischen Praxis- und Forschungsanwendung der Plananalyse

Folgende Unterschiede kennzeichnen die Forschungs- im Gegensatz zur Praxis-Anwendung:

— die Strukturen sind eher umfangreicher
— nicht-instrumentelle Elemente werden oftmals explizit festgehalten (Kap. 4.2.15)
— der Prozeß der Interpretationen, bei dem aus den verschiedenen Daten Pläne erschlossen werden, ist expliziter: Zwischenstufen werden festgehalten
— während in der Praxis empfohlen wird, Analysen in einer Lernphase, aber zum Teil auch später von Zeit zu Zeit zu zweit oder mehreren durchzuführen, ist dies in der Forschung die Regel: Die Strukturen basieren also auf einem Konsens
— das Interesse kann je nach Forschungsfragestellung auf ganz bestimmte Aspekte konzentriert sein: Diese werden dann in der Analyse entsprechend differenzierter herausgearbeitet, andere eher in den Hintergrund gestellt.

Das konkrete Vorgehen

Abbildung 35 illustriert den Prozeß der Erarbeitung einer Analyse.

Videobänder

Um Interpretationen jederzeit nachvollziehen und hinterfragen zu können, ist das Ausgangsmaterial für eine Forschungs-Plananalyse normalerweise ein *Videoband*, beziehungsweise die Videobänder von mehreren Sitzungen: Auf Tonbändern oder gar Transkripten fehlen nonverbale Informationen, die systematisch einzubeziehen und zu nutzen gerade eine Stärke der Plananalyse ist. Notfalls können aber auch solche Materialien benutzt werden. Im Prinzip könnten die Interpretationen, welche dann

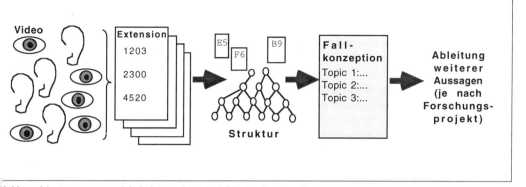

Abbildung 36: Ausgangsmaterial sind normalerweise Videobänder. Aus diesen Daten (symbolisiert mit Ohren und Augen) werden potentiell relevante Informationen in sogenannten «Extensionen» festgehalten: Der Begriff «Extension» (im Gegensatz etwa zu «Exzerpt» oder ähnlich) soll darauf aufmerksam machen, daß es sich bei diesem Schritt um einen einen zwar noch relativ wenig, aber doch schon deutlich interpretativen Schritt handelt. Als nächstes werden Pläne erschlossen (Struktur) und gegebenenfalls mit nicht-instrumenteller Information ergänzt {E(motion), (allgemeiner) F(rame), B(iographischer Hintergrund), vgl. Kap. 4.2.15}. Aus dieser qualitativen Analyse wird dann eine Fallkonzeption erschloßen, aus welcher – je nach Projekt – noch weitere spezifischere Aussagen abgeleitet und unter Umständen mit unabhängigen Daten verglichen werden [1].

zum Entwickeln einer hypothetischen Planstruktur führen, direkt an den Beobachtungen beziehungsweise an den Aussagen des Klienten anschließen, wie das ja auch in der Praxis außerhalb der Forschung geschieht. Unsere konstruktivistische Grundhaltung impliziert aber, daß Interpretationen Schritt für Schritt nachvollziehbar sein sollten und der Sprung von der Beobachtung zur Planstruktur ist zu groß: Als Zwischenschritt werden deshalb explizite schriftliche *«Extensionen»* angefertigt (zur Erklärung des Begriffs s. o.). Auch wenn bei diesem Schritt möglichst wenig interpretiert werden soll, ist das Herausarbeiten potentiell wichtiger Informationen oftmals nicht ohne Rückgriff auf Informationen, die im betrachteten Abschnitt nicht enthalten sind, möglich. In einer Extension werden also auch Informationen aus anderen Sitzungen und unter Umständen von außerhalb der Sitzung einbezogen. Die Interventionen des Therapeuten werden soweit beschrieben, wie das als Hintergrund für das Verständnis des Klientenverhaltens notwendig erscheint und natürlich dann, wenn ein Klientenverhalten einen interessanten Effekt beim Therapeuten zu haben scheint. Festgehalten werden sowohl verbale als auch nonverbale Verhaltensauffälligkeiten. Das Herausfiltern und Zusammenfügen potentiell relevanter Informationen ist generell als interpretativer Vorgang zu betrachten. Im allgemeinen ist eine Extension höchstens ein Drittel oder ein Viertel so lang wie ein Transkript, das heißt: zu Beginn einer Therapie, wenn noch mehr Informationen neu sind, etwa acht Schreibmaschinen-Seiten pro 45 Minuten Sitzung, später weniger. Abbildung 36 gibt einen kleinen Ausschnitt aus einer solchen Extension wieder:

Extensionen als Zwischenschritt

---

[1] Das Vorgehen beim Anwenden der Plananalyse im Forschungskontext ist bei Caspar (1984) in vielen Details beschrieben. Für genauere Angaben wird auf diese Arbeit verwiesen. Zum Begriff "Extension": Breuer (1985).

Extension Sitzung 1, Kl. 017

0100 Klientin kommt etwa eine Viertelstunde zu spät und entschuldigt sich beim Kommen, sie habe starke Grippe. Sie habe sich deswegen etwas vertan. Sie ist etwas verlegen.
Ob sie anfangen solle oder ob er anfangen wolle. Sie erkundigt sich, ob man die Fragebogen habe lesen können.

0240 Sie beginnt damit, daß sie sich nicht für eine Arbeit entschließen könne. Das Arbeitsamt fange langsam an, sie zu drängen.
Mit ihrem Freund gehe es jetzt gut, nachdem sie sie um Weihnachten herum große Probleme gehabt hätten.

0350 Es sei ihnen von allen Seiten geholfen worden. Sie sollte jetzt aber wieder selbständiger werden, i.S. von: selber arbeiten.

Abbildung 34: Ausschnitt aus einer Extension. Die Zahl links gibt in Minuten und Sekunden des realen Zeitablaufes in der Sitzung an, wann diese Information festgehalten wurde: Das Band wird dann jeweils gestoppt und es wird das notiert, worüber bei den Beobachtern ein Konsens besteht. Weitere Erklärungen im Text. Vollständiger und mit Kommentaren versehen ist diese Extension einschließlich Transkript und erschlossenen Plänen bei Caspar (1984) wiedergegeben.

Erschließen der Struktur

Die *eigentliche Interpretation*, also das explizite Herstellen von Zusammenhängen, erfolgt im nächsten Schritt, bei welchem aus den Extensionen die Planstrukturen erschlossen werden. Dieser Schritt entspricht dem üblichen Vorgehen in der therapeutischen Praxis, wie es im Rest dieses Buches dargestellt wird. Meistens sind allerdings die Strukturen von *größerem Umfang* und *zusätzliche, nicht-instrumentelle Informationen werden oftmals expliziter festgehalten* (vgl. Kap. 4.2.15). Abgesehen vom detaillierteren und expliziteren Ausarbeiten, erkennbar nicht zuletzt am Zwischenschritt der Extensionen, entspricht das Vorgehen bei Forschungsanalysen aber demjenigen in der Alltagspraxis: Damit ist die Forderung, in Forschung und Praxis dieselben Konzepte zu verwenden (s. o.) erfüllt.

Im Zusammenhang mit verschiedenen Forschungsfragestellungen wurden und werden an unserem Institut Analysen vorgenommen, die hier nicht im einzelnen inhaltlich referiert werden können: Die Ergebnisse sind zum Teil bereits mit in diesen Band eingeflossen, so die Erprobung des Konzeptes generell an drei Einzelfällen in der Arbeit von Caspar (1984) und die Arbeiten zu bestimmten Störungen von Deppeler (1988), Heiniger und Jost (1988) und Oesch (1988) in Kapitel 2.2.8. In anderen Arbeiten ging es um die Analyse bestimmter Störungen, des Funktionierens einer Paarbeziehung unter systemischer Perspektive, die Analyse von Widerstand in der Psychotherapie und die Analyse von Veränderungsprozessen[1]. Eine größere Zahl von weiteren Arbeiten ist gegenwärtig am Enstehen. All diesen Arbeiten liegt die Vorstellung zugrunde, daß *zuerst genaue qualitative Analysen* von einzelnen Klienten erarbeitet werden sollten, *bevor die erarbeiteten Zusammenhänge in Kategorien abgebildet oder sonstige Vergleiche angestellt* werden[2]. Wo immer es um das individuelle Herausarbeiten funktionaler Zusammenhänge als Grundlage für das Betrachten bestimmter Fragestellungen geht, ist die Plananalyse eine grundsätzlich geeignete Methode, deren Anwendung dann allerdings – nicht zuletzt unter Beachtung des Zeitaufwandes für die Analysen – auf jedes Projekt zugeschnitten werden muß.

Eine weitere Forschungsanwendung der Plananalyse im klinischen Kontext, aber außerhalb unseres Institutes, erscheint besonders erwähnenswert: Sie zeigt, daß nicht nur in der Supervisions- und Selbsterfahrungs-Praxis, sondern auch in der Forschung Plananalysen nicht nur für den Klienten, sondern *auch für die Analyse des Therapeuten* verwendet werden können. Koch und Daatsch (1983) benutzten eine abgewandelte Form der Plananalyse, um von Beobachtern *erschlossene* Pläne von Therapeuten mit den bewußten Zielen derselben zu vergleichen. Ganz in Einklang mit entsprechenden Grundannahmen des Planansatzes zeigte sich, daß Therapeuten in ihrem Verhalten *zum Teil* von den Plänen gesteuert sind, die sie introspektiv als wichtig angeben. Zum *anderen Teil* waren aus ihrem Verhalten Pläne erschließbar, deren Bedeutung sie ursprünglich nicht selber erkannt hatten.

Vergleich von vermeintlicher und erschlossener Planstruktur bei Therapeuten

Abschließend soll noch etwas ausführlicher über die *nicht-klinischen* Arbeiten einer Bamberger Forschergruppe berichtet werden, die sich mit «*Selbstdarstellungen*» beschäftigt: Laux, Schütz et al. verwenden seit Jahren angepaßte Versionen der Plananalyse in mehreren Forschungsprojekten: «Die Plananalyse wurde in der *klinischen Diagnostik* zur Analyse von Therapeut-Klient-Beziehungen entwickelt. Liest man jedoch die Leitfragen, die Caspar und Grawe (1982) zur Erfassung von Interaktionsplänen vorschlagen, so fällt auf, daß man die Fragen auch als Fragen zur Selbstdarstellung begreifen kann»... «uns scheint daher die Plananalyse eine ausgezeichnete Methode zur Analyse von Selbstdarstellungsverhalten und Selbstdarstellungsabsichten zu sein.» (Laux & Schütz, 1988, S.23f.).

Nicht-klinische Anwendung auf Analyse von Selbstdarstellungsverhalten

Unter Selbstdarstellung verstehen sie sowohl authentisches Mitteilen von inneren Befindlichkeiten, Persönlichkeitseigenschaften und Fähigkeiten usw., als auch nicht wahrheitsgemäße Darstellungen, wie Beschönigungen, Übertreiben oder Täuschung. Wichtig ist, daß der Eindruck von Echtheit erhalten bleiben muß. Dafür spielt die Konsistenz von nonverbalem und verbalem Verhalten eine zentrale Rolle.

Nachdem Schütz bereits früher das Verhalten der amerikanischen Präsidentschaftskandidaten Reagan und Mondale in Fernsehdiskussionen untersucht hatte (Schütz, 1986), werden in einem laufenden Projekt die

---

[1] Weitere Arbeiten, die die Plananalyse als Forschungsmittel einsetzten und hier weniger berücksichtigt wurden, stammen von Balmer (1987), Brunner (1996), Siegfried (1987), Stauffer (1982), Walder (1982), Znoj (1987), Kästli & Vonarburg (1986), Wüthrich (1988) und Zingg (1988). Weitere informelle Anwendungen, zum Beispiel eine Bearbeitung desselben Falles, zu dem in Perry et al. (1987) verschiedene psychoanalytisch fundierte Verfahren verglichen wurden, sind dokumentiert und können bei Vorliegen eines besonderen Interesses u.U. zugänglich gemacht werden. Auf die Gründe, warum die Berner Arbeiten hier nicht ausführlicher dargestellt werden, wurde in der Einleitung zu diesem Kapitel eingegangen.

[2] Diese Forschungsstrategie ist bei Caspar (1988b) besonders akzentuiert dargestellt.

Selbstdarstellungen der deutschen Kanzlerkandidaten Kohl und Rau analysiert. Der Hintergrund ist ein Projekt zur «Erhöhung der Sensibilität von Schülern gegenüber Formen der Selbstdarstellung von Politikern» (Laux & Schütz, 1988, Schütz 1992). Hier wird nicht inhaltlich auf das Projekt eingegangen, sondern nur der Einsatz der Plananalyse als Methode dargestellt. Analysiert wurden sechs zweiminütige Szenen aus Fernsehdiskussionen, die beide Kandidaten getrennt voneinander jeweils mit Journalisten führten. Ausgewählt wurden Szenen, die auch ohne Kontext verstanden werden konnten und eine gewisse Varianz aufwiesen bezüglich der persönlichen Herausforderung des Kandidaten durch die Frage.

Beurteilt wurden die Szenen durch eine «Expertenkerngruppe» von acht Psycholog(inn)en mit guter Kenntnis der Plananalyse und eine – die erste Gruppe einschließende – «erweiterte Expertengruppe» mit 28 Experten, teils Psychologen, teils Politologen.

«Qualitative» und «quantitative» Plananalyse

Laux und Schütz unterscheiden in ihrem Vorgehen eine «qualitative» Plananalyse, welche durch die Kerngruppe vorgenommen wurde, und eine «quantitative» Plananalyse, welche die erweiterte Gruppe leistete:

— die qualitative Analyse ist ein individualisiertes Erschließen von Plänen durch jeden einzelnen Experten, ohne daß jedoch eine strukturelle Zuordnung der Pläne zueinander vorgenommen wurde. Die Formulierungen, zu welchen die Experten dabei kamen, erscheinen im Vergleich zu klinischen Analysen sehr allgemein, im Sinne von wenig situativ spezifiziert. Es ist aber zu bedenken, daß in dieser Untersuchung ohnehin eine ganz präzise Zuordnung zu einzelnen Szenen gegeben ist. Die Analysen entsprechen dem Stand des Ansatzes bei Caspar & Grawe (1982), es werden also unter anderem Emotionen weniger beachtet, als das der Darstellung bei Caspar (1984) und im vorliegenden Band entsprechen würde.

Die Kerngruppe erhielt die zusätzlichen Fragen: Welchen Haupteindruck wollte der Politiker vermitteln, wie gut ist es ihm gelungen, sind Inkonsistenzen aufgefallen, gab es Strategiewechsel innerhalb einer Szene?

Zwei Beurteiler verglichen dann die von den einzelnen Experten erschlossenen Pläne und hielten diejenigen für die weitere Bearbeitung fest, die von mindestens zwei Experten identisch oder in sinngleicher oder sinnähnlicher Form genannt worden waren. Später wurde auch eine Hierarchisierung der Pläne durch zwei weitere Beurteiler vorgenommen, indem ähnliche Pläne zusammenfaßt wurden. Methodisch ist das sicher eine sinnvolle Einengung des Interpretationsspielraumes der beiden hierarchisierenden Beurteiler: Abstraktionshierarchien (wie hier verwendet) und Instrumental-Hierarchien (für Planstrukturen eigentlich gefordert) sind zwar nicht einfach gleichzusetzen, sie überschneiden sich aber de facto und eine Betrachtung der konkret erarbeiteten Strukturen (Laux & Schütz, 1988) zeigt auch tatsächlich keinerlei Probleme. Im klinischen Kontext sind instrumentelle Zuordnungen allerdings oftmals verzwickter und Hierarchien sollten nicht oder nur mit Vorsicht nach dem Kriterium der Ähnlichkeit gebildet werden.

Eine formelle Untersuchung der Übereinstimmung zwischen den Experten wurde von Laux und Schütz nicht vorgenommen: Die beobachtete Übereinstimmung scheint ihnen aber zu genügen (vgl. auch Kap. 2.2.9!): Es finden sich Pläne mit einer Übereinstimmung zwischen fast allen Experten, solche, in denen einige übereinstimmen und solche, die nur von einem Experten genannt wurden. Das Ausmaß an Übereinstimmung ist je nach Szene unterschiedlich hoch. Wo unterschiedliche Pläne genannt wurden, lassen sie sich oftmals nach dem beschriebenen Verfahren zu übergeordneten Plänen zusammenfassen.

– Bei der quantitativen Analyse wurden pro Szene die Pläne, die bei der qualitativen Analyse von mindestens zwei Experten genannt worden waren, im Hinblick auf ihre Bedeutung in einer fünfstufigen Skala eingeschätzt. «Bedeutung» wurde dabei definiert als «handlungsrelevant in dieser Szene».

Aus qualitativer und quantitativer Analyse ergaben sich damit *zwei Maße für die Bedeutung* eines Planes: Erstens, *wie häufig er genannt* wurde, und zweitens der *Mittelwert* über alle Experten aus dem *Bedeutungsrating*. Die beiden Kriterien stimmen deshalb nicht zwangsläufig überein, weil ein Plan sehr eindeutig erschließbar sein kann, unter Umständen das Handeln in einer Szene aber nur sehr kurz bestimmt.

Die so von den Experten herausgearbeiteten Selbstdarstellungsabsichten dienten dann als Kriterium zur Beurteilung der Wahrnehmung von Jugendlichen zu derselben Szene.

Ebenfalls in Bamberg wurden die Selbstdarstellungen von 33 studentischen Versuchspersonen analysiert (Söldner, 1986). Die Selbstdarstellung in einer Satzergänzungs-Test-Situation wurde verglichen mit der Selbstdarstellung in einer zweiten Situation, in der mit den Versuchspersonen zusammen ihre Gedanken und Emotionen in der ersten Situation rekonstruiert wurden: Beide Situationen wurden auf Video aufgenommen und Pläne wurden aufgrund der Aufzeichnungen erschlossen. Untersucht wurde die Konsistenz zwischen verbalem und nonverbalem Verhalten und die Konsistenz zwischen den beiden Situationen.

Beispielhaft scheint mir an diesen Untersuchungen zu sein, wie eine *Ähnlichkeit* zwischen den Bamberger Projekten und den Anliegen des Plan-Ansatzes *erkannt* und letzterer dann *zugeschnitten auf die speziellen Bedürfnisse* verwendet wurde. Zwar kommen dabei nicht alle Stärken der Plananalyse im klinischen Kontext zum Zuge, die Verwendung war aber für das zu lösende Problem angemessen und es wurden keine zentralen Annahmen des Plan-Ansatzes verletzt. Ein Vergleich mit am selben Material durchgeführten Inhaltsanalysen zeigte übrigens in einigen Bamberger Arbeiten (Schütz, 1986; Söldner, 1986) eine gute Übereinstimmung zwischen den Methoden, wo Überschneidungen zu erwarten waren, andererseits aber auch, wo die Plananalyse leistungsfähiger ist, also insbesondere beim Einbezug nonverbalen Verhaltens.

Als besonders interessante weitere Anwendung bzw. Erweiterung möchten wir auf die «sequentiellen Plananalysen» von Schiepek, Schütz und anderen (Richter, Schiepek, Köhler & Schütz, 1995; Schiepek, et al. 1995b) verweisen. Dabei wird zunächst eine übliche Plananalyse durchgeführt, um Pläne meist von Therapeut und Patient zu bestimmen. Dann

Beispielhaft: Erkennen von Ähnlichkeiten im Anliegen und angemessenes Zuschneiden des methodischen Vorgehens

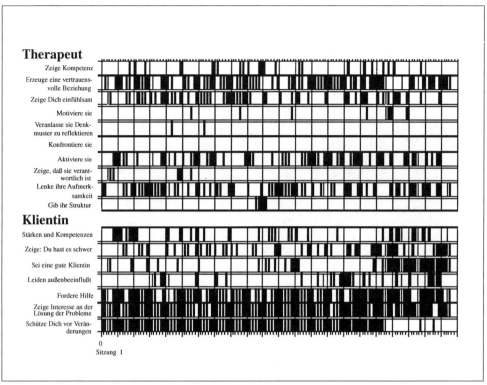

Abb. 36: Darstellung der Aktivierungsmuster von Klientinnen – und Therapeutenplänen bei der Sequentiellen Plananalyse (Schiepek et al., 1995).

wird beobachtet, wie im Zeitablauf (deshalb «sequentiell») die jeweiligen Pläne aktiviert sind (vgl. Abb. 36). Die Analyse zeigte interessante Muster, über die hier aber nicht im einzelnen berichtet werden kann (Schiepek, Kowalik, Schütz, Köhler, Richter, Strunk, Mühlnickel & Elbert, in Druck).

Wie die Arbeiten der Bamberger Gruppe und anderer zeigen, sind unsere bisherigen eigenen Forschungs-Anwendungen der Plananalyse nur ein Teil dessen, was mit diesem Forschungsmittel angefangen werden kann. Wir sehen in der Methode ein großes Potential. Es ist sicherlich dann am größten, wenn man die Plananalyse als gut ausgearbeitete, aber nicht als fertige Methode auffaßt, sie ohne Verletzung der Grundannahmen des Plan-Ansatzes den eigenen Anforderungen und Möglichkeiten anpaßt und solche Anpassungen in Berichten auch deutlich herausarbeitet.

7. Schluß

Diejenigen Leser, die dieses Buch nicht einfach durchgelesen, sondern auch als Anleitung zum Üben benutzt haben, werden die Erfahrung gemacht haben, daß nicht immer alle Zusammenhänge bei einem Klienten kristallklar zu definieren sind. Wenn alles redliche Sich-Mühen nichts genützt hat, liegt der Schluß nahe, daß es weder an Motivation noch Intelligenz des Lesers und hoffentlich auch nicht an vermeidbaren Fehlern des Plananalyse-Ansatzes lag, sondern daran, daß man eben nicht alles menschliche Erleben und Verhalten ganz erklären kann und hoffentlich auch nie lückenlos können wird. Daß sich der Mensch immer wieder dem Zugriff entzieht, ist für den Fachmann und die Fachfrau eine ständige Herausforderung, unter ethischer Perspektive aber auch eine Beruhigung. Andererseits ist es offensichtlich so, daß therapeutische Interventionen sehr oft auch ohne ein vollständiges Verständnis für die vermutlich dafür relevanten Voraussetzungen beim Klienten wirken. Heuristiken wie «wenn du beim Klienten Merkmal XY beobachtest und YZ tust, dann kannst du Effekt XZ erwarten» können zu beachtlichen therapeutischen Effekten führen, auch ohne daß wir im Einzelfall genau begreifen, was für eine Bedeutung Merkmal XY im Funktionieren des Klienten hat. Das verführt verständlicherweise viele Therapeuten dazu, sich mit einem «gummigeren» (vgl. Einleitung) Verständnis des Klienten zufriedenzugeben. In dem Maße, wie wir mit der Mehrzahl der Patienten relativ problemlos zurechtkommen, wächst aber die Herausforderung, auch in komplizierteren Zusammenhängen klar zu sehen. Die Plananalyse ist eigentlich ja nichts anderes als eine Aufforderung, sich Zusammenhänge, wenn immer möglich, wirklich klarzumachen und ein Vorschlag für einen bestimmten Weg dazu. Während die Auswirkungen auf die Qualität der so begründeten Therapien noch Gegenstand empirischer Forschung sind, besteht doch Grund zur Hoffnung, daß allein das Gefühl, klarer zu sehen, die Befriedigung engagierter Therapeuten mit ihrer Arbeit erhöht.

Nicht alles kann lückenlos erklärt werden, und das ist auch gut so

Herausforderung, auch in komplizierteren Zusammenhängen klar zu sehen

7. Literatur

Adler, A. (1974). *Praxis und Theorie der Individualpsychologie*. Frankfurt/Main: S. Fischer.
Aebli, H. (1980). *Denken, das Ordnen des Tuns Bd.I*. Stuttgart: Klett-Cotta.
Aebli, H. (1981). *Denken, das Ordnen des Tuns Bd.II*. Stuttgart: Klett-Cotta.
Allport, G.W. (1955). *Becoming: Basic considerations for a psychology of personality*. New Haven: Yale University Press.
Ambühl, H. (1987). *Psychotherapie im Lichte der Verwirklichung therapeutischer Heuristiken*. Universität Bern: Unveröffentlichte Dissertation.
Ambühl, H. (1989). *Patient self-relatedness as a crucial link between therapeutic interventions and outcome*. Vortrag am Kongress der Society for Psychotherapy Research (SPR), Toronto, Canada.
Argyle, M. (1972). *Soziale Interaktion*. Köln: Kiepenheuer & Witsch.
Averill, J.R. (1976). Emotion and anxiety: Sociocultural, biological, and psychological determinants. In M. S. Zuckerman Ch.D. (Hrsg.), *Emotion and Anxiety. New concepts, methods, and applications* (S. 87 - 180). Hillsdale: Lawrence Erlbaum.
Balmer, R. (1987). *Schematheoretische Einzelfallanalysen. Untersuchung des psychotherapeutischen Veränderungsprozesses*. Unveröff. Diplomarbeit, Bern.
Bandura, A. (1977). Self-efficacy: Toward a unifying theory of behavior change. *Psychological Review, 84*, 191-215.
Bartling, G., Echelmeyer, L., Engberding, M. & Krause, R. (1992). *Problemanalyse im psychotherapeutischen Prozess. Leitfaden für die Praxis*. Stuttgart: Kohlhammer.
Bastine, R. (1982). Psychotherapie. In R. Bastine, P. A. Fiedler, K. Grawe, S. Schmidtchen & G. Sommer (Hrsg.), *Grundbegriffe der Psychotherapie* (S. 311-317). Weinheim: Edition Psychologie.
Bastine, R. (1984). *Klinische Psychologie*. Stuttgart: Kohlhammer.
Beck, A.T. (1967). *Depression: Clinical, experimental, and theoretical aspects*. New York: Harper & Row.
Beck, A.T. & Emery, G. (1981). *Kognitive Verhaltenstherapie bei Angst und Phobien*. Tübingen: DGVT.
Beier, E.G. (1966). *The silent language of psychotherapy*. Chicago: Aldine.
Benjamin, L.S. (1974). Structural analysis of social behavior. *Psychological Review, 81*, 392-425.
Bergin, A.E. & Garfield, S.L. (1994). Overviews, trends, and future issues. In A. E. Bergin & S. L. Garfield (Hrsg.), *Handbook of psychotherapy and behavior change* (S. 821-830). New York: Wiley.
Beutler, L.E. & Clarkin, J.F. (1990). *Systematic treatment selection*. New York: Brunner/Mazel Publ.
Breuer, F. (1985). *Die Untersuchung therapeutischer / beraterischer Tätigkeit und Erfahrungsentwicklung*. Weinheim: Edition Psychologie.
Brewin (1988). *Cognitive foundations of clinical psychology*. Hillsdale: Lawrence Erlbaum.
Broda, M. (1985). Pläne und Coping: Ein Integrationsversuch. *Verhaltenstherapie und Psychosoziale Praxis, 4*, 505-514.
Brunner, A. (1996). *Widerstand in Psychotherapien. Eine explorative Untersuchung*. Unveröffentlichte Diplomarbeit, Universität Bern.
Bunge, M. (1967). *Scientific research II. The Search for Truth*. New York: Springer.
Butollo, W.H. (1979). *Chronische Angst: Theorie und Praxis der Konfrontationstherapie*. München: Urban & Schwarzenberg.

Caspar, F. (1983a). Verhaltenstherapie der Angst. In F. Strian (Hrsg.), *Angst, Grundlagen und Klinik. Ein Handbuch zur Psychiatrie und medizinischen Psychologie* (S. 383-428). Berlin: Springer.

Caspar, F. (1983b). Was haben Emotionen mit Handlungsplänen zu tun? In Quekelberghe (Hrsg.), *Studien zur Handlungstheorie und Psychotherapie 2: Diagnostik/ Intervention* (S. 43-52). Landau: EWH Rheinland Pfalz.

Caspar, F. (1984). *Analyse interaktioneller Pläne*. Unveröff. Dissertation, Universität Bern.

Caspar, F. (1985). «Widerstand-ein fassbares Phänomen?». *Verhaltenstherapie und psychosoziale Praxis, 4,* 515-529.

Caspar, F. (1986). Verhaltenstherapie und Angst heute. In W. Keup (Hrsg.), *Biologische Psychiatrie* (S. 353-361). Berlin: Springer.

Caspar, F. (1987a). (Hrsg.). *Problemanalyse in der Psychotherapie: Bestandesaufnahme und Perspektiven*. Tübingen: DGVT. Völlig überarbeitete Neuauflage: (1996) Psychotherapeutische Problemanalyse. Tübingen, DGVT

Caspar, F. (1987b). Was ist aus der guten alten Verhaltensanalyse geworden? In F. Caspar (Hrsg.), *Problemanalyse in der Psychotherapie: Bestandesaufnahme und Perspektiven* (S. 1-19). Tübingen: DGVT. Überarbeitung: Caspar (1996)

Caspar, F. (1987c). Anxiety: A complex problem calling for flexible therapy planning. In H. P. Dauwalder, M. Perrez & V. Hoby (Hrsg.), *Controversial Issues of Behavior Modification* (S. 515-530). Lisse: Swets & Zeitinger.

Caspar, F. (1988). *The dangers of standardizing the elements of dynamic formulations*. Vortrag am Kongress der Society for Psychotherapy Research. Santa Fé, NM.

Caspar, F. (1989a). *Beziehungen und Probleme verstehen. Eine Einführung in die psychotherapeutische Plananalyse*. Bern Stuttgart Toronto: Verlag Hans Huber.

Caspar, F. (1989b). Differenzierte und kreative Anstösse. Einige kasuistisch illustrierte Überlegungen zu Beziehung und Deutung in der Plananalyse. In T. Reinelt & W. Datler (Hrsg.), *Beziehung und Deutung im psychotherapeutischen Prozess* (S. 144-160). Berlin: Springer.

Caspar, F. (1994a). Die Bedeutung von Theorie für die psychotherapeutische Praxis. *Verhaltensmodifikation und Verhaltensmedizin, 15,* 54-67.

Caspar, F. (1994b). Selbsterfahrung aus der Sicht des Plananalyse-Ansatzes. In A. R. Laireiter & G. Elke (Hrsg.), *Selbsterfahrung in der Verhaltenstherapie. Konzepte und praktische Erfahrungen* (S. 109-120). Tübingen: DGVT.

Caspar, F. (1995a). *Hypothesenbildungsprozesse in psychotherapeutischen Erstgesprächen. Probleme und Möglichkeiten des empirischen Zuganges*. Habilitationsschrift, Universität Bern.

Caspar, F. (1995b). Information processing in psychotherapy intake interviews. In B. Boothe, R. Hirsig, A. Helminger, B. Meier & R. Volkart (Hrsg.), *Perception-Evaluation-Interpretation* (S. 3-10). Bern: Hogrefe & Huber.

Caspar, F. (1995c). *Plan Analysis. Towards optimizing psychotherapy*. Seattle: Hogrefe.

Caspar, F. (1996). Was ist aus der guten alten Verhaltensanalyse geworden? In F. Caspar (Hrsg.), *Psychotherapeutische Problemanalyse* (S. 7-44). Tübingen: DGVT.

Caspar, F. & Grawe, K. (1980). Der Widerspenstigen Zähmung? Eine interaktionelle Betrachtung des Widerstandsphänomens in der Verhaltenstherapie. In W. Schulz & M. Hauzinger (Hrsg.), *Klinische Psychologie und Psychotherapie 1, Kongressbericht, Berlin* (S. 195-206). Tübingen und Köln: DGVT und GWG.

Caspar, F. & Grawe, K. (1981). Widerstand in der Verhaltenstherapie. In H. Petzold (Hrsg.), *Der Widerstand: Ein strittiges Konzept in der Psychotherapie* (S. 349-384). Paderborn: Junfermann.

Caspar, F. & Grawe, K. (1982). *Vertikale Verhaltensanalyse* (Forschungsbericht 5-1982). Psychol. Institut, Universität Bern.

Caspar, F. & Grawe, K. (1989). Weg vom Methoden-Monismus in der Psychotherapie. *Bulletin der Schweizer Psychologen, 3,* 6-19.

Caspar, F. & Grawe, K. (1992). Psychotherapie: Anwendung von Methoden oder ein heuristischer integrierender Produktionsprozess? *Report Psychologie, 7,* 10-22.

Caspar, F.&.G., K. (1996). Was spricht für, was gegen individuelle Fallkonzeptionen. In F. Caspar (Hrsg.), *Psychotherapeutische Problemanalyse* (S. 65-86). Tübingen: DGVT.

Caspar, F., Rothenfluh, Th., & Segal, Z.V. (1992). The appeal of connectionism for clinical psychology. *Clinical Psychology Review, 12,* 719-762.

Caspar, F. & Tuschen, B. (1987). Die Angst und ihre Umgebung. Eine Stellungnahme zur kognitiven Therapie von Angst. *Hypnose und Kognition, 4,* 64 - 82.

Caspar, F. & Wüthrich, U. (1985). Was mache ich als Therapeut mit dem Wissen über einen Klienten, wenn ich es nicht im Kopf behalten kann? In Fischer (Hrsg.), *Therapiebezogene Diagnostik* (S. 82-95). Tübingen: DGVT.

Clarkin, J.F. & Kendall, P.C. (1992). Comorbidity and treatment planning. *Journal of Consulting and Clinical Psychology, 60,* 904-908.

Cleland, C.E. (1988). *Change, Process and Events.* Technical Report CSLI-88-95. Stanford, CA: Center for the Study of Language and Information.

Collins, W. (1988). *Objectifying psychodynamic formulations: An explanation and extension of the Plan Diagnosis Method.* Dissertation proposal, Rutgers, New Brunswick.

Collins, W. & Messer, S.B. (1988). *Transporting the Plan Diagnosis Method to a different setting: Reliability, stability, and adaptability.* Vortrag am Kongress der Society for Psychotherapy Research. Santa Fe, NM.

Cranach, v. M., Kalbermatten, U., Indermühle, K. & Gugler, B. (1980). *Zielgerichtetes Handeln.* Bern: Hans Huber.

Crits-Christoph, P., Cooper, A. & Luborsky, L. (1988). The accuracy of therapists' interpretations and the outcome of dynamic psychotherapy. *Journal of Consulting and Clinical Psychology, 56,* 490-495.

Curtis, J. & Silberschatz, G. (1996). Strukturierte psychodynamische Fallkonzeptionen: Der Mt. Zion Ansatz. In F. Caspar (Hrsg.), *Psychotherapeutische Problemanalyse* (S.303-314) Tübingen: Deutsche Gesellschaft für Verhaltenstherapie.

Deppeler, S. (1987). *Psychosomatische Beschwerden:Störungsspezifische Heuristiken und Makroanalyse des Veränderungsprozesses.* Unveröffentl. Diplomarbeit. Universität Bern.

DeWitt, K.N., Kaltreider, N.B., Weiss, D.S. & Horowitz, M.J. (1983). Judging change in psychotherapy: Reliability of clinical formulations. *Archives of General Psychiatry, 40,* 1121 - 1182.

Dilthey, W. (1964). Ideen über eine beschreibende und zergliedernde Psychologie. In W. Dilthey (Hrsg.), *Gesammelte Schriften* (S. 139-240). Göttingen: Vandenhoeck & Ruprecht.

Dörner, D., Kreuzig, H.W., Reither, F. & Stäudel, T. (1983). *Lohhausen.* Bern: Hans Huber.

Dorsch, F. (1976). *Psychologisches Wörterbuch* (9. Auflage). Bern: Hans Huber.

Ellis, A. (1962). *Reason and emotion in psychotherapy.* New York: Lyle Stuart.

Epstein, S. (1972). The nature of anxiety with emphasis upon its relationship to expectancy. In Ch. D. Spielberger (Hrsg.), *Anxiety: Current trends in theory and research* (S. 295-338). New York: Academic Press.

Ericsson, A. & Simon, H.A. (1984). *Protocol analysis. Verbal reports as data.* Cambridge, MA: MIT Press.

Foppa, K. (1984). Operationalisierung und der empirische Gehalt psychologischer Theorien. *Psychologische Beiträge, 26,* 539-551.

Freud, S. (1940). *Erinnern, Wiederholen, Durcharbeiten* (5.Auflage). Frankfurt/Main: S. Fischer. (orig. 1914)

Gasiet, S. (1981). *Menschliche Bedürfnisse. Eine theoretische Synthese.* Frankfurt/Main: Campus.

Goldfried, M.R. (1995). *From cognitive-behavior therapy to psychotherapy integration: An evolving view.* New York: Springer.

Goldfried, M.R. & Davison, G.C. (1976). *Clinical behavior therapy.* New York: Holt, Rinehart & Winston.

Goldfried, M.R. & Robins, C. (1983). Self-schemata, cognitive bias, and the processing of therapeutic experiences. In P. C. Kendall (Hrsg.), *Advances in cognitive-behavioral research and therapy* (S. 33-80). New York: Academic Press.

Grawe, K. (1980). Die diagnostisch-therapeutische Funktion der Gruppeninteraktion in verhaltenstherapeutischen Gruppen. In K. Grawe (Hrsg.), *Verhaltenstherapie in Gruppen* (S. 88-223). München: Urban & Schwarzenberg.

Grawe, K. (1981). Überlegungen zu möglichen Strategien der Indikationsforschung. In U. Baumann (Hrsg.), *Indikation zur Psychotherapie* (S. 221-236). München: Urban und Schwarzenberg.

Grawe, K. (1982). *Implikationen und Anwendungsmöglichkeiten der Vertikalen Verhaltensanalyse für die Sichtweise und Behandlung psychischer Störungen.* Forschungsberichte Nr. 1-1986. Psychologisches Institut der Universität Bern.

Grawe, K. (1986). *Schema-Theorie und interaktionelle Psychotherapie.* Forschungsberichte Nr. 1986/1. Universität Bern.

Grawe, K. (1987). Psychotherapie als Entwicklungsstimulation von Schemata. Ein Prozess mit nicht voraussehbarem Ausgang. In F. Caspar (Hrsg.), *Problemanalyse in der Psychotherapie. Bestandsaufnahme und Perspektiven* (S. 72-87). Tübingen: DGVT.

Grawe, K. (1988a). Heuristische Psychotherapie. Eine schematheoretisch fundierte Konzeption des Psychotherapieprozesses. *Integrative Therapie, 4,* 309-324.

Grawe, K. (1988b). Zurück zur psychotherapeutischen Einzelfallforschung. *Zeitschrift für Klinische Psychologie, 17,* 4-5.

Grawe, K. (1992). *Schema theory and heuristic psychotherapy* (Forschungsbericht 1). Psychologisches Institut.

Grawe, K. (1995). Grundriss einer Allgemeinen Psychotherapie. *Psychotherapeut, 40,* 130-145.

Grawe, K. & Caspar, F. (1984). Die Plananalyse als Konzept und Instrument für die Psychotherapieforschung. In U. Baumann (Hrsg.), *Psychotherapieforschung. Makro- und Mikroperspektiven* (S. 177-194). Göttingen: Hogrefe.

Grawe, K., Caspar, F. & Ambühl, H.R. (1990). Differentielle Psychotherapieforschung: Vier Therapieformen im Vergleich: Die Berner Therapievergleichsstudie. *Zeitschrift für Klinische Psychologie, 19,* 294-376.

Grawe, K., Donati, R. & Bernauer, R. (1994). *Psychotherapie im Wandel von der Konfession zur Profession.* Göttingen: Hogrefe.

Grawe, K. & Dziewas, H. (1978). Interaktionelle Verhaltenstherapie. *Mitteilungen der DGVT, Sonderheft 1 der Mitteilungen der DGVT,* 27-49.

Grawe, K., Grawe-Gerber, M., Heiniger, B., Ambühl, H.R. & Caspar, F. (1996). Schematheoretische Fallkonzeption und Therapieplanung - Eine Anleitung für Therapeuten. In F. Caspar (Hrsg.), *Psychotherapeutische Problemanalyse* (S. 189-224). Tübingen: DGVT.

Greenberg, L. & Safran, J. (1987). *Emotion in Psychotherapy. Affect, Cognition, and the Process of Change.* New York, London: The Guilford Press.

Guidano, V.F. & Liotti, G. (1983). *Cognitive processes and emotional disorders.* New York: Guilford.

Guidano, V.F. (1987). *Complexity of the self.* New York: Guilford.

Hausammann, C. (1986). *Computerunterstütztes Erstellen und Zeichnen von Planstrukturen* (Forschungsbericht 3-1986). Psychologisches Institut Universität Bern.

Heiniger, B. & Jost, U. (1988). *Angst. Schematheoretische Fallkonzeptionen von Angstklient/innen.* Unveröff. Diplomarbeit, Universität Bern.

Heinl, H., Petzold, H. & Fallenstein, A. (1983). Das Arbeitspanorama. In H. Petzold & H. Heinl (Hrsg.), *Psychotherapie und Arbeitswelt* (S. 356-409). Paderborn: Junfermann.

Herrmann, Th. (1979). *Psychologie als Problem.* Stuttgart: Klett-Cotta.

Hersher, L. (1970). *Four Psychotherapies.* Butterworths London: Appelton-Century-Crofts.

Holyoak, K.J. & Thagard, P. (1987). *Analogical mapping by constraint satisfaction: A computational theory.* University of California, Los Angeles, CA: Unpublished manuscript.

Horowitz, L.M. (1990). *Psychodynamics and Cognition.* Chicago: University of Chicago Press.

Horowitz, L., Rosenberg, S., Baer, A., Ureno, G. & Villasenor, V. (1988). Inventory of interpersonal problems: psychometric properties and clinical applications. *Journal of Consulting and Clinical Psychology, 57,* 599-606.

Horowitz, L.M., Rosenberg, S.E., Ureno, G., Kalehzan, B.M. & O'Halloran, P. (1989). Psychodynamic Formulation, Consensual Response Method, and Interpersonal Problems. *Journal of Consulting and Clinical Psychology, 57*, 599-606.

Horowitz, M. (1991). States, schemas, and control: General theories for psychotherapy integration. *Journal of Psychotherapy Integration, 1*, 85-102.

Horowitz, M. (1996). *Formulation: A basis for planning psychotherapy treatment.* Washington, DC: American Psychiatric Press.

James, W. (1890). *Principles of psychology.* New York: Holt.

Kaminski, G. (1970). *Verhaltenstheorie und Verhaltensmodifikation. Entwurf einer integrativen Theorie psychologischer Praxis am Individuum.* Stuttgart: Klett.

Kästli, K. & Vonarburg, I. (1986). *Interaktionelle und systemische Perspektiven in Psychologie und Psychotherapie. Eine Gegenüberstellung.* Unveröff. Diplomarbeit, Bern.

Kelly, G.A. (1955). *The psychology of personal constructs.* New York: Norton.

Kendall, P.C. & Clarkin, J.F. (1992). Introduction to Special section: Comorbidity and treatment implications. *Journal of Consulting and Clinical Psychology, 60*, 833-834.

Kiesler, D.J. (1966). Some myths of psychotherapy research and the earch for a paradigm. *Psychological Bulletin, 65*, 110-136.

Kiesler, D.J. (1982). Interpersonal theory for personality and psychotherapy. In J. C. Anchin & D. J. Kiesler (Hrsg.), *Handbook of interpersonal psychotherapy* (S. 3-24). New York: Pergamon.

Koch, M. & Daatsch, W. (1983). *Tiefenstruktur des Therapeutenverhaltens im Erstgespräch - eine qualitative Untersuchung.* Unveröffentlichte Diplomarbeit, FU Berlin.

Krause, R. (1982). Psychoanalyse. In R. Bastine, P. A. Fiedler, K. Grawe, S. Schmidtchen & G. Sommer (Hrsg.), *Grundbegriffe der Psychotherapie* (S. 280-286). Weinheim: Edition Psychologie.

Kruse, O. (1985). *Emotionsdynamik und Psychotherapie. Grundlagen zum Verständnis menschlicher Emotionen und ihrer psychotherapeutischen Beeinflussung.* Weinheim: Beltz.

Kruse, O. (1986). Emotionstheoretische Erklärungsansätze in der Psychotherapie. *Verhaltenstherapie und Psychosoziale Praxis, 16*, 454-475.

Läderach, M. & Verdun, R. (1995). *Das Konstrukt des Schemas in Psychologie und Psychotherapie.* Unveröffentlichte Diplomarbeit, Universität Bern.

Lantermann, E.D. (Hrsg.). (1980). *Person, Situation und Handlung.* München: Urban & Schwarzenberg.

Laux, L. (1986). A self-representational view of coping with stress. In M. H. Appley & R. Trumbull (Hrsg.), *Dynamics of stress. Physiological, psychological, and social perspectives.* (S. 233-253). New York: Plenum.

Laux, L. & Schütz, A. (1988). *Erhöhung der Sensibilität von Schülern gegenüber Formen der Selbstdarstellung bei Politikern* (Zwischenbericht 2). Psychologisches Institut Universität Bamberg, Deutschland.

Lazarus, A.A. (1973). Multimodal behavior therapy: Treating the „basic id". *Journal of Nervous and Mental Disease, 156*, 404-411.

Lazarus, R.S. (1966). *Psychological stress and the coping process.* New York: McGraw Hill.

Lazarus, R.S. & Averill, J.R. (1972). Emotion and Cognition. With special reference to anxiety. In C. D. Spielberger (Hrsg.), *Anxiety. Current trends in theory and research* (S. 242-282). New York: Academic Press.

Lazarus, R.S., Kanner, A. & Folkman, S. (1972). Emotions: A cognitive-phenomenological analysis. In R. Plutchik & H. Kellermann (Hrsg.), *Theories of emotion* (S. 189-217). New York: Academic Press.

Leary, T. (1957). *Interpersonal diagnosis.* New York: Ronald Press.

Leontjew, A.N. (1977). *Tätigkeit, Bewußtsein, Persönlichkeit.* Stuttgart: Klett.

Leventhal, H. (1984). A perceptual-motor theory of emotion. In L. Berkowitz (Hrsg.), *Advances in experimental social psychology.* New York: Academic Press.

Lewinsohn, P.M. (1974). A behavioral approach to depression. In R. M. Friedman & M. M. Katz (Hrsg.), *The psychology of depression: Contemporary theory and research* (S. 157-185). New York: Plenum Press.

Luborsky, L. (1977). Measuring a pervasive psychic structure in psychotherapy: the core conflictual relationship theme. In N. Freedman & S. Grand (Hrsg.), *Communicative structures and psychic structures* (S. 367-395). New York: Plenum Press.

Luborsky, L. & Crits-Christoph, P. (1990). *Understanding transference*. New York: Basic Books.

Luhmann, N. (1968). *Zweckbegriff und Systemrationalität*. Tübingen: Mohr/Siebeck (1. Taschenbuchausgabe: Suhrkamp, Frankfurt/Main, 1973.

Mahoney, M. (1991). *Human change processes*. New York: Basic Books.

Malan, D.H. (1976). *Toward the validation of dynamic psychotherapy*. New York: Plenum Press.

Mandl, H. & Huber, G.L. (Hrsg.). (1983). *Kognition und Emotion*. München: Urban & Schwarzenberg.

Mandler, G. (1975). *Mind and emotion*. New York: Wiley.

Mandler, G. (1979). *Denken und Fühlen*. Paderborn: Junfermann.

Margraf, J. & Schneider, S. (1989). *Panik. Angstanfälle und deren Behandlung*. Berlin: Springer.

Markus, H. (1983). Self-knowledge. An expanded view. *Journal of Personality, 51*, 543-565.

Markus, H. & Nurius, P. (1986). Possible selves. *American Psychologist, 41*, 954-969.

McKeon, R. (Hrsg.). (1941). *The Basic Works of Aristotle („Physics")*. New York: Random.

Meichenbaum, D. & Gilmore, J.B. (1984). The nature of unconscious process: a cognitive-behavioral perspective. In K. Bowers & D. Meichenbaum (Hrsg.), *The unconscious reconsidered* (S. 273-298). New York: Wiley.

Miller, G.A., Galanter, E. & Pribram, K.H. (1960). *Plans and the structure of behavior*. New York: Holt.

Minsky, M. (1975). A framework for representing knowledge. In P. H. Winston (Hrsg.), *The psychology of computer vision* (S. 211-277). New York: McGraw-Hill.

Mischel, W. (1973). Toward a cognitive learning reconzeptualization of personality. *Psychological Review, 80*, 252-283.

Neel, A.F. (1974). *Handbuch Psychologischer Theorien*. München: Kindler.

Neisser, U. (1976). *Cognition and reality*. San Francisco: Freeman.

Neisser, U. (1979). *Kognition und Wirklichkeit. Prinzipien und Implikationen der kognitiven Psychologie*. Stuttgart: Klett-Cotta.

Niebel, G. (1985). Ergebnisse und Probleme vergleichender Therapieforschung bei depressiven Störungen. *Verhaltenstherapie und Psychosoziale Praxis, 2*, 202-232.

Nisbett, R.E. & Wilson, T. (1977). Telling more than we can know: Verbal reports on mental processes. *Psychological Review, 84*, 231-259.

Norman, D. (1988). Reflections on cognition and parallel distributed processing. In J. L. McClelland, D. E. Rumelhart & the PDP Research Group (Hrsg.), *Parallel distributed processing. Explorations in the microstructure of cognition* (S. 531-546). Cambridge, MA: MIT Press.

Oesch, S. (1987). *Soziale Angst: Störungsspezifische Heuristiken und Makroanalyse des Veränderungsprozesses*. Unveröff. Diplomarbeit, Bern.

Ortony, A., Clore, G.L. & Collins, A. (1988). *The cognitive structure of emotions*. Cambridge: Cambridge University Press.

Perry, C. (1989). *Progress in assessing psychodynamic functioning: A comparison of four methods on a single case*. Vortrag am Kongress der Society for Psychotherapy Research. Toronto, Canada.

Perry, C., Augusto, F. & Cooper, S.H. (1986). *The assessment of psychodynamic conflicts: Reliability of an idiographic method*. Vortrag am Kongress der Society for Psychotherapy Research. Wellesley, Mass.

Perry, C., Luborsky, L., Silberschatz, G. & Popp, C. (1987) *An examination of three methods of psychodynamic case formulation based on the same videotaped interview*. Panel am Kongress der Society for Psychotherapy Research. Ulm.

Persons, J.B. (1989). *Cognitive therapy in practice. A case formulation approach*. New York: Norton.

Pervin, L.A. (1968). Performance and satisfaction as function of individual-environment fit. *Psychological Bulletin, 69*, 56-68.

Piaget, J. (Hrsg.). (1981). *Jean Piaget über Jean Piaget. Sein Werk aus seiner Sicht*. München: Kindler.

Powers, W.T. (1973). *Behavior and the control of perception*. New York: Aldine.

Prigogine, I. (1977). Order through fluctuation: Self-organization and social system. In E. Jantsch & C. H. Waddingston (Hrsg.), *Evolution and consciousness* (S. 93-133). Reading, Mass.: Addison-Wesley.

Reese, H.W. & Overton, W.F. (1979). Modelle der Entwicklung und Theorien der Entwicklung. In P. B. Battes (Hrsg.), *Entwicklungspsychologie der Lebensspanne* (S. 55-86). Stuttgart: Klett.

Rehahn, S. & Sommer, G. (1982). Komponenten eines Eigensteuerungs-Modells. In R. van Quekelberghe & N. van Eickels (Hrsg.), *Handlungstheorien, Tätigkeitstheorie und Psychotherapie* (S. 87-107). Tübingen: DGTV.

Rice, L.N. & Greenberg, L.S. (Hrsg.). (1984). *Patterns of change. Intensive analysis of psychotherapy process*. New York: Guilford Press.

Richter, K., Schiepek, G., Köhler, M. & Schütz, A. (1995). Von der statischen zur Sequentiellen Plananalyse. *Psychotherapie, Psychosomatik und Medizinische Psychologie, 45*, 24-36.

Rosenberg, S., Silberschatz, G., Curtis, J., Sampson, H. & Weiss, J. (1986). A method for establishing reliability of statements from psychodynamic case formulations. *American Journal of Psychiatry, 143*, 1454-1456.

Russel, B. (1903). *Principles of mathematics*. Cambridge: Cambridge University Press.

Safran, J. & Segal, Z. (1990). *Interpersonal process in cognitive therapy*. New York: Basic Books.

Schacht, T.E. (1986). *Toward operationalizing the transference: A research method for identifying a focus in time limited dynamic psychotherapy*. Unpublished manuscript, quoted after Collins, 1988,

Schachtel, E.G. (1959). *Metamorphosis*. New York: Basic Books.

Schachter, S. & Singer, J.E. (1962). Cognitive, Social, and Psychological Determinants of Emotional State. *Psychological Review, 69*, 379-399.

Schafer, R. (1982). *Eine neue Sprache für die Psychoanalyse*. Stuttgart: Klett-Cotta.

Scheele, B. (1982). Psychotherapie und ihre allgemeinpsychologische Grundlegung. In R. Bastine, P. A. Fiedler, K. Grawe, S. Schmidtchen & G. Sommer (Hrsg.), *Grundbegriffe der Psychotherapie* (S. 143-148). Weinheim: Edition Psychologie.

Scheele, B. & Groeben, N. (1984). *Die Heidelberger Strukturlegetechnik*. Weinheim: Beltz.

Scheele, B. & Groeben, N. (1984). Methodological aspects of illustrating the cognitive-reflective function of aesthetic communication. *Poetics, 15*, 527-554.

Scheflen, A. (1976). *Körpersprache und soziale Ordnung*. Stuttgart: Klett.

Schiepek, G. (1986). *Systemische Diagnostik in der Klinischen Psychologie*. Weinheim: Beltz.

Schiepek, G. & Kaimer, P. (1987). Von der Verhaltensanalyse zur systemischen Diagnostik. In F. Caspar (Hrsg.), *Problemanalyse in der Psychotherapie* (S. 108-132). Tübingen: DGVT.

Schiepek, G. & Kaimer, P. (1996). Systemische Diagnostik im Fluss praktischer Erfahrungen. In F. Caspar (Hrsg.), *Psychotherapeutische Problemanalyse* (S. 269-288). Tübingen: DGVT.

Schiepek, G., Kowalik, Z.J., Gees, C., Welter, T. & Strunk, G. (1995a). Chaos in Gruppen? In W. Langthaler & G. Schiepek (Hrsg.), *Selbstorganisation und Dynamik in Gruppen* (S. 38-66). Münster: LIT-Verlag.

Schiepek, G., Kowalik, Z.J., Schütz, A., Köhler, M., Richter, K., Strunk, G., Mühlnickel, W. & Elbert, T. (in press). Psychotherapy as a chaotic process I. Coding the client-therapist interaction by means of sequential Plan Analysis and the search for chaos: A stationary approach. *Psychotherapy Research.*

Schiepek, G., Schütz, A., Köhler, M., Richter, K. & Strunk, G. (1995b). Die Mikroanalyse der Therapeut-Klient-Interaktion mittels Sequentieller Plananalyse. Teil I: Grundlagen, Methodenentwicklung und erste Ergebnisse. *Psychotherapie Forum, 3,* 1-17.

Schiepek, G., Strunk, G. & Kowalik, Z.J. (1995c). Die Mikroanalyse der Therapeut-Klient-Interaktion mittels Sequentieller Plananalyse, Teil II: Die Ordnung des Chaos. *Psychotherapie Forum, 3,* 10-87.

Schlenker, B.R. (1985). *The self and social life.* New York: McGraw Hill.

Schneider, H. (1983). *Auf dem Weg zu einem neuen Verständnis des psychotherapeutischen Prozesses.* Bern: Hans Huber.

Schneider, H. (1988). Veränderung in der Psychotherapie als selbstorganisierter Prozeß: Ein Modell der Entstehung einer neuen Struktur. *Verhaltenstherapie und psychosoziale Praxis, 1,* 24-38.

Schneider, H. & Wüthrich, U. (1992). A model based on theories of self-organizing processes as a tool for the investigation of change in psychotherapy. In M. Leuzinger-Bohleber, H. Schneider & R. Pfeifer (Hrsg.), *«Two butterflies in my head»-Psychoanalysis in the interdisciplinary scientific dialogue.* Heidelberg: Springer.

Schonauer, F. (1992). Gestern traf ich Huckleberry Finn. In Herrmann-Josef-Haus (Hrsg.), *Leben formt Leben* (S. 157-188). Kall-Urft: Hermann-Josef Haus.

Schulte, D. (1974). Der diagnostisch-therapeutische Prozess in der Verhaltenstherapie. In D. Schulte (Hrsg.), *Diagnostik in der Verhaltenstherapie* (S. 60-73). München: Urban & Schwarzenberg.

Schulte, D. (1980). Diagnostik in der Klinischen Psychologie: Problemanalyse und Therapieplanung. In W. Schulz & M. Hautzinger (Hrsg.), *Klinische Psychologie und Psychotherapie. Indikation, Diagnostik, Psychotherapieforschung* (S. 163-176). Tübingen und Köln: DGVT und GWG.

Schütz, A. (1986). *Versuch der Anwendung des Selbstdarstellungsansatzes auf den US-Präsidentschaftswahlkampf 1984: Theoretische und empirische Analysen.* Unveröff. Diplomarbeit, Bamberg, Germany.

Schütz, A. (1992). *Selbstdarstellung von Politikern. Analyse von Wahlkampfauftritten.* Weinheim: Deutscher Studienverlag.

Segal, Z. (1988). Appraisal of the self-schema construct in cognitive models of depression. *Psychological Bulletin, 103,* 147-162.

Seitz, P. (1966). The consensus problem in psychoanalysis. In L. A. Gottschalk & A. H. Auerbach (Hrsg.), *Methods of research in psychotherapy* (S. 209-225). New York: Appleton Century Crofts.

Selvini-Palazzoli, M., Boscolo, L., Cecchin, G. & Prata, G. (1977). Paradoxon und Gegenparadoxon. Stuttgart: Klett.

Semmer, N. & Pfäfflin, M. (1987). *Interaktionstraining.* Weinheim: Beltz.

Siegfried, B. (1987). *Widerstand: Konzept und Prognose.* Unveröff. Diplomarbeit, Universität Bern.

Silberschatz, G., Fretter, P.B. & Curtis, J.T. (1986). How do interpretations influence the process of psychotherapy? *Journal of Consulting and Clinical Psychology, 54,* 646–652.

Smolensky, P. (1988). On the proper treatment of connectionism. *Behavioral and Brain Sciences, 11,* 1-74.

Söldner, A. (1986). *Eine Videorekonstruktionsuntersuchung zur Selbstdarstellung im Satzergänzungstest. Ein Vergleich zwischen Plananalyse und Inhaltsanalyse.* Unveröff. Diplomarbeit, Bamberg, Germany.

Stauffer, M. (1982). *Widerstand in der interaktionellen Verhaltenstherapie. Teil 1: Beobachtung.* Unveröff. Diplomarbeit, Universität Bern.

Strupp, H.H. & Binder, J. (1984). *Psychotherapy in a new key. A guide to time-limited dynamic psychotherapy.* New York: Basic Books.

Strupp, H.H. (1978). The therapist's theoretical orientation: An overrated variable. *Psychotherapy: Research and Practice, 15,* 314-317.

Sullivan, H.S. (1953). *The interpersonal theory of psychiatry.* New York: Norton Press.

Theus, C. (1987). *Die Übereinstimmung beim Durchführen von Plananalysen.* Unveröff. Vordiplomarbeit, Bern.

Thommen, B., Ammann, R. & Cranach, M. (1988). *Handlungsorganisation durch soziale Repräsentation.* Bern: Huber.

Titze, M. (1979). *Lebensziel und Lebensstil: Grundzüge der Teleoanalyse nach Alfred Adler.* München: Pfeiffer.

Tomaszewski, T. (1978). *Tätigkeit und Bewußtsein.* Weinheim: Beltz.

vanDijk, T.A. & Kintsch, W. (1983). *Strategies of discourse comprehension.* New York: Academic Press.

Walder, M. (1982). *Widerstand in der interaktionellen Verhaltenstherapie. Prognose von Widerstand.* Unveröff. Diplomarbeit, Universität Bern.

Watts, F.N. (1980). Clinical judgment and clinical training. *British Journal of Medical Psychology, 53,* 95-108.

Watzlawick, P., Beavin, J.H. & Jackson, D.D. (1967). *Pragmatics of human communication. A study of interactional patterns, pathologies, and paradoxes.* New York: Norton.

Watzlawick, P., Beavin, J.H. & Jackson, D.D. (1969). *Menschliche Kommunikation: Formen, Störungen, Paradoxien.* Bern: Hans Huber.

Weiss, J. (1986a). Two psychoanalytic hypotheses. In J. Weiss, H. Sampson et al. (Hrsg.), The psychoanalytic Process. *Theory, clincal observation and empirical research* (S. 22-42). New York: Guilford.

Weiss, J. (1986b). Unconscious guilt. In J. Weiss, H. Sampson et al. (Hrsg.), *The psychoanalytic Process. Theory, clinical observations and empirical research* (S. 43-68). New York: Guilford.

Weiss, J. (1986c). The Patients Unconscious Work. In J. Weiss, H. Sampson e al. (Hrsg.), *The psychoanalytic Process. Theory, clinical observations and empirical research* (S. 101-116). New York: Guilford.

Weiss, J., Sampson, H. & the Mount Zion Psychotherapy Research Group. (1986). *The psychoanalytic process: theory, clinical observation, and empirical research.* New York: Guilford Press.

Westmeyer, H. (1977). Verhaltenstherapie: Anwendung von Verhaltenstheorien oder kontrollierte Praxis? In H. Westmeyer & N. Hoffmann (Hrsg.), *Verhaltenstherapie. Grundlegende Texte* (S. 187-203). Hamburg: Hoffmann & Campe.

Westmeyer, H. (1987). Möglichkeiten der Begründung therapeutischer Entscheidungen. In F. Caspar (Hrsg.), *Problemanalyse in der Psychotherapie* (S. 20-31). Tübingen: DGVT.

Willi, J. (1975). *Die Zweierbeziehung.* Hamburg: Rowohlt.

Williams, J.M.G., Watts, F.N., McLeod, C. & Matthews, A. (1988). *Cognitive psychology and emotional disorders.* Chichester, England: Wiley.

Wilson, G.T. & Evans, I.M. (1977). The therapist-client relationship in behavior therapy. In A. S. Gurman & A. M. Razin (Hrsg.), *The therapist's contribution to effective psychotherapy* (S. 544-565). New York: Pergamon.

Winston, P.H. (1981). *Artificial intelligence.* Reading, Mass.: Addison-Wesley.

Wüthrich, U. (1982). *Repräsentation interaktioneller Pläne.* Unveröff. Diplomarbeit, Bern.

Wüthrich, U. (1987). *Über Veränderungsprozesse in der Psychotherapie - Eine Konkretisierung des Schema-Ansatzes.* Unveröff. Dissertation, Bern.

Wüthrich, U. & Zingg, M. (1986) *Plananalyse als Bezugsrahmen für eine integrative Sichtweise von psychischen Störungen.* Vortrag am Kongress für Klinische Psychologie und Psychotherapie. Berlin.

Yalom, I.D. (1970). *The theory and practice of group psychotherapy.* New York: Basic Books.

Zajonc, R.B. (1980). Feeling and thinking: preferences need no inferences. *American Psychologist, 35,* 151-175.

Zimmer, D. (Hrsg.). (1983). *Die therapeutische Beziehung.* Weinheim:

Zingg, M. (1988). *Schematheoretische Sichtweise psychischer Störungen.* Unveröff. Dissertation, Bern.

Znoj, H.J. (1987). *Widerstand. Konzept und Analyse.* Unveröff. Diplomarbeit, Bern.

9. Personenregister

Adler, A. 32, 38, 64, 104, 117, 126
Aebli, H. 32, 34, 38, 40, 45, 146
Allport, G.W. 37
Ammann, R. 78f.
Ambühl, H.R. 14, 78f., 162, 186, 187
Argyle, M. 41f., 103
Averill, J.R. 47f.
Augusto, F. 75, 83
Baer, A. 14
Balmer, R. 81, 187, 195
Bandura, A. 32
Bartling, G. 22, 187
Bastine, R. 19
Beavin, J.H. 41
Beck, A.T. 144, 151
Beier, E.G. 40f.
Benjamin, L.S. 74
Bergin, A.E. 161
Bernauer, F. 197
Beutler, L. 63, 156, 159, 162
Binder, J.L. 73
Boscolo, L. 41
Breuer, F. 193
Brewin, Ch. 105
Broda, M. 63
Brunner, A. 195
Bunge, M. 21
Caspar, F. 14f., 17, 21f., 24f., 28, 34, 38, 41, 48f., 53, 55, 58f., 62f., 67, 73, 78, 87, 102, 110, 115, 118, 126, 134, 146, 149, 155, 157f., 161f., 179, 183, 185f., 187, 190f., 193-196
Cautela, J.R. 167ff
Cecchin, G. 41,
Clarkin, J.F. 63, 156
Cleland, C.E. 57
Clore, G.L. 47, 134
Collins, A. 47, 134
Collins, W. 73f.
Cooper, A. 15,
Cooper, S.H. 75, 83
von Cranach, M. 32, 78f
Crits-Cristoph, P. 15, 73, 177
Curtis, J.T. 40, 74, 84, 155, 177

Daatsch, W. 195
Deppeler, S. 37, 62, 143, 187, 194
DeWitt, K.N. 73
vanDijk, T.A. 111
Dilthey, W. 55
Dobb., L.W. 28
Donati, R. 170
Dörner, D. 47
Dorsch, F. 55
Dziewas, H. 29, 83
Echelmeyer, L. 22, 187
Elbert, T. 198
Ellis, A. 151, 167ff
Emery, G. 144, 151
Engberding, M. 22, 187
Epstein, S. 51, 65
Ericsson, A. 31, 105
Evans, I.M. 162
Fallenstein, A. 105
Folkman, S. 47
Foppa, K. 21, 30, 53, 77
Fretter, P.B. 177
Freud, S. 118
Galanter, E. 27, 43, 152f.
Garfield, S.L. 161
Gasiet, S. 28, 37, 117
Gilmore, J.B. 186
Goldfried, M.R. 8f., 14
Grawe, K. 14, 21f., 29, 38ff., 49, 51, 54, 57, 59, 67, 78f., 83, 85, 87, 104, 118, 126, 138, 156-159, 161f., 170, 183, 185ff., 191, 195f.
Grawe-Gerber, M. 186f.
Greenberg, L. 46f., 52, 191
Groeben, N. 45, 145
Gugler, B. 32
Guidano, V.F. 14
Hausammann, Ch. 37
Heinl, H. 105
Heiniger, B. 62, 186f., 194
Herrmann, Th. 53ff., 156
Hersher, L. 167
Holyoak, K.J. 187
Horowitz, M.J. 14, 73, 75

Huber, G.L. 48
Indermühle, K. 32
Jackson, D.D. 41
James, W. 55f.
Jost, U. 62, 187, 194
Kaimer, P. 42, 156
Kaltreider, N B. 73
Kalbermatten, U. 32
Kalehzan 73
Kaminski, G. 28
Kanner, A. 47
Kästli, K. 41, 156, 195
Kelly, G.A. 40
Kendall, P.C. 63, 158
Kiesler, D.J. 41, 191
Kintsch, W. 111
Koch, M. 195
Köhler, M. 34, 56, 197f.
Kowalik, Z.J. 198
Krause, R. 22, 118
Kreuzig, H. 47
Kruse, O. 53
Lantermann, E.D. 41
Laux, L. 40, 195f.
Lazarus, R.S. 46f., 64
Leary, T. 41
Leontjew, A.N. 184
Leventhal, H. 184
Lewinsohn, P.M. 67
Liotti, G. 14
Luborsky, L. 15, 73f., 177, 195
Luhmann, N. 48, 56
Mahoney, M. 11, 35, 40, 161
Malan, D.H. 73
Mandl, H. 48
Mandler, G. 46f., 49
Markus, H. 57, 187
Margraf, J. 65
McKeon, R. 57
Meichenbaum, D.A. 186
Messer, S.B. 74
Miller, G.A. 27, 43, 152f.
Minsky, M.L. 146
Mischel, W. 32
Mühlnickel, W. 198
Murray, E.J. 167-169
Neel, A.F. 55f
Neisser, U. 32, 40, 185
Niebel, G. 54

Nisbett, R.E. 105
Nurius, P. 57
Oesch, S. 37, 62, 143, 187, 194
O'Halloran, P. 73, 75
Ortony, A. 47, 134
Overton, W.F. 55
Perry, Ch. 74f., 83, 195
Persons, A. 11, 22, 43, 83, 158, 164
Pervin, L.A. 32
Petzold, H. 105
Piaget, J. 32, 40, 49, 146, 183, 185
Popp, C. 74, 187
Powers, W.T. 38, 183
Prata, G. 41
Pribram, K.H. 27, 43, 152f.
Prigogine, I. 185
Reese, H.W. 55
Rehahn, S. 103
Reither, F. 47
Rice, L.N. 191
Richter, K. 34, 56, 197f.
Robin, C. 14
Rosenberg, S.E. 14, 73ff.
Rothenfluh, T. 17, 48
Russel, L B. 57
Safran, J. 14, 46f., 52
Sampson, H. 74, 86
Schacht, T.E. 73
Schachtel, E. G. 48
Schachter, S. 49
Schafer, R. 32
Scheele, B. 21, 45, 53, 145
Scheflen, A. 41
Schiepek, G. 34, 41f., 56, 155f., 197f.
Schlenker, B.R. 114
Schneider, H. 14, 57, 65, 118
Schonauer, F. 155
Schulte, D. 28, 53, 77
Schütz, A. 34, 56, 195-198
Seidenberg, H. 167-169
Segal, Z. 14, 17, 48, 144, 186
Seitz, P. 73
Selvini-Palazzoli, M. 41
Silberschatz, G. 40, 74, 84, 155, 195
Siegfried, B. 195
Simon, H.A. 31, 105
Singer, J.E. 40, 49, 179
Smolensky, P. 17
Söldner, A. 197

211

Sommer, G. 103
Stauffer, M. 195
Stäudel, Th. 47
Strunk, G. 34, 56, 197f.
Strupp, H. 73, 160
Sullivan, H.S. 64, 117, 126
Thagard, P. 187
Theus, C.
Thommen, B. 78f.
Titze, M. 55, 61
Tomaszewski, T. 184
Tuschen, B. 34, 63, 126
Unreño, G. 14, 73, 75
Vonarburg, I. 41, 156, 195
Walder, M. 195
Watts, F.N. 73, 77
Watzlawick, P. 41
Weiss, D.S. 73
Weiss, J. 38, 40, 74, 84, 104, 117, 155
Westmeyer, H. 21, 53, 77, 86
Willi, J. 42, 60, 104
Wilson, G.T. 105, 162
Winston, P.H. 146
Wundt, W. 55
Wüthrich, U. 57, 81, 146, 149, 185, 187, 195
Zajonc, R.B. 48
Zimmer, D. 41
Zingg, M. 62, 81, 195
Znoj, H.J. 195

10. Sachregister

Akkommodation s. Assimilation
Angst 51f., 63-67, 84, 88, 93ff, 126, 129, 140, 157
Anspruchsregulation 60, 68f., 172
Assimilation 32, 49, 58, 60
Auffälligkeit von Verhalten 108f.
Automatisierung 35, 39, 65, 108
Bedrohung von Plänen 47f., 64, 67, 93, 129, 135ff.
Bedürfnisse 12, 14, 23, 27, 37, 59, 69, 85, 115, 117, 120, 152, 164
Bewältigung s. Coping
Bewußtheit 12, 16, 28, 32f., 39, 42, 46f., 49, 95, 104ff., 124, 127, 131, 135, 139, 165, 169, 174f., 185
Biographie s. Lebensgeschichte
Blockierung s. Bedrohung
Coping 50, 64, 117f., 138ff
Defizite 60, 69, 117, 172
Depression 52, 67ff., 126, 139f., 144
Emotionen s. Gefühle
Entwicklung 20, 56f.
Erwartung 9, 43, 109f., 144f. 148, 199
Fähigkeiten 33, 42, 69
Fähigkeiten für Plananalysen 15, 101, 109ff.
Fallkonzeption 9, 11f, 14, 16, 19ff., 22, 75, 81-98, 145, 159, 170ff., 177, 191, 199
finale Beziehung 123
Forschungsanwendung der Plananalyse 12, 29, 197, 120, 156, 191-198
Frames 43, 46, 57, 69, 96ff., 108, 111, 141, 146-151, 183-190
Gefühle
    allgemein 9, 23, 37f., 43, 46ff., 63ff., 67, 92f., 102, 116, 134f., 149f., 153, 167, 174, 184f.
    Funktion von 46, 52, 64, 69, 128f., 140-143
    Herstellen von 37, 159, 174
    Heuristiken zum Erschließen 25, 47, 107, 134–143, 149
    positive 47f., 50, 93, 139,
    Regulation von 46, 63-69, 134
Gruppentherapie 29, 103f.
Handlung 9, 21, 32
Heuristiken 12, 21, 25, 29f., 62f., 79, 104, 115-119, 140, 143, 148, 157, 170, 174, 190, 199
Hierarchie (s.a.: Pläne, hierarch. Ordnen) 29, 34, 119–123, 196

Individualität von Plänen 9, 11, 13, 190, 196
Informationsquellen 23, 102f., 106, 145, 183
Informationsverarbeitung 17, 29, 31, 110
Instrumentalität
    allgemein 12, 29f., 33f., 39, 43, 46, 52, 121–130, 196
    nicht-instrumentelle Informationen 12, 42–45, 81, 108, 141, 146, 148, 190
Interaktion 23, 28, 30, 33, 37, 41ff., 48, 52, 58, 128, 155
Interaktionismus 23, 31f., 58
Intervention, therapeutische 11, 19ff., 49, 103, 157-160
intrapsychische Funktion 33, 37, 41, 52, 58, 65
Introspektion 104-107, 127, 135, 195
Intuition 102, 162
Kategorien von Plänen 151f.
Kinder 155
Kognitionen 43, 48, 67, 83, 102, 151, 167ff, 172
Kommunikation mit Klienten 127, 174, 177f.
Komorbidität 13, 158
Kompetenz 47, 50
Komplementarität 42 (s. auch. kompl. Th.-Verhalten)
komplementäres Therapeutenverhalten 160–165, 174, 178
Komplexität 23f., 54, 108, 144f., 156, 190
Konflikte 48, 59ff., 64, 69, 84f., 87, 152f.
Konnektionismus 17, 48, 59
Konstanz 36, 124
Konstruktion von Verhalten
    beim Klienten 34ff., 60, 130, 132, 144f, 178
    beim Therapeuten 14, 21, 157–176
konstruktivistische Haltung 36, 53-56, 77, 81, 105, 115, 144
Lebensgeschichte 37, 44, 49, 64, 87f., 94, 127, 149, 151, 154, 172
Lerntheorien 28f., 33, 67
Mehrfachbestimmtheit 34f., 59, 61, 121, 130-134, 157ff., 165, 175, 178
Mittel 24, 27, 33, 44, 132, 148
Mittel-Zweck-Beziehung s. Instrumentalität
Motive 12, 24, 29f., 33, 37, 144, 164, 183
Nebenwirkungen 23, 47, 60f., 94, 124, 152f., 160, 174
Netzwerk 44ff., 119, 145

213

nonverbales Verhalten 23, 31f., 39, 42, 52, 73, 106f., 128, 131, 142, 165, 178, 197
Nützlichkeit 13f., 17, 24, 54, 62, 71, 77, 79, 102, 108, 120, 156, 173, 190
Operation 32, 38
paradoxe Intervention 176
Perspektiv-Theorien 17, 30, 53, 55, 101
Persönlichkeit 19, 32
Persönlichkleitsstörungen 70
Phantasien 33, 38, 103, 125, 133
Plananalyse
    allgemein zum Ansatz 12ff., 27ff., 53–57, 101f., 184ff., 199
    Erlernen 15, 25, 77, 101ff., 107, 109f., 116
    Zweck 12, 19ff., 33, 199
Pläne
    Bezeichnung 111-115, 121, 124, 144
    Definition 16, 27f., 33
    Erschließen 30, 40, 115–119, 192ff.
    Ebenen 105, 111, 119, 162
    hierarchisches Ordnen 25, 29, 34, 37, 119ff., 124, 151, 196
    Hypothesen 36, 61, 102–106, 108, 110, 115–119, 125, 128f., 142, 144f., 178f.
    intrapsychische vs. interaktionelle 33, 37, 40, 52, 140
    Metapläne 38, 153-155
    Testpläne 153–155, 174
    Wahrnehmungspläne 153–155
Planbarkeit von Therapie 19
Planstruktur 12, 22, 36f., 43f., 52, 59f., 71, 81f., 97, 108, 135, 138, 145, 150f., 155, 187
pragmatische Verhaltensaspekte 42, 106, 131, 165, 178
Problemanalyse 13, 22, 28f., 46, 78, 153, 177, 191
prototypische Planstrukturen 66, 68, 70, 125
Prozeß 11, 19, 31, 56f., 126
psychodynamische Ansätze 8, 23, 28, 32f., 46, 73, 83f., 95, 104, 138, 161, 167ff., 195
psychosomatische Störungen 35, 49, 69f., 94, 166ff., 172
psychotische Störungen 70f.
Qualitätssicherung 13, 21
Rationalität 16, 102, 162
reaktives Verhalten 128–130
Relevanz 108, 120
Reliabilität s. Übereinstimmung
Ressourcen 14, 49, 124, 159, 173
Rigiditat von Strukturen 35, 42, 58, 60, 64
Schema 9, 29f., 46, 117, 121, 127, 144, 146, 151, 183–190
Schematheorie 14, 30, 57, 157, 177, 183ff.
Selbstkonzept 9, 37, 40, 47, 57, 85, 92, 104f., 114, 151, 155, 183, 187

Selbsterfahrung 14f., 110, 116, 157, 162, 195
sequentielle Organisation 34, 133,
sequentielle Plananalyse 56, 197ff.
Situation 14, 23, 36, 43f., 48f., 57f., 63, 87, 105, 109, 113, 121, 134f., 146, 149, 157
Skript 9
Standardisierung 11, 13, 21, 153, 157f.
Störungsmodell 58–71
Störungen, psychische 13, 20, 41f., 58–71, 93ff., 152, 158, 167ff.
Strategien
    des Klienten 12, 23, 28, 68, 126 (s. auch Coping)
    therapeutische 14, 19
Strukturtheorie 55
systemische Perspektive 41, 155f., 170
Tests 38, 57, 84, 153ff., 174
Teil-Ganzes-Relationen 34, 122ff., 127
Theorien, Stellenwert 12, 14, 19, 20f., 30f., 53f., 79, 82, 104, 110f., 117f., 134f., 151, 173
Theorien-Pluralismus 12, 14, 24, 31, 58, 71
Therapiebeziehung 22f., 42, 70, 79, 85, 87, 95, 158, 160-165, 170, 174, 195
Therapieplanung 12f., 19, 21f., 29, 76, 95, 103f., 109, 127, 157, 174ff.
Übereinstimmung zwischen Analysierenden 71-80, 109–111
Überprüfen von Planstrukturen 57, 77, 102, 116, 119, 143ff.
Umwelt 32, 37ff., 47, 61, 102, 110, 183
Unbewußtes s. Bewußtheit
Verändern von Planstrukturen 49, 143ff.
Veränderungsprozeße 19, 22, 29, 31, 49, 57, 64, 157f., 177, 185
Verhalten 12, 28, 30, 35, 37, 47, 60, 102, 115, 119f, 123, 131
Verhaltenstherapie 8, 28, 78, 161, 167ff
Vertikale Verhaltensanalyse 28f., 78, 83
Wahrheit 53f., 62, 127, 144
Wahrnehmung 20, 33, 38, 40ff., 47, 108f., 111, 133, 146, 153ff.
Wichtigkeit von Plänen 121
Widersprüche s. Konflikte
Widerstand 14, 21, 43, 49, 145, 157
Wiederholungszwang 38, 118
Wirkprinzipien 159, 191
Wissen, psychologisches 14, 19, 58-71, 109f., 117f., 134f., 151
«wunde Punkte» 51, 64, 69, 126f., 138
Ziele 12, 22, 27ff., 42, 59f., 68f., 148, 152
zielgerichtetes Handeln 19, 32f., 40, 46
Zwänge 70
Zweck 12, 28, 35, 43, 123

Philip H. Bornstein / Marcy T. Bornstein

Psychotherapie mit Ehepaaren

Ein integrativer Ansatz

Aus dem Englischen übersetzt von Iris Gutmann.
1993. 184 Seiten, 4 Abbildungen, 10 Tabellen, kartoniert
Fr. 38.– / DM 39.80 / öS 311.– (ISBN 3-456-82287-1)

In mehr als der Hälfte aller Fälle von Eheproblemen wird die Hilfe eines Psychotherapeuten oder Psychiaters in Anspruch genommen. Dieses Buch wendet sich an die professionellen Helfer – und an die Betroffenen selbst.
Es ermöglicht – auf einer kognitiv-systemischen Grundlage – ein regelgeleitetes Vorgehen und läßt gleichzeitig Raum für Flexibilität.
Das Buch beruht auf der Integration der drei wichtigsten Therapiemodelle (Systemtherapie, kognitive Therapie und Verhaltenstherapie). Im Vordergrund stehen nicht Theorien, sondern die praktische Anwendbarkeit in der Arbeit mit den Klienten.

Carl-Walter Kohlmann / Bernhard Kulzer (Herausgeber)

Diabetes und Psychologie

Diagnostische Ansätze

Mit einem Vorwort von Hans Reinecker.
1995. 142 Seiten, 6 Abbildungen, 32 Tabellen, kartoniert
Fr. 49.80 / DM 49.80 / öS 389.– (ISBN 3-456-82525-0)

In diesem Buch werden bewährte deutschsprachige Fragebogenverfahren zur diabetesspezifischen Erfassung relevanter psychologischer Variablen vorgestellt.

Robert Paul Liberman / Ulrich Giebeler / Hans Dieter Brenner

Die Rehabilitation chronisch seelisch Kranker in der Psychiatrie

1994. 258 Seiten, 17 Abbildungen, 27 Tabellen, kartoniert
Fr. 58.– / DM 59.– / öS 460.– (ISBN 3-456-82299-5)

Dieses Buch gibt Antworten auf die Fragen der Praktiker, die sich um die Behandlung und Rehabilitation chronisch Psychischkranker bemühen. Jedes Kapitel bietet sehr detaillierte, mit Fallbeispielen illustrierte Anleitungen für Diagnose und Therapie.

**Verlag Hans Huber
Bern Göttingen Toronto Seattle**

Donald Meichenbaum / Dennis C. Turk

Therapiemotivation des Patienten

Ihre Förderung in Medizin und Psychotherapie: ein Handbuch

Aus dem Englischen übersetzt von Lothar Schattenburg.
1994. 234 Seiten, 30 Tabellen, kartoniert
Fr. 49.80 / DM 49.80 / öS 389.– (ISBN 3-456-82282-0)

Seitdem Hippokrates bemerkt hatte, daß Patienten oft lügen, wenn sie sagen, daß sie ihre Medizin genommen hätten, sind Ärzte und Psychotherapeuten mit Problemen der Therapiemotivation beschäftigt.

Das Buch enthält Kapitel zu den Themen «Konzept der Therapiemotivation», «Strategien zur Unterstützung der Therapiemotivation», «Integration von therapiefördernden Strategien und therapieblockierenden Faktoren».

Giorgio Nardone / Paul Watzlawick

Irrwege, Umwege und Auswege

Zur Therapie versuchter Lösungen

Aus dem Italienischen übersetzt von Erika Frey-Timillero.
1994. 148 Seiten, 2 Figuren, 7 Tabellen, kartoniert
Fr. 29.80 / DM 29.80 / öS 233.– (ISBN 3-456-82478-5)

Im Laufe unseres Lebens geraten wir immer wieder auf Irrwege, schlagen Umwege ein, versuchen es mit Scheinlösungen unserer Probleme – bis wir «zufällig» merken, daß «alles ganz einfach» ist: das «System» hat sich selbst «organisiert». Diese Prozesse können in der Therapie gezielt eingeleitet und gefördert werden. Das vorliegende Buch gibt Einblick in die dafür geeigneten Techniken und spezifischen Interventionsformen.

Ira Daniel Turkat

Die Persönlichkeitsstörungen

Ein Leitfaden für die klinische Psychologie

Mit einem Nachwort von Hans Reinecker. Aus dem Englischen übersetzt von Irmela Erckenbrecht.
1996. 118 Seiten, 1 Abbildung, 20 Tabellen, kartoniert
Fr. 39.80 / DM 39.80 / öS 311.– (ISBN 3-456-82609-5)

Mehr als die Hälfte aller Patienten in der Psychiatrie leidet unter Persönlichkeitsstörungen. Der Autor zeigt an Fallgeschichten und Therapieprotokollen für jeden Störungstyp, welche Interventionen möglich und erfolgversprechend sind.

 Verlag Hans Huber
Bern Göttingen Toronto Seattle